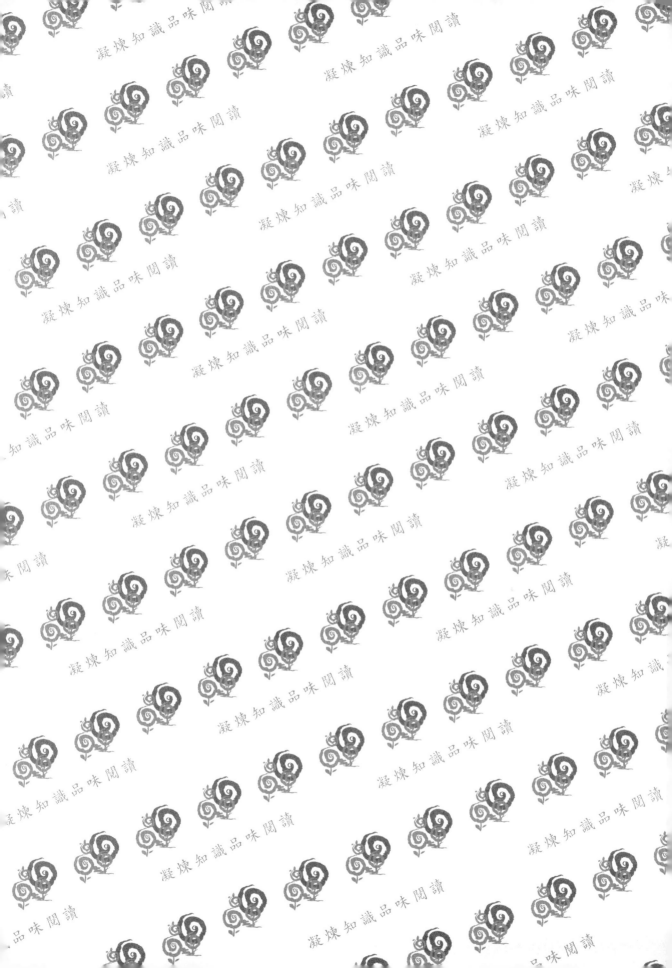

消防叢書系列 設備師士

警報與避難系統
消防安全設備

Alarm and Eevacuation Systems Fire Safety Equipment

盧守謙、陳永隆　編著

吳鳳科技大學消防研究所

五南圖書出版公司 印行

PULL DOWN

FIRE ALARM

FIRE BELL

消防系列

消防士

警報與避難系統消防安全設備

Alarm and Evacuation System Fire Safety Equipment

盧守謙、陳永隆 編著
吳鳳科技大學消防研究所
五南圖書出版公司 印行

推薦序

　　「風」、「火」、「水」、「電」向來與人類生活息息相關，如在不可控制狀況下，往往容易導致人員傷亡與財產損失。而消防正是關係到社會民生及人民安全，一直是政府施政上極為重要的一環，也為國家長治久安之根本。在消防工作更應具備科技化、現代化及效率化之整合能力，以專業化教育訓練，來因應現今多元發展的社會環境，以提供民眾一個可靠的平安生活環境。

　　為培育出消防安全專業人力，本校於2002年首創消防系（所）（除警察大學外），建置了火災虛擬實驗室、火災鑑識實驗室、低氧實驗室、水系統消防實驗室、電氣系統消防實驗室、氣體消防實驗室、消防設備器材展示室及消防檢修實驗室等軟硬體工程，並設置了氣體燃料導管配管、工業配管等兩間乙級技術士考場；也擁有全方位師資團隊，跨消防、機械、理化、電機、電子及土木等完整博士群組成，每年設日間部四技3班、進修部四技1班、進修學院二技1班、碩士在職專班1班，目前也刻正申請博士在職專班，為未來消防人力注入所需的充分能量。

　　本書作者盧守謙博士在消防領域學有專精，盧博士與消防系陳永隆主任共同執筆，完成一系列完整消防書籍著作，每一本能進行專業精闢求解及有條不紊地說明，不僅內容涵蓋範圍呈現外在廣度也具內在深度，本人極為樂意將其推薦給所有有志研修消防安全暨參加國家考試的讀者們。

蘇銘宏

吳鳳科技大學校長

序

　　筆者（本書第一作者）於1986年消防工作伊始，歷近30年，在國內外報章期刊發表數百篇的專業文章。從早期警察大學閃燃碩士論文到整個火行為之博士研究，已深深迷戀消防科學領域。

　　2015年承蒙蘇校長延聘，從公務轉換學術跑道，得能專研沐浴在知識氛圍。在此參酌國外文獻，結合救災長期實務經驗，撰寫一序列消防書籍，也感謝學校提供極佳軟硬體平台，能進行有效率寫作教學。

　　對國家考試，筆者算是非常有經驗，應付考試之讀書方法，一些心得及重要技巧，已臚列於書內「如何考榜首」一文，學習與瞭解它們，將會使您在將來考場上更加無往不利及遊刃有餘。而準備過程中，詳讀歷居考古題是必要的旅程，能指引讀者明確的閱讀方向與知悉考題難易度之一項關鍵指標。

　　在消防各科歷居考題解答上，筆者累積無數第一線救災與現場指揮經驗，也曾擔任火災預防課長職，從事消防會審會勘工作。在此以豐富消防實務背景，闡述問題本質，以較專業且嚴謹態度來進行求解。

　　最後，準備國家考試是一種時間過程，過程中無論您以何種態度面對，記得每日一點一滴耕耘播種後，自然會有苦盡甘來的甜美果實。這成功的目標雖很可貴，但追求的過程卻更值得回味。

盧守謙

吳鳳科技大學消防系

花明樓研究室

1. 讀書四種方式

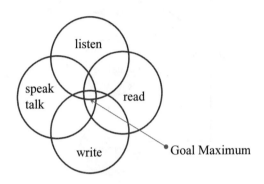

說明：一般人讀書多是以READ（EYES），而常忽略其他讀書方式。用寫的（HANDS）、用討論的（MOUTH）或用SPEAK（MOUTH）（自言自語、默唸）。基本上，現在錄音方便，可錄下一些很難記之資料，利用運動、休息或入睡前等時段，用聽（EAR）的方法來作複習。

2. 記憶型讀書效率與持續時間

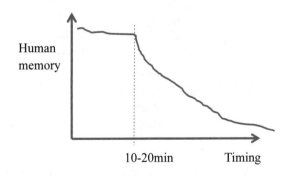

說明：假設您一天讀書時間分成數段進行，再以第5項之口訣法、便條紙法等，能不分時間地點如運動、等車、吃完飯後散步等時間，拿出來複習，一天內多看幾次，利用多見難忘方法來作記憶。尤其是在每次睡醒後20分鐘，是大腦最清楚之黃金時段，拿出第3項之所整理資料，作複習背誦，或是你每晚躺在床上之入睡前黃金時段，拿出來默想。

3.多方蒐集資料

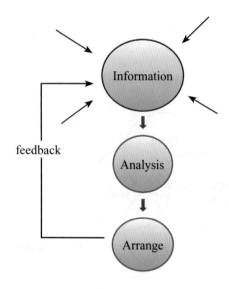

　　說明：多方看應考相關資料，將蒐集資料有條不紊整理成你自己的東西，而平時閱
　　　　　讀作筆記是一種好習慣。

4.大腦資料庫活化

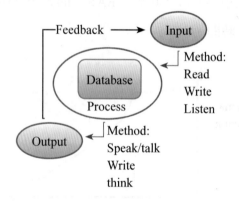

　　說明：你應思考將你大腦所輸入data如何持續output作活化。假使你在書桌前
　　　　　讀一整天，可是大量資料沈在你腦海內部，你須每隔一段時間，用寫
　　　　　（WRITE）出來、用回憶（THINK）、用自言自語演說（SPEAK）或是與
　　　　　你同學交談主題（TALK），把大量資料活化出來，能活化才會牢記在你腦
　　　　　海深處。不然，沒隔多久，有些就遺忘了。

5. 讀書多元技巧法

(1) 口訣法：每第1個字，有些是可以不照順序記，可依個人喜好之方式作調整，然後聯想一系列跟你所記資料，編成一套故事。

(2) 便條紙法：簡要大綱整理成A4，並折起來放在你口袋，隨時皆可拿出，有過目不忘之效。

(3) 貼膏藥法：假使資料或條文是很難記、常忘記或很重要，就貼在你常能看到處，如書桌牆壁、床牆壁等，已牢記幾天後再換貼新資料，依此類推。

(4) 空間法：採取左右腦並用，即重點關鍵字濃縮成一張A4，俟機利用運動如跑步時進行默念，假使默唸不出，運動完即查閱所忘記的資料。

(5) 圖表法：右腦法，如果你有辦法將資料作成圖表，你離成功之路就會很接近。聰明的你應左(文字)右(圖表)腦並用

您須將繁多資料，整理濃縮成數張圖表，意將大量資料濃縮，將是你成功錄取與否之關鍵因素。

記著 Make Time For Reading. Anywhere. Anytime.

消防設備師命題大綱

中華民國101年9月24日考選部選專五字第1013302056號公告修正

專門職業及技術人員高等考試消防設備師考試各應試科目命題大綱		
應試科目數	共計6科目	
業務範圍及核心能力	有關各類場所消防安全設備之設計、監造、裝置、檢修業務	
編號	科目名稱	命題大綱內容
一	消防法規	一、消防法規總論 (一) 消防法。 (二) 消防法施行細則。 (三) 消防設備師及消防設備士管理辦法。 (四) 消防安全設備檢修專業機構管理辦法。 (五) 消防機具器材及設備認可作業要點。 (六) 消防安全設備審核認可須知。 (七) 防焰性能認證實施要點。 (八) 防焰性能試驗基準。 (九) 公共危險物品及可燃性高壓氣體設置標準暨安全管理辦法。 (十) 公共危險物品試驗方法及判定基準。 (十一) 防火牆及防火水幕設置基準。 (十二) 可燃性高壓氣體儲存場所防爆牆（防護牆）設置基準。 二、消防安全設備相關法規 (一) 各類場所消防安全設備設置標準。 (二) 消防機關辦理建築物消防安全設備審查及查驗作業基準。 (三) 各類場所消防安全設備檢修及申報作業基準。 (四) 複合用途建築物判斷基準。 (五) 二氧化碳及乾粉滅火設備各種標示規格。 (六) 消防幫浦加壓送水裝置等及配管摩擦損失計算基準。 (七) 緊急電源容量計算基準。 (八) 避難器具支固器具及固定部之結構、強度計算及施工方法。 (九) 各項消防安全設備認可基準。 三、建築相關消防法規 (一) 建築法。 (二) 建築技術規則：包括建築設計施工篇第一章、第三章、第四章（第一、四、五、六節）、第十一章（第一、三節）、第十二章（第一、三、四節）。 (三) 原有合法建築物防火避難設施及消防設備改善辦法。 (四) 工程倫理。

二	火災學	一、火災燃燒基本理論
		(一) 燃燒理論：包括可燃物、氧氣、熱源、連鎖反應及滅火原理等。
		(二) 熱傳理論：包括熱傳導、對流、輻射等。
		(三) 火災理論：包括火災概念特性等。
		(四) 火災分類：包括A、B、C、D類等火災之介紹。
		(五) 火災化學特性。
		(六) 爆炸工學：包括高壓氣體爆炸、分解爆炸、粉塵爆炸、蒸氣爆炸等。
		二、火災類型
		(一) 建築物火災。
		(二) 電氣火災。
		(三) 化學火災。
		(四) 儲槽火災。
		(五) 工業火災分析。
		(六) 特殊場所火災。
		三、預防與搶救
		(一) 防火及滅火：包括火災防阻與搶救等理論之論述。
		(二) 滅火劑與滅火效果：包括各種滅火藥劑及效果之介紹與評析。
		(三) 火災生成物（煙、熱、火焰）之分析與處理。
		四、火災工學
		(一) 可燃物的燃燒種類、特性和過程。
		(二) 火災過程中之熱傳導、熱對流、熱輻射。
		(三) 浮升火羽(柱)的結構及其在火災發展過程中的熱流變化。
		(四) 影響火災煙氣的產生、蔓延和控制的相關因素。
		(五) 區劃空間火災特性。
三	避難系統消防安全設備	一、設備之構造與機能
		(一) 包括基本原理、設備系統構造機能
		(二) 構件元件之檢定、認可、檢驗測試原理
		二、設備法規
		國內相關法規及解釋令：包括各類場所消防安全設備設置標準、審勘作業規定、各類場所消防安全設備檢修及申報作業基準及相關實務
		三、設計實務
		包括設計步驟、設計公式、繪圖及其實務應用
		四、設備竣工測試
		含審勘作業規定
		五、設備檢修要領（含檢修作業規定）
		(一) 設備機能之檢測
		(二) 檢測儀器之操作使用

四	水系統消防安全設備	一、設備之構造與機能（含消防專用蓄水池等消防安全設備） (一) 包括基本原理、設備系統構造機能 (二) 構件元件之檢定、認可、檢驗測試原理 二、設備法規 國內相關法規及解釋令：包括各類場所消防安全設備設置標準、審勘作業規定、各類場所消防安全設備檢修及申報作業基準及相關實務 三、設計實務 包括設計步驟、設計公式、繪圖及其實務應用 四、設備竣工測試 含審勘作業規定 五、設備檢修要領（含檢修作業規定） (一) 設備機能之檢測 (二) 檢測儀器之操作使用
五	化學系統消防安全設備	一、設備之構造與機能（含海龍替代品等滅火設備） (一) 包括基本原理、設備系統構造機能 (二) 構件元件之檢定、認可、檢驗測試原理 二、設備法規 國內相關法規及解釋令：包括各類場所消防安全設備設置標準、審勘作業規定、各類場所消防安全設備檢修及申報作業基準及相關實務 三、設計實務 包括設計步驟、設計公式、繪圖及其實務應用 四、設備竣工測試 含審勘作業規定 五、設備檢修要領（含檢修作業規定） (一) 設備機能之檢測 (二) 檢測儀器之操作使用
六	警報系統消防安全設備	一、設備之構造與機能 (一) 包括基本原理、設備系統構造機能 (二) 構件元件之檢定、認可、檢驗測試原理 二、設備法規 國內相關法規及解釋令：包括各類場所消防安全設備設置標準、審勘作業規定、各類場所消防安全設備檢修及申報作業基準及相關實務 三、設計實務 包括設計步驟、設計公式、繪圖及其實務應用 四、設備竣工測試 含審勘作業規定 五、設備檢修要領（含檢修作業規定） (一) 設備機能之檢測 (二) 檢測儀器之操作使用
備　註		表列各應試科目命題大綱為考試命題範圍之例示，惟實際試題並不完全以此為限，仍可命擬相關之綜合性試題。

消防設備士命題大綱

中華民國101年9月24日考選部選專五字第1013302056號公告修正

專門職業及技術人員普通考試消防設備士考試各應試科目命題大綱		
應試科目數	共計4科目	
業務範圍及核心能力	有關各類場所消防安全設備之裝置、檢修業務	
編號	科目名稱	命題大綱內容
一	消防法規概要	一、消防法規總論 (一) 消防法。 (二) 消防法施行細則。 (三) 消防設備師及消防設備士管理辦法。 (四) 消防安全設備檢修專業機構管理辦法。 (五) 公共危險物品及可燃性高壓氣體設置標準暨安全管理辦法。 (六) 防火牆及防火水幕設置基準。 (七) 可燃性高壓氣體儲存場所防爆牆（防護牆）設置基準。 二、消防安全設備相關法規 (一) 各類場所消防安全設備設置標準。 (二) 消防機關辦理建築物消防安全設備審查及查驗作業基準。 (三) 各類場所消防安全設備檢修及申報作業基準。 (四) 二氧化碳及乾粉滅火設備各種標示規格。 (五) 消防幫浦加壓送水裝置等及配管摩擦損失計算基準。 (六) 避難器具支固器具及固定部之結構、強度計算及施工方法。 三、建築相關消防法規 (一) 建築技術規則：建築設計施工篇第一章。 (二) 工程倫理。
二	火災學概要	一、火災燃燒基本理論 (一)燃燒理論：包括可燃物、氧氣、熱源、連鎖反應及滅火原理等。 (二)熱傳理論：包括熱傳導、對流、輻射等。 (三)火災理論：包括火災概念特性等。 (四) 火災分類：包括A、B、C、D類等火災之介紹。 二、火災類型 (一)建築物火災 (二)電氣火災 (三)化學火災 (四) 儲槽火災 (五) 工業火災分析 (六) 特殊場所火災

		三、預防與搶救 (一) 防火及滅火：包括火災防阻與搶救等理論之論述。 (二) 滅火劑與滅火效果：包括各種滅火藥劑及效果之介紹與評析。 (三) 火災生成物（煙、熱、火焰）之分析與處理。
三	水與化學系統消防安全設備概要	一、設備設置標準 　　包括相關法令規定及解釋令 二、設備之構造與機能 　　包括基本原理、設備系統構造機能 三、設備竣工測試 　　含審勘作業規定 四、設備檢修要領（含檢修作業規定） 　　(一) 設備機能之檢修 　　(二) 檢測儀器之操作使用
四	警報與避難系統消防安全設備概要	一、設備設置標準 　　包括相關法令規定及解釋令 二、設備之構造與機能 　　包括基本原理、設備系統構造機能 三、設備竣工測試 　　含審勘作業規定 四、設備檢修要領（含檢修作業規定） 　　(一) 設備機能之檢修 　　(二) 檢測儀器之操作使用
備　註		表列各應試科目命題大綱為考試命題範圍之例示，惟實際試題並不完全以此為限，仍可命擬相關之綜合性試題。

目　錄

第3章　認可基準

第4章　消防安全設備測試報告書測試方法及判定要領

第5章　其他應考法規

第6章　歷屆考題

第1章

各類場所消防安全設備設置標準

1.1　消防設計

（102/05/01修正）

第一編　總則

第　1　條　本標準依消防法（以下簡稱本法）第六條第一項規定訂定之。

第　2　條　（刪除）

第　3　條　未定國家標準或國內無法檢驗之消防安全設備，應檢附國外標準、國外（內）檢驗報告及試驗合格證明或規格證明，經中央主管機關認可後，始准使用。

前項應經認可之消防安全設備項目及應檢附之文件，由中央消防機關另定之。

第二編　消防設計

第　4　條　本標準用語定義如下：

一、複合用途建築物：一棟建築物中有供第十二條第一款至第四款各目所列用途二種以上，且該不同用途，在管理及使用形態上，未構成從屬於其中一主用途者；其判斷基準，由中央消防機關另定之。

二、無開口樓層：建築物之各樓層供避難及消防搶救用之有效開口面積未達下列規定者：

(一)十一層以上之樓層，具可內切直徑五十公分以上圓孔之開口，合計面積為該樓地板面積三十分之一以上者。

(二)十層以下之樓層，具可內切直徑五十公分以上圓孔之開口，合計面積為該樓地板面積三十分之一以上者。但其中至少應具有二個內切直徑一公尺以上圓孔或寬七十五公分以上、高一百二十公分以上之開口。

三、高度危險工作場所：儲存一般可燃性固體物質倉庫之高度超過五點五公尺者，或易燃性液體物質之閃火點未超過攝氏六十度與攝氏溫度為三十七點八度時，其蒸氣壓未超過每平方公分二點八公

斤或0.28百萬帕斯卡（以下簡稱MPa）者，或可燃性高壓氣體製
造、儲存、處理場所或石化作業場所，木材加工業作業場所及油
漆作業場所等。

四、中度危險工作場所：儲存一般可燃性固體物質倉庫之高度未超過
　　五點五公尺者，或易燃性液體物質之閃火點超過攝氏六十度之作
　　業場所或輕工業場所。

五、低度危險工作場所：有可燃性物質存在。但其存量少，延燒範圍
　　小，延燒速度慢，僅形成小型火災者。

六、避難指標：標示避難出口或方向之指標。

前項第二款所稱有效開口，指符合下列規定者：

一、開口下端距樓地板面一百二十公分以內。

二、開口面臨道路或寬度一公尺以上之通路。

三、開口無柵欄且內部未設妨礙避難之構造或阻礙物。

四、開口為可自外面開啟或輕易破壞得以進入室內之構造。採一般玻
　　璃門窗時，厚度應在六毫米以下。

本標準所列有關建築技術、公共危險物品及可燃性高壓氣體用語，適
用建築技術規則、公共危險物品及可燃性高壓氣體設置標準暨安全管
理辦法用語定義之規定。

第　5　條　各類場所符合建築技術規則以無開口且具一小時以上防火時效之牆
　　　　　　壁、樓地板區劃分隔者，適用本標準各編規定，視為另一場所。

建築物間設有過廊，並符合下列規定者，視為另一場所：

一、過廊僅供通行或搬運用途使用，且無通行之障礙。

二、過廊有效寬度在六公尺以下。

三、連接建築物之間距，一樓超過六公尺，二樓以上超過十公尺。

建築物符合下列規定者，不受前項第三款之限制：

一、連接建築物之外牆及屋頂，與過廊連接相距三公尺以內者，為防
　　火構 造或不燃材料。

二、前款之外牆及屋頂未設有開口。但開口面積在四平方公尺以下，
　　且設具半小時以上防火時效之防火門窗者，不在此限。

三、過廊為開放式或符合下列規定者：

　　(一)為防火構造或以不燃材料建造。

　　　　　(二) 過廊與二側建築物相連接處之開口面積在四平方公尺以下，
　　　　　　　且設具半小時以上防火時效之防火門。

　　　　　(三) 設置直接開向室外之開口或機械排煙設備。但設有自動撒水
　　　　　　　設備者，得免設。

前項第三款第三目之直接開向室外之開口或機械排煙設備，應符合下
列規定：

一、直接開向室外之開口面積合計在一平方公尺以上，且符合下列規
　　定：

　　　(一) 開口設在屋頂或天花板時，設有寬度在過廊寬度三分之一以
　　　　　上，長度在一公尺以上之開口。

　　　(二) 開口設在外牆時，在過廊二側設有寬度在過廊長度三分之一
　　　　　以上，高度一公尺以上之開口。

二、機械排煙設備能將過廊內部煙量安全有效地排至室外，排煙機連
　　接緊急電源。

第　6　條　供第十二條第五款使用之複合用途建築物，有分屬同條其他各款目用
　　　　　途時，適用本標準各編規定（第十七條第一項第四款、第五款、第
　　　　　十九條第一項第四款、第五款、第二十一條第二款及第一百五十七條
　　　　　除外），以各目為單元，按各目所列不同用途，合計其樓地板面積，
　　　　　視為單一場所。

第　7　條　各類場所消防安全設備如下：

一、滅火設備：指以水或其他滅火藥劑滅火之器具或設備。

二、警報設備：指報知火災發生之器具或設備。

三、避難逃生設備：指火災發生時為避難而使用之器具或設備。

四、消防搶救上之必要設備：指火警發生時，消防人員從事搶救活動
　　上必需之器具或設備。

五、其他經中央主管機關認定之消防安全設備。

第　8　條　滅火設備種類如下：

一、滅火器、消防砂。

二、室內消防栓設備。

三、室外消防栓設備。

四、自動撒水設備。

　　　　　　　五、水霧滅火設備。

　　　　　　　六、泡沫滅火設備。

　　　　　　　七、二氧化碳滅火設備。

　　　　　　　八、乾粉滅火設備。

　　　　　　　九、簡易自動滅火設備。

第　9　條　警報設備種類如下：

　　　　　　　一、火警自動警報設備。

　　　　　　　二、手動報警設備。

　　　　　　　三、緊急廣播設備。

　　　　　　　四、瓦斯漏氣火警自動警報設備。

第　10　條　避難逃生設備種類如下：

　　　　　　　一、標示設備：出口標示燈、避難方向指示燈、觀眾席引導燈、避難
　　　　　　　　　指標。

　　　　　　　二、避難器具：指滑臺、避難梯、避難橋、救助袋、緩降機、避難繩
　　　　　　　　　索、滑杆及其他避難器具。

　　　　　　　三、緊急照明設備。

第　11　條　消防搶救上之必要設備種類如下：

　　　　　　　一、連結送水管。

　　　　　　　二、消防專用蓄水池。

　　　　　　　三、排煙設備（緊急升降機間、特別安全梯間排煙設備、室內排煙設
　　　　　　　　　備）。

　　　　　　　四、緊急電源插座。

　　　　　　　五、無線電通信輔助設備。

第　12　條　各類場所按用途分類如下：

　　　　　　　一、甲類場所：

　　　　　　　　　(一)電影片映演場所（戲院、電影院）、歌廳、舞廳、夜總
　　　　　　　　　　　會、俱樂部、理容院（觀光理髮、視聽理容等）、指壓按
　　　　　　　　　　　摩場所、錄影節目帶播映場所（MTV等）、視聽歌唱場所
　　　　　　　　　　　（KTV等）、酒家、酒吧、酒店（廊）。

　　　　　　　　　(二)保齡球館、撞球場、集會堂、健身休閒中心（含提供指壓、
　　　　　　　　　　　三溫暖等設施之美容瘦身場所）、室內螢幕式高爾夫練習

場、遊藝場所、電子遊戲場、資訊休閒場所。

(三) 觀光旅館、飯店、旅館、招待所（限有寢室客房者）。

(四) 商場、市場、百貨商場、超級市場、零售市場、展覽場。

(五) 餐廳、飲食店、咖啡廳、茶藝館。

(六) 醫院、療養院、長期照顧機構（長期照護型、養護型、失智照顧型）、安養機構、老人服務機構（限供日間照顧、臨時照顧、短期保護及安置者）、托嬰中心、早期療育機構、安置及教養機構（限收容未滿二歲兒童者）、護理之家機構、產後護理機構、身心障礙福利機構（限供住宿養護、日間服務、臨時及短期照顧者）、身心障礙者職業訓練機構（限提供住宿或使用特殊機具者）、啟明、啟智、啟聰等特殊學校。

(七) 三溫暖、公共浴室。

二、乙類場所：

(一) 車站、飛機場大廈、候船室。

(二) 期貨經紀業、證券交易所、金融機構。

(三) 學校教室、兒童課後照顧服務中心、補習班、訓練班、K書中心、前款第六目以外之安置及教養機構及身心障礙者職業訓練機構。

(四) 圖書館、博物館、美術館、陳列館、史蹟資料館、紀念館及其他類似場所。

(五) 寺廟、宗祠、教堂、供存放骨灰（骸）之納骨堂（塔）及其他類似場所。

(六) 辦公室、靶場、診所、日間型精神復健機構、兒童及少年心理輔導或家庭諮詢機構、身心障礙者就業服務機構、老人文康機構、前款第六目以外之老人服務機構及身心障礙福利機構。

(七) 集合住宅、寄宿舍、住宿型精神復健機構。

(八) 體育館、活動中心。

(九) 室內溜冰場、室內游泳池。

(十) 電影攝影場、電視播送場。

　　　　　(十一)倉庫、傢俱展示販售場。

　　　　　(十二)幼兒園。

　　三、丙類場所：

　　　　　(一)電信機器室。

　　　　　(二)汽車修護廠、飛機修理廠、飛機庫。

　　　　　(三)室內停車場、建築物依法附設之室內停車空間。

　　四、丁類場所：

　　　　　(一)高度危險工作場所。

　　　　　(二)中度危險工作場所。

　　　　　(三)低度危險工作場所。

　　五、戊類場所：

　　　　　(一)複合用途建築物中，有供第一款用途者。

　　　　　(二)前目以外供第二款至前款用途之複合用途建築物。

　　　　　(三)地下建築物。

　　六、己類場所：大眾運輸工具。

　　七、其他經中央主管機關公告之場所。

第　13　條　各類場所於增建、改建或變更用途時，其消防安全設備之設置，適用增建、改建或用途變更前之標準。但有下列情形之一者，適用增建、改建或變更用途後之標準：

　　一、其消防安全設備為滅火器、火警自動警報設備、手動報警設備、緊急廣播設備、標示設備、避難器具及緊急照明設備者。

　　二、增建或改建部分，以本標準中華民國八十五年七月一日修正條文施行日起，樓地板面積合計逾一千平方公尺或占原建築物總樓地板面積二分之一以上時，該建築物之消防安全設備。

　　三、用途變更為甲類場所使用時，該變更後用途之消防安全設備。

　　四、用途變更前，未符合變更前規定之消防安全設備。

第　14　條　下列場所應設置滅火器：

　　一、甲類場所、地下建築物、幼兒園。

　　二、總樓地板面積在一百五十平方公尺以上之乙、丙、丁類場所。

　　三、設於地下層或無開口樓層，且樓地板面積在五十平方公尺以上之各類場所。

四、設有放映室或變壓器、配電盤及其他類似電氣設備之各類場所。

五、設有鍋爐房、廚房等大量使用火源之各類場所。

六、大眾運輸工具。

第 15 條　下列場所應設置室內消防栓設備：

一、五層以下建築物，供第十二條第一款第一目所列場所使用，任何一層樓地板面積在三百平方公尺以上者；供第一款其他各目及第二款至第四款所列場所使用，任何一層樓地板面積在五百平方公尺以上者；或為學校教室任何一層樓地板面積在一千四百平方公尺以上者。

二、六層以上建築物，供第十二條第一款至第四款所列場所使用，任何一層之樓地板面積在一百五十平方公尺以上者。

三、總樓地板面積在一百五十平方公尺以上之地下建築物。

四、地下層或無開口之樓層，供第十二條第一款第一目所列場所使用，樓地板面積在一百平方公尺以上者；供第一款其他各目及第二款至第四款所列場所使用，樓地板面積在一百五十平方公尺以上者。

前項應設室內消防栓設備之場所，依本標準設有自動撒水（含補助撒水栓）、水霧、泡沫、二氧化碳、乾粉或室外消防栓等滅火設備者，在該有效範圍內，得免設室內消防栓設備。但設有室外消防栓設備時，在第一層水平距離四十公尺以下、第二層步行距離四十公尺以下有效滅火範圍內，室內消防栓設備限於第一層、第二層免設。

第 16 條　下列場所應設置室外消防栓設備：

一、高度危險工作場所，其建築物及儲存面積在三千平方公尺以上者。

二、中度危險工作場所，其建築物及儲存面積在五千平方公尺以上者。

三、低度危險工作場所，其建築物及儲存面積在一萬平方公尺以上者。

四、如有不同危險程度工作場所未達前三款規定標準，而以各款場所之實際面積為分子，各款規定之面積為分母，分別計算，其比例之總合大於一者。

五、同一建築基地內有二棟以上木造或其他易燃構造建築物時，建築物間外牆與中心線水平距離第一層在三公尺以下，第二層在五公尺以下，且合計各棟第一層及第二層樓地板面積在三千平方公尺以上者。

前項應設室外消防栓設備之工作場所，依本標準設有自動撒水、水霧、泡沫、二氧化碳、乾粉等滅火設備者，在該有效範圍內，得免設室外消防栓設備。

第　17　條　下列場所或樓層應設置自動撒水設備：

一、十層以下建築物之樓層，供第十二條第一款第一目所列場所使用，樓地板面積合計在三百平方公尺以上者；供同款其他各目及第二款第一目所列場所使用，樓地板面積在一千五百平方公尺以上者。

二、建築物在十一層以上之樓層，樓地板面積在一百平方公尺以上者。

三、地下層或無開口樓層，供第十二條第一款所列場所使用，樓地板面積在一千平方公尺以上者。

四、十一層以上建築物供第十二條第一款所列場所或第五款第一目使用者。

五、供第十二條第五款第一目使用之建築物中，甲類場所樓地板面積合計達三千平方公尺以上時，供甲類場所使用之樓層。

六、供第十二條第二款第十一目使用之場所，樓層高度超過十公尺且樓地板面積在七百平方公尺以上之高架儲存倉庫。

七、總樓地板面積在一千平方公尺以上之地下建築物。

八、高層建築物。

九、供第十二條第一款第六目所定長期照顧機構（長期照護型、養護型、失智照顧型）、身心障礙福利機構（限照顧植物人、失智症、重癱、長期臥床或身心功能退化者）、護理之家機構使用之場所，樓地板面積在三百平方公尺以上者。

前項應設自動撒水設備之場所，依本標準設有水霧、泡沫、二氧化碳、乾粉等滅火設備者，在該有效範圍內，得免設自動撒水設備。

第　18　條　下表所列之場所，應就水霧、泡沫、乾粉、二氧化碳滅火設備等選擇

設置之。但外牆開口面積（常時開放部分）達該層樓地板面積百分之十五以上者，上列滅火設備得採移動式設置。

項目	應設場所	水霧	泡沫	二氧化碳	乾粉
一	屋頂直升機停機場（坪）。		○		○
二	飛機修理廠、飛機庫樓地板面積在二百平方公尺以上者。		○		○
三	汽車修理廠、室內停車空間在第一層樓地板面積五百平方公尺以上者；在地下層或第二層以上樓地板面積在二百平方公尺以上者；在屋頂設有停車場樓地板面積在三百平方公尺以上者。	○	○	○	○
四	升降機械式停車場可容納十輛以上者。	○	○	○	○
五	發電機室、變壓器室及其他類似之電器設備場所，樓地板面積在二百平方公尺以上者。	○		○	○
六	鍋爐房、廚房等大量使用火源之場所，樓地板面積在二百平方公尺以上者。			○	○
七	電信機械室、電腦室或總機室及其他類似場所，樓地板面積在二百平方公尺以上者。			○	○
八	引擎試驗室、石油試驗室、印刷機房及其他類似危險工作場所，樓地板面積在二百平方公尺以上者。		○	○	○

註：
一、大量使用火源場所，指最大消費熱量合計在每小時三十萬千卡以上者。
二、廚房如設有自動撒水設備，且排油煙管及煙罩設簡易自動滅火裝置時，得不受本表限制。
三、停車空間內車輛採一列停放，並能同時通往室外者，得不受本表限制。
四、本表第七項所列應設場所得使用預動式自動撒水設備。
五、平時有特定或不特定人員使用之中央管理室、防災中心等類似處所，不得設置二氧化碳滅火設備。

樓地板面積在三百平方公尺以上之餐廳，其廚房排油煙管及煙罩應設簡易自動滅火設備。但已依前項規定設有滅火設備者，得免設簡易自動滅火設備。

第 19 條　下列場所應設置火警自動警報設備：
一、五層以下之建築物，供第十二條第一款及第二款第十二目所列場所使用，任何一層之樓地板面積在三百平方公尺以上者；或供同

條第二款（第十二目除外）至第四款所列場所使用，任何一層樓地板面積在五百平方公尺以上者。

二、六層以上十層以下之建築物任何一層樓地板面積在三百平方公尺以上者。

三、十一層以上建築物。

四、地下層或無開口樓層，供第十二條第一款第一目、第五目及第五款（限其中供第一款第一目或第五目使用者）使用之場所，樓地板面積在一百平方公尺以上者；供同條第一款其他各目及其他各款所列場所使用，樓地板面積在三百平方公尺以上者。

五、供第十二條第五款第一目使用之建築物，總樓地板面積在五百平方公尺以上，且其中甲類場所樓地板面積合計在三百平方公尺以上者。

六、供第十二條第一款及第五款第三目所列場所使用，總樓地板面積在三百平方公尺以上者。

七、供第十二條第一款第六目所定長期照顧機構（長期照護型、養護型、失智照顧型）及身心障礙福利機構（限照顧植物人、失智症、重癱、長期臥床或身心功能退化者）、護理之家機構場所使用者。

前項應設火警自動警報設備之場所，除供甲類場所、地下建築物、高層建築物或應設置偵煙式探測器之場所外，如已依本標準設置自動撒水、水霧或泡沫滅火設備（限使用標示攝氏溫度七十五度以下，動作時間六十秒以內之密閉型撒水頭）者，在該有效範圍內，得免設火警自動警報設備。

第　20　條　下列場所應設置手動報警設備：

一、三層以上建築物，任何一層樓地板面積在二百平方公尺以上者。

二、第十二條第一款第三目之場所。

第　21　條　下列使用瓦斯之場所應設置瓦斯漏氣火警自動警報設備：

一、地下層供第十二條第一款所列場所使用，樓地板面積合計一千平方公尺以上者。

二、供第十二條第五款第一目使用之地下層，樓地板面積合計一千平方公尺以上，且其中甲類場所樓地板面積合計五百平方公尺以上

　　　　　　　　者。

　　　　　　　三、總樓地板面積在一千平方公尺以上之地下建築物。

第　22　條　依第十九條或前條規定設有火警自動警報或瓦斯漏氣火警自動警報設
　　　　　　備之建築物，應設置緊急廣播設備。

第　23　條　下列場所應設置標示設備：

　　　　　　一、供第十二條第一款、第二款第十二目、第五款第一目、第三目使
　　　　　　　　用之場所，或地下層、無開口樓層、十一層以上之樓層供同條其
　　　　　　　　他各款目所列場所使用，應設置出口標示燈。

　　　　　　二、供第十二條第一款、第二款第十二目、第五款第一目、第三目使
　　　　　　　　用之場所，或地下層、無開口樓層、十一層以上之樓層供同條其
　　　　　　　　他各款目所列場所使用，應設置避難方向指示燈。

　　　　　　三、戲院、電影院、歌廳、集會堂及類似場所，應設置觀眾席引導
　　　　　　　　燈。

　　　　　　四、各類場所均應設置避難指標。但設有避難方向指示燈或出口標示
　　　　　　　　燈時，在其有效範圍內，得免設置避難指標。

第　24　條　下列場所應設置緊急照明設備：

　　　　　　一、供第十二條第一款、第三款及第五款所列場所使用之居室。

　　　　　　二、供第十二條第二款第一目、第二目、第三目（學校教室除外）、
　　　　　　　　第四目至第六目、第七目所定住宿型精神復健機構、第八目、第
　　　　　　　　九目及第十二目所列場所使用之居室。

　　　　　　三、總樓地板面積在一千平方公尺以上建築物之居室（學校教室除
　　　　　　　　外）。

　　　　　　四、有效採光面積未達該居室樓地板面積百分之五者。

　　　　　　五、供前四款使用之場所，自居室通達避難層所須經過之走廊、樓梯
　　　　　　　　間、通道及其他平時依賴人工照明部分。

　　　　　　經中央主管機關認可為容易避難逃生或具有效採光之場所，得免設緊
　　　　　　急照明設備。

第　25　條　建築物除十一層以上樓層及避難層外，各樓層應選設滑臺、避難梯、
　　　　　　避難橋、救助袋、緩降機、避難繩索、滑杆或經中央主管機關認可具
　　　　　　同等性能之避難器具。但建築物在構造及設施上，並無避難逃生障
　　　　　　礙，經中央主管機關認可者，不在此限。

第　26　條　下列場所應設置連結送水管：
一、五層或六層建築物總樓地板面積在六千平方公尺以上者及七層以上建築物。
二、總樓地板面積在一千平方公尺以上之地下建築物。

第　27　條　下列場所應設置消防專用蓄水池：
一、各類場所其建築基地面積在二萬平方公尺以上，且任何一層樓地板面積在一千五百平方公尺以上者。
二、各類場所其高度超過三十一公尺，且總樓地板面積在二萬五千平方公尺以上者。
三、同一建築基地內有二棟以上建築物時，建築物間外牆與中心線水平距離第一層在三公尺以下，第二層在五公尺以下，且合計各棟該第一層及第二層樓地板面積在一萬平方公尺以上者。

第　28　條　下列場所應設置排煙設備：
一、供第十二條第一款及第五款第三目所列場所使用，樓地板面積合計在五百平方公尺以上。
二、樓地板面積在一百平方公尺以上之居室，其天花板下方八十公分範圍內之有效通風面積未達該居室樓地板面積百分之二者。
三、樓地板面積在一千平方公尺以上之無開口樓層。
四、供第十二條第一款第一目所列場所及第二目之集會堂使用，舞臺部分之樓地板面積在五百平方公尺以上者。
五、依建築技術規則應設置之特別安全梯或緊急昇降機間。
前項場所之樓地板面積，在建築物以具有一小時以上防火時效之牆壁、平時保持關閉之防火門窗等防火設備及各該樓層防火構造之樓地板區劃，且防火設備具一小時以上之阻熱性者，增建、改建或變更用途部分得分別計算。

第　29　條　下列場所應設置緊急電源插座：
一、十一層以上建築物之各樓層。
二、總樓地板面積在一千平方公尺以上之地下建築物。
三、依建築技術規則應設置之緊急升降機間。

第　30　條　樓高在一百公尺以上建築物之地下層或總樓地板面積在一千平方公尺以上之地下建築物，應設置無線電通信輔助設備。

1.2　警報設備

第一節　火警自動警報設備

第 112 條　裝設火警自動警報設備之建築物，依下列規定劃定火警分區：

一、每一火警分區不得超過一樓層，並在樓地板面積六百平方公尺以下。但上下二層樓地板面積之和在五百平方公尺以下者，得二層共用一分區。

二、每一分區之任一邊長在五十公尺以下。但裝設光電式分離型探測器時，其邊長得在一百公尺以下。

三、如由主要出入口或直通樓梯出入口能直接觀察該樓層任一角落時，第一款規定之六百平方公尺得增為一千平方公尺。

四、樓梯、斜坡通道、昇降機之昇降路及管道間等場所，在水平距離五十公尺範圍內，且其頂層相差在二層以下時，得為一火警分區。但應與建築物各層之走廊、通道及居室等場所分別設置火警分區。

五、樓梯或斜坡通道，垂直距離每四十五公尺以下為一火警分區。但其地下層部分應為另一火警分區。

第 113 條　火警自動警報設備之鳴動方式，建築物在五樓以上，且總樓地板面積在三千平方公尺以上者，依下列規定：

一、起火層為地上二層以上時，限該樓層與其直上二層及其直下層鳴動。

二、起火層為地面層時，限該樓層與其直上層及地下層各層鳴動。

三、起火層為地下層時，限地面層及地下層各層鳴動。

第 114 條　探測器應依裝置場所高度，就下表選擇探測器種類裝設。但同一室內之天花板或屋頂板高度不同時，以平均高度計。

裝置場所高度　探測器種類	未滿四公尺	四公尺以上未滿八公尺	八公尺以上未滿十五公尺	十五公尺以上未滿二十公尺
探測器種類	差動式局限型、差動式分布型、補償式局限型、離子式局限型、光電式局限型、光電式分離型、定溫式、火焰式。	差動式局限型、差動式分布型、補償式局限型、定溫式特種或一種、離子式局限型一種或二種、光電式局限型一種或二種、光電式分離型、火焰式。	差動式分布型、離子式局限型一種或二種、光電式局限型一種或二種、火焰式、光電式分離型。	離子式局限型一種、光電式局限型一種、光電式分離型一種、火焰式。

第 115 條　探測器之裝置位置，依下列規定：

一、天花板上設有出風口時，除火焰式、差動式分布型及光電式分離型探測器外，應距離該出風口一點五公尺以上。

二、牆上設有出風口時，應距離該出風口一點五公尺以上。但該出風口距天花板在一公尺以上時，不在此限。

三、天花板設排氣口或回風口時，偵煙式探測器應裝置於排氣口或回風口周圍一公尺範圍內。

四、局限型探測器以裝置在探測區域中心附近為原則。

五、局限型探測器之裝置，不得傾斜四十五度以上。但火焰式探測器，不在此限。

第 116 條　下列處所得免設探測器：

一、探測器除火焰式外，裝置面高度超過二十公尺者。

二、外氣流通無法有效探測火災之場所。

三、洗手間、廁所或浴室。

四、冷藏庫等設有能早期發現火災之溫度自動調整裝置者。

五、主要構造為防火構造，且開口設有具一小時以上防火時效防火門之金庫。

六、室內游泳池之水面或溜冰場之冰面上方。

七、不燃性石材或金屬等加工場，未儲存或未處理可燃性物品處。

八、其他經中央主管機關指定之場所。

第 117 條　偵煙式或熱煙複合式局限型探測器不得設於下列處所：

一、塵埃、粉末或水蒸氣會大量滯留之場所。

二、會散發腐蝕性氣體之場所。

三、廚房及其他平時煙會滯留之場所。

四、顯著高溫之場所。

五、排放廢氣會大量滯留之場所。

六、煙會大量流入之場所。

七、會結露之場所。

八、其他對探測器機能會造成障礙之場所。

火焰式探測器不得設於下列處所：

一、前項第二款至第四款、第六款、第七款所列之處所。

二、水蒸氣會大量滯留之處所。

三、用火設備火焰外露之處所。

四、其他對探測器機能會造成障礙之處所。

前二項所列場所，依下表狀況，選擇適當探測器設置：

場所			1 灰塵、粉末會大量滯留場所	2 水蒸氣會大量滯留之場所	3 會散發腐蝕性氣體之場所	4 平時煙會滯留之場所	5 顯著高溫之廠所	6 排放廢氣會大量滯留之場所	7 煙會大量流入之場所	8 會結露之場所
適用探測器	差動式局限型	一種						○	○	
		二種						○	○	
	差動式分布型	一種	○		○			○	○	○
		二種	○	○	○			○	○	○
	補償式局限型	一種	○		○			○		○
		二種	○	○	○			○		○
	定溫式	特種	○	○	○	○	○		○	○
		二種				○	○		○	○
	火焰式		○					○		

場所	1	2	3	4	5	6	7	8
	灰塵、粉末會大量滯留場所	水蒸氣會大量滯留之場所	會散發腐蝕性氣體之場所	平時煙會滯留之場所	顯著高溫之廠所	排放廢氣會大量滯留之場所	煙會大量流入之場所	會結露之場所

註：
一、○表可選擇設置。
二、場所1、2、4、8所使用之定溫式或補償式探測器，應具有防水性能。
三、場所3所使用之定溫式或補償式探測器，應依腐蝕性氣體別，使用具耐酸或耐鹼性能者；使用差動式分布型時，其空氣管及檢出器應採有效措施，防範腐蝕性氣體侵蝕。

第 118 條　下表所列場所應就偵煙式、熱煙複合式或火焰式探測器選擇設置：

設置場所	樓梯或斜坡通道	走廊或通道（限供第十二條第一款、）第二款第二目、第六目至第十目、第四款及第五款使用者）	昇降機之升降坑道或配管配線管道間	天花板高度在十五以上，未滿二十公尺之場所	天花板等高度超過二十公尺之場所	地下層、無開口樓層及十一層以上之各層（前揭所列樓層限供第十二條第一款、第二款第二目、第六目至第十目及第五款使用者）
偵煙式	○	○	○	○		○
熱煙複合式	○					○
火焰式				○	○	○
註：○表可選擇設置。						

第 119 條　探測器之探測區域，指探測器裝置面之四周以淨高四十公分以上之樑或類似構造體區劃包圍者。但差動式分布型及偵煙式探測器，其裝置面之四周淨高應為六十公分以上。

第 120 條　差動式局限型、補償式局限型及定溫式局限型探測器，依下列規定設置：

一、探測器下端，裝設在裝置面下方三十公分範圍內。

二、各探測區域應設探測器數，依下表之探測器種類及裝置面高度，在每一有效探測範圍，至少設置一個。

裝置面高度			未滿四公尺		四公尺以上未滿八公尺	
建築物構造			防火構造建築物	其他建築物	防火構造建築物	其他建築物
探測器種類及有效探測範圍（平方公尺）	差動式局限型	一種	90	50	45	30
		二種	70	40	35	25
	補償式局限型	一種	90	50	45	30
		二種	70	40	35	25
	定溫式局限型	特種	70	40	35	25
		一種	60	30	30	15
		二種	20	15	-	-

三、具有定溫式性能之探測器，應裝設在平時之最高周圍溫度，比補償式局限型探測器之標稱定溫點或其他具有定溫式性能探測器之標稱動作溫度低攝氏二十度以上處。但具二種以上標稱動作溫度者，應設在平時之最高周圍溫度比最低標稱動作溫度低攝氏二十度以上處。

第 121 條　差動式分布型探測器，依下列規定設置：

一、差動式分布型探測器為空氣管式時，應符合下列規定：

　　(一) 每一探測區域內之空氣管長度，露出部分在二十公尺以上。

　　(二) 裝接於一個檢出器之空氣管長度，在一百公尺以下。

　　(三) 空氣管裝置在裝置面下方三十公分範圍內。

　　(四) 空氣管裝置在自裝置面任一邊起一點五公尺以內之位置，其間距，在防火構造建築物，在九公尺以下，其他建築物在六公尺以下。但依探測區域規模及形狀能有效探測火災發生者，不在此限。

二、差動式分布型探測器為熱電偶式時，應符合下列規定：

　　(一) 熱電偶應裝置在裝置面下方三十公分範圍內。

(二) 各探測區域應設探測器數，依下表之規定：

建築物構造	探測區域樓地板面積	應設探測器數
防火構造建築物	八十八平方公尺以下	至少四個
	超過八十八平方公尺	應設四個，每增加二十二平方公尺（包含未滿），增設一個
其他建築物	七十二平方公尺以下	至少四個
	超過七十二平方公尺	應設四個，每增加十八平方公尺（包含未滿），增設一個

(三) 裝接於一個檢出器之熱電偶數，在二十個以下。

三、差動式分布型探測器為熱半導體式時，應符合下列規定：

(一) 探測器下端，裝設在裝置面下方三十公分範圍內。

(二) 各探測區域應設探測器數，依下表之探測器種類及裝置面高度，在每一有效探測範圍，至少設置二個。但裝置面高度未滿八公尺時，在每一有效探測範圍，至少設置一個。

裝置面高度	建築物之構造	探測器種類及有效探測範圍（平方公尺）	
		一種	二種
未滿八公尺	防火構造建築物	65	36
	其他建築物	40	23
八公尺以上未滿十五公尺	防火構造建築物	50	-
	其他建築物	30	-

(三) 裝接於一個檢出器之感熱器數量，在二個以上十五個以下。

前項之檢出器應設於便於檢修處，且與裝置面不得傾斜五度以上。

定溫式線型探測器，依下列規定設置：

一、探測器設在裝置面下方三十公分範圍內。

二、探測器在各探測區域，使用第一種探測器時，裝置在自裝置面任一點起水平距離三公尺（防火構造建築物為四點五公尺）以內；

使用第二種探測器時，裝在自裝置面任一點起水平距離一公尺（防火構造建築物為三公尺）以內。

第 122 條 　偵煙式探測器除光電式分離型外，依下列規定裝置：

一、居室天花板距樓地板面高度在二點三公尺以下或樓地板面積在四十平方公尺以下時，應設在其出入口附近。

二、探測器下端，裝設在裝置面下方六十公分範圍內。

三、探測器裝設於距離牆壁或樑六十公分以上之位置。

四、探測器除走廊、通道、樓梯及傾斜路面外，各探測區域應設探測器數，依下表之探測器種類及裝置面高度，在每一有效探測範圍，至少設置一個。

裝置面高度	探測器種類及有效探測範圍（平方公尺）	
	一種或二種	三種
未滿四公尺	150	50
四公尺以上未滿二十公尺	75	-

五、探測器在走廊及通道，步行距離每三十公尺至少設置一個；使用第三種探測器時，每二十公尺至少設置一個；且距盡頭之牆壁在十五公尺以下，使用第三種探測器應在十公尺以下。但走廊或通道至樓梯之步行距離在十公尺以下，且樓梯設有平時開放式防火門或居室有面向該處之出入口時，得免設。

六、在樓梯、斜坡通道及電扶梯，垂直距離每十五公尺至少設置一個；使用第三種探測器時，其垂直距離每十公尺至少設置一個。

七、在升降機坑道及管道間（管道截面積在一平方公尺以上者），應設在最頂部。但升降路頂部有升降機機械室，且升降路與機械室間有開口時，應設於機械室，升降路頂部得免設。

第 123 條 　光電式分離型探測器，依下列規定設置：

一、探測器之受光面設在無日光照射之處。

二、設在與探測器光軸平行牆壁距離六十公分以上之位置。

三、探測器之受光器及送光器，設在距其背部牆壁一公尺範圍內。

四、設在天花板等高度二十公尺以下之場所。

五、探測器之光軸高度，在天花板等高度百分之八十以上之位置。

六、探測器之光軸長度，在該探測器之標稱監視距離以下。

七、探測器之光軸與警戒區任一點之水平距離，在七公尺以下。

前項探測器之光軸，指探測器受光面中心點與送光面中心點之連結線。

第 124 條　火焰式探測器，依下列規定設置：

一、裝設於天花板、樓板或牆壁。

二、距樓地板面一點二公尺範圍內之空間，應在探測器標稱監視距離範圍內。

三、探測器不得設在有障礙物妨礙探測火災發生處。

四、探測器設在無日光照射之處。但設有遮光功能可避免探測障礙者，不在此限。

第 125 條　火警受信總機應依下列規定裝置：

一、具有火警區域表示裝置，指示火警發生之分區。

二、火警發生時，能發出促使警戒人員注意之音響。

三、附設與火警發信機通話之裝置。

四、一棟建築物內設有二臺以上火警受信總機時，設受信總機處，設有能相互同時通話連絡之設備。

五、受信總機附近備有識別火警分區之圖面資料。

六、裝置蓄積式探測器或中繼器之火警分區，該分區在受信總機，不得有雙信號功能。

七、受信總機、中繼器及偵煙式探測器，有設定蓄積時間時，其蓄積時間之合計，每一火警分區在六十秒以下，使用其他探測器時，在二十秒以下。

第 126 條　火警受信總機之位置，依下列規定裝置：

一、裝置於值日室等經常有人之處所。但設有防災中心時，設於該中心。

二、裝置於日光不直接照射之位置。

三、避免傾斜裝置，其外殼應接地。

四、壁掛型總機操作開關距離樓地板面之高度，在零點八公尺（座式操作者，為零點六公尺）以上一點五公尺以下。

第 127 條　火警自動警報設備之配線，除依屋內線路裝置規則外，依下列規定設置：

一、常開式之探測器信號回路，其配線採用串接式，並加設終端電阻，以便藉由火警受信總機作回路斷線自動檢出用。

二、P型受信總機採用數個分區共用一公用線方式配線時，該公用線供應之分區數，不得超過七個。

三、P型受信總機之探測器回路電阻，在五十Ω以下。

四、電源回路導線間及導線與大地間之絕緣電阻值，以直流二百五十伏特額定之絕緣電阻計測定，對地電壓在一百五十伏特以下者，在零點一MΩ以上，對地電壓超過一百五十伏特者，在零點二MΩ以上。探測器回路導線間及導線與大地間之絕緣電阻值，以直流二百五十伏特額定之絕緣電阻計測定，每一火警分區在零點一MΩ以上。

五、埋設於屋外或有浸水之虞之配線，採用電纜並穿於金屬管或塑膠導線管，與電力線保持三十公分以上之間距。

第 128 條　火警自動警報設備之緊急電源，應使用蓄電池設備，其容量能使其有效動作十分鐘以上。

第二節　手動報警設備

第 129 條　每一火警分區，依下列規定設置火警發信機：

一、按鈕按下時，能即刻發出火警音響。

二、按鈕前有防止隨意撥弄之保護板。

三、附設緊急電話插座。

四、裝置於屋外之火警發信機，具防水之性能。

二樓層共用一火警分區者，火警發信機應分別設置。但樓梯或管道間之火警分區，得免設。

第 130 條　設有火警發信機之處所，其標示燈應平時保持明亮，其透明罩為圓弧形，裝置後突出牆面，標示燈與裝置面成十五度角，在十公尺距離內須無遮視物且明顯易見。

第 131 條 設有火警發信機之處所，其火警警鈴，依下列規定設置：

一、電壓到達規定電壓之百分之八十時，能即刻發出音響。

二、在規定電壓下，離開火警警鈴一百公分處，所測得之音壓，在九十分貝以上。

三、電鈴絕緣電阻以直流二百五十伏特額定之絕緣電阻計測定，在二十MΩ以上。

四、警鈴音響應有別於建築物其他音響，並除報警外不得兼作他用。

依本章第三節設有緊急廣播設備時，得免設前項火警警鈴。

第 132 條 火警發信機、標示燈及火警警鈴，依下列規定裝置：

一、裝設於火警時人員避難通道內適當而明顯之位置。

二、火警發信機離地板面之高度在一點二公尺以上一點五公尺以下。

三、標示燈及火警警鈴距離地板面之高度，在二公尺以上二點五公尺以下。但與火警發信機合併裝設者，不在此限。

四、建築物內裝有消防立管之消防栓箱時，火警發信機、標示燈及火警警鈴裝設在消防栓箱上方牆上。

第三節　緊急廣播設備

第 133 條 緊急廣播設備，依下列規定裝置：

一、距揚聲器一公尺處所測得之音壓應符合下表規定：

揚聲器種類	音壓
L級	92分貝以上
M級	87分貝以上92分貝未滿
S級	84分貝以上87分貝未滿

二、揚聲器，依下列規定裝設：

(一) 廣播區域超過一百平方公尺時，設L級揚聲器。

(二) 廣播區域超過五十平方公尺一百平方公尺以下時，設L級或M級揚聲器。

(三) 廣播區域在五十平方公尺以下時，設L級、M級或S級揚聲

器。

(四) 從各廣播區域內任一點至揚聲器之水平距離在十公尺以下。
但居室樓地板面積在六平方公尺或由居室通往地面之主要走
廊及通道樓地板面積在六平方公尺以下，其他非居室部分樓
地板面積在三十平方公尺以下，且該區域與相鄰接區域揚聲
器之水平距離相距八公尺以下時，得免設。

(五) 設於樓梯或斜坡通道時，至少垂直距離每十五公尺設一個L
級揚聲器。

三、樓梯或斜坡通道以外之場所，揚聲器之音壓及裝設符合下列規定
者，不受前款第四目之限制：

(一) 廣播區域內距樓地板面一公尺處，依下列公式求得之音壓在
七十五分貝以上者。

$$P = p + 10 \log_{10}(\frac{Q}{4\pi r^2} + \frac{4(1-\alpha)}{S\alpha})$$

P值：音壓（單位：dB）

p值：揚聲器音響功率（單位：dB）

Q值：揚聲器指向係數

r值：受音點至揚聲器之距離（單位：公尺）

α值：廣播區域之平均吸音率

S值：廣播區域內牆壁、樓地板及天花板面積之合計（單
位：平方公尺）

(二) 廣播區域之殘響時間在三秒以上時，距樓地板面一公尺處至
揚聲器之距離，在下列公式求得值以下者。

$$r = 3/4\sqrt{QS\alpha/\pi(1-\alpha)}$$

r值：受音點至揚聲器之距離（單位：公尺）

Q值：揚聲器指向係數

S值：廣播區域內牆壁、樓地板及天花板面積之合計（單
位：平方公尺）

α值：廣播區域之平均吸音率

第 134 條　裝設緊急廣播設備之建築物，依下列規定劃定廣播分區：

一、每一廣播分區不得超過一樓層。

二、室內安全梯或特別安全梯應垂直距離每四十五公尺單獨設定一廣播分區。安全梯或特別安全梯之地下層部分，另設定一廣播分區。

三、建築物挑空構造部分，所設揚聲器音壓符合規定時，該部分得為一廣播分區。

第 135 條　緊急廣播設備與火警自動警報設備連動時，其火警音響之鳴動準用第一百十三條之規定。

緊急廣播設備之音響警報應以語音方式播放。

緊急廣播設備之緊急電源，準用第一百二十八條之規定。

第 136 條　緊急廣播設備之啓動裝置應符合CNS一〇五二二之規定，並依下列規定設置：

一、各樓層任一點至啓動裝置之步行距離在五十公尺以下。

二、設在距樓地板高度零點八公尺以上一點五公尺以下範圍內。

三、各類場所第十一層以上之各樓層、地下第三層以下之各樓層或地下建築物，應使用緊急電話方式啓動。

第 137 條　緊急廣播設備與其他設備共用者，在火災時應能遮斷緊急廣播設備以外之廣播。

第 138 條　擴音機及操作裝置，應符合CNS一〇五二二之規定，並依下列規定設置：

一、操作裝置與啓動裝置或火警自動警報設備動作連動，並標示該啓動裝置或火警自動警報設備所動作之樓層或區域。

二、具有選擇必要樓層或區域廣播之性能。

三、各廣播分區配線有短路時，應有短路信號之標示。

四、操作裝置之操作開關距樓地板面之高度，在零點八公尺以上（座式操作者，為零點六公尺）一點五公尺以下。

五、操作裝置設於值日室等經常有人之處所。但設有防災中心時，設於該中心。

第 139 條　緊急廣播設備之配線，除依屋內線路裝置規則外，依下列規定設置：

一、導線間及導線對大地間之絕緣電阻值，以直流二百五十伏特額定之絕緣電阻計測定，對地電壓在一百五十伏特以下者，在零點一

　　　　　　MΩ以上，對地電壓超過一百五十伏特者，在零點二MΩ以上。

二、不得與其他電線共用管槽。但電線管槽內之電線用於六十伏特以下之弱電回路者，不在此限。

三、任一層之揚聲器或配線有短路或斷線時，不得影響其他樓層之廣播。

四、設有音量調整器時，應為三線式配線。

第四節　瓦斯漏氣火警自動警報設備

第 140 條　瓦斯漏氣火警自動警報設備依第一百十二條之規定劃定警報分區。

前項瓦斯，指下列氣體燃料：

一、天然氣。

二、液化石油氣。

三、其他經中央主管機關指定者。

第 141 條　瓦斯漏氣檢知器，依瓦斯特性裝設於天花板或牆面等便於檢修處，並符合下列規定：

一、瓦斯對空氣之比重未滿一時，依下列規定：

(一) 設於距瓦斯燃燒器具或瓦斯導管貫穿牆壁處水平距離八公尺以內。但樓板有淨高六十公分以上之樑或類似構造體時，設於近瓦斯燃燒器具或瓦斯導管貫穿牆壁處。

(二) 瓦斯燃燒器具室內之天花板附近設有吸氣口時，設在距瓦斯燃燒器具或瓦斯導管貫穿牆壁處與天花板間，無淨高六十公分以上之樑或類似構造體區隔之吸氣口一點五公尺範圍內。

(三) 檢知器下端，裝設在天花板下方三十公分範圍內。

二、瓦斯對空氣之比重大於一時，依下列規定：

(一) 設於距瓦斯燃燒器具或瓦斯導管貫穿牆壁處水平距離四公尺以內。

(二) 檢知器上端，裝設在距樓地板面三十公分範圍內。

三、水平距離之起算，依下列規定：

(一) 瓦斯燃燒器具為燃燒器中心點。

　　　　　　　(二) 瓦斯導管貫穿牆壁處為面向室內牆壁處之瓦斯配管中心處。

第 142 條　瓦斯漏氣受信總機，依下列規定：

一、裝置於值日室等平時有人之處所。但設有防災中心時，設於該中心。

二、具有標示瓦斯漏氣發生之警報分區。

三、設於瓦斯導管貫穿牆壁處之檢知器，其警報分區應個別標示。

四、操作開關距樓地板面之高度，須在零點八公尺以上（座式操作者為零點六公尺）一點五公尺以下。

五、主音響裝置之音色及音壓應有別於其他警報音響。

六、一棟建築物內有二臺以上瓦斯漏氣受信總機時，該受信總機處，設有能相互同時通話連絡之設備。

第 143 條　瓦斯漏氣之警報裝置，依下列規定：

一、瓦斯漏氣表示燈，依下列規定。但在一警報分區僅一室時，得免設之。

　　(一) 設有檢知器之居室面向通路時，設於該面向通路部分之出入口附近。

　　(二) 距樓地板面之高度，在四點五公尺以下。

　　(三) 其亮度在表示燈前方三公尺處能明確識別，並於附近標明瓦斯漏氣表示燈字樣。

二、檢知器所能檢知瓦斯漏氣之區域內，該檢知器動作時，該區域內之檢知區域警報裝置能發出警報音響，其音壓在距一公尺處應有七十分貝以上。但檢知器具有發出警報功能者，或設於機械室等常時無人場所及瓦斯導管貫穿牆壁處者，不在此限。

第 144 條　瓦斯漏氣火警自動警報設備之配線，除依屋內線路裝置規則外，依下列規定：

一、電源回路導線間及導線對大地間之絕緣電阻值，以直流五百伏特額定之絕緣電阻計測定，對地電壓在一百五十伏特以下者，應在零點一MΩ以上，對地電壓超過一百五十伏特者，在零點二MΩ以上。檢知器回路導線間及導線與大地間之絕緣電阻值，以直流五百伏特額定之絕緣電阻計測定，每一警報分區在零點一MΩ以上。

二、常開式檢知器信號回路之配線採用串接式，並加設終端電阻，以便藉由瓦斯漏氣受信總機作斷線自動檢出用。

三、檢知器回路不得與瓦斯漏氣火警自動警報設備以外之設備回路共用。

第　145　條　瓦斯漏氣火警自動警報設備之緊急電源應使用蓄電池設備，其容量應能使二回路有效動作十分鐘以上，其他回路能監視十分鐘以上。

1.3　避難逃生設備

第一節　標示設備

第 146 條　下列處所得免設出口標示燈、避難方向指示燈或避難指標：
一、自居室任一點易於觀察識別其主要出入口，且與主要出入口之步行距離符合下列規定者。但位於地下建築物、地下層或無開口樓層者不適用之：
　　(一) 該步行距離在避難層為二十公尺以下，在避難層以外之樓層為十公尺以下者，得免設出口標示燈。
　　(二) 該步行距離在避難層為四十公尺以下，在避難層以外之樓層為三十公尺以下者，得免設避難方向指示燈。
　　(三) 該步行距離在三十公尺以下者，得免設避難指標。
二、居室符合下列規定者：
　　(一) 自居室任一點易於觀察識別該居室出入口，且依用途別，其樓地板面積符合下表規定。

用途別	第十二條第一款第一目至第三目	第十二條第一款第四目、第五目、第七目、第二款第十目	第十二條第一款第六目、第二款第一目至第九目、第十一目、第十二目、第三款、第四款
居室樓地板面積	一百平方公尺以下	二百平方公尺以下	四百平方公尺以下

　　(二) 供集合住宅使用之居室。
三、通往主要出入口之走廊或通道之出入口，設有探測器連動自動關閉裝置之防火門，並設有避難指標及緊急照明設備確保該指標明顯易見者，得免設出口標示燈。
四、樓梯或坡道，設有緊急照明設備及供確認避難方向之樓層標示者，得免設避難方向指示燈。

前項第一款及第三款所定主要出入口，在避難層，指通往戶外之出入口，設有排煙室者，為該室之出入口；在避難層以外之樓層，指通往直通樓梯之出入口，設有排煙室者，為該室之出入口。

第 146-1 條　出口標示燈及非設於樓梯或坡道之避難方向指示燈，其標示面縱向尺度及光度依等級區分如下：

區分		標示面縱向尺度（m）	標示面光度（cd）
出口標示燈	A級	0.4以上	50以上
	B級	0.2～0.4	10以上
	C級	0.1～0.2	1.5以上
避難方向指示燈	A級	0.4 以上	60以上
	B級	0.2～0.4	13以上
	C級	0.1～0.2	5以上

第 146-2 條　出口標示燈及避難方向指示燈之有效範圍，指至該燈之步行距離，在下列二款之一規定步行距離以下之範圍。但有不易看清或識別該燈情形者，該有效範圍為十公尺：

一、依下表之規定：

區分			步行距離（公尺）
出口標示燈	A級	未顯示避難方向符號者	六十
		顯示避難方向符號者	四十
	B級	未顯示避難方向符號者	三十
		顯示避難方向符號者	二十
	C級		十五
避難方向指示燈	A級		二十
	B級		十五
	C級		十

二、依下列計算值：

$$D = kh$$

式中，D：步行距離（公尺）

　　　h：出口標示燈或避難方向指示燈標示面之縱向尺度（公尺）

　　　k：依下表左欄所列區分，採右欄對應之k值

區分		k值
出口標示燈	未顯示避難方向符號者	一百五十
	顯示避難方向符號者	一百
避難方向指示燈		五十

第 146-3 條　出口標示燈應設於下列出入口上方或其緊鄰之有效引導避難處：

一、通往戶外之出入口；設有排煙室者，為該室之出入口。

二、通往直通樓梯之出入口；設有排煙室者，為該室之出入口。

三、通往前二款出入口，由室內往走廊或通道之出入口。

四、通往第一款及第二款出入口，走廊或通道上所設跨防火區劃之防火門。

避難方向指示燈，應裝設於設置場所之走廊、樓梯及通道，並符合下列規定：

一、優先設於轉彎處。

二、設於依前項第一款及第二款所設出口標示燈之有效範圍內。

三、設於前二款規定者外，把走廊或通道各部分包含在避難方向指示燈有效範圍內，必要之地點。

第 146-4 條　出口標示燈及避難方向指示燈之裝設，應符合下列規定：

一、設置位置應不妨礙通行。

二、周圍不得設有影響視線之裝潢及廣告招牌。

三、設於地板面之指示燈，應具不因荷重而破壞之強度。

四、設於可能遭受雨淋或溼氣滯留之處所者，應具防水構造。

第 146-5 條　出口標示燈及非設於樓梯或坡道之避難方向指示燈，設於下列場所時，應使用A級或B級；出口標示燈標示面光度應在二十燭光（cd）

以上，或具閃滅功能；避難方向指示燈標示面光度應在二十五燭光
（cd）以上。

但設於走廊，其有效範圍內各部分容易識別該燈者，不在此限：

一、供第十二條第二款第一目、第三款第三目或第五款第三目使用
者。

二、供第十二條第一款第一目至第五目、第七目或第五款第一目使
用，該層樓地板面積在一千平方公尺以上者。

三、供第十二條第一款第六目使用者。其出口標示燈並應採具閃滅功
能，或兼具音聲引導功能者。

前項出口標示燈具閃滅或音聲引導功能者，應符合下列規定：

一、設於主要出入口。

二、與火警自動警報設備連動。

三、由主要出入口往避難方向所設探測器動作時，該出入口之出口標
示燈應停止閃滅及音聲引導。

避難方向指示燈設於樓梯或坡道者，在樓梯級面或坡道表面之照度，
應在一勒克司（Lux）以上。

第 146-6 條　　觀眾席引導燈之照度，在觀眾席通道地面之水平面上測得之值，在零
點二勒克司（Lux）以上。

第 146-7 條　　出口標示燈及避難方向指示燈，應保持不熄滅。

出口標示燈及非設於樓梯或坡道之避難方向指示燈，與火警自動警報
設備之探測器連動亮燈，且配合其設置場所使用型態採取適當亮燈方
式，並符合下列規定之一者，得予減光或消燈。

一、設置場所無人期間。

二、設置位置可利用自然採光辨識出入口或避難方向期間。

三、設置在因其使用型態而特別需要較暗處所，於使用上較暗期間。

四、設置在主要供設置場所管理權人、其雇用之人或其他固定使用之
人使用之處所。

設於樓梯或坡道之避難方向指示燈，與火警自動警報設備之探測器連動亮燈，且配合
其設置場所使用型態採取適當亮燈方式，並符合前項第一款或第二款
規定者，得予減光或消燈。

第 147 條　　（刪除）

第 148 條　　（刪除）

第 149 條　　（刪除）

第 150 條　　（刪除）

第 151 條　　（刪除）

第 152 條　　（刪除）

第 153 條　　避難指標，依下列規定設置：

一、設於出入口時，裝設高度距樓地板面一點五公尺以下。

二、設於走廊或通道時，自走廊或通道任一點至指標之步行距離在七點五公尺以下。且優先設於走廊或通道之轉彎處。

三、周圍不得設有影響視線之裝潢及廣告招牌。

四、設於易見且採光良好處。

第 154 條　　出口標示燈及避難方向指示燈，應符合出口標示燈及避難方向指示燈認可基準規定。

避難指標之構造，應符合CNS一○二○八之規定。

第 155 條　　出口標示燈及避難方向指示燈之緊急電源應使用蓄電池設備，其容量應能使其有效動作二十分鐘以上。但設於下列場所之主要避難路徑者，該容量應在六十分鐘以上，並得採蓄電池設備及緊急發電機併設方式：

一、總樓地板面積在五萬平方公尺以上。

二、高層建築物，其總樓地板面積在三萬平方公尺以上。

三、地下建築物，其總樓地板面積在一千平方公尺以上。

前項之主要避難路徑，指符合下列規定者：

一、通往戶外之出入口；設有排煙室者，為該室之出入口。

二、通往直通樓梯之出入口；設有排煙室者，為該室之出入口。

三、通往第一款出入口之走廊或通道。

四、直通樓梯。

第 156 條　　出口標示燈及避難方向指示燈之配線，依屋內線路裝置規則外，並應符合下列規定：

一、蓄電池設備集中設置時，直接連接於分路配線，不得裝置插座或開關等。

二、電源回路不得設開關。但以三線式配線使經常充電或燈具內置蓄

電池設備者，不在此限。

第二節　避難器具

第　157　條　避難器具，依下表選擇設置之：

	設置場所應設數量	地下層	第二層	第三層、第四層或第五層	第六層以上之樓層
1	第二層以上之樓層或地下層供第十二條第一款第六目、第二款第十二目使用，其收容人員在二十人（其下面樓層）供第十二條第一款第一目至第五目、第七目、第二款第二目、第六目、第七目、第三款第三目或第四款所列場所使用，應為十人）以上一百人以下設一具，超過一百人每增加（含未滿）增設一具。	避難梯	避難梯、避難橋、緩降機、救助袋、滑臺	避難橋、救助袋、滑臺	避難橋、救助袋、滑臺
2	第二層以上之樓層或地下層供第十二條第一款第三目、第二款第七目使用，其收容人員在三十人（其下面樓層供第十二條第一款第一目、第二目、第四目、第五目、第七目之康復之家或第四款所列場所使用時，應為十人）以上一百人以下時，設置一具。超過一百人時，每增加（包含未滿）一百人增設一具。	避難梯	避難梯、避難橋、避難繩索、緩降機、救助袋、滑臺、滑竿	避難梯、避難橋、緩降機、救助袋、滑臺	避難梯、避難橋、緩降機、救助袋、滑臺

設置場所應設數量		地下層	第二層	第三層、第四層或第五層	第六層以上之樓層
3	第二層以上之樓層或地下層供第十二條第一款第一目、第二目、第四目、第五目、第七目或第二款第一目至第五目、第八目、第九目所列場所使用，其收容人員在五十人以上兩百人以下時，設一具；超過二百人時，每增加兩百人（包括未滿）增設一具。	避難梯	同上	同上	同上
4	第三層以上之樓層或地下層供第十二條第二款第六目、第十目或第四款所列場所使用，其收容人員在一百人以上三百人以下時，設一具；超過三百人，每增加三百人（包括未滿）增設一具。	避難梯		同上	同上
5	第十二條所列各類場所第三層（供第十二條第一款第一目至第三目所列場所使用，或供同條第五款第一目使用之二樓有第一款第一目至第三目所列場所使用時，應為二樓）以上之樓層，其直通避難層或地面之樓梯僅一座，且收容人員在十人以上一百人以下時，應設一具，超過一百人時，每增加（包括未滿）一百人增設一具。			同上	同上	同上

註：設置場所各樓層得選設之器具，除依本表規定外，亦得選設經中央消防主管機關認可之避難器具。

第 158 條　各類場所之各樓層，其應設避難器具得分別依下列規定減設之：

一、前條附表1至5所列場所，符合下列規定者，其設置場所應設數量欄所列收容人員一百人、二百人及三百人，得分別以其加倍數

值，重新核算其應設避難器具數：

(一) 建築物主要構造爲防火構造者。

(二) 設有二座以上不同避難方向之安全梯者。但剪刀式樓梯視爲一座。

二、設有避難橋之屋頂平臺，其直下層設有二座以上安全梯可通達，且屋頂平臺合於下列規定時，其直下層每一座避難橋可減設二具：

(一) 屋頂平臺淨空間面積在一百平方公尺以上。

(二) 臨屋頂平臺出入口設具半小時以上防火時效之防火門窗，且無避難逃生障礙。

(三) 通往避難橋必須經過之出入口，具容易開關之構造。

三、設有架空走廊之樓層，其架空走廊合於下列規定者，該樓層每一座架空走廊可減設二具：

(一) 爲防火構造。

(二) 架空走廊二側出入口設有能自動關閉之具一小時以上防火時效之防火門（不含防火鐵捲門）。

(三) 不得供避難、通行及搬運以外之用途使用。

第 159 條　各類場所之各樓層符合下列規定之一者，其應設之避難器具得免設：

一、主要構造爲防火構造，居室面向戶外部分，設有陽臺等有效避難設施，且該陽臺等設施設有可通往地面之樓梯或通往他棟建築物之設施。

二、主要構造爲防火構造，由居室或住戶可直接通往直通樓梯，且該居室或住戶所面向之直通樓梯，設有隨時可自動關閉之甲種防火門（不含防火鐵捲門），且收容人員未滿三十人。

三、供第十二條第二款第六目、第十目或第四款所列場所使用之樓層，符合下列規定者：

(一) 主要構造爲防火構造。

(二) 設有二座以上安全梯，且該樓層各部分均有二個以上不同避難逃生路徑能通達安全梯。

四、供第十二條第二款第一目、第二目、第五目、第八目或第九目所列場所使用之樓層，除符合前款規定外，且設有自動撒水設備或

內部裝修符合建築技術規則建築設計施工篇第八十八條規定者。

第 160 條　　第一百五十七條表列收容人員之計算，依下表規定：

	各類場所	收容人員計算方式
1	電影片映演場所（戲院、電影院）、歌廳、集會堂、體育館、活動中心	其收容人員人數，為下列各款合計之數額： 一、從業員工數。 二、各觀眾席部分以下列數額合計之。 　（一）設固定席位部分以該部分座椅數計之。如為連續式席位，為該座椅正面寬度除零點四公尺所得之數（未滿一之零數不計）。 　（二）設立位部分以該部分樓地板面積除零點二平方公尺所得之數。 　（三）其他部分以該部分樓地板面積除零點五平方公尺所得之數。
2	遊藝場所、電子遊戲場、資訊休閒場所	其收容人員人數，為下列各款合計之數額： 一、從業員工數。 二、遊樂用機械器具能供進行遊樂之人數。 三、供觀覽、飲食或休息使用設固定席位者，以該座椅數計之。如為連續式席位，為該座椅正面寬度除零點五公尺所得之數（未滿一之零數不計）。
3	舞廳、舞場、夜總會、俱樂部、酒家、酒吧、酒店（廊）、理容院、指壓按摩場所、節目錄影帶播映場所、視聽歌唱場所、保齡球館、室內溜冰場、撞球場、健身休閒中心（含提供指壓、三溫暖等設施之美容瘦身場所）、室內螢幕式高爾夫練習場、餐廳、飲食店、咖啡廳、茶藝館及其他類似場所	其收容人員人數，為下列各款合計之數額： 一、從業員工數。 二、各客人座席部分以下列數額合計之： 　（一）設固定席位部分，以該部分座椅數計之。如為連續式席位，為該座椅正面寬度除零點五公尺所得之數（未滿一之零數不計）。 　（二）其他部分以該部分樓地板面積除三平方公尺所得之數。 三、保齡球館之球場以附屬於球道之座椅數為準。 四、視聽歌唱場所之包廂，以其固定座椅數及麥克風數之合計為準。
4	商場、市場、百貨商場、超級市場、零售市場、展覽場	其收容人員人數，為下列各款合計之數額： 一、從業員工數。 二、供從業人員以外者使用部分，以下列數額合計： 　（一）供飲食或休息用部分，以該部分樓地板面積除三平方公尺所得之數。

	各類場所	收容人員計算方式
		(二) 其他部分以該部分樓地板面積除四平方公尺所得之數。 三、百貨商場之櫥窗部分，應列為其他部分核算。
5	觀光飯店、飯店、旅館、招待所（限有寢室客房者）	其收容人員人數，為下列各款合計之數額： 一、從業員工數。 二、各客房部分，以下列數額合計： 　(一) 西式客房之床位數。 　(二) 日式客房以該房間之樓地板面積除六平方公尺（以團體為主之宿所，應為三平方公尺）所得之數。 三、供集會、飲食或休息用部分，以下列數額合計： 　(一) 設固定席位部分，以該座椅數計之。如為連續式席位，為該座椅正面寬度除零點五公尺所得之數（未滿一之零數不計）。 　(二) 其他部分以該部分樓地板面積除三平方公尺所得之數。
6	集合住宅、寄宿舍	合計其居住人數，每戶以三人計算。
7	醫療機構（醫院、診所）、療養院	其收容人員人數，為下列各款合計之數額： 一、從業員工數。 二、病房內病床數。 三、各候診室之樓地板面積和除三平方公尺所得之數。 四、醫院等場所育嬰室之嬰兒，應列為收容人員計算。
8	長期照護機構、養護機構、安養機構、老人服務機構（限供日間照顧、臨時照顧、短期保護及安置使用者）、兒童福利設施、托兒所、育嬰中心、幼稚園、護理之家機構、產後護理機構	從業員工數與老人、幼兒、身體障礙者、精神耗弱者及其他需保護者之人數合計之。

	各類場所	收容人員計算方式
9	學校、啓明、啓聰、啓智等特殊學校、補習班、訓練班、兒童與少年福利機構、Ｋ書中心、安親（才藝）班	教職員工數與學生數合計之。
10	圖書館、博物館、美術館、紀念館、史蹟資料館及其他類似場所	從業員工數與閱覽室、展示室、展覽室、會議室及休息室之樓地板面積和除三平方公尺所得之數，合計之。
11	三溫暖、公共浴室	從業員工數與供浴室、更衣室、按摩室及休息室之樓地板面積和除三平方公尺所得之數，合計之。
12	寺廟、宗祠、教堂、靈骨塔及其他類似場所	神職人員及其他從業員工數與供禮拜、集會或休息用部分之樓地板面積和除三平方公尺所得之數，合計之。
13	車站、候機室、室內停車場、室內停車空間、電影攝影場、電視播送場、倉庫、傢俱展示販售場等工作場所	從業員工數之合計。
14	其他場所	從業員工數與供從業員以外者所使用部分之樓地板面積和除三平方公尺所得之數，合計之。

註：
一、收容人數之計算應以樓層為單位。
二、依「複合用途建築物判斷基準」判定該場所不同用途，在管理及使用型態上，構成從屬於主用途時，以主用途來核算其收容人數。
三、從業員工數之計算，依下列規定：
　　(一) 從業員工，不分正式或臨時，以平時最多服勤人數計算。但雇用人員屬短期、臨時性質者，得免計入。
　　(二) 勤務制度採輪班制時，以服勤人員最多時段之從業員工數計算。但交班時，不同時段從業員工重複在勤時，該重複時段之從業員工數不列入計算。
　　(三) 外勤員工有固定桌椅者，應計入從業員工數。
四、計算收容人員之樓地板面積，依下列規定：
　　(一) 樓地板面積除單位面積所得之數，未滿一之零數不計。
　　(二) 走廊、樓梯及廁所，原則上不列入計算收容人員之樓地板面積。
五、固定席位，指構造上固定，或設在一定場所固定使用且不易移動者。下列情形均應視為固定席位：
　　(一) 沙發等座椅。
　　(二) 座椅相互連接者。
　　(三) 平時在同一場所，固定使用，且不易移動之座椅。

第 161 條　避難器具，依下列規定裝設：

一、設在避難時易於接近處。

二、與安全梯等避難逃生設施保持適當距離。

三、供避難器具使用之開口部，具有安全之構造。

四、避難器具平時裝設於開口部或必要時能迅即裝設於該開口部。

五、設置避難器具（滑杆、避難繩索及避難橋除外）之開口部，上下層應交錯配置，不得在同一垂直線上。但在避難上無障礙者不在此限。

第 162 條　避難器具，依下表規定，於開口部保有必要開口面積：

種類	開口面積
緩降機、避難梯、避難繩索及滑杆	高八十公分以上，寬五十公分以上或高一百公分以上，寬四十五公分以上。
救助袋	高六十公分以上，寬六十公分以上。
滑臺	高八十公分以上，寬為滑臺最大寬度以上。
避難橋	高一百八十公分以上，寬為避難橋最大寬。

第 163 條　避難器具，依下表規定，於設置周圍無操作障礙，並保有必要操作面積：

種類	操作面積
緩降機、避難梯、避難繩索及滑杆	零點五平方公尺以上（不含避難器具所佔面積）。但邊長應為六十公分以上。
救助袋	寬一百五十公分以上，長一百五十公分以上（含器具所占面積）。但無操作障礙，且操作面積在二點二五平方公尺以上時，不在此限。
滑臺、避難橋	依避難器具大小及形狀留置之。

第 164 條　避難器具，依下表規定，於開口部與地面之間保有必要下降空間：

種類	下降空間
緩降機	以器具中心半徑零點五公尺圓柱形範圍內。但突出物在十公分以內，且無避難障礙者，或超過十公分時，能採取不損繩索措施者，該突出物得在下降空間範圍內。
避難梯	自避難梯二側豎桿中心線向外二十公分以上及其前方六十五公分以上之範圍內。
避難繩索及滑杆	應無避難障礙之空間。
救助袋（斜降式）	救助袋下方及側面，在上端二十五度，下端三十五度方向依下圖所圍範圍內。但沿牆面使用時，牆面側不在此限。
救助袋（直降式）	一、救助袋與牆壁之間隔為三十公分以上。但外牆有突出物，且突出物距救助袋支固器具裝設處在三公尺以上時，應距突出物前端五十公分以上。 二、以救助袋中心，半徑一公尺圓柱形範圍內。
滑臺	滑面上方一公尺以上及滑臺兩端向外二十公分以上所圍範圍內。
避難橋	避難橋之寬度以上及橋面上方二公尺以上所圍範圍內。

第 165 條　避難器具依下表規定，於下降空間下方保有必要下降空地：

種類	下降空間
緩降機	下降空間之投影面積。
避難梯	下降空間之投影面積。
避難繩索及滑杆	應無避難障礙之空地。
救助袋（斜降式）	救助袋最下端起二點五公尺及其中心線左右一公尺以上所圍範圍。
救助袋（直降式）	下降空間之投影面積。
滑臺	滑臺前端起一點五公尺及其中心線左右零點五公尺所圍範圍。
避難橋	無避難障礙空地。

第 166 條　設置避難器具時，依下表標示其設置位置、使用方法並設置指標：

避難器具標示種類	設置處所	尺寸	顏色	標示方法
設置位置	避難器具或其附近明顯易見處。	長三十六公分以上、寬十二公分以上。	白底黑字	字樣為「避難器具」，每字五平方公分以上。但避難梯等較普及之用語，得直接使用其名稱為字樣。
使用方法		長六十公分以上、寬三十公分以上。		標示易懂之使用方法，每字一平方公分以上。
避難器具指標	通往設置位置之走廊、通道及居室之入口。	長三十六公分以上、寬十二公分以上。		字樣為「避難器具」，每字五平方公分以上。

第 167 條　緩降機應依下列規定設置：

一、緩降機之設置，在下降時，所使用繩子應避免與使用場所牆面或突出物接觸。

二、緩降機所使用繩子之長度，以其裝置位置至地面或其他下降地點之等距離長度為準。

三、緩降機支固器具之裝置，依下列規定：

　　(一) 設在使用場所之柱、地板、樑或其他構造上較堅固及容易裝設場所。

　　(二) 以螺栓、熔接或其他堅固方法裝置。

第 168 條　滑臺，依下列規定設置：

一、安裝在使用場所之柱、地板、樑或其他構造上較堅固或加強部分。

二、以螺栓、埋入、熔接或其他堅固方法裝置。

三、設計上無使用障礙，且下降時保持一定之安全速度。

四、有防止掉落之適當措施。

五、滑台之構造、材質、強度及標示符合CNS、一三二三一之規定。

第 169 條　避難橋，依下列規定設置：

一、裝置在使用場所之柱、地板或其他構造上較堅固或加強部分。

二、一邊以螺栓、熔接或其他堅固方法裝置。

三、避難橋之構造、材質、強度及標示符合CNS、一三二三一之規定。

第 170 條　救助袋依下列規定設置：

一、救助袋之長度應無避難上之障礙，且保持一定之安全下滑速度。

二、裝置在使用場所之柱、地板、樑或其他構造上堅固或加強部分。

三、救助袋支固器具以螺栓、熔接或其他堅固方法裝置。

第 171 條　避難梯依下列規定設置：

一、固定梯及固定式不銹鋼爬梯（直接嵌於建築物牆、柱等構造，不可移動或收納者）應符合下列規定：

　　(一) 裝置在使用場所之柱、地板、樑或其他構造上較堅固或加強部分。

　　(二) 以螺栓、埋入、熔接或其他堅固方法裝置。

　　(三) 橫桿與使用場所牆面保持十公分以上之距離。

二、第四層以上之樓層設避難梯時，應設固定梯，並合於下列規定：

　　(一) 設於陽臺等具安全且容易避難逃生構造處，其樓地板面積至少二平方公尺，並附設能內接直徑六十公分以上之逃生孔。

　　(二) 固定梯之逃生孔應上下層交錯配置，不得在同一直線上。

三、懸吊型梯應符合下列規定：

　　(一) 懸吊型梯固定架設在使用場所之柱、地板、樑或其他構造上較堅固及容易裝設處所。但懸吊型固定梯能直接懸掛於堅固之窗臺等處所時，得免設固定架。

　　(二) 懸吊型梯橫桿在使用時，與使用場所牆面保持十公分以上之距離。

第 172 條　滑杆及避難繩索，依下列規定設置：

一、長度以其裝置位置至地面或其他下降地點之等距離長度為準。

二、滑杆上端與下端應能固定。

三、固定架，依前條第三款第一目之規定設置。

第 173 條　供緩降機或救助袋使用之支固器具及供懸吊型梯、滑杆或避難繩索使用之固定架，應使用符合CNS二四七三、四四三五規定或具有同等以上強度及耐久性之材料，並應施予耐腐蝕加工處理。

第 174 條　固定架或支固器具使用螺栓固定時，依下列規定：

一、使用錨定螺栓。

二、螺栓埋入混凝土內不含灰漿部分之深度及轉矩值，依下表規定。

螺紋標稱	埋入深度（mm）	轉矩值（kgf-cm）
M10×1.5	四十五以上	一百五十至二百五十
M12×1.75	六十以上	三百至四百五十
M16×2	七十以上	六百至八百五十

第三節　緊急照明設備

第 175 條　緊急照明燈之構造，依下列規定設置：

一、白熾燈為雙重繞燈絲燈泡，其燈座為瓷製或與瓷質同等以上之耐熱絕緣材料製成者。

二、日光燈為瞬時起動型，其燈座為耐熱絕緣樹脂製成者。

三、水銀燈為高壓瞬時點燈型，其燈座為瓷製或與瓷質同等以上之耐熱絕緣材料製成者。

四、其他光源具有與前三款同等耐熱絕緣性及瞬時點燈之特性，經中央主管機關核准者。

五、放電燈之安定器，裝設於耐熱性外箱。

第 176 條　緊急照明設備除內置蓄電池式外，其配線依下列規定：

一、照明器具直接連接於分路配線，不得裝置插座或開關等。

二、緊急照明燈之電源回路，其配線依第二百三十五條規定施予耐燃保護。但天花板及其底材使用不燃材料時，得施予耐熱保護。

第 177 條　緊急照明設備應連接緊急電源。

前項緊急電源應使用蓄電池設備，其容量應能使其持續動作三十分鐘以上。但採蓄電池設備與緊急發電機併設方式時，其容量應能使其持續動作分別為十分鐘及三十分鐘以上。

第 178 條　緊急照明燈在地面之水平面照度，使用低照度測定用光電管照度計測得之值，在地下建築物之地下通道，其地板面應在十勒克司（Lux）

以上，其他場所應在二勒克司（Lux）以上。但在走廊曲折點處，應增設緊急照明燈。

第 179 條　下列處所得免設緊急照明設備：

一、在避難層，由居室任一點至通往屋外出口之步行距離在三十公尺以下之居室。

二、具有效採光，且直接面向室外之通道或走廊。

三、集合住宅之居室。

四、保齡球館球道以防煙區劃之部分。

五、工作場所中，設有固定機械或裝置之部分。

六、洗手間、浴室、盥洗室、儲藏室或機械室。

1.4 消防搶救上之必要設備

第一節 排煙設備

第 188 條　第二十八條第一項第一款至第四款排煙設備，依下列規定設置：

一、每層樓地板面積每五百平方公尺內，以防煙壁區劃。但戲院、電影院、歌廳、集會堂等場所觀眾席，及工廠等類似建築物，其天花板高度在五公尺以上，且天花板及室內牆面以耐燃一級材料裝修者，不在此限。

二、地下建築物之地下通道每三百平方公尺應以防煙壁區劃。

三、依第一款、第二款區劃（以下稱為防煙區劃）之範圍內，任一位置至排煙口之水平距離在三十公尺以下，排煙口設於天花板或其下方八十公分範圍內，除直接面向戶外，應與排煙風管連接。但排煙口設在天花板下方，防煙壁下垂高度未達八十公分時，排煙口應設在該防煙壁之下垂高度內。

四、排煙設備之排煙口、風管及其他與煙接觸部分應使用不燃材料。

五、排煙風管貫穿防火區劃時，應在貫穿處設防火閘門；該風管與貫穿部位合成之構造應具所貫穿構造之防火時效；其跨樓層設置時，立管應置於防火區劃之管道間。但設置之風管具防火性能並經中央主管機關審核認可，該風管與貫穿部位合成之構造具所貫穿構造之防火時效者，不在此限。

六、排煙口設手動開關裝置及探測器連動自動開關裝置；以該等裝置或遠隔操作開關裝置開啟，平時保持關閉狀態，開口葉片之構造應不受開啟時所生氣流之影響而關閉。手動開關裝置用手操作部分應設於距離樓地板面八十公分以上一百五十公分以下之牆面，裝置於天花板時，應設操作垂鍊或垂桿在距離樓地板一百八十公分之位置，並標示簡易之操作方式。

七、排煙口之開口面積在防煙區劃面積之百分之二以上，且以自然方式直接排至戶外。排煙口無法以自然方式直接排至戶外時，應設排煙機。

八、排煙機應隨任一排煙口之開啓而動作。排煙機之排煙量在每分鐘一百二十立方公尺以上；且在一防煙區劃時，在該防煙區劃面積每平方公尺每分鐘一立方公尺以上；在二區以上之防煙區劃時，在最大防煙區劃面積每平方公尺每分鐘二立方公尺以上。但地下建築物之地下通道，其總排煙量應在每分鐘六百立方公尺以上。

九、連接緊急電源，其供電容量應供其有效動作三十分鐘以上。

十、排煙口直接面向戶外且常時開啓者，得不受第六款及前款之限制。

前項之防煙壁，指以不燃材料建造，自天花板下垂五十公分以上之垂壁或具有同等以上阻止煙流動構造者。但地下建築物之地下通道，防煙壁應自天花板下垂八十公分以上。

第 189 條　特別安全梯或緊急升降機間排煙室之排煙設備，依下列規定選擇設置：

一、設置直接面向戶外之窗戶時，應符合下列規定：

　　(一) 在排煙時窗戶與煙接觸部分使用不燃材料。

　　(二) 窗戶有效開口面積位於天花板高度二分之一以上之範圍內。

　　(三) 窗戶之有效開口面積在二平方公尺以上。但特別安全梯排煙室與緊急昇降機間兼用時（以下簡稱兼用），應在三平方公尺以上。

　　(四) 前目平時關閉之窗戶設手動開關裝置，其操作部分設於距離樓地板面八十公分以上一百五十公分以下之牆面，並標示簡易之操作方式。

二、設置排煙、進風風管時，應符合下列規定：

　　(一) 排煙設備之排煙口、排煙風管、進風口、進風風管及其他與煙接觸部分應使用不燃材料。

　　(二) 排煙、進風風管貫穿防火區劃時，應在貫穿處設防火閘門；該風管與貫穿部位合成之構造應具所貫穿構造之防火時效；其跨樓層設置時，立管應置於防火區劃之管道間。但設置之風管具防火性能並經中央主管機關認可，該風管與貫穿部位合成之構造具所貫穿構造之防火時效者，不在此限。

　　(三) 排煙口位於天花板高度二分之一以上之範圍內，與直接連通

戶外之排煙風管連接，該風管並連接排煙機。進風口位於天花板高度二分之一以下之範圍內；其直接面向戶外，開口面積在一平方公尺（兼用時，為一點五平方公尺）以上；或與直接連通戶外之進風風管連接，該風管並連接進風機。

(四)排煙機、進風機之排煙量、進風量在每秒四立方公尺（兼用時，每秒六立方公尺）以上，且可隨排煙口、進風口開啟而自動啟動。

(五)進風口、排煙口依前款第四目設手動開關裝置及探測器連動自動開關裝置；除以該等裝置或遠隔操作開關裝置開啟外，平時保持關閉狀態，開口葉片之構造應不受開啟時所生氣流之影響而關閉。

(六)排煙口、進風口、排煙機及進風機連接緊急電源，其供電容量應供其有效動作三十分鐘以上。

第 190 條　下列處所得免設排煙設備：

一、建築物在第十層以下之各樓層（地下層除外），其非居室部分，符合下列規定之一者：

(一)天花板及室內牆面，以耐燃一級材料裝修，且除面向室外之開口外，以半小時以上防火時效之防火門窗等防火設備區劃者。

(二)樓地板面積每一百平方公尺以下，以防煙壁區劃者。

二、建築物在第十層以下之各樓層（地下層除外），其居室部分，符合下列規定之一者：

(一)樓地板面積每一百平方公尺以下，以具一小時以上防火時效之牆壁、防火門窗等防火設備及各該樓層防火構造之樓地板形成區劃，且天花板及室內牆面，以耐燃一級材料裝修者。

(二)樓地板面積在一百平方公尺以下，天花板及室內牆面，且包括其底材，均以耐燃一級材料裝修者。

三、建築物在第十一層以上之各樓層、地下層或地下建築物（地下層或地下建築物之甲類場所除外），樓地板面積每一百平方公尺以下，以具一小時以上防火時效之牆壁、防火門窗等防火設備及各該樓層防火構造之樓地板形成區劃間隔，且天花板及室內牆面，

以耐燃一級材料裝修者。

四、樓梯間、升降機昇降路、管道間、儲藏室、洗手間、廁所及其他
　　類似部分。

五、設有二氧化碳或乾粉等自動滅火設備之場所。

六、機器製造工廠、儲放不燃性物品倉庫及其他類似用途建築物，且
　　主要構造爲不燃材料建造者。

七、集合住宅、學校教室、學校活動中心、體育館、室內溜冰場、室
　　內游泳池。

八、其他經中央主管機關核定之場所。

前項第一款第一目之防火門窗等防火設備應具半小時以上之阻熱性，
第二款第一目及第三款之防火門窗等防火設備應具一小時以上之阻熱
性。

第二節　緊急電源插座

第 191 條　　緊急電源插座，依下列規定設置：

一、緊急電源插座裝設於樓梯間或緊急升降機間等（含各該處五公尺
　　以內之場所）消防人員易於施行救火處，且每一層任何一處至插
　　座之水平距離在五十公尺以下。

二、緊急電源插座之電流供應容量爲交流單相一百一十伏特（或
　　一百二十伏特）十五安培，其容量約爲一點五瓩以上。

三、緊急電源插座之規範，依下圖規定。

四、緊急電源插座爲接地型，裝設高度距離樓地板一公尺以上一點五
　　公尺以下，且裝設二個於符合下列規定之崁裝式保護箱：

　　(一) 保護箱長邊及短邊分別爲二十五公分及二十公分以上。

　　(二) 保護箱爲厚度在一點六毫米以上之鋼板或具同等性能以上之
　　　　不燃材料製。

　　(三) 保護箱內有防止插頭脫落之適當裝置（L型或C型護鉤）。

　　(四) 保護箱蓋爲易於開閉之構造。

　　(五) 保護箱須接地。

　　　　(六)保護箱蓋標示緊急電源插座字樣，每字在二平方公分以上。

　　　　(七)保護箱與室內消防栓箱等併設時，須設於上方且保護箱蓋須
　　　　　　能另外開啓。

五、緊急電源插座在保護箱上方設紅色表示燈。

六、應從主配電盤設專用回路，各層至少設二回路以上之供電線路，
　　且每一回路之連接插座數在十個以下（每回路電線容量在二個插
　　座同時使用之容量以上）。

七、前款之專用回路不得設漏電斷路器。

八、各插座設容量一百一十伏特、十五安培以上之無熔絲斷路器。

九、緊急用電源插座連接至緊急供電系統。

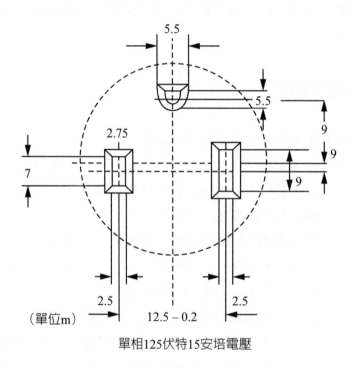

單相125伏特15安培電壓

第三節　無線電通信輔助設備

第 192 條　　無線電通信輔助設備，依下列規定設置：

　　　　　一、無線電通信輔助設備使用洩波同軸電纜，該電纜適合傳送或輻射

一百五十百萬赫（MHz）或中央主管機關指定之周波數。

二、洩波同軸電纜之標稱阻抗為五十歐姆。

三、洩波同軸電纜經耐燃處理。

四、分配器、混合器、分波器及其他類似器具，應使用介入衰耗少，且接頭部分有適當防水措施者。

五、設增輻器時，該增輻器之緊急電源，應使用蓄電池設備，其能量能使其有效動作三十分鐘以上。

六、無線電之接頭應符合下列規定：

　(一) 設於地面消防人員便於取用處及值日室等平時有人之處所。

　(二) 前目設於地面之接頭數量，在任一出入口與其他出入口之步行距離大於三百公尺時，設置二個以上。

　(三) 設於距樓地板面或基地地面高度零點八公尺至一點五公尺間。

　(四) 裝設於保護箱內，箱內設長度二公尺以上之射頻電纜，保護箱應構造堅固，有防水及防塵措施，其箱面應漆紅色，並標明消防隊專用無線電接頭字樣。

1.5 附則篇

第 234 條　依本標準設置之室內消防栓、室外消防栓、自動撒水、水霧滅火、泡沫滅火、冷卻撒水、射水設備及連結送水管等設備，其消防幫浦、電動機、附屬裝置及配管摩擦損失計算，由中央消防機關另定之。

第 235 條　緊急供電系統之配線除依屋內線路裝置規則外，並依下列規定：

一、電氣配線應設專用回路，不得與一般電路相接，且開關有消防安全設備別之明顯標示。

二、緊急用電源回路及操作回路，使用六百伏特耐熱[1]絕緣電線，或同等耐熱效果以上之電線。

三、電源回路之配線，依下列規定，施予耐燃[2]保護：

(一) 電線裝於金屬導線管槽內，並埋設於防火構造物之混凝土內，混凝土保護厚度為二十毫米以上。但在使用不燃材料建造，且符合建築技術規則防火區劃規定之管道間，得免埋設。

(二) 使用MI電纜或耐燃電纜時，得按電纜裝設法，直接敷設。

(三) 其他經中央主管機關指定之耐燃保護裝置。

四、標示燈回路及控制回路之配線，依下列規定，施予耐熱保護：

(一) 電線於金屬導線管槽內裝置。

(二) 使用MI電纜、耐燃電纜或耐熱電線電纜時，得按電纜裝設法，直接敷設。

(三) 其他經中央主管機關指定之耐熱保護裝置。

第 236 條　消防安全設備緊急供電系統之配線，依下表之區分，施予耐燃保護或耐熱保護。

---

[1] 施予溫度380℃時能抵抗15Min完整性。

[2] 施予溫度750℃時抵抗3HR或施予溫度840℃時能抵抗30Min完整性。

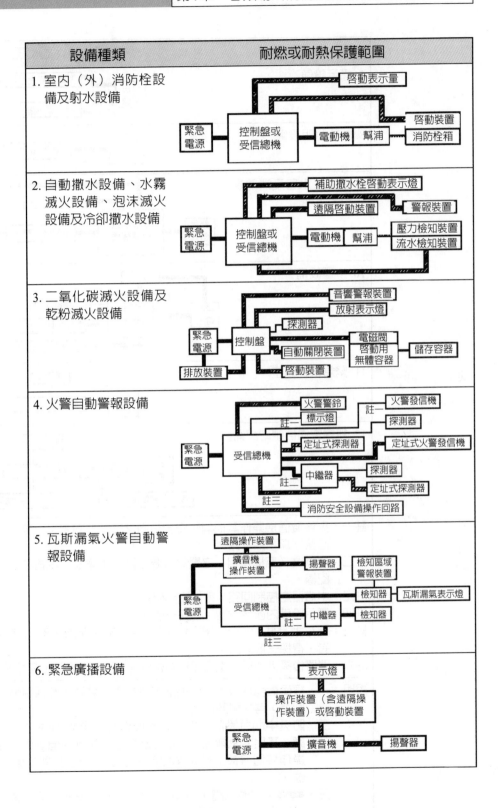

設備種類	耐燃或耐熱保護範圍
7. 標示設備	
8. 緊急照明設備	
9. 連結送水管及消防專用蓄水池	
10. 排煙設備	
11. 緊急電源插座	
12. 無線電通信輔助設備	

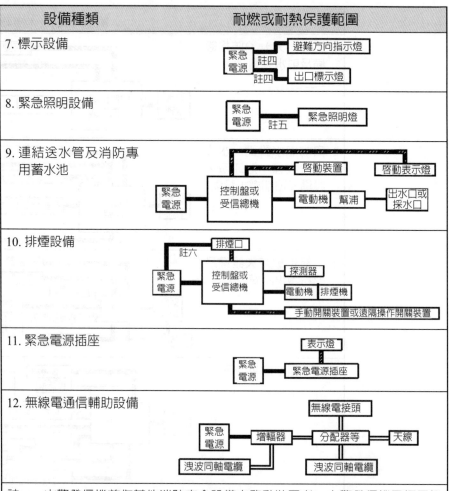

註一：火警發信機兼作其他消防安全設備之啓動裝置者：火警發信機及標示燈回路應採耐熱保護。

註二：中繼器（亦稱模組）之緊急電源回路：中繼器內置蓄電池者，得採一般配線。

註三：中繼器之控制回路，得採耐熱保護。

註四：標示設備內置蓄電池：得採一般配線。

註五：天花板及底板使用不燃材料者：得採耐熱保護，緊急照明燈內置電池者，得採一般配線。

註六：開啓後需外加緊急電源保持開啓狀態者：緊急電源回路應採耐燃保護。

說明：一、經受信總機或控制盤供應緊急電源之裝置：應採耐燃保護，其控制回路，得採耐熱保護。

　　　二、防災中心所設監控操作裝置與消防安全設備間之配線應採耐熱保護，其與緊急電源間之配線應採耐熱保護、但受信總機、擴音機、操作裝置等設於防災中心時，在防災中心其間之配線得採一般配線。

　　　三、▆▆▆：耐燃保護，▬▬▬：耐熱保護，▭▭▭：同軸電纜；━━：一般配線；━━：配管。

第 237 條 緊急供電系統之電源，依下列規定：

一、緊急電源使用符合CNS、一〇二〇四規定之發電機設備、一〇二〇五規定之蓄電池設備或具有相同效果之設備，其容量之計算，由中央消防機關另定之。

二、緊急電源裝置切換開關，於常用電源切斷時自動切換供應電源至緊急用電器具，並於常用電源恢復時，自動恢復由常用電源供應。

三、發電機裝設適當開關或連鎖機件，以防止向正常供電線路逆向電力。

四、裝設發電機及蓄電池之處所為防火構造。但設於屋外時，設有不受積水及雨水侵襲之防水措施者，不在此限。

五、蓄電池設備充電電源之配線設專用回路，其開關上應有明顯之標示。

第 238 條 防災中心樓地板面積應在四十平方公尺以上，並依下列規定設置：

一、防災中心之位置，依下列規定：

(一) 設於消防人員自外面容易進出之位置。

(二) 設於便於通達緊急升降機間及特別安全梯處。

(三) 出入口至屋外任一出入口之步行距離在三十公尺以下。

二、防災中心之構造，依下列規定：

(一) 冷暖、換氣等空調系統為專用。

(二) 防災監控系統相關設備以地腳螺栓或其他堅固方法予以固定。

(三) 防災中心內設有供操作人員睡眠、休息區域時，該部分以防火區劃間隔。

三、防災中心應設置防災監控系統，以監控或操作下列消防安全設備：

(一) 火警自動警報設備之受信總機。

(二) 瓦斯漏氣火警自動警報設備之受信總機。

(三) 緊急廣播設備之擴音機及操作裝置。

(四) 連接送水管之加壓送水裝置及與其送水口處之通話連絡。

(五) 緊急發電機。

(六) 常開式防火門之偵煙型探測器。

(七) 室內消防栓、自動撒水、泡沫及水霧等滅火設備加壓送水裝置。

(八) 乾粉、二氧化碳等滅火設備。

(九) 排煙設備。

第 239 條　本標準施行日期，由內政部以命令定之。

1.6 第四編公共危險物品等場所消防設計及消防安全設備

第 205 條　下列場所應設置火警自動警報設備：

一、公共危險物品製造場所及一般處理場所符合下列規定之一者：

　　(一) 總樓地板面積在五百平方公尺以上者。

　　(二) 室內儲存或處理公共危險物品數量達管制量一百倍以上者。但處理操作溫度未滿攝氏一百度之高閃火點物品者，不在此限。

　　(三) 建築物除供一般處理場所使用外，尚供其他用途者。但以無開口且具一小時以上防火時效之牆壁、樓地板區劃分隔者，不在此限。

二、室內儲存場所符合下列規定之一者：

　　(一) 儲存或處理公共危險物品數量達管制量一百倍以上者。但儲存或處理高閃火點物品，不在此限。

　　(二) 總樓地板面積在一百五十平方公尺以上者。但每一百五十平方公尺內以無開口且具一小時以上防火時效之牆壁、樓地板區劃分隔，或儲存、處理易燃性固體以外之第二類公共危險物品或閃火點在攝氏七十度以上之第四類公共危險物品之場所，其總樓地板面積在五百平方公尺以下者，不在此限。

　　(三) 建築物之一部分供作室內儲存場所使用者。但以無開口且具一小時以上防火時效之牆壁、樓地板區劃分隔者，或儲存、處理易燃性固體以外之第二類公共危險物品或閃火點在攝氏七十度以上之第四類公共危險物品，不在此限。

　　(四) 高度在六公尺以上之一層建築物。

三、室內儲槽場所達顯著滅火困難者。

四、一面開放或上方有其他用途樓層之室內加油站。

前項以外之公共危險物品製造、儲存或處理場所儲存、處理公共危險物品數量達管制量十倍以上者，應設置手動報警設備或具同等功能之緊急通報裝置。但平日無作業人員者，不在此限。

第二章　消防安全設備

第　226　條　　警報設備之設置，依第一百十二條至第一百三十二條之規定。

第　227　條　　標示設備之設置，依第一百四十六條至第一百五十六條之規定。

第 **2** 章

檢修及申報作業基準

2.1　火警自動警報設備檢修及申報作業基準

一、外觀檢查

(一)預備電源與緊急電源（限內藏型）

1. 檢查方法

 (1) 外形

　　以目視確認有無變形、腐蝕等。

 (2) 標示

　　以目視確認蓄電池銘板。

2. 判定方法

 (1) 外形

 A. 應無變形、腐蝕、龜裂。

 B. 電解液應無洩漏、導線之接續部應無腐蝕。

 (2) 標示

　　應與受信機上標示之種別、額定容量及額定電壓相符。

(二)受信總機及中繼器

1. 檢查方法

 (1) 周圍狀況

　　確認周圍有無檢查上或使用上之障礙。

 (2) 外形

　　以目視確認有無變形、腐蝕等。

 (3) 火警分區之表示裝置

　　以目視確認有無污損等。

 (4) 電壓表

 A. 以目視確認有無變形、損傷等。

 B. 確認電源、電壓是否正常。

 (5) 開關

　　以目視確認開、關位置是否正常。

(6) 標示

確認如圖2-1例示各開關名稱之標示是否正常。

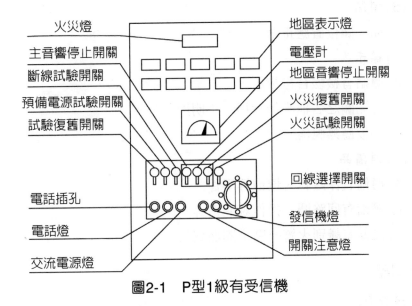

火災燈
主音響停止開關
斷線試驗開關
預備電源試驗開關
試驗復舊開關
電話插孔
電話燈
交流電源燈

地區表示燈
電壓計
地區音響停止開關
火災復舊開關
火災試驗開關
回線選擇開關
發信機燈
開關注意燈

圖2-1　P型1級有受信機

(7) 預備零件等

確認是否備有保險絲、燈泡等零件及回路圖等。

2. 判定方法

(1) 周圍狀況

應設在經常有人之場所（中繼器除外），且應依下列保持檢查上及使用上必要之空間。

A. 受信機應設在其門開關沒有障礙之位置。

B. 受信機前應確保一公尺以上之空間。

C. 受信機背面有門者，其背面應確保檢查必要之空間。

(2) 外形

應無變形、損傷、明顯腐蝕等。

(3) 火警分區之表示裝置

應無污損、不明顯部分。

(4) 電壓表

A. 應無變形、損傷等。

B. 電壓表之指示值應在所定之範圍內。

C. 無電壓表者，其電源表示燈應亮燈。

(5) 開關

開、關位置應正常。

(6) 標示

A. 應貼有檢驗合格證。

B. 各開關之名稱應無污損、不明顯部分。

C. 銘板應無脫落。

(7) 預備品

A. 應備有保險絲、燈泡等零件。

B. 應備有回路圖、操作說明書等。

C. 應備有識別火警分區之圖面資料。

(三) 探測器

1. 檢查方法

(1) 外形

以目視確認有無變形、腐蝕等。

(2) 警戒狀況

A. 未警戒部分

確認設置後有無因用途變更、隔間變更等形成之未警戒部分。

B. 感知區域

確認設定是否恰當。

C. 適應性

確認是否設置適當之探測器。

D. 性能障礙

以目視確認有無被塗漆，或因裝修造成妨礙熱氣流、煙流動之障礙。

2. 判定方法

　(1) 外形

　　　應無變形、損傷、脫落、明顯腐蝕等。

　(2) 警戒狀況

　 A. 未警戒部分

　　　應無設置後因用途變更、隔間變更等形成之未警戒部分。

　 B. 感知區域

　(A)火焰探測器以外之探測器

　　　應設置符合其探測區域及裝置高度之探測器之種別及個數。

　(B)火焰探測器

　　　監視空間或監視距離應適當正常。

　 C. 適應性

　　　應設置適合設置場所之探測器。

　 D. 性能障礙

　(A)應無被塗漆。

　(B)光電式分離型探測器之受光部，應無日光直射等影響性能之顧慮。

　(C)火焰探測器應無日光直射等影響性能之顧慮。。

　(D)應無因裝修造成妨礙熱氣流、煙流動之障礙。

3. 注意事項

　(1)不能設置偵煙式探測器或熱煙複合式局限型探測器之場所，應依表2-1選設。

　(2)有發生誤報或延遲感知之虞處，應依表2-2選設。

　(3)火焰探測器，其每一個被牆壁區劃之區域，由監視空間各部分到探測器之距離，應在其標稱監視距離之範圍內。

表2-1

設置場所		適用之感熱式探測器								火焰式探測器	備 考
		差動式局限型		差動式分布型		補償式局限型		定溫型			
場所	具體例示	1種	2種	1種	2種	1種	2種	特種	1種		
灰塵、粉末會大量滯留之場所	垃圾收集場、貨物堆放場、油漆室、紡織、木材、石材之加工場所	×	×	○	○	○	○	○	×	○	1. 甲類場所之地下層、無開口樓層及十一層以上之部分，雖可設置火焰探測器，但於火焰探測器監視顯著困難時，得設置適用之感熱式探測器。 2. 設置差動式分布型探測器時，其檢出器應有防止塵埃、粉塵侵入之措施。 3. 設置補償式局限型探測器時，應使用防水型。 4. 設於紡織，木材加工場所等有火災急速擴大顧慮之場所之定溫式探測器，應儘可能使用特種且標稱動作溫度在75℃以下者。
水蒸氣會大量滯留之場所	蒸氣洗淨室、更衣室、熱水室、消毒室等	×	×	×	○	×	○	○	○	×	1. 差動式分布型探測器或補償式局限型探測器，限使用於不發生急遽溫度變化之場所。 2. 設置差動式分布型探測器時，其檢出器應有防止水蒸氣進入之措施。 3. 設置補償式局限型探測器時，應使用防水型。 4. 設置定溫式探測器時，應使用防水型。

設置場所		適用之感熱式探測器								火焰式探測器	備　考
場所	具體例示	差動式局限型		差動式分布型		補償式局限型		定溫型			
		1種	2種	1種	2種	1種	2種	特種	1種		
會散發腐蝕性氣體之場所	電鍍工場、蓄電池室、污水處理場等	×	×	○	○	○	○	○	○	×	1. 設置差動式分布型探測器時，探測器應有被覆，且檢出器應為不受腐蝕性氣體影響之型式或設有防止腐蝕性氣體侵入之措施。 2. 設置補償式局限型探測器或定溫式探測器時，應針對腐蝕性氣體之性狀，使用耐酸型或耐鹼型。 3. 設置定溫式探測器時，應盡可能使用特種。
平時煙會滯留之場所	廚房、烹調室、熔接作業場所等	×	×	×	×	×	×	○	○	×	於廚房、烹調室等有高濕度顧慮場所之探測器，應使用防水型。
顯著高溫之場所	乾燥室、殺菌室、鍋爐室、鑄造場、放映室、攝影棚等	×	×	×	×	×	×	○	○	×	
排放廢氣會大量滯留之場所	停車場、車庫、貨物處理所、車道、發電機室、卡車調車場、引擎測試室等	○	○	○	○	○	○	×	×	○	甲類場所之地下層，無開口樓層及11層以上之部分，可設置火焰探測器，但於火焰探測器監視顯著困難時，得設置適用之感熱式探測器。

066 警報與避難系統消防安全設備

設置場所		適用之感熱式探測器								火焰式探測器	備考
場所	具體例示	差動式局限型		差動式分布型		補償式局限型		定溫型			
		1種	2種	1種	2種	1種	2種	特種	1種		
煙會大量流入之場所	配膳室、廚房前室、廚房內之食品庫、廚房周邊之走廊及通道、餐廳等	○	○	○	○	○	○	○	○	×	1. 設於存放固體燃料可燃物之配膳室、廚房前室等之定溫式探測器,應盡可能使用特種。 2. 廚房周邊之走廊及通道、餐廳等處所,不可使用定溫式探測器。
會結露之場所	以石棉瓦或鐵板做屋頂之倉庫工場、套裝型冷凍機專用之存放室、密閉室之地下倉庫、冷凍室之周邊等	×	×	○	○	○	○	○	○	×	1. 設置補償式局限型探測器或定溫式探測器時,應使用防水型。 2. 補償式局限型探測器限使用於不發生急遽溫度變化之場所。
設有用火設備其火焰外露之場所	玻璃工場、有熔鐵爐之場所、熔接作業場所、廚房、鑄造所、鍛造所等。	×	×	×	×	×	×	○	○	×	

註:1. 「○」表適用。

2. 差動式局限型、差動式分布型、補償式局限型及偵煙式非蓄積型之1種,因感度良好所以應留意其比2種容易發生火災誤報之情形。

3. 差動式分布型3種及定溫型2種,限使用於與滅火設備連動之場合。

表2-2

設置場所		適用之感熱式探測器			適用之偵煙式探測器						火焰式探測器	備考
					離子式		光電式		光電式分離型			
場所	具體例示	差動式	補償式	定溫式	非蓄積型	蓄積型	非蓄積型	蓄積型	非蓄積型	蓄積型		
因吸煙而有煙滯留之換氣不良場所	會議室、接待室、休息室、控制室、康樂室、後台（演員休息室）、咖啡廳、餐廳、等侯室、酒吧等之客房、集會堂、宴會廳等	○	○					○	○	○		
作為就寢設施使用之場所	飯店（旅館、旅社）之客房、休息（小睡）房間等					○		○	○	○		
有煙以外微粒子浮游之場所	地下街通道（通路）等					○		○	○	○	○	
容易受風影響之場所	大廳（門廳）、禮拜堂、觀覽場、在大樓頂上之機械室等							○	○	○	○	設差動式探測器時，應使用分布型。
煙須經長時間移動方能到達探測器之場所	走廊、樓梯、通道、傾斜路、升降機機道等						○		○	○		
有成為燻燒火災之虞之場所	電話機械室、通信機器室、電腦室、機械控制室等						○	○	○	○		

設置場所		適用之感熱式探測器			適用之偵煙式探測器						火焰式探測器	備考
					離子式		光電式		光電式分離型			
場所	具體例示	差動式	補償式	定溫式	非蓄積型	蓄積型	非蓄積型	蓄積型	非蓄積型	蓄積型		
大空間且天花板高等熱、煙易擴散之場所	體育館、飛機停機庫、高天花板倉庫、工場、觀眾席上方等探測器裝置高度在8公尺以上之場所	○							○	○	○	差動式探測器應使用分布型。

(四) 手動報警機

　1. 檢查方法

　　(1) 周圍狀況

　　　確認周圍有無檢查上或使用上之障礙。

　　(2) 外形

　　　以目視確認有無變形、腐蝕及按鈕保護板損壞等。

　2. 判定方法

　　(1) 周圍狀況

　　　應無檢查上及使用上之障礙。

　　(2) 外形

　　　應無變形、損傷、脫落、顯著腐蝕，按鈕保護板損壞等。

(五) 標示燈

　1. 檢查方法

　　以目視確認有無變形、損傷，及是否亮燈。

　2. 判定方法

　　(1) 應無變形、損傷、脫落、燈泡損壞等。

　　(2) 與裝置面成十五度角在十公尺距離內應能容易識別。

(六)音響裝置

1.檢查方法

(1) 外形

以目視確認有無變形、腐蝕等。

(2) 裝置狀態

以目視確認有無脫落及妨礙音響效果之障礙。

2.判定方法

(1) 外形

應無變形、損傷、明顯腐蝕。

(2) 裝置狀態

應無脫落、鬆動及妨礙音響效果之障礙。

二、性能檢查

(一)預備電源及緊急電源（限內藏型）

1.檢查方法

(1) 端子電壓

操作預備電源試驗開關，由電壓表確認。

(2) 切換裝置

由受信總機內部之電源開關動作確認。

(3) 充電裝置

以目視確認有無變形、腐蝕、發熱等。

(4) 結線接續

以目視或螺絲起子確認有無斷線、端子鬆動等。

2.判定方法

(1) 端子電壓

電壓表之指示應正常（電壓表指針指在紅色線以上）

(2) 切換裝置

自動切換緊急電源，常用電源恢復時自動切換成常用電源。

(3) 充電裝置

A. 應無變形、損傷、明顯腐蝕等。

B. 應無異常發熱。

(4) 結線接續

應無斷線、端子鬆動、脫落、損傷等。

3. 注意事項

(1) 預備電源之容量超過緊急電源時，得取代緊急電源。

(2) 充電回路使用抵抗器者，因為會變成高溫，故不能以發熱即判斷為異常，應以是否變色等來判斷。

(3) 電壓表之指示不正常時，應考量是否為充電不足、充電裝置、電壓表故障。

(二)受信機及中繼器

1. 開關類

(1) 檢查方法

以螺絲起子及開、關操作確認端子有無鬆動及開關性能是否正常。

(2) 判定方法

A. 應無端子鬆動、發熱。

B. 開、關操作應正常。

2. 保險絲類

(1) 檢查方法

確認有無損傷、熔斷等，及是否為所定之種類、容量。

(2) 判定方法

A. 應無損傷、熔斷等。

B. 應使用回路圖所示之種類、容量。

3. 繼電器

(1) 檢查方法

確認有無脫落、端子鬆動、接點燒損、灰塵附著，及由試驗裝置使繼電器動作確認其性能。

(2) 判定方法

A. 應無脫落、端子鬆動、接頭燒損、灰塵附著。

B. 動作應正常。

4. 標示燈

(1) 檢查方法

由開關之操作確認是否亮燈。

(2) 判定方法

應無明顯劣化，且應正常亮燈。

5. 通話裝置

(1) 檢查方法

設兩台以上受信機時，由操作相互間之送受話器，確認能否同時通話。

(2) 判定方法

應能同時通話。

(3) 注意事項

A. 受信總機處相互間設有對講機時，該對講機亦應實施檢查。

B. 同一室內或場所內設有二台以上受信總機時，相互間得免設通話裝置。

6. 結線接續

(1) 檢查方法

以螺絲起子確認有無斷線、端子鬆動等。

(2) 判定方法

應無斷線、端子鬆動、脫落、損傷等。

7. 接地

(1) 檢查方法

以目視或三用電表確認有無腐蝕、斷線等。

(2) 判定方法

應無明顯腐蝕、斷線等之損傷。

8. 附屬裝置

(1) 檢查方法

A. 移報

在受信總機作火災表示試驗，確認火災信號是否自動地移報到副機。

　　B. 消防栓連動

　　　操作手動報警機確認消防栓幫浦是否自動啟動。

　(2) 判定方法

　　A. 移報

　　　副機之移報應正常進行。

　　B. 消防栓連動

　　　消防栓幫浦應自動啟動。

9. 火災表示

　(1) 檢查方法

　　　依下列步驟進行火災表示試驗確認。此時，試驗每一回路確認其保持
　　性能後操作復舊開關，再進行下一回路之測試。

　　A. 蓄積式

　　　將火災試驗開關開到試驗側，再操作回路選擇開關，進行每一回路之
　　　測試，確認下列事項。

　(A) 主音響裝置及地區音響裝置是否鳴動，且火災燈及地區表示裝置之亮
　　　燈是否正常。

　(B) 蓄積時間是否正常。

　　B. 二信號式

　　　將火災試驗開關開到試驗側，再操作回路選擇開關，依正確之方法進
　　　行，確認於第一信號時主音響裝置或副音響裝置是否鳴動及地區表示
　　　裝置之亮燈是否正常，於第二信號時主音響裝置、地區音響裝置之鳴
　　　動及火災燈、地區表示裝置之亮燈是否正常。

　　C. 其他

　　　將火災試驗開關開到試驗側，再操作回路選擇開關，依正確之方法進
　　　行，確認主音響裝置、地區音響裝置之鳴動及火災燈、地區表示裝置
　　　之亮燈是否正常。

　(2) 判定方法

　　A. 各回路之表示窗與編號應對照符合，火災燈、地區表示裝置之亮燈及
　　　音響裝置之鳴動、應保持性能正常。

　　B. 對於蓄積式受信機除前項A外，其蓄積之測定時間，應在受信機設定

之時間加五秒以內。

C.於二信號式受信機除前項A外，應確認下列事項。

(A)於第一信號時主音響裝置或副音響裝置之鳴動及地區標示裝置之亮燈應正常。

(B)於第二信號時主音響裝置、地區音響裝置之鳴動及火災燈、地區表示裝置之亮燈應正常。

10. 回路導通

依下列方式進行回路斷線試驗，並確認之。

(1) **檢查方法**

A.將回路斷線試驗開關開到試驗側。

B.依序旋轉回路選擇開關。

C.各回路由試驗用計器之指示值確認是否在所定範圍，或斷線表示等確認之。

(2) **判定方法**

試驗用計器之指示值應在所定之範圍，或斷線表示燈亮燈。

(3) **注意事項**

A.有斷線表示燈者，斷線時亮燈。

B.具有自動斷線監視方式者，應將回路作成斷線狀態確認其性能。

(三) 探測器

1.感熱型探測器（多信號探測器除外。以下相同）

(1) **局限型**

A. 檢查方法

(A)定溫式及差動式（再用型）

使用加熱試驗器對探測器加熱，確認到動作之時間及警戒區域之表示是否正常。

(B)定溫式（非再用型）

按下表選取檢查數量，依再用型探測器進行加熱試驗。

表2-3 探測器選取檢查數量表

探測器之設置數量	選取檢查數量
1以上10以下	1
11以上50以下	2
51以上100以下	4
101以上	7

B. 判定方法

(A)動作時間應在表2-4時間以內。

表2-4 探測器之動作時間表 單位：秒

動作時間	探測器之種別			
探測器	特種	1種	2種	3種
差動式局限型	—	30	30	—
定溫式局限型	40	60	120	—
離子式局限型光電式局限型	—	30	60	90
光電式分離型	—	30	30	—
備註	定溫式局限型當其標稱動作溫度與周圍溫度之差超過五十度時，其動作時間得加倍計算			

(B)火警分區之表示應正常。

C. 注意事項

(A)應使用所規定之加熱試驗器。

(B)檢查設在有因可燃性氣體滯留而有引火之虞之場所及高壓變電室等有感電之虞之場所之探測器時，應由差動式局限型試驗器或回路試驗用按鈕等試驗器進行。

(C)非再用型之探測器，因做過測驗後即不能再使用，所以測試後應立即更換新品。

(D)非再用型探測器之每次測試時應輪流選取，可於圖面或檢查表上註記每次選取之位置。又在選出之探測器中，發現有不良品時，應再重新抽選實施檢查。

(E) 對於連接蓄積性能之回路，亦可先行解除其蓄積性能。

(2) **分布型**

A. 空氣管式

(A) 檢查方法

a. 火災動作試驗（空氣注入試驗）

依下列方式，將相當於探測器動作空氣壓之空氣量，使用空氣注入試驗器（5mm用）（以下稱「空氣注入器」）送入，確認其至動作之時間及火警分區之表示是否正常。

(a) 依圖2-2，將空氣注入器接在檢知器之試驗孔上，再將試驗旋塞配合調整至動作試驗位置。

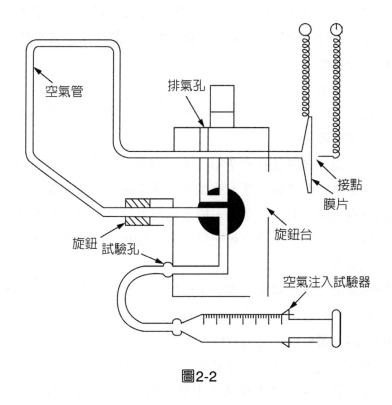

空氣管
排氣孔
接點
膜片
旋鈕台
旋鈕　試驗孔
空氣注入試驗器

圖2-2

(B) 注入檢出器所標示之空氣量。

(C) 測定注入空氣後至動作之時間。

B. 動作持續試驗

作火災動作試驗，測定探測器動作之後，至復舊之時間，確認探測器

之動作持續是否正常。

(B)判定方法

a. 動作時間及動作持續時間，應在檢出器貼附之範圍表所示值內。

b. 火警分區之表示應正常。

(C)注意事項

a. 火災動作試驗注入之空氣量，因探測器感度種別或空氣管長度不一，如注入規定量以上之空氣，恐有損壞膜片之虞，應特別注意。

b. 具有注入之空氣不通過逃氣孔之構造者，注入規定量之空氣後，應立即將試驗旋塞歸定位。

c. 於空氣管式之火災動作或動作持續試驗，不動作或測定之時間超過範圍時，或與前次檢查之測定值相差幅度大時，應即確認空氣管與旋塞台之連接部位是否栓緊，且應進行流通試驗及接點水高試驗。

(a) 流通試驗

Ⅰ. 檢查方法

將空氣注入空氣管，並依下列事項確認空氣管有無洩漏、堵塞、凹陷及空氣管長度。

(I) 在檢出器之試驗孔或空氣管之一端連接流體壓力計，將試驗旋塞配合調整至動作試驗位置，並在另一端連接空氣注入器。

(II)以空氣注入器注入空氣，使流體壓力計之水位由零上升至約100mm即停止水位。如水位不停止時，有可能由連接處洩漏，應即中止試驗予以檢查。

(III)由試驗旋塞，測定開啟送氣口使上升水位下降至1/2之時間。（流通時間）

(IV)有關流體壓力計之處置如下：

① 測定流通時間使用之流體壓力計（U型玻璃管），內徑約3mm如圖2-3之形狀，通常是由底部加水至100mm左右，對準0之刻度。刻度約達130mm左右，標示於玻璃管上。

② 使用流體壓力計時，玻璃管內之水因表面張力成圓形，但可於底部觀察調整至歸零。又水位上升與下降時，會有0.1至0.3mm之差，故以上升時作為標準。

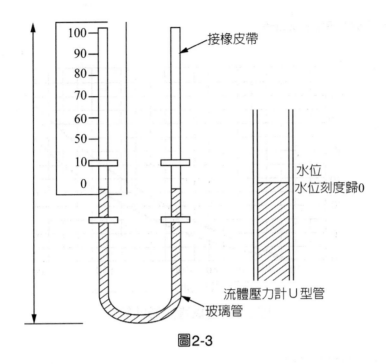

圖2-3

II. 判定方法

　　對空氣管長之流通時間，應在圖2-4所示之範圍內。

1. 空氣管內徑在1.4mm時

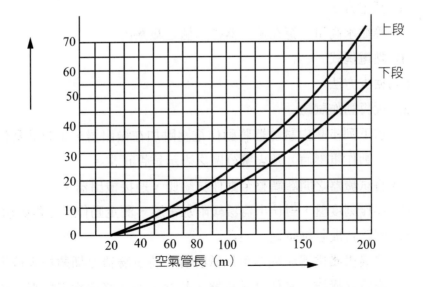

空氣管長（m）

2. 空氣管內徑1.5mm時

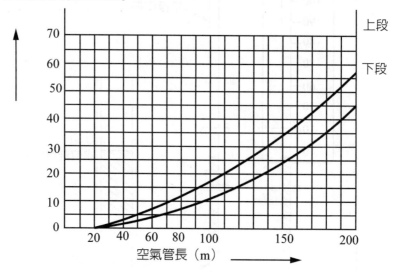

圖2-4 空氣管流通曲線

(b) 接點水高試驗

I. 檢查方法

　將空氣管由旋塞台取下，連接流體壓力計及空氣注入器，並將試驗旋塞調整至接點水高試驗位置，再緩緩注入空氣，確認接點閉合時之水位（接點水位高）。

II. 判定方法

　接點水高值，應在檢出器標示值之範圍內。

B. 熱電偶式

(A) 檢查方法

a. 火災動作試驗

　依下列步驟由試驗器將動作電壓附加在檢出器，確認其動作時之電壓（動作電壓值）及火警分區之表示是否正常。

(a) 將試驗器之開關調整至動作試驗側，連接檢出器。

(b) 操作刻度盤，對檢出器緩緩附加電壓，測定動作時之電壓值。

b. 回路合成阻抗試驗

　用儀表繼電器試驗器可以試驗者，將試驗器之插頭插入檢出器，進行規定之操作。其他之試驗器，將熱電偶回路由檢出器端子切離，確認回路之阻抗值是否正常。

(B)判定方法

a. 動作電壓值，應在檢出器標示值之範圍內。

b. 回路合成阻抗值，應在各檢出器標示值以下。

c. 火警分區之表示應正常。

(C)注意事項

　　應使用規定之試驗器。

C. 熱半導體式

(A)檢查方法

　　使用試驗器按照熱電偶式之檢查方法進行。但對於感熱部之裝置面未滿八公尺者，得準用差動式局限型探測器之加熱試驗，進行測試。

(B)判定方法

　　準用熱電偶式或差動式局限型探測器之標準。

(C)注意事項

　　應使用規定之試驗器。

(3) 定溫式線型

A. 檢查方法

(A)動作試驗

　　操作設在探測器末端之回路試驗器，確認火警分區之表示是否正常。

(B)回路合成阻抗試驗

　　依下列步驟確認探測器回路之配線與感知線之合成阻抗值：

a. 拆下受信總機之外線，將擬測定之回路末端短路。

b. 回路中插入終端電阻者，使終端電阻短路。

c. 以三用電表測定探測器回路之配線與感知線之合成阻抗值。

B. 判定方法

(A)動作試驗

　　火警分區之表示應正常。

(B)回路合成阻抗試驗

　　合成阻抗值應在探測器標示值以下。

(C)注意事項

　　使電源電壓下降至額定電壓之百分之八十，實施動作試驗，確實動作時，得省略回路合成阻抗試驗。

2. 偵煙型探測器（多信號探測器除外，以下相同）

(1) 局限型

A. 檢查方法

使用加煙試驗器，確認偵煙型探測器到動作之時間及警戒區域之表示是否正常。

B. 判定方法

(A) 探測器加煙後到動作之時間，應在表2-5所示之時間內。

(B) 蓄積型探測器之動作時間，應在表2-5所示之時間加其標稱蓄積時間及五秒之時間內。

表2-5

動作時間 探測器	探測器之種類		
	1種	2種	3種
離子式局限型 光電式局限型	30秒	60秒	90秒

(C) 火警分區之表示應正常。

C. 注意事項

(A) 應使用規定之加煙試驗器。

(B) 發煙材應使用試驗器之指定品。

(C) 加煙試驗時，應不受裝置面氣流之影響。

(D) 對於連接蓄積性能之回路，亦可先行解除其蓄積性能。

(2) 分離型

A. 檢查方法

使用減光罩，確認探測器之動作及火警分區之表示是否正常。

B. 判定方法

(A) 插入減光罩後到動作之時間，應在30秒內。

(B) 蓄積型探測器之動作時間，應在30秒加其標稱蓄積時間及五秒之時間內。

(C) 火警分區之表示應正常。

C. 注意事項

(A)應使用規定之減光罩。

(B)對於連接蓄積性能之回路，亦可先行解除其蓄積性能。

3.火焰式探測器

(1)檢查方法

使用火焰探測器用動作試驗器，確認探測器之動作及火警分區之表示是否正常。

(2)判定方法

A.探測器之動作時間，應在30秒內

B.火警分區之表示應正常。

4.多信號探測器（含複合式探測器）

(1)檢查方法

準用前述1及2確認之。

(2)判定方法

A.探測器之動作時間，應在前述之1及2規定之時間內。

B.火警分區之表示應正常。

(3)注意事項

準用前述1及2規定。

(四)手動報警機

1.檢查方法

操作按鈕或送受話器（通話裝置），確認是否動作。

2.判定方法

音響裝置應鳴動，有確認燈者，確認燈應亮燈。

(五)音響裝置

1.檢查方法

(1)音量

設於有其他機械發出噪音處所者，使該分區探測器或手動報警機動作，確認其音壓及音色。

(2)鳴動方式

使探測器或手動報警機動作，確認地區音響裝置之鳴動方式是否正

確。

2. 判定方法

(1) 音壓

音壓及音色與其他機械發出之噪音，應有明顯區別且清晰。

(2) 鳴動方式

A. 一齊鳴動

全棟之地區音響自動地一齊鳴動。

B. 分區鳴動

建築物在五層以上，且總樓地板面積超過三千平方公尺者，其地區音響裝置應依下列所示分區鳴動，必要時可以手動操作一齊鳴動。

(A) 起火層為地上二層以上時，限該樓層與其直上兩層及其直下層鳴動。

(B) 起火層為地面層時，限該樓層與其直上層及地下層各層鳴動。

(C) 起火層為地下層時，限地面層及地下層各層鳴動。

(六) 蓄積性能（限有蓄積性能者）

1. 檢查方法

選定表2-6所定數量之感熱探測器、偵煙式探測器及火焰式探測器，使用各型探測器之試驗器，使各個探測器動作，確認其至火災表示時間是否正常。

表2-6

火警分區數	探測器之選定個數		
	感熱式探測器	偵煙式探測器	火焰式探測器
50以下	1	1	1
51以上	2	2	2

對於有蓄積性能之中繼器或受信機，操作手動報警機時，應與其設定之時間無關，確認其是否能自動地火災表示。

2. 判定方法

(1) 對感熱式探測器加熱時，應於表2-7所示之時間加蓄積式中繼器或受信總機設定之蓄積時間之合計時間（最大20秒）內動作。

表2-7

探測器　＼　動作時間	探測器之種別		
	特種	1種	2種
差動式局限型 補償式局限型	－	30秒	30秒
定溫式局限型	40秒	60秒	120秒

(2) 對偵煙式探測器加煙測試時，應於下列時間內動作：

A. 非蓄積型：

表2-8所示之時間加蓄積式中繼器或受信總機設定之蓄積時間之合計時間（最大60秒）。

表2-8

探測器　＼　動作時間	探 測 器 之 種 別		
	1種	2種	3種
離子式局限型 光電式局限型	30秒	60秒	90秒

B. 蓄積型

表2-8所示之時間加蓄積型之標稱蓄積時間與蓄積式中繼器或受信機設定之蓄積時間之合計時間（最大60秒）再加上5秒。

C. 以火焰式探測器用動作試驗器之紅外線或紫外線照射時，30秒加上蓄積式中繼器或受信機設定之蓄積時間之合計時間（最大20秒）。

D. 有蓄積性能之中繼器或受信機，使手動報警機動作時，其蓄積性能應自動解除，且立即火災表示。

(3) 注意事項

進行蓄積性能檢查，選擇探測器時，應輪流選取，並應於圖面或檢查表上註記每次選取之位置。

(七)二信號性能（限有二信號性能者）

1.**檢查方法**

於任一回路，使用加熱試驗器或加煙試驗器使探測器動作，確認第一信號及第二信號之火災表示是否正常。

操作手動報警機時，不論第一信號及第二信號，確認其是否立即進行火災表示。

2.**判定方法**

(1) 第一信號時，主音響或副音響裝置應鳴動及地區表示燈應亮燈。

(2) 第二信號時，主音響及地區音響裝置應鳴動且火災燈及地區表示燈應亮燈。

(3) 操作手動報警機時，主音響及地區音響裝置應鳴動，火災燈及地區表示燈應亮燈。

三、綜合檢查

(一)同時動作

1.**檢查方法**

操作火災試驗開關及回路選擇開關，不要復舊使任意五回路（不滿五回路者，全部回路），進行火災動作表示試驗。

2.**判定方法**

受信機（含副機）應正常動作，主音響及地區音響裝置之全部或接續該五回路之地區音響裝置應鳴動。

(二)偵煙式探測器、煙複合式探測器或熱煙複合式探測器之感度。

1.**檢查方法**

進行外觀清潔後，依下列步驟確定探測器之感度。

(1) **局限型**

A. 取下偵煙式探測器，進行外觀清潔。

B. 使用偵煙式探測器用感度試驗器，進行感度（濃度）試驗，確認其感度是否在探測器所定之範圍內。

C. 按前述A之步驟確認其感度正常者，即再裝回原位，裝置後使用加煙

試驗器，進行動作之確認。

(2) 判定方法

感度應在所定之範圍內。

(3) 注意事項

取下偵煙式探測器之場所，應即裝上替代之探測器，不可使其形成未警戒區 域，應將此記錄在檢查表上。

A. 分離型探測器

清潔探測器之送光器及受光器時，應依正確之方法回復到初期時狀態。

B. 偵煙式探測器用感度試驗器及減光罩，應使用規定之器材。

(三)地區音響裝置之音壓

1. 檢查方法

距音響裝置設置位置中心一公尺處，使用噪音計，確認其音壓。

2. 判定方法

音壓應在九十分貝以上（85年6月30日前取得建造執照者為八十五分貝）。

3. 注意事項

(1) 警鈴於收藏箱內者，應維持原狀測定其音壓。

(2) 音壓使用簡易或普通噪音計測定。

(四)綜合檢查

1. 檢查方法

切換成緊急電源或預備電源供電狀態，使用加熱試驗器等使任一探測器動作，依下列步驟確認其性能是否正常。

(1) 應遮斷受信總機之常用電源主開關或分電盤之專用開關。

(2) 進行任一探測器加熱或加煙試驗時，在受信總機處應確認其火警分區之火災表示裝置是否正常亮燈、主音響及地區音響裝置是否正常鳴動。

2. 判定方法

火災表示裝置應正常亮燈、音響裝置應正常鳴動。

火警自動警報設備檢查表

檢修設備名稱		火警受信總機	製造商：				
			型　號：				
檢修項目			檢修結果				處置措施
			種別、容量等內容	判定	不良狀況		
外觀檢查							
預備電源、緊急電源（內藏型）		外　形					
		標　示					
受信總機等		周圍狀況					
		外形					
		表示裝置					
		電壓表	V				
		開關					
		標示					
		預備零件					
探測器		外形					
	警戒狀況	未警戒部分					
		感知區域					
		適應性					
		性能障礙					
手動報警機		周圍狀況					
		外型					
標示燈							
音響裝置		外形					
		裝置狀態					
性能檢查							
預備電源緊急電源（內藏型）		端子電壓	V				
		切換裝置					
		充電裝置					
		結線接續					

受信機及中繼器		開關類					
		保險絲	A				
		繼電器					
		表示燈					
		通話裝置					
		結線接續					
		接地					
		附屬裝置					
		火災表示					
		回路導通					
探測器	感熱式	局限型	差動式				
			定溫式				
			補償式				
		分布型	空氣管式				
			熱電偶式				
			熱半導體式				
		定溫式線型					
	偵煙式	局限型	離子式				
			光電式				
		光電式分離型					
	火焰式探測器						
	多信號探測器						
手動報警機							
音響裝置	音量等						
	鳴動方式		□一齊　□分區				
蓄積性能							
二信號性能							
綜合檢查							
同時動作							
偵煙式探測器之感度							
地區音響裝置之音壓			□dB				
綜合動作							

備註									
檢查器材	機器名稱	型式	校正年月日	製造廠商	機器名稱	型式	校正年月日	製造廠商	

	檢查日期	自民國　　　年　　　月　　　日　至民國　　　年　　　月　　　日					
檢修人員	姓名		消防設備師（士）	證書字號		簽章	（簽章）
	姓名		消防設備師（士）	證書字號		簽章	
	姓名		消防設備師（士）	證書字號		簽章	
	姓名		消防設備師（士）	證書字號		簽章	

1.應於「種別‧容量等情形」欄內填入適當之項目。

2.檢查合格者於判定欄內打「○」；有不良情形時於判定欄內打「×」，並將不良情形填載於「不良狀況」欄。

3.對不良狀況所採取之處置情形應填載於「處置措施」欄。

4.欄內有選擇項目時應以「○」圈選之。

火警自動警報設備（附表一）

防護區域		探測器													地區音響裝置	手動報警機	檢查結果
		差動式			定溫式		偵煙式						火焰式探測器	熱複合式局限型	熱煙複合式局限型	煙複合局限型	多信號式探測器			
		局限型	分布型		局限型	線型	局限型			分離型										
							離子式	光電式		光電式										
回路編號	名稱	局限型	空氣管式	熱半導體式	熱電偶式	局限型	線型	非蓄積	蓄積	非蓄積	蓄積	非蓄積	蓄積	火焰式探測器	熱複合式局限型	熱煙複合式局限型	煙複合局限型	多信號式探測器	地區音響裝置	手動報警機	檢查結果
合計																				
備註																				

火警自動警報設備（附表二）

警戒區域		類別	製造號碼	差動式分布型										定溫式感知線型		煙感知器	音響裝置	處置措施
				空氣管式						熱電偶式		熱半導體式						
回路編號	名稱			空氣長管	送氣	動作	繼續	水高H／2	流通	動作	回路電阻	動作	回路電阻	回路電阻	絕緣電阻	感度／濃度 ΔV	音壓	
				m	cc	秒	秒	mm	秒	mV	Ω	mV	Ω	Ω	MΩ	ΔV	dB	
備註																		

※本表爲設備有不良情形時，記載其檢修時測定之結果及處置方式。

2.2　瓦斯漏氣火警自動警報設備檢修及申報作業基準

一、外觀檢查

(一)預備電源及緊急電源（限內藏型）

1.檢查方法

(1) 外形

以目視確認有無變形、腐蝕等。

(2) 標示

以目視確認蓄電池銘板。

2.判定方法

(1) 外形

A.應無變形、腐蝕、龜裂。

B.電解液應無洩漏、導線之接續部應無腐蝕。

(2) 標示

應與受信總機上標示之種別、額定容量及額定電壓相符。

(二)受信機及中繼器

1.檢查方法

(1) 周圍狀況

確認周圍有無檢查上或使用上之障礙。

(2) 外形

以目視確認有無變形、腐蝕等。

(3) 警報分區之表示裝置

以目視確認有無污損等。

(4) 電壓表

A.以目視確認有無變形、損傷等。

B.確認電源、電壓是否正常。

(5) 開關

以目視確認開、關位置是否正常。

(6) 標示

確認如圖2-5例示各開關之標示是否正常。

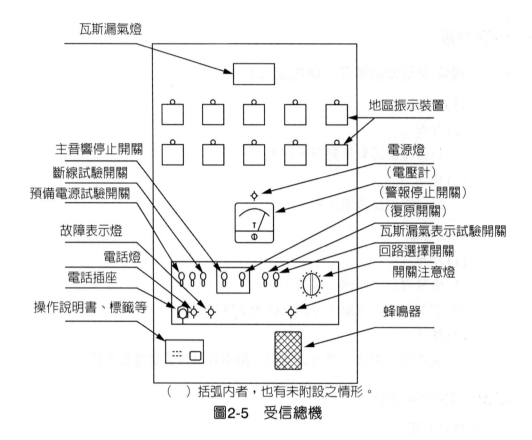

（　）括弧內者，也有未附設之情形。

圖2-5　受信總機

(4) 預備零件等

確認是否備有保險絲、燈泡等零件及回路圖等。

2. 判定方法

(1) 周圍狀況

應設在經常有人之場所（中繼器除外），且應保持檢查上及使用上必要之空間。

(2) 外形

應無變形、損傷、明顯腐蝕等。

(3) 警報分區之表示裝置

應無污損、不明顯之部分。

(4) 電壓計

A. 應無變形、損傷等。

B. 電壓計之指示值應在所定之範圍內。

C. 無電壓計者，其電源表示燈應亮燈。

(5) 開關

開、關位置應正常。

(6) 標示

A. 應貼有檢驗合格證。

B. 各開關之名稱應無污損、不明顯之部分。

C. 銘板應無脫落。

(7) 預備零件等

A. 應備有保險絲、燈泡等零件。

B. 應備有回路圖、操作說明書等。

(三)瓦斯漏氣檢知器（以下簡稱「檢知器」）

1. 檢查方法

(1) 外形

以目視確認有無變形、損傷、腐蝕等。

(2) 警戒狀況

A. 未警戒部分

確認設置後有無因用途變更、隔間變更、瓦斯燃燒器具設置場所變更等形成之未警戒部分。

B. 設置場所及設置位置

確認設置場所及設置位置是否恰當。

C. 確認是否設置符合瓦斯特性之檢知器。

D. 性能障礙

以目視確認有無被塗漆、覆蓋等造成性能障礙之顧慮。

2. 判定方法

(1) 外形

應無變形、損傷、脫落、明顯腐蝕等。

(2) 警戒狀況

A. 未警戒部分

應無設置後因用途變更、隔間變更或瓦斯燃燒器具設置場所變更等形成之未警戒部分。

B. 設置場所及設置位置

應符合表2-9之規定。

C. 適用性

設置符合瓦斯特性之檢知器。

D. 性能障礙

應無被塗漆、覆蓋等影響性能之顧慮。

表2-9　檢知器之設置基準

設置場所	一、應為便於檢修之處所。 二、不得設在下列場所： 　　1.在出入口附近外氣流通之場所。 　　2.距出風口一點五公尺內之場所。 　　3.瓦斯燃燒器具之廢氣容易接觸之場所。 　　4.明顯無法確保檢知器性能之場所。	
設置位置	瓦斯對空氣之比重未滿一時	1. 應距瓦斯燃燒器具或瓦斯導管貫穿牆壁處水平距離八公尺以內。但樓板有淨高六十公分以上之樑或類似構造體時，應設於近瓦斯燃燒器或瓦斯導管貫穿牆壁處。 2. 瓦斯燃燒器具室內之天花板設有吸氣口時，應設在距瓦斯燃燒器具或瓦斯導管貫穿牆壁處與天花板間無淨高六十公分以上之樑或類似構造體區隔之吸氣口一點五公尺範圍內。 3. 檢知器下端，應裝設在天花板下方三十公分範圍內。
	瓦斯對空氣之比重大於一時	1. 應距瓦斯燃燒器具或瓦斯導管貫穿牆壁處水平距離四公尺以內。 2. 檢知器上端，應裝設在距樓地板面三十公分範圍內。

(四) 警報裝置

1. 瓦斯漏氣表示燈

(1) 檢查方法

以目視確認有無變形、損傷、脫落及妨礙視認之因素。

(2) 判定方法

應無變形、損傷、脫落及妨礙視認之因素。

2. 檢知區域警報裝置

(1) 檢查方法

A. 外形

以目視確認有無變形、損傷、明顯腐蝕等。

B. 裝置狀態

以目視確認有無脫落、妨礙音響效果之因素。

(2) 判定方法

A. 外形

應無變形、損傷、明顯腐蝕等。

B. 裝置狀態

應無脫落、鬆動、妨礙音響效果之因素。

二、性能檢查

(一) 預備電源及緊急電源（限內藏型）

1. 檢查方法

(1) 端子電壓或出力電壓

操作預備電源試驗開關，由電壓計確認。

(2) 切換裝置

由受信機內部遮斷常用電源開關確認其動作。

(3) 充電裝置

確認有無變形、腐蝕、發熱、灰塵附著等。

(4) 結線接續

以目視或螺絲起子確認有無斷線、端子鬆動等。

2. 判定方法

(1) 端子電壓或出力電壓

電壓表指示應在規定值以上。

(2) 切換裝置

自動切換成蓄電池設備之電源，常用電源恢復時自動切換成常用電源。

(3) 充電裝置

　A.應無變形、損傷、明顯腐蝕等。

　B.應無異常發熱等。

(4) 結線接續

　　應無斷線、端子鬆動、脫落、損傷等。

3.注意事項

(1) 預備電源之容量超過緊急電源時，得取代緊急電源。

(2) 充電回路使用阻抗器者，因為會變成高溫，故不能以發熱即判斷為異常，應以是否變色等來判斷。

(二)受信機及中繼器

1.開關類

(1) 檢查方法

　　以螺絲起子及開、關操作確認端子有無鬆動、開關性能是否正常。

(2) 判定方法

　A.應無端子鬆動、發熱。

　B.開關操作正常。

2.保險絲類

(1) 檢查方法

　　確認有無損傷、熔斷等，及是否為規定之種類、容量。

(2) 判定方法

　A.應無損傷、熔斷等。

　B.應使用回路圖所示之種類及容量。

3.繼電器

(1) 檢查方法

　　確認有無脫落、端子鬆動、接點燒損、灰塵附著，及由試驗裝置使繼電器動作確認其性能。

(2) 判定方法

　A.應無脫落、端子鬆動、接點燒損、灰塵附著。

　B.動作應正常。

4. 表示燈

　(1) 檢查方法

　　由開關之操作確認有無亮燈。

　(2) 判定方法

　　應無明顯劣化，且應正常亮燈。

5. 通話裝置

　(1) 檢查方法

　　設二台以上受信總機時，由操作相互間之送受話器，確認能否同時通話。

　(2) 判定方法

　　應能同時通話。

　(3) 注意事項

　A. 設受信總機處相互間，設有對講機時，得以對講機取代電話機。

　B. 同一居室設二台以上受信總機時，得免設通話裝置。

6. 結線接續

　(1) 檢查方法

　　以目視或螺絲起子確認有無斷線、端子鬆動、脫落、損傷等。

　(2) 判定方法

　　應無斷線、端子鬆動、脫落、損傷等。

7. 接地

　(1) 檢查方法

　　以目視或回路計確認有無明顯腐蝕、斷線等。

　(2) 判定方法

　　應無明顯腐蝕、斷線等之損傷等。

8. 附屬裝置

　(1) 檢查方法

　　在受信機作瓦斯漏氣表示試驗，確認瓦斯漏氣信號是否能自動地移報到表示機（副受信機），及有無性能障礙。

　(2) 判定方法

　　表示機之移報應正常進行。

(3)注意事項

　　有連動瓦斯遮斷機構者，檢查時應特別注意。

9.瓦斯漏氣表示

　(1)檢查方法

　　　按下列步驟，進行瓦斯漏氣表示試驗確認之。

　　A.設有回路選擇開關者

　(A)將瓦斯漏氣表示試驗開關開到試驗側。

　(B)按下列步驟操作回路選擇開關：

　　a.有延遲時間者，應每一回路依次確認其瓦斯漏氣表示。

　　b.有保持機能者，應每一回路邊確認其保持機能邊操作復舊開關，如此確認完後再依次進行下一回路之確認。

　(2)判定方法

　　A.各回路之表示窗與動作回路編號相符合。

　　B.瓦斯漏氣表示燈及警報分區之表示裝置亮燈與音響裝置之鳴動（以下簡稱「瓦斯漏氣表示」）應正常。

　　C.受信總機之延遲時間，應在60秒以內。

　　D.保持機能應正常。

10.回路導通（斷線試驗）

　(1)檢查方法

　　　依下列步驟進行回路導通試驗，確認之。

　　A.將斷線試驗開關開到斷線試驗側。

　　B.依序旋轉回路撰擇開關。

　　C.確認各回路之試驗用計器測定值是否在規定範圍，或由斷線表示燈確認之。

　(2)判定方法

　　　試驗用計器之指示值應在所定範圍，或斷線表示燈應亮燈。

　(3)注意事項

　　　有斷線表示燈者，斷線時亮燈，應特別留意。

11.故障表示

(1) 檢查方法

依下列步驟進行模擬故障試驗，並確認之。

A. 對於由受信機、中繼器、或檢知器供給電力方式之中繼器，拆下對外部負載供給電力回路之保險絲，或遮斷其斷路器。

B. 對於不由受信機、中繼器、或檢知器供給電力方式之中繼器，遮斷其主電源，或者拆下由該中斷器對外部負載供給電力回路之保險絲或遮斷其斷路器。

C. 有檢知器之電源停止表示機能者，由開關器遮斷該檢知器之主電源。

(2) 判定方法

A. 對於中繼器、受信總機之音響裝置及故障表示燈應能自動地動作。

B. 對於檢知器，在受信總機側應能確認電源之停止。

(三) 檢知器

1.檢查方法

使用「加瓦斯試驗器」進行加瓦斯測試（對空氣之比重未滿一者使用甲烷，對空氣之比重大於一者使用異丁烷），依下列(1)至(3)其中之一來測定檢知器是否動作及到受信機動作之時間，同時確認中斷器，瓦斯漏氣表示燈及檢知區域警報裝置之動作狀況。

(1) 有動作確認燈之檢知器，測定由確認燈亮燈至受信總機之瓦斯漏氣燈亮燈之時間。

(2) 由檢知區域警報裝置或中繼器之動作確認燈，能確認檢知器之動作時，測定由檢知區域警報裝置動作或中繼器之動作確認亮燈，至受信總機之瓦斯漏氣燈亮燈之時間。

(3) 無法由前述(1)、(2)測定者，測定加壓試驗用瓦斯後，至受信總機之瓦斯漏氣燈亮燈之時間。

(4) 檢知器應按下表選取檢查數量。

（檢知器選取檢查數量表）

一回路之檢知器數量	撰取檢查數量
1～5個	1
6～10個	2
11～15個	3
16～20個	4
21～25個	5
26～30個	6
30個以上	20%

2. 判定方法

(1) 中斷器、瓦斯漏氣表示燈及檢知區域警報裝置之動作應正常。受信總機之瓦斯漏氣燈、主音響裝置之動作及警報分區之表示應正常。

(2) 由前述檢查方法之(1)、(2)、(3)測得之時間，扣除下列A及B所定之時間，應在60秒內。

A. 介入中繼器時為5秒。

B. 檢查方法採用(3)時為20秒。

3. 注意事項

(1) 檢知器每次測試時應輪流選取，可於圖面或檢查表上註記每次選取之位置。

(2) 在選取之檢知器中，發現有不良品時，該回路之全部檢知器均應實施檢查。

(四) 警報裝置

1. 瓦斯漏氣表示燈

(1) 檢查方法

按照檢知器之性能檢查，使檢知器動作，確認其亮燈狀況。

(2) 判定方法

A. 應無明顯劣化，且正常亮燈。

B. 動作之檢知器，其所在位置應能容易辨識。

2. 檢知區域警報裝置

(1) 檢查方法

按照檢知器之性能檢查，使檢知器動作，按下列步驟確認其鳴動狀況。

A. 音壓

確認其音壓是否在七十分貝以上，且其音色是否有別於其他機械噪音。

B. 鳴動區域

一個檢知器能有效檢知瓦斯漏氣之區域（以下簡稱「檢知區域」）內，確認是否能有效聽到。

(2) 判定方法

A. 音壓

音壓應在七十分貝以上，且其音色有別於其他機械噪音。

B. 鳴動區域

鳴動區域適當，且於檢知區域內任一點均能有效聽到。

三、綜合檢查

(一) 同時動作

1. 檢查方法

使用加瓦斯試驗器，使兩個回路之任一檢知器（各回路一個）同時動作，確認其性能是否異常。

2. 判定方法

中繼器、瓦斯漏氣表示燈及檢知區域警報裝置之動作應正常，且受信總機之瓦斯漏氣燈、主音響裝置之動作及警報分區之表示應正常。

(二) 檢知區域警報裝置

1. 檢查方法

使任一檢知器動作，於檢知區域警報鳴動時，於距該裝置之裝設位置中心一公尺處，使用噪音計確認其音壓是否在規定值以上。

2. 判定方法

音壓應在七十分貝以上。

3. 注意事項

設在箱內者,應保持原狀測定其音壓。

(三) 綜合動作

1. 檢查方法

切換成緊急電源之狀態,使任一檢知器動作,確認其性能是否正常。

2. 判定方法

中繼器、瓦斯漏氣表示燈及檢知區域警報裝置之動作應正常,且受信總機之瓦斯漏氣燈、主音響裝置之動作及警報分區之表示應正常。

3. 注意事項

得以預備電源取代緊急電源實施綜合動作測試。

瓦斯漏氣火警自動警報設備檢查表

檢修設備名稱		火警受信總機	製造商:		中繼器	製造商:	
			型式等:			型式等:	
檢修項目			檢修結果				處置措施
			種別、容量等內容	判定	不良狀況		
外觀檢查							
預備電源、緊急電源(內藏型)		外形					
		標示					
受信機中繼器		周圍狀況					
		外形					
		警報分區之表示裝置					
		電壓表	V				
		開關類					
		標示					
		預備零件					

檢知器	警戒狀況	外形				
		未警戒部分				
		設置位置				
		適用性				
		性能障礙				
警報裝置	瓦斯漏氣表示燈					
	檢知區域警報裝置	外形				
		裝置狀態				
性能檢查						
預備電源、緊急電源（內藏型）		端子電壓 出力電壓	V			
		切換裝置				
		充電裝置				
		結線接續				
受信機及中繼器		開關類				
		保險絲類	A			
		繼電器				
		表示燈				
		通話裝置				
		結線接續				
		接地				
		附屬裝置				
		瓦斯漏氣表示				
		回路導通				
		故障表示				
		瓦斯漏氣檢知器				
警報裝置	瓦斯漏氣表示燈					
	檢知區域警報裝置	音壓				
		鳴動區域				
綜合檢查						
同時動作						
檢知區域警報裝置			dB			

綜合運作				

備註	

檢查器材	機器名稱	型式	校正年月日	製造廠商	機器名稱	型式	校正年月日	製造廠商

	檢查日期	自民國　　　年　　　月　　　日　至民國　　　年　　　月　　　日					
檢修人員	姓名		消防設備師（士）	證書字號		簽章	（簽章）
	姓名		消防設備師（士）	證書字號		簽章	
	姓名		消防設備師（士）	證書字號		簽章	
	姓名		消防設備師（士）	證書字號		簽章	

1.應於「種別‧容量等情形」欄內填入適當之項目。

2.檢查合格者於判定欄內打「○」；有不良情形時於判定欄內打「×」，並將不良情形填載於「不良狀況」欄。

3.對不良狀況所採取之處置情形應填載於「處置措施」欄。

4.欄內有選擇項目時應以「○」圈選之。

瓦斯漏氣火警自動警報設備檢查表（附表一）

防護區域		瓦斯漏氣檢知器（天然氣）	瓦斯漏氣檢知器（液化石油氣）	檢知區域警報裝置	瓦斯漏氣表示燈	檢修結果	採取措施
回路編號	名稱						
	合計						
備註							

2.3　緊急廣播設備檢修及申報作業基準

一、外觀檢查

(一)緊急電源（限內藏型）

1.檢查方法

(1) 外形

以目視確認有無變形、腐蝕等。

(2) 標示

以目視確認蓄電池銘板是否適當。

2.判定方法

(1) 外形

A.應無變形、損傷、龜裂等。

B.電解液應無洩漏、導線之接續部應無腐蝕。

(2) 標示

應標示規定之電壓及容量。

(二)擴音機、操作裝置及遠隔操作裝置

1.檢查方法

(1) 周圍狀況

確認周圍有無檢查以及使用上之障礙。

(2) 外形

確認有無變形、腐蝕等。

(3) 電壓表

A.以目視確認有無變形、損傷等。

B.確認電源電壓是否正常。

(4) 開關類

以目視確認開關位置是否正常。

(5) 保護板

以目視確認有無變形、脫落等。

(6) 標示

確認開關之名稱標示是否正確。

(7) 預備零件

確認是否備有保險絲、燈泡等零件及回路圖。

2. 判定方法

(1) 周圍狀況

A.操作部及遠隔操作裝置應設在經常有人之處所。

B.應有檢查上及使用上之必要空間。

(2) 外形

應無變形、損傷、脫落、明顯腐蝕等。

(3) 電壓計

A.應無變形、損傷等。

B.電壓計指示值應在規定範圍內。

C.無電壓計者，電源表示燈應亮燈。

(4) 開關類

開關位置應正常。

(5) 保護板

應無變形、損傷、脫落等。

(6) 標示

A.開關名稱應無污損、不鮮明部分。

B.銘板應無龜裂。

(7) 預備零件

A.應備有保險絲、燈泡等預備零件。

B.應備有回路圖及操作說明書。

(三)啓動裝置

1. 檢查方法

(1) 周圍狀況

確認周圍有無檢查上及使用上之障礙，及是否標示「啓動裝置」。

(2) 外形

以目視確認有無變形、腐蝕及按鈕保護板有無破損等。

2. 判定方法

(1) 周圍狀況

A. 應無檢查上及使用上之障礙。

B. 應無標示污損、不鮮明之部分。

(2) 外形

應無變形、損傷、脫落、明顯腐蝕及按鈕保護板破損之情形。

(四) 揚聲器

1. 檢查方法

(1) 外形

以目視確認有無變形、腐蝕等。

(2) 裝置狀態

以目視確認有無脫落及妨礙音響效果之物。

2. 判定方法

(1) 外形

應無變形、損傷、明顯腐蝕等。

(2) 裝置狀態

應無脫落、鬆動及妨礙音響效果之物品。

(五) 標示燈

1. 檢查方法

以目視確認有無變形、損傷等及是否亮燈。

2. 判定方法

(1) 應無變形、損傷、脫落等，且保持亮燈。

(2) 標示燈與裝置面成十五度角，在十公尺距離內應均能明顯易見。

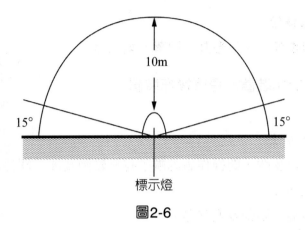

標示燈

圖2-6

二、性能檢查

(一)緊急電源（限內藏型）

1.檢查方法

(1) 端子電壓

操作緊急電源試驗開關，由電壓計確認。

(2) 切換裝置

操作常用電源開關，確認其動作。

(3) 充電裝置

以目視確認有無變形、腐蝕、發熱等。

(4) 結線接續

以目視或螺絲起子確認有無斷線、端子鬆動等。

2.判定方法

(1) 端子電壓

電壓表之指示值應正常（電壓計指針在紅色線以上）。

(2) 切換裝置

自動切換成緊急電源，常用電源恢復時自動切換成常用電源。

(3) 充電裝置

A.應無變形、損傷、明顯腐蝕等。

B.應無異常之發熱。

(4) 結線接續

應無斷線、端子鬆動、脫落、損傷等。

(二)擴音機、操作裝置及遠隔操作裝置

1. 開關類

(1) 檢查方法

以目視及開、關操作確認端子有無鬆動及開、關性能是否正常。

(2) 判定方法

A. 應無端子鬆動及發熱等。

B. 開、關功能應正常。

2. 保險絲類

(1) 檢查方法

確認有無損傷、熔斷等，及是否為所定之種類及容量。

(2) 判定方法

A. 應無損傷、熔斷等。

B. 應使用回路圖所示之種類及容量等。

3. 繼電器

(1) 檢查方法

確認有無脫落、端子鬆動、接點燒損、灰塵附著，及由開關操作使繼電器動作確認其性能。

(2) 判定方法

A. 應無脫落、端子鬆動、接點燒損、灰塵附著。

B. 動作應正常。

4. 計器類

(1) 檢查方法

由開關之操作及廣播，確認電壓表及出力計是否正常動作。

(2) 判定方法

指針之動作應正常。

5. 表示燈

(1) 檢查方法

由開關之操作確認是否亮燈。

(2) 判定方法

應無明顯劣化，且應正常亮燈。

6. 結線接續

(1) 檢查方法

以目視及螺絲起子確認有無斷線、端子鬆動、脫落、損傷等。

(2) 判定方法

應無斷線、端子鬆動、脫落、損傷等。

7. 接地

(1) 檢查方法

以目視或三用電表確認有無腐蝕、斷線等。

(2) 判定方法

應無明顯腐蝕、斷線等之損傷。

8. 回路選擇

(1) 檢查方法

操作樓層別選擇開關或一齊廣播開關，確認回路選擇是否確實進行。

(2) 判定方法

被選定之回路，其樓層別動作表示及火災燈應正常亮燈。

9. 二台以上之操作裝置或遠隔操作裝置。

(1) 檢查方法

A. 設有二台以上之操作裝置或遠隔操作裝置時，使其相互動作，確認其廣播分區是否正確，及相互之操作裝置或遠隔操作裝置之表示是否正確。

B. 對同時通話設備，確認是否能相互通話。

(2) 判定方法

A. 使其中一台操作裝置或遠隔操作裝置動作時，其相互之性能應正常，且廣播分區及操作裝置或遠隔操作裝置之表示正常。

B. 應能相互呼應及清楚通話。

10. 遠隔操作裝置

(1) 檢查方法

操作操作部及遠隔操作裝置任一操作開關時，確認是否正常動作。

(2) 判定方法

A. 操作部或遠隔操作裝置動作之繼電器、監聽揚聲器、出力計等，應動作。

B. 由遠隔操作裝置之啓動裝置，應能進行一齊廣播。

C. 操作遠隔操作裝置之回路選擇開關，應能對任一樓層廣播。

D. 由遠隔操作裝置之監聽揚聲器，應能確認廣播內容。

11. 緊急廣播切換

(1) 檢查方法

與一般廣播兼用時，於一般廣播狀態，進行緊急廣播時，確認是否切換成緊急廣播。

(2) 判定方法

應確實切換成緊急廣播，且在未以手動復舊前，應正常持續緊急廣播之動作狀態。

12. 回路短路

(1) 檢查方法

於警報音響播送狀態，進行回路短路時，確認其他回路是否發生性能障礙。

(2) 判定方法

於短路之回路，遮斷短路保護回路，或於表示已短路之同時，對其他回路之廣播應無異常。

13. 麥克風（限發出音聲警報者）

(1) 檢查方法

於操作裝置使用音聲警報鳴動，再由麥克風進行廣播，確認音聲警報是否自動地停止。

(2) 判定方法

由麥克風之廣播啓動同時，音聲警報音響應即停止。且於麥克風之廣播終了時，音聲警報即開始鳴動。

(三)啓動裝置

1.檢查方法

(1) **手動按鈕開關**

操作手動按鈕開關，確認是否動作。

(2) **火警自動警報設備之手動報警機。**

A. 操作火警自動警報設備之手動報警機，確認廣播設備是否確實啓動，自動進行火災廣播。

B. 操作緊急電話（分機），於操作部（主機）呼出鳴動之同時，確認能否相互通話。

C. 操作二具以上之緊急電話（分機），確認於操作部是否可任意選擇通話，且此時被遮斷之緊急電話是否能聽到講話音。

(3) **與火警自動警報設備之連動**

使火警自動警報設備動作，確認是否能確實連動。

2.判定方法

(1) **手動按鈕開關**

在操作部應發出音響警報及火災音響信號。

(2) **火警自動警報設備之手動報警機**

A. 應能自動地進行火災廣播。

B. 操作部（主機）呼出鳴動，且應能明確相互通話。

C. 應能任意選擇通話，且此時被遮斷之緊急電話亦應能聽到講話音。

(3) **與火警自動警報設備之連動**

A. 於受信火災信號後，自動地啓動廣播設備，其火災音響信號或音響裝置應鳴動。

B. 起火層表示燈應亮燈。

C. 起火層表示燈至火災信號復舊前，應保持亮燈。

(四)揚聲器

1.音量等

(1) **檢查方法**

設於有其他機械之噪音處所者，藉由操作裝置或遠隔操作裝置之操作，確認其音量及音色。

(2) 判定方法

音量及音色應有別於其他機械之噪音。

2. 鳴動方式

(1) 檢查方法

操作操作裝置，由進行廣播中，確認揚聲器是否正確鳴動。

(2) 判定方法

A. 一齊鳴動

全棟之揚聲器應一齊鳴動。

B. 分區鳴動

應能進行下列所示之分區鳴動。

(A) 起火層為地上二層以上時

限該樓層與其直上二層及其直下一層鳴動。

(B) 起火層為地面層時

限該樓層與其直上層及地下層各層鳴動。

(C) 起火層為地下層時。

限地面層及地下層各層鳴動。

C. 相互鳴動

設有二台以上操作裝置或遠隔操作裝置之建築物，由任一操作裝置或遠隔操作裝置均能使揚聲器鳴動。

(3) 音量調整器

A. 檢查方法

於緊急廣播狀態，操作音量調整器時，確認緊急廣播是否有障礙。

B. 判定方法

不論音量調整器之調整位置在何位置，均應能有效進行緊急廣播。

三、綜合檢查

(一) 揚聲器之音壓

1. 檢查方法

距揚聲器一公尺處，使用噪音計（A特性），確認是否可得規定之音壓。

2. 判定方法

揚聲器之音壓，L級92分貝以上，M級87分貝以上，S級84分貝以上。

(二) 綜合檢查

1. 檢查方法

切換成緊急電源供電狀態，操作任一啓動裝置或操作裝置之緊急廣播開關，或受信由火警自動警報設備啓動之信號，確認是否進行火災表示及正常廣播。

2. 判定方法

火災表示及揚聲器之鳴動應正常。

緊急廣播設備檢查表

檢修設備名稱	操作裝置	製造商： 型　號：			中繼器	製造商： 型　號：	
檢修項目		檢修結果					處置措施
		種別、容量等內容	判定	不良狀況			
外觀檢查							
緊急電源（內藏型）	外形						
	標示						
擴音機、操作裝置及遠隔操作裝置	周圍狀況						
	外形						
	電壓表	V					
	開關類						
	保護板						
	標示						
	預備品						
警報裝置	周圍狀況						
	外形						
揚聲器	外形						
	裝置狀態						
標示燈							

性能檢查				
緊急電源 （內藏型）	端子電壓	V		
	切換裝置			
	充電裝置			
	結線接續			
擴音機、操作裝置及遠隔操作裝置	開關類			
	保險絲	A		
	繼電器			
	計器類			
	標示			
	結線接續			
	接地			
	回路選擇二台以上之操作裝置及遠隔操作裝置			
	遠隔操作裝置			
	緊急廣播切換			
	回路短路			
	麥克風			
啟動裝置	手動按扭裝置			
	緊急電話			
	與火警警報設備之連動			
揚聲器	音量等			
	鳴動方式	□一齊　□分區		
	音量調整器			
綜合檢查				
揚聲器之音壓		dB		
綜合動作				

備註									
檢查器材	機器名稱	型式	校正年月日	製造廠商	機器名稱	型式	校正年月日	製造廠商	
	檢查日期	自民國　　　年　　　月　　　日　至民國　　　年　　　月　　　日							
檢修人員	姓名		消防設備師（士）	證書字號			簽章	（簽章）	
	姓名		消防設備師（士）	證書字號			簽章		
	姓名		消防設備師（士）	證書字號			簽章		
	姓名		消防設備師（士）	證書字號			簽章		

2.4　標示設備檢修及申報作業基準

一、外觀檢查

(一)避難方向指示燈及出口標示燈

1.緊急電源（限內置型）

(1)檢查方法

A.外形

確認是否有變形、損傷及顯著腐蝕之情形。

B.標示

確認其標示是否正常。

(2)判定方法

A.外形

(A)應無變形、損傷或龜裂之情形。

(B)電解液應無洩漏，導線接頭應無腐蝕之現象。

B.標示

應依所定之額定電壓及容量設置。

2.外箱及標示面

(1)檢查方法

A.外形

以目視確認是否有變形、變色、脫落或污損之情形。

B.辨識上之障礙

(A)以目視確認其是否依規定之高度及位置設置。

(B)確認隔間牆、廣告物、裝飾物等有無造成視覺辨識上之障礙。

(2)判定方法

A.外形

(A)外箱及標示面，應無變形、變色、損傷、脫落或顯著污損之情形，且於正常之裝置狀態。

(B)避難方向指示燈所示之方向，其引導方向應無誤。

B.辨識上之障礙

(A)應設於規定之高度及位置。

(B)應無因建築物內部裝修，致設置位置不適當，且亦不得產生設置數量不足之情形。

(C)燈具周圍如有隔間牆、寄物櫃等時，不得因而造成視覺辨識上之障礙。

(D)燈具周圍應無雜亂物品、廣告板或告示板等遮蔽物。

3.光源

(1)檢查方法

　　確認有無閃爍之現象，及是否正常亮燈。

(2)判定方法

A.應無熄燈或閃爍之現象

B.燈具內之配線不得於標示面上產生陰影。

4.信號裝置（閃滅、音聲引導、減光、消燈等功能動作之移報裝置）

(1)檢查方法

A.外形

　　以目視確認有無變形、損傷或顯著腐蝕之情形。

B.結線接續

　　以目視或螺絲起子確認有無斷線、端子鬆動、脫落、損傷等情形。

(2)判定方法

A.外形應無變形、損傷或顯著腐蝕之情形。

B.應無斷線、端子鬆動、脫落、損傷等情形。

(二)避難指標

1.檢查方法

(1)外形

　　以目視確認有無變形、變色、脫落或污損之情形。

(2)辨識上之障礙

A.以目視確認是否依規定之高度及位置設置。

B.確認其有無因隔間等而造成視覺辨識上之障礙。

(3)採光

　　確認其是否具有足供識別之採光。

2.判定方法

(1) 外形

標示板面之文字、色彩應無顯著之污損、脫落或剝離之現象，且能容易識別。

(2) 視覺辨識上之障礙

A.應無因建築物內部裝修，致設置位置不適當，且亦不得產生設置數量不足之情形。

B.指標周圍如有隔間牆、寄物櫃等時，應無因而造成視覺辨識上之障礙。

C.指標周圍應無雜亂物品、廣告板或告示板等遮蔽物。

(3) 採光

應具有足供識別之採光。

二、性能檢查（避難指標除外）

(一)檢查方法

1.光源

以目視確認其燈泡本身有無污損、劣化等現象。

2.檢查開關

(1) 以目視確認有無變形及端子有無鬆動。

(2) 由檢查開關進行常用電源之切斷及復舊之操作，確認其切換功能是否正常。

3.保險絲類

確認有無損傷、熔斷之現象，及是否為所定種類及容量。

4.結線連接

以目視或螺絲起子確認其有無斷線、端子鬆動等現象。

5.緊急電源

確認於緊急電源切換狀態時有無正常瞬時亮燈。

6.信號裝置（閃滅、音聲引導、減光、消燈等功能動作之移報裝置）

以手動或火警自動警報設備之探測器動作等方法確認功能正常。

(二)判定方法

1. 光源

應無污損或顯著之劣化情形。

2. **檢查開關**

(1) 應無變形、損傷、或端子鬆動之情形。

(2) 切斷常用電源時，應能自動切換至緊急電源，即時亮燈；復舊時，亦能自動切換回常用電源。

3. **保險絲類**

(1) 應無損傷、熔斷之情形。

(2) 應爲所定之種類及容量。

4. **結線連接**

應無斷線、端子鬆動、脫落、損傷之情形。

5. **緊急電源**

應無不亮燈或閃爍之情形。

6. **信號裝置（閃滅、音聲引導、減光、消燈等功能動作之移報裝置）**

(1) 燈光閃滅正常。

(2) 音聲鳴動正常。

(3) 點燈正常。（限消燈型或減光型）

(三)注意事項

1. 以緊急電源亮燈時，會出現比一般常用電源亮燈時，光線變爲有些昏暗現象，係屬正常範圍。

2. 應於檢查後復歸爲一般常用電源。

標示設備檢查表

檢修項目			檢修結果				處置措施
			種別、容量等內容			判定	不良狀況	
			避難口	走廊	通道			
外觀檢查								
指示（標示）燈	緊急電源	外形	類別					
		標示						
	外箱標示面	外形						
		辨識障礙						
	光源							
	信號裝置	外形						
		結線接續						
避難指標	外形							
	辨識障礙							
	採光							
性能檢查								
光源								
檢查開關								
保險絲類								
結線接續								
緊急電源								
信號裝置								

備註	

檢查器材	機器名稱	型式	校正年月日	製造廠商	機器名稱	型式	校正年月日	製造廠商

檢查日期	自民國　　年　　月　　日　至民國　　年　　月　　日

檢修人員	姓名		消防設備師（士）	證書字號		簽章	（簽章）
	姓名		消防設備師（士）	證書字號		簽章	
	姓名		消防設備師（士）	證書字號		簽章	
	姓名		消防設備師（士）	證書字號		簽章	

1. 應於「種別‧容量等情形」欄內填入適當之項目。
2. 檢查合格者於判定欄內打「○」；有不良情形時於判定欄內打「╳」，並將不良情形填載於「不良狀況」欄。
3. 對不良狀況所採取之處置情形應填載於「處置措施」欄。
4. 欄內有選擇項目時應以「○」圈選之。

2.5 避難器具檢修及申報作業基準

一、外觀檢查

(一)周圍狀況

1 設置地點

(1) 檢查方法

確認在避難時，是否能夠容易接近。

(2) 判定方法

A. 應無因設置後之改裝被變更爲個人房間或倉庫等，而不容易接近。

B. 設置之居室，其出入口應無加鎖。

C. 應無放置妨礙接近之物品。

D. 應無在收藏箱附近放置物品，使該器具之所在不易辨別。

E. 應無擅自不當變更收藏箱之位置。

2. 操作面積

(1) 檢查方法

確認附近有無妨礙器具操作之障礙物，及是否確保操作所需之面積。

(2) 判定方法

A. 應無妨礙操作之障礙物，並依表2-10確保各器具之操作面積。

B. 在操作面積內，除了輕量而容易移動之物品外，不得放置會妨礙之大型椅子、桌子、書架及其他物品等。

C. 在收藏箱上，應無放置妨礙操作之物品。

表2-10　操作面積

避難器具種類	操作面積
救助袋	寬1.5m，長1.5m（含器具所占之面積）。但無操作障礙，且操作面積在2.25m^{2}以上時，不在此限。 1.5m｜器具　2.25m^2　(1.875m)　1.5m
緩降機 避難梯 避難繩索 滑杆	0.5m^{2}以上（不含避難器具所占面積），但邊長應為60cm以上。 (0.7m)　0.5m^{2}以上　(0.6m)　(0.84m)　0.72m
滑台避難橋	依避難器具大小及形狀留置之。

(3) 注意事項

操作面積的大小未符合表2-10時，應參照原核准圖說，確認是否與設置時之狀態相同。

3. 開口部

(1) 檢查方法

確認安裝器具之開口部，能否容易且安全地打開，及是否確保必要之開口面積。

(2) 判定方法

A. 開口部應無加設固定板、木條等。

B. 制動器、門軸轆等應無生鏽，且開口部應能容易開、關。

C. 打開門、蓋後，其制動器應能確實動作，不會因振動、衝擊等而鬆開。

D. 開口部附近應無書架、展示台等堵塞開口部。

E. 由地板面至開口部下端之高度應在150cm以下。

F. 開口部太高可能形成避難上之障礙時，應設有固定式或半固定式之踏

台。

G. 踏台等應保持能用之狀態。

H. 開口部應能符合表2-11所示之大小。

表2-11　開口部之大小

避難器具種類	開口面積
救助袋	高60cm以上。 寬60cm以上。
緩降機 避難梯 避難繩索 滑杆	高80cm以上，寬50cm以上 或高100cm以上，寬45cm以上
滑台	高80cm以上； 寬為滑台最大寬度以上。
避難橋	高180cm以上。 寬為避難橋最大寬度以上。

(3) **注意事項**

開口部之大小未符合表2-11時，應參照原核准圖說，確認是否與設置時之狀態相同。

4. **下降空間**

(1) **檢查方法**

確認有無妨礙下降之物品，及有無確保下降必要之空間。

(2) 判定方法

表2-12　下降空間

避難器具種類	下降空間
救助袋 （斜降式）	救助袋下方及側面，在上端25度，在下端35度方向依下圖所圍範圍內。但沿牆面使用時，牆面側不在此限。
救助袋 （直降式）	1. 救助袋與牆壁之間距為30cm以上。但外牆有突出物且突出物距救助袋支固器具裝設處在3m以上時，應距突出物前端50cm以上。 2. 以救助袋中心，半徑1公尺圓柱形範圍內。

避難器具種類	下降空間
緩降機	以器具中心半徑0.5m圓柱形範圍內。但突出物在10cm以內，且無避難障礙者，或超過10cm時，能採取不損繩索措施者，該突出物得在下降空間範圍內。 0.5m 15~30cm
避難梯	自避難梯兩側豎桿中心線向外20cm以上及其前方65cm以上之範圍內。 20cm　20cm 20cm以上 10cm以上 65cm以上
滑台	滑面上方1m以上及滑台兩端向外20cm以上所圍範圍內。 20cm 20cm 1m 滑行面

避難器具種類	下降空間
避難橋	避難橋之寬度以上及橋面上方2m以上所圍範圍內。 2m
避難繩索 滑杆	應無避難障礙之空間。

　　A. 下降空間應能符合表2-12所示之大小。

　　B. 應無因新設招牌或樹木成長等而形成之障礙。

　　C. 有電線時，應距離下降空間1.2m以上。但是，如果該架設在空中的電線部分有絕緣措施，而被認定為安全時，不在此限。

　(3) 注意事項

　　　下降空間之大小，未符合表2-12時，及多人數用之緩降機應參照原核准圖說，確認是否與設置時之狀態相同。

5. 降空地

　(1) 檢查方法

　　　確認有無避難障礙，及是否確保必要之下降空間。

　(2) 判定方法

　　A. 下降空地應能符合表2-13所示之大小。

　　B. 下降空地應無障礙物。

　　C. 應有寬一公尺以上之避難上有效通路，通往廣場、道路等。

　(3) 注意事項

　　　下降空地的大小未符合表2-13時，及多人使用之緩降機，應參照試驗結果報告表，或根據是否與設置時之狀態相同而判定。

表2-13　下降空地

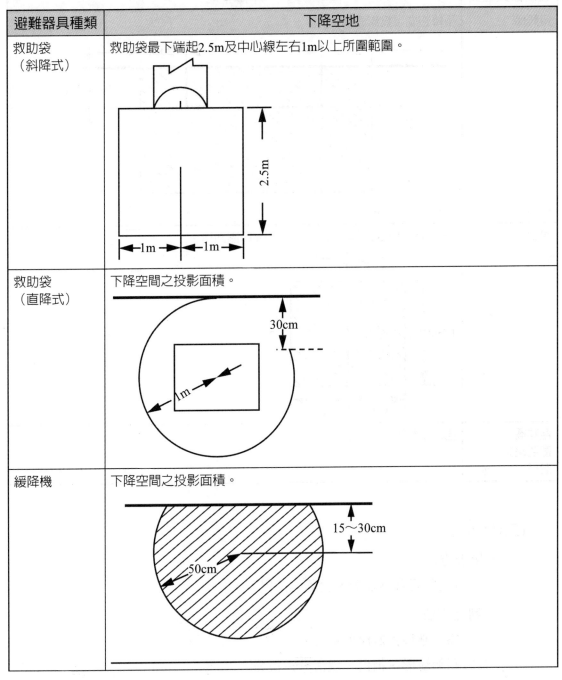

避難器具種類	下降空地
救助袋（斜降式）	救助袋最下端起2.5m及中心線左右1m以上所圍範圍。
救助袋（直降式）	下降空間之投影面積。
緩降機	下降空間之投影面積。

避難器具種類	下降空地
避難梯	下降空間之投影面積。 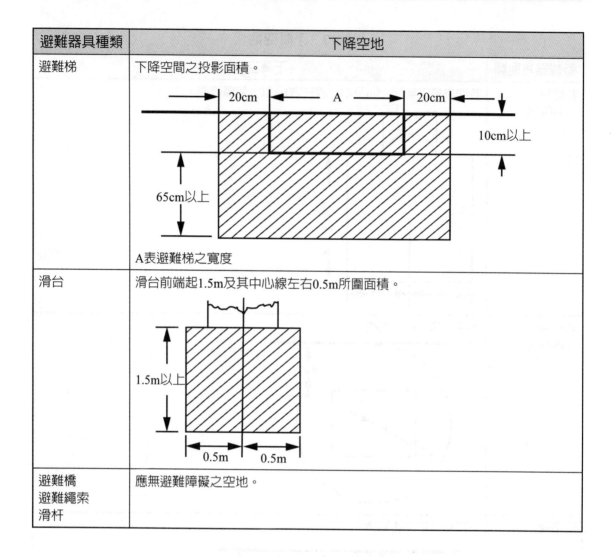 A表避難梯之寬度
滑台	滑台前端起1.5m及其中心線左右0.5m所圍面積。
避難橋 避難繩索 滑杆	應無避難障礙之空地。

(二) 標示

　　1. 檢查方法

　　　　以目視確認有無變形、脫落、污損等。

　　2. 判定方法

　　　　(1) 標示應為表2-14所示者。

　　　　(2) 應無變形、損傷、脫落、污損等。

　　　　(3) 應無因其他物品而看不到。

表2-14　標示

避難器具標示種類	設置處所	尺寸	顏色	標示方法
設置位置	避難器具或其附近明顯易見處	長36cm以上寬12cm以上	白底	字樣為「避難器具」，每字五平方公分以上。但避難梯等較普及之用語，得直接使用其名稱為字樣。
使用方法	—	長60cm以上寬30cm以上	黑	標示易懂之使用方法，每字一平方公分以上。
避難器具指標	通往設置位置之走廊、通道及居室之入口	長36cm以上寬12cm以上	字	字樣為「避難器具」，每字五平方公分以上。

二、性能檢查

(一)避難梯

1.器具本體

(1)檢查方法

A.如圖2-7所示之懸吊梯，須將折疊部或捲繞部展開，或將伸縮部拉開到能夠檢查各部分之程度，確認有無損傷。

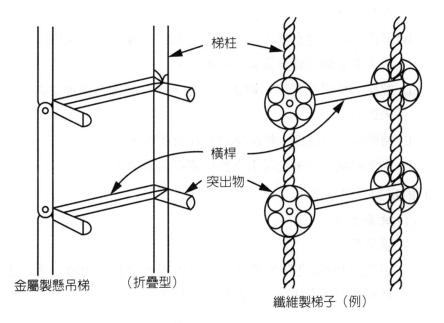

圖2-7　懸吊梯

B. 如圖2-8所示之固定收藏型者，須解開金屬扣，把梯子打開來，確認有無損傷等。

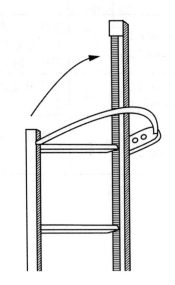

圖2-8　金屬製固定梯（例）

(2) 判定方法

A. 梯柱、橫桿及突出物應無變形、損傷、生鏽、腐蝕等，及橫桿之應無沒有異常。

B. 鏈條、焊接處應無裂痕、損傷及鋼繩、纖維製繩應無綻開、斷線。

C. 接合部之鉚釘應無裂開、損傷等。

D. 螺栓、螺帽在有防止鬆動之措施，纖維製繩與橫桿之結合部應堅固而未鬆弛。

E. 轉動部、折疊部、伸縮部之動作應順暢。

F. 固定收藏型者，金屬扣之動作應順暢圓滑。

2. 固定架及固定部

(1) 檢查方法

A. 懸吊型

如圖2-9所示之懸吊用具，平時由固定架拆下被收藏者，應將懸吊用具安裝在固定架上，確認有無損傷等。

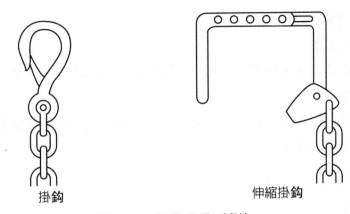

掛鈎　　　　　　　伸縮掛鈎

圖2-9　懸吊用具（例）

　B. 固定收藏型

　　以扭力扳手確認固定及安裝狀態有無異常。

(2) 判定方法

　A. 固定架及其材料應無明顯變形、損傷、生鏽、腐蝕等，且堅牢地安裝
　　著，螺栓、螺帽應無鬆弛或脫落。

　B. 與本體之接合部，須堅固而無鬆弛。

　C. 懸吊用具，應確實安裝在固定部材，或成容易安裝之狀態。

　D. 懸吊用具各部份應無變形、損傷、生鏽、明顯腐蝕等，鏈條應無扭
　　曲，焊接部應無損傷等。

(3) 注意事項

　　螺帽之栓緊轉矩，應依照表2-15。

表2-15　螺帽之栓緊強度

螺紋標稱	栓緊強度（轉矩值kg-cm）
M 10×1.5	150-250
M 12×1.75	300-450
M 16×2	600-850

3. 收藏狀況

　(1) 檢查方法

　　　以目視及操作確認收藏狀況有無異常。

(2) 判定方法

A. 懸吊型

(A) 收藏箱應無破損、生鏽、明顯腐蝕、漏水等,蓋子亦能容易打開取出梯子。

(B) 懸吊用具應以正確方向安裝在固定部,或呈能容易安裝之狀態。

B. 固定收藏型

金屬扣應能確實鉤住。

(二) 緩降機

1. 器具本體

(1) 調速器

A. 外觀事項

(A) 檢查方法

以目視確認圖2-10所示之緩降機有無損傷等。

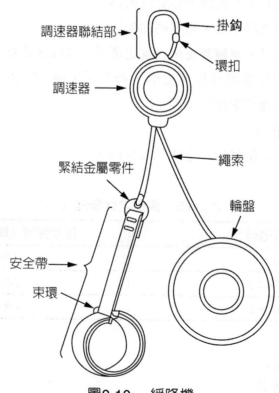

圖2-10　緩降機

(B) 判定方法

a. 應無明顯衝擊痕跡及其他損傷等。

b. 封緘部應無異常。

c. 小螺絲、螺帽、柳釘等應無鬆動及脫落。

d. 應無明顯生鏽。

e. 禁示加油者應無加油痕跡。

f. 油壓式者應無漏油。

B. 動作事項

(A) 檢查方法

將調速器固定，以手操作使繩子來回行走，確認其動作狀況有無異常。

(B) 判定方法

a. 繩子應能順暢地行走。

b. 應有適當阻力感，而非不穩定的阻力感。

(C) 注意事項

a. 外觀事項

在外觀事項有異常者，因在動作時未必感到異常，所以仍應判定為有使內部發生異常之原因。

b. 動作事項

操作時繩索不能行走者，應判定為不良，行走時有不穩定之阻力感者，亦應判定為性能及強度上有缺陷。

c. 一般事項

由於緩降機之器具主體，於個別檢定合格時就以封緘（鉚住等）使之不能分解，因此檢查結果，認為對性能及強度有影響之異常時，應聯絡器具之製造廠商，進一步確認有無異常，並追究其原因及進行汰換整修。

(2) 調速器之連結部（含掛鉤）

A. 檢查方法

以目視及操作確認有無損傷等。

B. 判定方法

(A) 應無明顯損傷及生鏽。

(B)動作部份應能順暢地動作。

(C)安全環等附屬零件應無異常及遺失。

(3) 繩子

　A.檢查方法

　　以目視確認有無損傷等。

　B.判定方法

(A)繩子之長度應能符合設置地點之長度。

(B)棉織被覆部分到鋼索應無損傷、明顯斷線及磨損，亦無因受潮而引起老化及芯心鋼索生鏽等。

(4) 安全帶

　A.檢查方法

　　以目視確認有無損傷等。

　B.判定方法

(A)應無附著會引起明顯損傷及老化之藥品、油、鏽、霉及其他會減低其強度之物。

(B) 應無因明顯受潮所引起之腐蝕等。

(C)應有符合最多使用者人數之安全帶緊結在繩索末端。

(5) 繩子與安全帶之緊結金屬零件

　A.檢查方法

　　以目視確認有無損傷等。

　B.判定方法

(A)緊結金屬應無明顯損傷、生鏽等強度上之異常狀況。

(B)應無被分解之痕跡。

2. 支固器具及固定部分

　(1) 支固器具

　A.檢查方法

　　以目視及操作確認有無損傷等。

　B.判定方法

(A)塗裝、電鍍等應無明顯剝落。

(B)構成零件應無明顯變形、腐蝕、龜裂等之損傷。

(C)螺栓、螺帽應無鬆弛或脫落。

(D)焊接部分應無明顯生鏽、龜裂等。

(E)支固器具應能依使用方法順暢地動作。

(2) 固定部

 A. 檢查方法

　　以目視及扭力扳手確認有無異常。

 B. 判定方法

(A)螺栓、螺帽沒有鬆動或脫落。

(B)穿孔錨栓工法之錨栓所使用的螺帽之拴緊，應符合表2-15之規定。

(C)固定基礎應無因龜裂等而有破損。

(D)固定安裝部分應無明顯腐蝕、生鏽、變形、龜裂等，對強度有影響之
　　異常發生。

(3) 收藏狀況

 A. 檢查方法

　　以目視及操作確認收藏狀況有無異常。

 B. 判定方法

(A)保管箱應放在所定之位置。

(B)於適合器具本體之保管箱內，應整理成使用時無障礙之狀態收藏。

(C)繩子應以未扭曲狀態，被捲在「輪盤」收藏。

(D)保管箱應無明顯變形、破損等，及內部應無灰塵、濕氣等。

(E)支固器具應以使用時無障礙之狀態收藏。

 C. 注意事項

　　應使輪盤本身轉動來收繩子，以免扭曲繩索。

(三) 救助袋（斜降式及直降式通用）

1. 袋本體

(1) 檢查方法

　　以目視及手觸摸確認圖2-11所示之袋本體有無損傷等。

(2) 判定方法

 A. 袋體用布及展開部材（指繩索、皮帶等。以下相同。）應無洞、割
　　傷、裂傷、裂開等損傷及明顯磨損（由於磨擦而產生起毛，使該部分

變弱。以下相同）。

B. 袋體用布及展開零件應無綻開等。

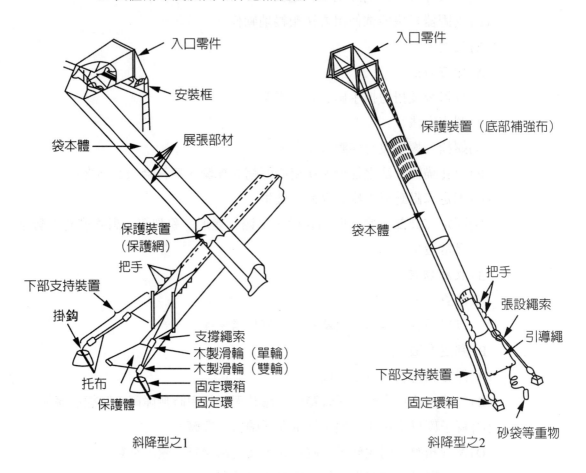

斜降型之1

斜降型之2

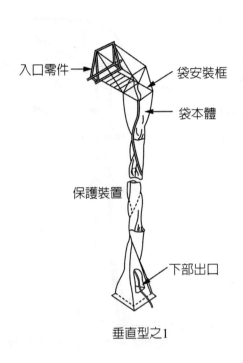

入口零件 → 　袋安裝框

袋本體

保護裝置

下部出口

垂直型之1

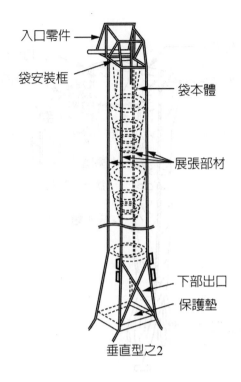

入口零件 →

袋安裝框

袋本體

展張部材

下部出口

保護墊

垂直型之2

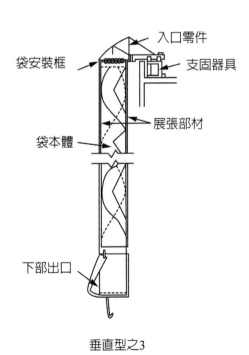

入口零件

袋安裝框　　　　支固器具

展張部材

袋本體

下部出口

垂直型之3

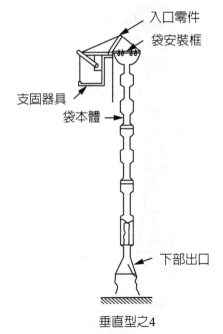

入口零件

袋安裝框

支固器具

袋本體

下部出口

垂直型之4

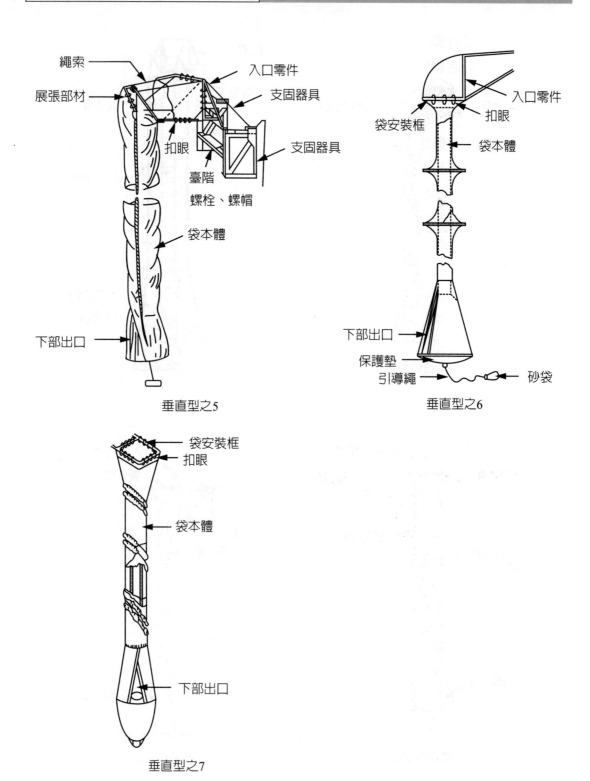

繩索
展張部材
入口零件
支固器具
扣眼
支固器具
臺階
螺栓、螺帽
袋本體
下部出口

垂直型之5

入口零件
袋安裝框
扣眼
袋本體
下部出口
保護墊
引導繩
砂袋

垂直型之6

袋安裝框
扣眼
袋本體
下部出口

垂直型之7

圖2-11

C. 縫合部分應無縫線之斷線，以及袋體用布與展開部材的結合部之綁緊線應無鬆弛。

D. 袋本體應無明顯受潮或濕悶。

E. 袋子的用布應無明顯變色。

F. 袋本體應無附著藥品、油脂、鏽、霉及其他會減低強度之物。

G. 使用扣眼結合袋本體與入口零件者，扣眼應無損傷及脫落。而使用縫線時，應無斷線及明顯磨損，且用布的針眼應無斷裂。

H. 開部材與入口零件的結合處，應無鬆動、損傷等。

I. 把手應無損傷及明顯磨損。（限斜降式）

J. 為保護底部之防止掉落用的網及用布，應無損傷。（限斜降式）

K. 下部出口與保護襯墊之結合應堅固，縫線應無斷線。

(3) 注意事項

A. 磨損引起之起毛，是由於股線斷所引起，如果起毛多將會引起用布及展張部材的損傷。所以必須注意。

B. 所謂「濕悶」是指含有水分，而且稍帶熱的狀態，依用布、展張部材、縫線等材質種類，有時會由於水分及溫度而對強度等有不良影響，故須注意。

C. 變色有單純污髒、不純物的附著及濕悶等三種因素引起，除了單純的污損引起者外，有時材質種類亦會成為老化、腐蝕等之原因，故須注意。

D. 用布、展開部材、縫線等，依材質種類之不同，有的耐藥品性很弱，故須注意。

2. 支固器具及固定部

(1) 本體

A. 支固器具及入口零件

(A) 檢查方法

以目視、操作及扭力扳手確認圖2-12所示之支固器具及入口零件有無損傷等，及是否能正常動作。

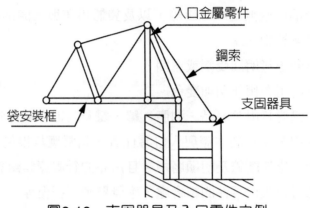

圖2-12　支固器具及入口零件之例

(B) 判定方法

a. 支固器具應無變形、龜裂、腐蝕及損傷。

b. 螺栓、螺帽等之固定零件應無龜裂、損傷等。

c. 螺栓、螺帽應無鬆動或脫落。

d. 固定部（木材、鋼筋、鋼骨混凝土等）應無腐蝕、生鏽、變形、龜裂等對強度有影響之異常發生。

e. 固定基礎應無因龜裂而引起之破損。

f. 穿孔錨栓工法之錨栓所使用螺帽之栓緊，應符合表2-15之栓緊轉矩。

g. 入口零件及入口零件與支固器具之轉動部分應圓滑順暢。

h. 入口零件，鋼索等應無影響強度之變形、龜裂、腐蝕、損傷、永久歪曲等。

i. 鋼索的塑膠等被覆應無破損而致鋼索外露。

j. 入口零件與支固器具之結合部，應無明顯不穩定及過大之橫向空隙。

k. 以電動使入口零件動作者，其動作應正常。

B. 下部支持裝置（限斜降式）

(A) 檢查方法

以目視如圖2-13所示之張設操作，確認有無損傷等。

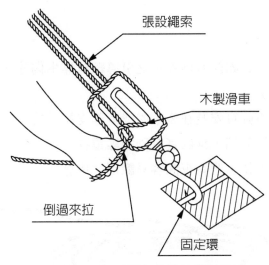

圖2-13 固定方法之例

(B)判定方法

a. 張設繩索、滑輪、掛鉤等應無龜裂、腐蝕、損傷等。

b. 張設繩索及張設繩索與滑輪及掛鉤,應無纏繞、糾結等。

c. 滑輪之轉動應圓滑順暢。

d. 如圖2-14所示滑輪之捲緊繩索等,應無鬆動、損傷、腐蝕等。

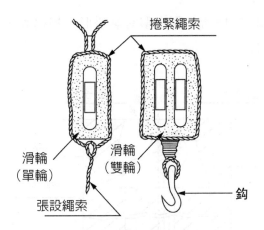

圖2-14 捲緊繩索之例

C. 引導繩

(A)檢查方法

　　以目視確認如圖2-15所示之引導繩有無損傷等。

(B)判定方法

A. 引導繩應確實安裝在袋本體或下部支持裝置。

B. 引導繩的前端，應確實有砂袋等重物。

C. 砂袋等重物，應有夜間容易識別之措施。

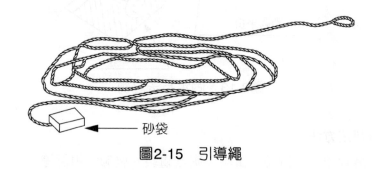

砂袋

圖2-15　引導繩

D. 使用砂袋時，應無漏砂。

(2) **固定環（限斜降式）**

A. 檢查方法

　　確認如圖2-16所示固定環有無變形、損傷等，並須確認保護蓋是否能容易打開。

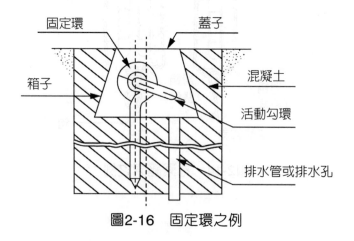

固定環　　　蓋子

箱子　　　混凝土

活動勾環

排水管或排水孔

圖2-16　固定環之例

B. 判定方法

(A)應無明顯腐蝕、破損及變形。

(B)保護蓋應能容易打開。

(C)應無被砂土等埋沒。

(D)保護蓋應無遺失。

(E)保護蓋上之樓層標示，應無因污垢、磨損等而變為不易判別。

3. 收藏狀態

(1) 收藏方法

A. 檢查方法

以目視及操作確認收藏狀態有無異常。

B. 判定方法

(A)應安裝在開口部收藏箱。

(B)收藏箱等應能容易打開。

(C)應依下列順序，整齊地收藏。

a. 引導繩須整理得能順利地伸張。

b. 下部支持裝置之張設繩索、滑輪、掛鉤不得糾纏在一起收藏。（限斜降式）

c. 袋本體，應從上部反覆折疊收起，使下部出口成為表面，斜降式者應整理下部支持裝置，以皮帶栓緊後，引導繩須放在其上。

d. 收藏箱之把手等，應無掉落及損傷。

(2) 通風性等

A. 檢查方法

(A)通風性應良好，以目視確認袋本體是否直接碰到地板。

(B)以目視確認是否有防止老鼠等侵入之措施。

B. 判定方法

(A)須通風良好，收藏箱內沒有明顯的濕氣。

(B)袋本體應有不會直接碰到地板之措施。

(C)有老鼠等侵入之虞時，須有防止措施。

(四) 滑台

1. 器具本體

(1) 檢查方法

以目視及操作確認圖2-17所示之滑台有無損傷等，動作狀態有無異常。

(2) 判定方法

A. 半固定式者抬起下端部分之金屬扣，應能以簡單之操作解開，但不得因振動、衝擊等而容易脫落，且應無變形、損傷、生鏽、腐蝕等。

B. 底板及側板之表面，應平滑且無平面高低差、空隙等，同時應無變形、損傷、生鏽、腐蝕等。但是，滾筒型的滑落面得有不妨礙滑落之空隙。

C. 滑面的斜度（螺旋狀者為滑面寬度中心線之斜度），應為25至35度。

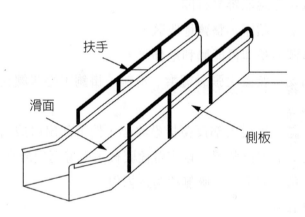

圖2-17　滑台

2. 固定部

(1) 檢查方法

以目視及扭力扳手確認固定部及安裝狀態有無異常。

(2) 判定方法

A. 固定部應堅固而無鬆動、且應無變形、損傷、生鏽、腐蝕等。

B. 螺栓、螺帽應無鬆動或脫落。

(3) **注意事項**

螺帽之拴緊轉矩，應依表2-15所示之規定。

(五)滑杆

1. **檢查方法**

以目視確認固定狀態有無異常。

2. **判定方法**

(1) **器具本體**

滑杆應為均勻圓桿表面平滑，且應無明顯變形、損傷、生鏽、腐蝕等。

(2) **支持部**

滑杆上、下端應固定良好，且應無明顯變形、損傷、生鏽、腐蝕等。

(六)避難繩索

1. **器具本體**

(1) **檢查方法**

以目視及操作確認有無變形、腐蝕等。

(2) **判定方法**

A. 應無變形、損傷、綻開、明顯受潮等。

B. 結合部及結扣應緊密結合。

2. **固定架及固定部**

(1) **檢查方法**

以目視確認圖2-18例所示之固定架及固定部有無損傷。

(2) **判定方法**

A. 掛鉤應無明顯變形、損傷、生鏽、腐蝕等，且能容易、確實安裝在固定零件上。

B. 固定架及固定零件應無明顯變形、損傷、生鏽、腐蝕等，能堅牢地安裝在安裝部，螺栓、螺帽應無鬆動或脫落。

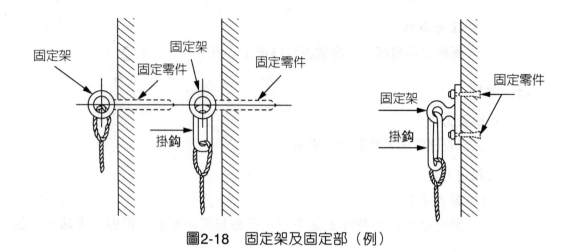

圖2-18　固定架及固定部（例）

3. 收藏狀況

(1) 檢查方法

以目視確認收藏狀況有無異常。

(2) 判定方法

A. 收藏箱、收藏袋等應設置在開口部附近，且應以容易取出繩索之方式收藏。

B. 收藏箱、收藏袋等應無明顯損傷、腐蝕等。

(七) 避難橋

1. 器具本體

(1) 檢查方法

以目視及操作確認圖2-19所示之避難橋有無損傷。

(2) 判定方法

A. 各部分應無明顯變形、損傷、生鏽、腐蝕等。

B. 應具有安全上充份之掛架長度。

C. 接合部應無龜裂、變形、損傷等。

D. 地板面應無空隙。有斜度之地板其止滑部分，應無明顯之磨損等。

2. 固定部

(1) 檢查方法

以目視確認安裝狀態有無異常。

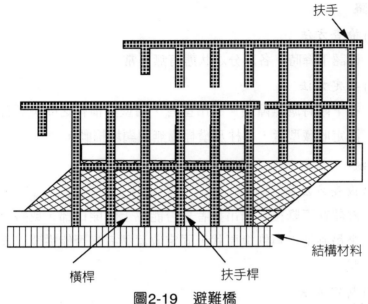

圖2-19　避難橋

(2) 判定方法

固定部應堅固而無鬆動。

三、綜合檢查

綜合檢查是在完成外觀檢查及性能檢查之後實施，檢查時應使避難器具成使用狀態，確認其性能是否正常。

(一) 避難梯

1. 下降準備

(1) 檢查方法

A. 懸吊型者，應把懸吊用具安裝在支固器具上，鬆開金屬扣，使梯子從開口部放下，確認伸長狀態有無異常。

B. 固定收藏型者，應鬆開金屬扣，確認梯子之展開狀態有無異常。

(2) 判定方法

A. 懸吊型者，梯子之全長應能順利伸長，突起向牆壁方向，牆壁與橫桿之間隔應有十公分以上，梯柱成垂直，橫桿成水平。

B. 固定收藏型者，被收藏之梯柱應能順利展開，下端碰到堅固的地面，梯柱成垂直，橫桿成水平。

2.下降

(1)檢查方法

確認下降時，各部分之狀態有無異常。

(2)判定方法

在下降時應無障礙。懸吊型者，牆壁與橫桿之間隔應有十公分以上，固定收藏型者，梯柱及橫桿應無明顯地搖動。

3.收藏

(1)檢查方法

確認在下降後，懸吊型者是否能拉上到開口部，或將上部以繩索綁起來吊到地上再恢復原狀，固定收藏型者是否能從開口部或地上恢復原狀。

(2)判定方法

A.懸吊型者，各部分應無變形，且能順暢地恢復原狀。

B.固定收藏型者，各部分應無變形，且能順利收藏，金屬扣亦能確實扣上。

(二)緩降機

1.下降準備

(1)檢查方法

將支固器具設定成使用狀態，把緩降機裝上後確認能否安全下降。

(2)判定方法

A.拴緊緩降機連結部（掛鉤等）之環扣，應能完全地安裝在支固器具。

B.把繩子展開時，應無纏繞等，而能成直線垂下，繩子之長端應能到達地面上。

2.下降

(1)檢查方法

依下列確認能否正常下降。

A.把附在短邊繩子之安全帶從頭部套入，將胸部之以束環栓緊。

B.握住兩條繩索（有制動器者操作制動器），走出外牆壁把體重加在繩子垂下去。

C.面向壁面，等身體穩定後把手從繩子處放開而下降。

D. 下降完畢後，解開安全帶。

(2) **判定方法**

A. 測量下降距離及下降時間，計算出下降速度，應在規定的下降速度範圍內（平均的降落速度應在每秒80至100cm，最大下降速度應在每秒150cm以內）。

B. 下降後，實施前面所提之性能檢查，器具本體、支固器具等應無異常。

(3) **注意事項**

A. 在剛要下降前，如果使下降一邊之繩索放鬆，將會使繩子受到激烈的負載，故須小心。

B. 使用多人數用之緩降機時，須同時準備好下降姿勢後，再開始下降。

3. **收藏**

(1) **檢查方法**

下降後，確認能否恢復原狀。

(2) **判定方法**

各部分應無變形且能順暢地恢復原狀。

(3) **注意事項**

在捲取繩子時，應使輪盤本身轉動而捲取繩子，以避免繩子扭曲。

(三) 救助袋

1. **斜降式救助袋**

(1) **下降準備**

A. 檢查方法

依下列確認是否能安全下降。

(A) 上部檢查者之程序。

a. 打開收藏箱。

b. 解開引導繩之束結，拿起砂袋投下。

c. 解開固定袋本體之皮帶。

d. 等候地上檢查者之信號，使袋本體下降。

e. 袋本體完成下降後，拉起入口零件。

(B) 地上檢查者之程序

a. 接受引導繩。

b. 拉引導繩使袋本體不會卡到窗子或屋簷，而使袋本體下降。

c. 打開要降落袋子之固定環蓋子。

d. 把下部支持裝置的張設繩索前端之掛鉤掛在固定環，將張設繩索末端穿過滑輪之繩索中間，充份拉緊使袋本體的下部出口大約離地面50公分至100公分，將張設繩索倒拉而將此繩索放滑輪的繩索間固定。

B. 判定方法

(A)放進收藏箱的狀況及滾筒的動作須順暢。

(B)引導繩應能確實安裝在袋本體或下部支持裝置。

(C)將袋子展開時，展開零件與入口零件之結合部，應無明顯伸長（當袋本體有負載時，力的作用會不均衡，故須注意）。

(D)袋本體的用布與展開部材之結合部，應無明顯磨損。

(E)袋本體與入口零件之結合部，應無破損及斷線。

(F) 入口零件應能容易拉起。

(G)把袋子展開時，袋子應無妨礙下降之扭曲、一邊鬆動等變形之狀態（下部出口與基地地面間，應有適當之間隔）。

(2) **下降**

A. 檢查方法

依下列確認是否能正常下降。

(A)要下降時，下降者須先與地上檢查者打信號，然後再下降。

(B)下降者先把腳放在階梯上，使腳先進入袋安裝框，調整好姿勢再下降。

(C)下降姿勢應依照使用方法下降（因為下降時的初速愈快，下降速度會愈大而危險，因此絕對不可以加反作用而下降）。

B. 判定方法

(A)下降應順暢。

(B)下降速度應適當正常。

(C)下降時之衝擊應緩慢。

C. 注意事項

(A)為期綜合檢查能確實而仔細，應在上部（下降口）和地上（逃出口）各配置一名以上之檢查人員。

(B)為了減少身體之露出部分，檢查者應穿戴手套、工作服（長袖）等，以防止危害。

(C)由於袋本體只要拉出前端，剩餘部分會因本身重量自動降落，所以要注意不可讓手或衣服被捲進去。

(3) 收藏

　A.檢查方法

　　依下列確認完成下降後，是否能恢復原狀。

(A)拉起之程序

　　地上檢查者把支撐繩索放鬆至最大限長度，蓋上固定環的蓋子。

(B)地上檢查者消除支撐繩索的纏繞糾結，將下部支持裝置依各種袋子種類收藏，或把引導繩安裝在下部支持裝置前端的鉤子。

(C)上部檢查者與地上檢查者協力把袋本體拉上。（地上檢查者在開始拉上時，應拿著引導繩加以引導，以免袋本體卡到窗子或屋簷等障礙物。）

(D)引導繩應依順序拉上去，打捆成直徑約二十五公分的圓圈。

　B.收藏之程序

(A)把安裝具的台階折疊起來。

(B)將入口零件拉進去折疊起來。

(C)將袋本體從上部反覆折疊，收進安裝具使之能在使用時得以圓滑地伸張。

(D)整理好之下部支持裝置和引導繩索，放在使用時容易取出之位置，將袋本體用皮帶栓緊。

(E)把收藏箱安裝好。

　C.判定方法

　　各部分應無變形等，且應能順利地恢復原狀。

　D.注意事項

　　在檢查後之收藏，應成使用時無障礙之收藏狀態。

2. **直降式救助袋**

除了斜降式的下部支持裝置及固定環之項目外，關於操作展開、下降、拉上及收藏，應比照斜降式之檢查方法、判定方法及應注意事項加以確

認。而直降式之下部出口距基地面之高度，應依救助袋之種類，確認各別必要適當之距離。

(四) 滑台

1. 檢查方法

(1) 半固定式者，應解開金屬扣，確認下部之展開狀態有無異常。

(2) 由開口部滑降，以確認各部分之狀態有無異常。

2. 判定方法

(1) 半固定式者之下部應能順利展開，與固定部之連接處及著地點，應無妨礙滑降之高低差異、障礙物等。

(2) 滑降應順暢，而且滑降速度對著地應無危險。

(3) 滑降時，各部分應無動搖，且應無變形、損傷、鬆動等。

3. 注意事項

檢查完了後，半固定式者須恢復原狀，使之處於備用狀態，金屬扣須確實扣上。

(五) 滑杆

1. 檢查方法

從開口部實際滑降，以確認降落狀況有無異常。

2. 判定方法

(1) 杆及上部和下部之固定架，應無明顯變形、損傷、鬆動等。

(2) 降落應順暢。

(六) 避難繩

1. 檢查方法

(1) 將繩索由收藏箱、收藏袋等拿出，將掛鉤安裝在固定架上，從開口部向外放下，確認繩索之伸長狀態及掛鉤之安裝狀態有無異常。

(2) 從開口部實際降落，以確認踏板之狀態有無異常。

2. 判定方法

(1) 繩索應能順利伸長，其下端須能到達地面上50公分以內。

(2) 掛鉤及固定架應無異常，繩索應無明顯損傷、綻開、斷線等。

(3) 踏板應無脫落、鬆動等，且能安全降落。

3. **注意事項**

檢查完了後，應恢復正常之收藏狀態。

(七) 避難橋

1. **檢查方法**

(1) 確認各部分有無變形、損傷等。

(2) 移動型者，須進行搭橋操作，以確認搭橋狀態及各部分狀態有無異常。

2. **判定方法**

(1) 各部份應無翹曲、明顯變形、損傷等，搭架長度不得有變化。

(2) 移動型者，應具有充分之塔架長度，與固定部或支持部之連接處，不得妨礙避難。

3. **注意事項**

檢查後移動型者須恢復成原來之狀態。

避難器具檢查表

避難器具類別					
設置樓層					
設置位置					
檢修項目		檢修結果			處置措施
		種別、容量等內容	判定	不良狀況	
外觀檢查					
周圍狀況	設置地點				
	操作面積				
	開口部				
	下降空間				
	避難空地				
	標示				
性能檢查					
器具本體					

支固器具（固定架）及固定部				
收藏狀況				
綜合檢查				
綜合性能				
備註				

	機器名稱	型式	校正年月日	製造廠商	機器名稱	型式	校正年月日	製造廠商
檢查器材								

檢查日期	自民國　　年　　月　　日　至民國　　年　　月　　日

檢修人員	姓名		消防設備師（士）	證書字號		簽章	（簽章）
	姓名		消防設備師（士）	證書字號		簽章	（簽章）
	姓名		消防設備師（士）	證書字號		簽章	
	姓名		消防設備師（士）	證書字號		簽章	

1. 應於「種別‧容量等情形」欄內填入適當之項目。

2. 檢查合格者於判定欄內打「○」；有不良情形時於判定欄內打「×」，並將不良情形填載於「不良狀況」欄。

3. 對不良狀況所採取之處置情形應填載於「處置措施」欄。

4. 欄內有選擇項目時應以「○」圈選之。

2.6　緊急照明設備檢修及申報作業基準

一、外觀檢查

(一)緊急電源（限內置型）

1.檢查方法

確認是否有變形、損傷及顯著腐蝕之情形。

2.判定方法

應無變形、損傷或龜裂之情形。

(二)緊急照明燈

1.檢查方法

(1) 外形

以目視確認是否有變形、脫落或污損之情形。

(2) 照明上之障礙

A.以目視確認其是否依規定設置。

B.確認隔間牆、風管、導管、傢俱、裝飾物等有無造成照明障礙。

2.判定方法

(1) 外形

應無變形、損傷、脫落或顯著污損之情形，且於正常之裝置狀態。

(2) 照明上之障礙

A.應無設置數量不足之情形。。

B.應無因建築物內部裝修，致設置位置不適當，而產生照明障礙。

C.燈具周圍如有隔間牆、風管、導管等時，應無造成照明上之障礙。

D.燈具周圍應無雜亂物品、廣告板或告示板等遮蔽物。

(三)光源

1.檢查方法

確認有無閃爍之現象，及是否正常亮燈。

2.判定方法

應無熄燈或閃爍之現象。

二、性能檢查

(一)檢查方法

1.照度

使用低照度測定用光電管照度計測試，確認緊急照明燈之照度有無達到法規所規定之值。

2.檢查開關

(1) 以目視確認其有無變形或端子有無鬆動。

(2) 由檢查開關進行常用電源之切斷及復舊之操作，確認其切換功能是否正常。

3.保險絲類

確認有無損傷、熔斷之現象，及是否為所定種類及容量。

4.結線接續

以目視或螺絲起子確認其有無斷線、端子鬆動等現象。

5.緊急電源

(1) 確認於緊急電源切換狀態時有無正常亮燈。

(2) 確認緊急電源容量能否持續三十分鐘以上。

(二)判定方法

1.照度

於地下建築物之地下通道，緊急照明燈在地面之水平面照度應達十勒克斯（lux）以上；其它場所應達到一勒克斯（lux）以上。

2.檢查開關

(1) 應無變形、損傷、或端子鬆動之情形。

(2) 切斷常用電源時，應能自動切換至緊急電源，即時亮燈；復舊時，亦能自動切換回常用電源。

3.保險絲類

(1) 應無損傷或熔斷之情形。

(2) 應為規定之種類及容量。

4. 結線接續

應無斷線、端子鬆動、脫落、損傷之情形。

5. 緊急電源

(1) 應無不亮燈或閃爍之情形。

(2) 電源容量應能持續三十分鐘以上。

(三) 注意事項

檢查緊急電源容量能否持續三十分鐘之檢查數量如下表。

建築物總樓地板面積	1000m²以下	3000m²以下	6000m²以下	10000m²以下	超過10000m²者
檢查數量	5個以上	10個以上	15個以上	20個以上	20個加上每增加5000m²增加5個

緊急照明設備檢查表

檢修項目		檢修結果			處置措施
		種別、容量等內容	判定	不良狀況	
外觀檢查					
緊急電源					
緊急照明燈	外形				
	照明障礙				
光源					
性能檢查					
照度					
檢查開關					
保險絲類					
結線接續					
緊急電源					
備註					

檢查器材	機器名稱	型式	校正年月日	製造廠商	機器名稱	型式	校正年月日	製造廠商

檢修人員	檢查日期	自民國　　年　　月　　日　至民國　　年　　月　　日				
	姓名		消防設備師（士）	證書字號	簽章	（簽章）
	姓名		消防設備師（士）	證書字號	簽章	
	姓名		消防設備師（士）	證書字號	簽章	
	姓名		消防設備師（士）	證書字號	簽章	

1. 應於「種別‧容量等情形」欄內填入適當之項目。
2. 檢查合格者於判定欄內打「○」；有不良情形時於判定欄內打「×」，並將不良情形填載於「不良狀況」欄。
3. 對不良狀況所採取之處置情形應填載於「處置措施」欄。
4. 欄內有選擇項目時應以「○」圈選之。

照明燈（附表一）

樓層別	區域別	場所名稱	測定位置	光源種類	照度
A層	走道	辦公室	1	白熾燈	2.1lux
A層	走道	辦公室	2	白熾燈	1.6lux
A層	樓梯	辦公室	3	白熾燈	1.5lux
A層	居室	辦公室	4	白熾燈	1.6lux
A層	居室	辦公室	5	白熾燈	1.5lux

樓層別	區域別	場所名稱	測定位置	光源種類	照度

檢查日期		自民國○○年○○月○○日至民國○○年○○月○○日				
檢修人員	姓名	王○○	消防設備師（士）	證書字號	消士證字○號	簽章	王○○（簽章）
	姓名		消防設備師（士）	證書字號		簽章	
	姓名		消防設備師（士）	證書字號		簽章	
	姓名		消防設備師（士）	證書字號		簽章	

1. 應於「種別‧容量等情形」欄內填入適當之項目。
2. 檢查合格者於判定欄內打「○」；有不良情形時於判定欄內打「×」，並將不良情形填載於「不良狀況」欄。
3. 對不良狀況所採取之處置情形應填載於「處置措施」欄。
4. 欄內有選擇項目時應以「○」圈選之。
5. 照度應記載所測之勒克斯（lux）。

2.7 排煙設備檢修及申報作業基準

一、外觀檢查

(一)排煙區劃

1.檢查方法

以目視確認有無變形、損傷及因隔間變更而拆除等。

2.判定方法

(1)固定式垂壁

A.設於貫通其他部分之開口部之垂壁應無拆除。

B.垂壁面應無顯著變形、損傷、龜裂等。

C.設於避難出口防火門之開關無異常,且向避難方向開啟。

(2)移動式垂壁

A.應無顯著變形、損傷、龜裂等。

B.防火鐵捲門之導槽應無損傷,防火門之開關應無脫落、損傷。

C.應無妨礙移動式垂壁開關障礙之物,或懸掛物品。

3.注意事項

確認有無室內裝修、增建改建及用途變更,並檢查排煙區劃之狀態。

(二)排煙口

1.檢查方法

以目視確認有無變形、損傷及其周圍有無排煙上之障礙。

2.判定方法

(1)應無顯著變形、損傷。

(2)排煙口周圍應無放置棚架、物品等造成煙流動之障礙。

(三)風管

1.檢查方法

以目視確認有無變形、損傷及可燃物接觸。

2. 判定方法

(1) 固定支持金屬應無顯著變形、損傷等。

(2) 風管未與可燃物（木材、紙、電線等）接觸。

(3) 風管應無變形、龜裂、損傷，及隔熱材料應無脫落。

(4) 貫穿防火區劃部分之充填材料應無脫落。

(四) 電動機之控制裝置

1. 檢查方法

(1) 控制盤

A. 周圍狀況

確認周圍有無使用上及檢查上之障礙。

B. 外形

以目視確認有無變形、腐蝕。

(2) 電壓表

A. 以目視確認有無變形、損傷等。

B. 確認電源、電壓是否正常。

(3) 各開關

以目視確認有無變形、損傷，及開關位置是否正常。

(4) 標示

確認標示是否正常。

(5) 預備品

確認是否備有保險絲、燈泡等預備零件及回路圖等。

2. 判定方法

(1) 控制盤

A. 周圍狀況

應設於火災不易波及位置，且周圍應無檢查上及使用上之障礙。

B. 外形

應無變形、損傷、顯著腐蝕等。

(2) 電壓表

A. 應無變形、損傷等。

B. 電壓表指示值應在規定範圍內。

C. 未設置電壓表時，電源表示燈應亮燈。

(3) 開關類

應無變形、損傷、腐蝕，且開關位置應正常。

(4) 標示

A. 開關名稱應無污損及不明顯部分。

B. 面板應無剝落。

(5) 預備品等

A. 應備有保險絲、燈泡等預備零件。

B. 應備有回路圖、操作說明書等。

(五) 啟動裝置

1. 自動式啟動裝置

偵煙式探測器準用火警自動警報設備檢查要領確認之。

2. 手動式啟動裝置

(1) 手動操作箱

A. 檢查方法

(A) 周圍狀況

確認有無檢查上及使用上之障礙，且操作部之標示正常。

(B) 外形

以目視確認有無變形、損傷等。

B. 判定方法

(A) 周圍狀況

a. 應無檢查上及使用上之障礙。

b. 標示應無污損及不明顯部分。

(B) 外形

應無變形、損傷、顯著腐蝕等。

(2) 操作桿及把手

A. 檢查方法

以目視確認有無損傷等。

B. 判定方法

操作桿及把手應無損傷、脫落、纜索斷裂、生鏽等。

(六) 排煙機

1. 檢查方法

以目視及手觸摸確認回轉葉片及電動機有無顯著腐蝕、變形等。

2. 判定方法

(1) 回轉葉片應無彎曲、折損等。

(2) 回轉葉片與機殼應無摩擦。

(3) v型皮帶保護板、皮帶輪應無損傷、回轉部應無鬆動。

(4) 電動機本體應無變形、損傷、顯著腐蝕等。

(5) 設於室內者，該室內之牆壁、出入口等應無破損。

(6) 設於屋外者，應有蔽遮雨露之措施。

(7) 排煙機裝置螺栓、螺帽應無脫落或鬆動。

(8) 排煙機周圍應無放置造成檢查障礙之物品，且未與可燃物（木材、紙）接觸。

(9) 風管接續部（法蘭）之螺栓應無鬆動、損傷等。

(七) 出煙口

1. 檢查方法

以目視確認有無變形、損傷及周圍有無排煙之障礙。

2. 判定方法

(1) 排煙機與出煙口接續部之法蘭部分應無損傷，螺栓應無鬆動。

(2) 與雨露接觸部分應無顯著腐蝕、損傷等。

(3) 出煙口周圍應未放置造成排煙障礙之物品。

二、性能檢查

(一) 排煙區劃

1. 檢查方法

確認防煙壁之區劃功能有無確實。

2. 判定方法

(1) 應能確實區劃。

(2) 防煙壁應無產生縫隙。

(二)排煙口

1.檢查方法

以目視、扳手及開關操作確認排煙閘門裝置部位有無損傷、鬆動。

2.判定方法

(1) 排煙口之框、排煙閘門及裝置器具有無顯著生鏽、腐蝕及異物附著，排煙閘門之回轉部有無鬆動。

(2) 回轉動作應保持圓滑，且能完全開放。

(3) 閘門部分應無生鏽、灰塵附著之狀況。

(三)風管

1.支撐固定

(1) 檢查方法

確認有無鬆動。

(2) 判定方法

支持部位及螺栓應無鬆動。

2.防火閘門

(1) 檢查方法

以扳手及手動操作確認裝置部位有無鬆動及因油漆、異物附著而造成開關困難。

(2) 判定方法

A.裝置部位應無鬆動、生鏽等。

B.開關動作應順暢。

3.接續部

(1) 檢查方法

確認襯墊有無損傷。

(2) 判定方法

襯墊應無損傷、脫落，接續部應無鬆動。

(四)電動機之控制裝置

　　1.檢查方法

　　　(1)各開關

　　　　以螺絲起子及開關操作，確認端子有無鬆動及開關性能是否正常。

　　　(2)保險絲

　　　　確認有無損傷、熔斷及是否為規定之種類及容量。

　　　(3)繼電器

　　　　確認有無脫落、端子鬆動、接點燒損、灰塵附著，並操作各開關使繼
　　　　電器動作，確認性能。

　　　(4)表示燈

　　　　操作各開關確認有無亮燈。

　　　(5)結線接續

　　　　以目視及螺絲起子確認有無斷線、端子鬆動等。

　　　(6)接地

　　　　以目視或三用電表確認有無腐蝕、斷線等。

　　2.判定方法

　　　(1)各開關

　　　A.端子應無鬆動、發熱。

　　　B.開、關性能正常。

　　　(2)保險絲

　　　A.應無損傷、熔斷。

　　　B.依回路圖所定種類及容量設置。

　　　(3)繼電器

　　　A.應無脫落、端子鬆動、接點燒損、灰塵附著等。

　　　B.動作應正常。

　　　(4)表示燈

　　　　應無顯著劣化，且能正常亮燈。

　　　(5)結線接續

　　　　應無斷線、端子鬆動、脫落、損傷等。

(6) 接地

應無顯著腐蝕、斷線等。

(五) 啓動裝置

1. 自動啓動裝置

(1) 檢查方法

偵煙式探測器性能檢查，依照火警自動警報設備的檢查要領進行，確認探測器動作後，能否連動排煙機啓動。

(2) 判定方法

A. 依照火警自動警報設備的檢查要領對探測器進行判定。

B. 排煙機應能確實啓動。

2. 手動啓動方式

(1) 檢查方法

確認手動啓動操作箱的把手及操作桿之轉動及打開動作有無異常。

(2) 判定方法

A. 用手應能容易轉動把手。

B. 操作桿應無破損，鋼索應無斷落或生鏽。

(六) 排煙機

1. 電動機

(1) 檢查方法

A. 回轉軸

以手轉動確認是否圓滑轉動。

B. 軸承部

確認潤滑油有無污損、變質、及達到必要量。

C. 動力傳達裝置

確認有無變形、損傷，皮帶輪及v型皮帶的性能是否正常。

D. 本體

操作啓動裝置，確認性能動作是否正常。

(2) 判定方法

A. 回轉軸

回轉軸應能圓滑轉動。

B. 軸承部

潤滑油應無污損、變質、異物混入等，並達必要量。

C. 動力傳動裝置

(A) 皮帶軸及回轉軸應無鬆動，且應無變形、損傷、腐蝕等。

(B) v型皮帶傳動時應無障礙，及應無鬆動、損傷、耗損、油脂附著等。

D. 本體

應無顯著發熱、異常震動、不規則及不連續雜音，且回轉方向正常。

(3) 注意事項

A. 進行測試時，注意對所連動之空調機械所造成之影響。

B. 除了進行運轉的性能檢查外，必須將電源切斷。

2. 回轉葉片

(1) 檢查方法

A. 回轉軸

確認電動機、排煙機的回轉狀態是否正常。

B. 軸承部

確認潤滑油有無污損、變質、並達到必要量。

(2) 判定方法

A. 回轉軸

回轉葉片之回轉應能圓滑並向正常方向回轉，且應無異常振動及雜音。

B. 軸承部

潤滑油應無污損、變質、並達到必要量。

三、綜合檢查

(一) 檢查方法

切換成緊急電源的狀態，使偵煙式探測器動作及操作手動啟動裝置，以確認各部分之性能。

(二)判定方法

1. 吸煙口及排煙閘門打開後，能連動自動排煙機啓動。

2. 運轉電流在所規定的範圍內。

3. 排煙機在運轉中應無異常聲音及振動，風道應無異常振動。

4. 排煙機回轉葉片的回轉方向應正常。

(三)注意事項

醫院等切換成緊急電源進行檢查有困難之場所，應使用常用電源進行檢查。

排煙設備檢查表

檢修項目			檢修結果			處置措施
			種別、容量等内容	判定	不良狀況	
外觀檢查						
防煙區劃防煙垂壁		固定式				
		移動式				
		排煙口				
		風管				
電動機的控制裝置	控制盤	周圍狀況				
		外形				
	電壓表		V			
	各開關		Y-△啓動			
	標示					
	預備品					
啓動裝置	自動啓動裝置					
	手動啓動裝置	手動操作箱	周圍狀況			
			外形			
		操作桿等				
	排煙機					
	排煙口					
性能檢查						
防煙區劃垂壁						

		排煙口				
風管		支撐固定				
		防火閘門				
		接續部				
電動機之控制裝置		各開關				
		保險絲				
		繼電器				
		表示燈				
		結線接續				
		接地				
啓動裝置		自動啓動裝置				
		手動啓動裝置				
排煙機	電動機	回轉軸				
		軸承部				
		動力傳達裝置				
		本體				
	回轉葉片	回轉軸				
		軸承部				
綜合檢查						
啓動狀況						
運轉電流			A			
運轉狀況						
回轉方向						
備註						

檢查器材	機器名稱	型式	校正年月日	製造廠商	機器名稱	型式	校正年月日	製造廠商

檢查日期	自民國　　年　　月　　日　至民國　　年　　月　　日

檢修人員	姓名		消防設備師（士）	證書字號		簽章	（簽章）
	姓名		消防設備師（士）	證書字號		簽章	
	姓名		消防設備師（士）	證書字號		簽章	
	姓名		消防設備師（士）	證書字號		簽章	

1. 應於「種別‧容量等情形」欄內填入適當之項目。
2. 檢查合格者於判定欄內打「○」；有不良情形時於判定欄內打「×」，並將不良情形填載於「不良狀況」欄。
3. 對不良狀況所採取之處置情形應填載於「處置措施」欄。
4. 欄內有選擇項目時應以「○」圈選之。

2.8 緊急電源插座檢修及申報作業基準

一、外觀檢查

(一)保護箱

1.檢查方法

(1) 周圍狀況

以目視確認周圍有無檢查上及使用上之障礙，及緊急電源插座上之標示是否正常。

(2) 外形

以開關操作確認有無變形、損傷等，及箱門是否可確實開、關。

2.判定方法

(1) 周圍狀況

A.應無檢查上及使用上之障礙物。

B.保護箱面應有「緊急電源插座」之字樣，且字體應無污損、不鮮明部分。

(2) 外形

A.應無變形、損傷、顯著腐蝕。

B.箱門可確實正常開、關。

(二)插座

1.檢查方法

應以目視確認有無變形、腐蝕及異物阻塞等。

2.判定方法

緊急電源插座為單相交流110V用者，應依圖2-20(A)所示（額定150V，15A）之接地型插座。三相交流220V用則適用圖2-20(B)所示（額定250V，30A）接地型插座，並確認應無變形、損傷、顯著腐蝕或異物阻塞等。

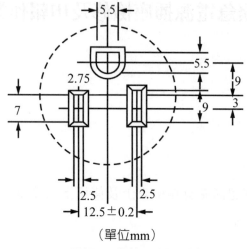

（單位mm）

(A) 單相125伏特15安培插座

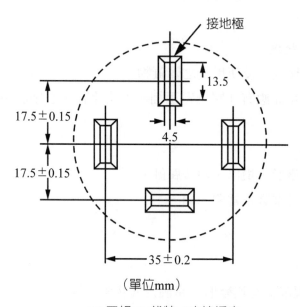

接地極

（單位mm）

(B) 三相250伏特30安培插座

圖2-20

(三) 開關器

1. 檢查方法

以目視確認有無變形、損傷等，及其開關位置是否正常。

2. 判定方法

應無變形、損傷等，且開關位置應正常。

(四)表示燈

1. 檢查方法

以目視確認有無變形、損傷等，及表示燈是否正常亮燈。

2. 判定方法

應無變形、損傷、脫落、燈泡故障等，且正常亮燈。

二、性能檢查

(一)插座

1. 檢查方法

確認插頭是否可輕易拔出及插入。

2. 判定方法

插頭應可輕易拔出及插入。

(二)開關器

1. 檢查方法

以開關操作確認開、關性能是否正常。

2. 判定方法

開、關應能正常。

(三) 端子電壓

1. 檢查方法

(1) 單相

以三用電表確認一般常用電源及緊急電源之單相交流端子電壓是否為規定值。

(2) 三相

以三用電表確認一般常用電源及緊急電源之三相交流端子電壓是否為規定值。

2. 判定方法

應於規定之範圍內。

(四)回轉相位

1 檢查方法

連接額定電壓220V之三相交流緊急電源插座，如與電動機連接時，應以相位計確認其是否依規定方向回轉。

2. 判定方法

應為正回轉（右向回轉）之方向。

緊急電源插座檢查表

檢修項目		檢修結果			處置措施
		種別、容量等內容	判定	不良狀況	
外觀檢查					
保護箱	周圍狀況				
	外形				
插座連接器					
開關器					
表示燈					
性能檢查					
插座					
開關器					
端子電壓	單相				
	三相				
回轉相位					
備註					

檢查器材	機器名稱	型式	校正年月日	製造廠商	機器名稱	型式	校正年月日	製造廠商

	檢查日期	自民國　　　年　　　月　　　日　至民國　　　年　　　月　　　日				
檢修人員	姓名		消防設備師（士）	證書字號		簽章	
	姓名		消防設備師（士）	證書字號		簽章	
	姓名		消防設備師（士）	證書字號		簽章	
	姓名		消防設備師（士）	證書字號		簽章	

1. 應於「種別‧容量等情形」欄內填入適當之項目。
2. 檢查合格者於判定欄內打「○」；有不良情形時於判定欄內打「×」，並將不良情形填載於「不良狀況」欄。
3. 對不良狀況所採取之處置情形應填載於「處置措施」欄。
4. 欄內有選擇項目時應以「○」圈選之。

第 **3** 章

認可基準

3.1　火警受信總機

105年5月6日以內授消字第1050821765號令修正發布

壹、技術規範及試驗方法

一、適用範圍

火災自動警報及防災連動控制設備用火警受信總機，其構造、材質、性能等技術上之規範及試驗方法，應符合本基準之規定。

二、種類

火警受信總機型式分為P型受信總機（一般機種）及R型受信總機（特殊機種）。具有防災連動控制之設備者，則依其所連動控制之區分，分為排煙受信總機、自動撒水受信總機、自動泡沫受信總機、滅火連動控制盤及其他防火連動用控制盤；一機體同時具有兩種以上之控制功能者，稱為複合式受信總機，如「P型複合式受信總機」、「R型複合式受信總機」。

三、用語定義

(一)火警受信總機

具有連接火警發信機、探測器、火警警鈴、標示燈或其他附屬設備之功能者。

(二) 型受信總機

係指接受由探測器或火警發信機所發出之信號於受信後，告知有關人員火警發生之設備，附有防災連動控制之設備者應同時啟動之。

(三)R型受信總機

係指接受由探測器或火警發信機所發出之信號，或經中繼器或介面器轉換成警報信號，告知有關人員火警發生之設備，附有防災連動控制之設備者應同時啟動之。

四、構造、材質及性能

(一)整體之構造、材質及性能

1. 在建築物上安裝時,應以毋需將火警受信總機內之零件卸下或穿孔而易於安裝為原則。但零件安裝板如以鉸鏈聯結而能將之迴旋者,不在此限。

2. 動作要確實,操作維護檢查及更換零件簡便且具耐用性,不受塵埃、濕氣之影響而有引發性能異常、失效之現象。

3. 外蓋用螺釘應防止脫落。

4. 外部配線應有易在端子台上固定之構造。

5. 燈泡或LED燈、保險絲等附屬零件,應可現場立即更換。

6. 不得以同一端子螺釘固定內外配線。

7. 在保險絲座、燈泡座等處,不得使用鋁質材料作為導電體。

8. 連接器應符合下列規定:

   (1) 應確實固定,不得因振動等影響導電狀態。

   (2) 端子之材質應為銅或銅合金,同時接觸部分須施予鍍銠、錫、鎳、金或銀等處理,且一組端子至少一端應具有彈性。

   (3) 接觸部分應為雙層構造或圓針型。

   (4) 印刷電路用連接器,其接觸部分應為雙層構造並予以鍍金處理。但為電腦使用之特殊者,因具充分接觸壓力,不在此限。

   (5) 預備電源之連接器為專用者。

   (6) 扁平電纜用連接器,除應符合上述(1)之規定外,僅可使用信號線。

9. 受信總機之外箱(殼)應為良導體,使用不燃性或耐燃性材料,其厚度應在1.2mm以上,並設置接地端子,端子必須能固定線徑1.6mm以上之電線,且須有接地標示及不得有不必要之開口。但因應實際需要連結其他設備且與其在構造上作為一體設置者之外部配線孔,不在此限。

10. 防蝕措施應符合下列規定:

    (1) 抽插型之燈泡座應使用鐵製簧片,但不得以其為導電體。

    (2) 若採取鍍鎘、鍍鎳、鍍鉻及鍍鋅等有效防蝕措施,則下列部分可使用鐵材。

    A. 蜂鳴器固定接體之彈簧。

    B. 電話插座之框架。

C. 低壓導電部之螺釘。

11. 使用之配線應對承受負載具有充分之電流容量且接線部位要確實施工，並符合下列規定：

(1) 非束線之配線時，其電線之電流容量應在表3-1及表3-2規定值以下。但如係供電源變壓器初級輸入側使用時，其導體斷面積最低為0.5mm²以上，且不可與其他配線結成束線。

表3-1　絞線電流容量

電線導體斷面積（mm²）	電流容量（A）
0.3	2.1
0.5	3.5
0.75	4.9
1.25	8.4
2.0	11.9
3.5	16.1
5.5	24.5

註：0.3mm²以下之電流密度為7A/mm²

表3-2　單線電流容量

電線直徑（mm）	電流容量（A）
0.5	1.8
0.65	2.5
1.0	6.4

註：0.5mm以下之電流密度為9A/mm²

(2) 束線時電流密度，絞線應在4A/mm²以下，單線應在4.8A/mm²以下。

(3) 固定束線時，為避免與固定器直接接觸，應先以絕緣膠帶捲繞後再固定之。

(4) 絞線連接部分，股線之斷線應在20%以下。但殘餘股線之電流容量如大於最大負荷電流，且導體斷面積在0.25mm²以上時，不在此限。

(5) 焊錫以紮接配線為原則，使用繞線時應在6圈以上。

(6) 印刷電路應符合下列規定：

A. 配線之焊錫以插入配線孔為之,且一個配線孔不得有2條以上之配線。但供雜音設計用者,不在此限。

B. 配線孔應有適當配線空隙。但配線導體面積過大時,不在此限。

C. 基板之材質,其厚度應在1.2mm以上,且接觸部位施予鍍金、鍍銀、鍍錫、鍍鎳、鍍銠等處理。

(7) 對於可能因外部配線短路產生之過大電流,而受到破壞之回路(零件、印刷電路之配線、導體等),應有適當之保護裝置。

12. 裝配零件時,應有防止其鬆動之裝置,並應符合下列規定:

(1) 扭轉開關等應以卡梢等金屬固定,不因轉動而有轉矩之產生,若為大扭力者,應有二處以上之固定或同等以上有效方法在軸上固定之。

(2) 扭轉開關、可變電阻及其他調整部或印刷電路基板等裝配零件,不得因振動、衝擊等而造成調整值之變化。

(3) 防止鬆動應以彈簧墊圈、防鬆螺釘為原則,上塗料以有效場合為限。

(4) 燈泡及電池試驗用電阻等易生高熱者,不得裝配於聚乙烯絕緣電線、塑膠及橡膠等易受熱影響之附近。

(5) 如具有可將機器之一部分拆卸的構造(例如印刷電路板與連接器、電池之連接器等),應具有僅能在正規位置裝回的機械性構造。但扁平電線之專用連接器在其末端已有記號者,不在此限。

(6) 電線以外有通電流之零件而有滑動或轉動軸等,可能有接觸不夠充分部分應施予適當措施,以防止接觸不良之情形發生。

13. 充電部分應裝於箱體內並加以標示之。但在安裝狀態下露出之充電部分,其構造應為手指無法直接接觸者。

14. 主電源超過60V以上,其電源部分應有防觸電之裝置,並應符合下列規定:

(1) 受信總機之內部須裝設能同時開關主電源雙極之開關。

(2) 應於電源變壓器一次側之雙線及預備電源之一線裝設保險絲或斷路器,且均應設於機器之內部。

(3) 保險絲容量應為額定電壓時最大負荷電流之1.5倍至2倍。該範圍如未達到時,應取最接近值,但設於電源一次側者,不可低於1.5倍以下,設於電源二次側者及預備電源側時,應大於高壓時之最大負載電流。

(4) 因外部配線短路之過電流可能導致破壞半導體回路者,不可利用保險絲、斷路器,應使用適當之電氣保護設施。

(5) 對外部負載而設之保險絲容量，應為額定電壓時最大負載電流之1.5倍至2倍，且須大於高壓時之最大負載電流，其插入位置必須位於內外線配線之連接點附近。

(6) 主音響裝置作為外部負載時，不可設保險絲及斷路器。

(7) 受信總機正面應裝設能監視主電源之裝置（利用燈泡等之表示亦可），其應裝於電源一次側保險絲後至電源切換電驛之間，於停電或保險絲熔斷時，應能切換為預備電源。

(8) 應具主電源停電時能自動切換由預備電源供電，且主電源恢復供電時，能自動由預備電源切換為主電源供電之功能，且切換時不得影響警報信號之表示。

15. 受信總機裝在0℃至40℃之環境溫度內，應保持其功能正常，不得發生異狀。

16. 受信總機內部應裝設預備電源，但採其他有效措施者不在此限。

17. 受信總機正面應裝設能監視主回路之電壓裝置，此監視裝置應具探測電壓異常變化之功能，且應設在交直流電源切換裝置之後、復原開關等負載這一方。（單回路者除外）

18. 復原及音響停止開關：應設專用之開關，且復原開關應為自動彈回型。

19. 無法自動復原之開關，應加設聲音信號裝置或以閃滅表示燈等提醒人員注意。

20. 應有表示火警發信機動作之裝置。（單回路者除外）

21. 在受信總機面板上，應具有回路火災及斷線之個別試驗裝置，在某回路斷線或故障時，仍可做其他回路動作之試驗。（回路控制部具故障自動偵測功能者除外，但廠商須提供相關技術資料與測試說明）

22. 受信總機須有下列各項防止誤報之功能：

(1) 當外部配線（回路信號線除外）發生故障時。

(2) 受到振動、外力衝擊電力開關之開關動作或其他電器回路干擾時。

(3) 設有蓄積回路者，應有回路蓄積與非蓄積切換之裝置。

23. 除單回路受信總機外，設有蓄積回路功能者，應標示標稱蓄積時間及設有蓄積與非蓄積之切換裝置（標稱蓄積時間應在5秒以上，總動作時間須在60秒以下）。

24. 附有防災連動控制功能者應符合下列規定：

(1) 應能同時連動控制附屬之相關設備。

(2) 連動輸出裝置應有適當之保護裝置，在輸出異常時能確保受信總機功能正常，並設有端子記號及接線圖之明確標示。

(3) 撒水與泡沫迴路動作時，其迴路區域表示裝置可與外部感知動作信號同步。

(4) 受信迴路及連動控制之電氣特性均需符合本基準之規定，且廠商並必須在火警受信總機內標示連動控制用之電氣規格。

25. 火警受信總機須設有接受來自緊急廣播設備動作連動之輸入端子或具同等功能之裝置，於接受來自緊急廣播設備動作時之信號時，須自動停止地區警報音響裝置使其暫時停止鳴動，且受信總機面板上須具同步顯示之警示裝置（例：燈、音響或信息顯示等）。當緊急廣播設備動作連動信號停止後須自動開啟地區警報音響裝置使其恢復鳴動。

(二)零件之構造、材質及性能

1. 開關類

(1) 動作簡便確實，停止位置明確。

(2) 對各接點在最大使用電壓下經由電阻施予最大使用電流之200%，反覆通電10000次（對電源主開關為5000次）後，其構造及性能不得發生異常情形。

(3) 接點應能適合最大使用電流容量且能耐腐蝕。

(4) 除自動彈回型之開關外，均應具備恢復原定位置之裝置。

2. 警報表示裝置

警報表示裝置可分為火警表示裝置及斷線或故障表示裝置。

(1) 火警表示裝置

A. 當受信總機收到火警信號時，紅色火警表示燈點亮，主音響警報裝置鳴響，且在區域表示裝置自動表示該警戒區域已有火警發生，同時地區警報音響裝置鳴響且標示燈裝置變為閃爍；上述火警表示在手動方式復舊前，應能保持該火警信號。（區域表示裝置單迴路受信總機可免設）

B. 標示燈平時保持明亮，火警時須變為閃爍狀態。使用預備電源供電時，可不亮。

C. 火警表示燈，其警報區域表示，最少應具有兩個以上警報區域表示功能（但單回路用途除外）。

D. 警報區域表示為數位型者，最少應能表示其所屬二個區域同時動作之性能，對第三個區域以上之警報信號，動作時亦能告知有關人員而不影響原來警報信號。

E. 切換至預備電源時，不得影響上述火警警報之表示。但外部標示燈可不點亮。

F. 自探測器感知動作或火警發信機等開始發出信號起至受信總機能完成接受信號之時間，應在5秒內做出警報動作（但裝有回路蓄積功能時，則以標稱蓄積時間加5秒為準，其總和不得超過60秒）。

(2) 斷線或故障表示裝置

當受信總機探測器回路端至終端器間發生斷路或故障時，斷線表示燈點亮、斷線音響鳴響，且在區域表示裝置自動表示該回路已有故障或斷線發生。其表示方式應與火警警報表示方式有所區別（區域表示裝置單回路受信總機可免設）。

3. 電磁電驛

(1) 接點應使用G、S合金（以金、銀合金或其他有效電鍍處理者）。

(2) 接點能適合最大使用電流容量，在最大使用電壓下經由電阻負載於最大使用電流反覆動作試驗30萬次之後，其功能構造均不得有異常障礙發生。

(3) 電驛除密封型外應裝設適當護蓋，以避免塵埃等附著於電驛接點及可動作部位。

(4) 同一接點不得接至內部負載和外部負載做直接供應電力之用。

(5) 同一電驛不得同時使用於主電源變壓器之一次側及二次側。

4. 電壓指示裝置應符合下列規定：

(1) 容許誤差在2.5%以下。

(2) 應能顯示回路額定電壓之130%以上，210%以下。

5. 保險絲

應使用符合CNS4978〔F01型玻管式熔線〕、CNS4979〔F02型玻管式熔線〕、CNS4980〔F05型玻管式熔線〕、CNS4981〔F06型瓷管式熔線〕

之保險絲國家標準。

6. 音響裝置

(1) 置於無響室內，在正常電壓之80%電壓時，距正面1m處，主音響亦能發出65dB以上。但警報音響如為斷續者，其基準斷續比為（鳴動：休止 ＝ 2：1），且休止或鳴動音響達到85dB以下之時間必須在2秒以下。

(2) 在正常電壓下連續鳴響8小時後，其構造及功能不得有任何異狀。

(3) 供電線路與外殼間之絕緣電阻以直流500V之絕緣電阻計測量，其電阻值須在20MΩ以上。

7. 變壓器

(1) 應符合CNS1264〔電訊用小型電源變壓器〕之規定。

(2) 其容量應能耐其最大負載電流值之連續使用。

(3) 額定電壓應在380V以下，且其外殼應接地。

8. 控制用電路板

(1) 銅箔應有與空氣隔離之保護膜處理。但焊接點除外。

(2) 電路板上超過60V以上之電壓接點應有防觸電裝置，並標示之。

9. 預備電源

(1) 應裝設能試驗預備電源是否良好之裝置，但採其他有效措施者不在此限。

(2) 露出之電線應使用有著色者以資識別（正電源須為紅色）。

(3) 預備電源用電池應使用封閉型蓄電池，且其最小容量之標準須在監視狀態下連續使用60分鐘後，於各回路接上二個中繼器或二個火警警鈴使其動作時消耗電流能繼續供電10分鐘之容量（但消耗電量未超過實際監視狀態下之電量時，則以60分鐘監視狀態下之電流為準）。當計算受信總機區域負載裝置之消耗時以所能連接之回路數或中繼器之數量乘以二倍之動作消耗電流為準（但乘以二倍後所得之數值超過20時則以20作計算）。

(4) 附有防災連動控制之設備者，其預備電源容量計算方式比照上列(3)之規定。

(5) 須提供預備電池消耗容量之計算資料。

10. 送話機及受話機

機能應能確實動作，具有耐用性，且在互相聯絡時，不得影響警報信號之傳遞。（具火警受信總機功能或具火警受信總機用途者）

(三) P型受信總機之性能

除能個別試驗回路火災動作及斷線表示裝置外（單回路受信總機可免設），應具有能自動檢知經由探測器回路端至終端器間外部配線通電狀況之功能；此功能包括斷線表示燈、斷線故障音響、斷線區域表示設備（但單回路受信總機除外），且此裝置在操作中於其他回路接收到火警信號時，應能同時作火警區域表示。若同一回路接收到火警信號表示時應以火警表示優先。但連接之回線數只有一條時，得不具斷線表示裝置之試驗功能。

(四) R型受信總機之性能

1. 應具有能個別試驗火警表示動作之裝置（具自動偵測功能者除外），同時應具能自動檢知中繼器回路端至終端器配線有無斷線，以及受信總機至中繼器間電線有無短路及斷線之裝置，且該裝置在操作中於其他回路有火警信號時，應能優先作火警表示（若同時其他有斷線信號亦能保有斷線表示），但火警信號以手動復原後，應能回復原斷線區域表示。

2. 當收到火警中繼器因主電源停電，保險絲斷路及火警偵測失效等信號時，能自動發出聲音信號及用表示燈表示有故障已經發生之裝置。

(五) 其他事項

受信總機內部另須備妥下列各項附屬設備：

1. 終端設備。
2. 備用各種保險絲。.

五、電源電壓變動試驗

受信總機之主電源及預備電源，其額定電壓在下列規定範圍變動時，不得發生功能異常之情形。

(一) 主電源：額定電壓之90%以上至110%以下。

(二) 預備電源：額定電壓之85%以上至110%以下。

六、反覆試驗

將受信總機之任一回路以額定電壓施予1000次之火警動作試驗後，對受信總機本身之構造及功能不得有異狀發生。

七、絕緣電阻試驗

(一) 受信總機之充電部與外殼間之絕緣電阻，以直流500V之絕緣電阻計測量應在5MΩ以上，交流輸入部位與外殼應在50MΩ以上。

(二) 導線與導線外皮間之絕緣電阻以上述電阻計測量，應在20MΩ以上。

(三) 交流電源部一次側與直流電源部間應有50MΩ。

(四) 但具有對絕緣異常之警報裝置者除外。

八、絕緣耐壓試驗

前點所述之各試驗部位之絕緣耐壓試驗以50Hz或60Hz近似正弦波，實效電壓在500V之交流電通電1分鐘，能耐此電壓者爲合格。如果受信總機額定電壓在60V以上150V以下者，則用1000V，超過150V額定電壓者以其額定電壓乘以2再加1000V之電壓試驗。但具有對地線絕緣異常之警報裝置者除外。

九、耐電擊試驗

在通電狀態下，電源接以電壓500V之脈波寬1μsec及0.1μsec，頻率100赫（Hz），串接50Ω電阻，接於受信總機之兩端施予電擊試驗，持續15秒後，對其功能不得發生異常現象。

十、試驗之一般條件

除另有其他特別規格外，對受信總機進行試驗時，其室溫應在0℃至40℃之溫度範圍內，且相對濕度應在45%以上，85%以下。

十一、標示

應於受信總機上易於辨識位置，以不易磨滅方法標示下列事項：

(一) 設備名稱及型號。

(二) 廠牌名稱或商標。

(三) 型式認可號碼。

(四) 製造年月。

(五) 電器特性。

(六) 檢附操作說明書及符合下列事項：

　　1. 包裝受信總機之容器應附有簡明清晰之安裝及操作說明書、受信總機之回路圖及標準接線圖，並需要提供圖解輔助說明。說明書應包括產品安裝及操作之詳細指引及資料。同一容器裝有數個同型產品時，至少應有一份安裝及操作說明書。

　　2. 若作為受信總機設備檢查及測試之用者，得詳述其檢查及測試之程序及步驟。

　　3. 其他特殊注意事項。

(七) 保險絲之額定電流值及用途名稱。

(八) 具有連動控制之設備裝置，其端子之額定電壓、電流值。

(九) 蓄電池之額定電壓、容量及出廠年月或批號。

十二、新技術開發之火警受信總機

　　新技術開發之火警受信總機，依形狀、構造、材質及性能判定，如符合本基準規定及同等以上性能，並經中央消防主管機關認定者，得不受本基準之規範。

貳、型式認可作業

一、型式試驗之樣品

　　須提供樣品1個。

二、型式試驗之方法

(一)型式試驗流程

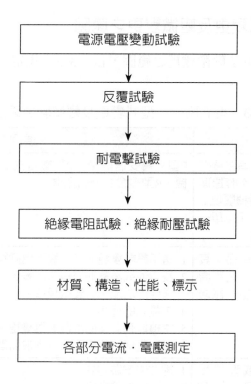

電源電壓變動試驗

↓

反覆試驗

↓

耐電擊試驗

↓

絕緣電阻試驗‧絕緣耐壓試驗

↓

材質、構造、性能、標示

↓

各部分電流‧電壓測定

(二)試驗方法

依本認可基準壹、技術規範及試驗方法之規定。

三、型式試驗結果之判定

(一) 符合本認可基準所規定之技術規範者，該型式試驗結果視爲「合格」。

(二) 有四、補正試驗所定事項者，得進行補正試驗，並以一次爲限。

(三) 未符合本認可基準所規定之技術規範者，該型式試驗結果視爲「不合格」。

四、補正試驗

符合下列情形之一者得進行補正試驗：

(一) 型式試驗之不良事項爲申請資料不完備（設計錯誤除外）、標示遺漏、零件裝置不良或有肆、缺點判定方法之表3-6缺點判定表所列一般缺點或輕微缺點者。

(二) 試驗設備有不完備或缺點，致無法進行試驗者。

五、型式變更試驗之方法

　　型式變更試驗之樣品數、試驗流程等，應就型式變更之內容，依前述型式試驗進行。

六、型式區分、型式變更及輕微變更之範圍

　　型式區分、型式變更及輕微變更之範圍，依表3-3之規定。

表3-3　型式區分、型式變更及輕微變更範圍表

區分	說明	項目
型式區分	型式認可之產品其主要性能、設備種類、動作原理不同，或經主管機關規定之必要區分者，須以單一型式認可做區分。	P型火警受信總機、P型複合式受信總機、R型火警受信總機、R型複合式受信總機。
型式變更	經型式認可之產品，其型式部分變更，有影響性能之虞，須施予試驗確認者，謂之。	1. 電路設計變更。（火警受信回路除外） 2. 蓄電池或蓄電池充電裝置變更。 3. 零件的功能、材質或構造。 4. 主電源的種類。 5. 主機能有影響的附屬裝置變更。（除去的情形除外） 6. 標稱蓄積時間變更。（限於時間的變更）
輕微變更	經型式認可或型式變更認可之產品，其型式部分變更，不影響其性能，且免施予試驗確認，可藉由書面據以判定良否者，謂之。	1. 零件的安裝方式。 2. 外箱的材質與構造。 3. 電子零件變更。（規格、型式或製造者） 　(1) 經認定或同等級品以上之電燈泡。 　(2) 經認定或同等級品以上之電磁繼電氣及開關。 　(3) 以下所示零件。（限於規定是合於使用條件） 　(4) 印刷回路基板，以下所揭事項： 　　A.材質。 　　B.接續時，其材質厚度或接觸部的焊接方式。 　(5) 前(1)～(3)所示零件以外的電器零件。 4. 影響主要機能的附屬裝置變更。（限於使用經認可的電器回路） 5. 無影響主要機能的附屬裝置變更。 6. 下述電子回路變更。（限於同一回路電壓情形） 　(1) 變更經認定之電源回路。 　(2) 變更經認定之充電回路。 　(3) 預備電源用蓄電池的變更。（限於同等級產品經第三公正單位檢驗合格或有國際安規之產品） 　(4) 回路定數等輕微變更。 　(5) 電氣回路的部分變更。（限於經承認的回路） 　(6) 前述變更伴隨著輕微的回路變更。

系列型號：在其主要性能、設備種類、動作原理相同原則下，可容許申請系列型號之型式認可或型式變更，試驗內容將針對不同項目或構件進行個別試驗或檢查。

七、試驗紀錄

有關上述型式試驗、補正試驗、型式變更試驗之結果，應詳細填載於型式試驗紀錄表。

參、個別認可作業

一、個別認可之方法

(一) 個別認可之抽樣試驗數量依抽樣表規定，抽樣方法依CNS9042規定進行抽樣試驗。

(二) 抽樣試驗之嚴寬等級可分為最嚴格試驗、嚴格試驗、普通試驗、寬鬆試驗及免會同試驗五種。

(三) 個別試驗通常將試驗項目分為以通常樣品進行之試驗（以下稱為「一般試驗」）以及對於少數樣品進行之試驗（以下稱為「分項試驗」）。

二、個別認可之樣品及抽樣方法

(一) 個別認可之樣品數依相關試驗之嚴寬等級以及批次大小所定。

(二) 樣品之抽取如下所示：

　　1. 抽樣試驗以每一批為單位。

　　2. 樣品之多寡，應視整批成品（受驗數量＋預備品）數量之多寡及試驗等級，按抽樣表之規定抽取，並在重新編號之全部製品（受驗批）中，依隨機抽樣法（CNS 9042）隨意抽取，抽出之樣品依抽出順序編排序號。但受驗批量如在300個以上時，應依下列規定分為二段抽樣。

　　　(1) 計算每群應抽之數量：當受驗批次在五群（含箱子及集運架等）以上時，每一群之製品數量應在5個以上之定數，並事先編定每一群之編碼；但最後一群之數量，未滿該定數亦可。

　　　(2) 抽出之產品賦予群碼號碼：同群製品須排列整齊，且排列號碼應能清楚辨識。

　　　(3) 確定群數及抽出個群，再從個群中抽出樣品：確定從所有群產品中可抽出五群以上之樣品，以隨機取樣法抽取相當數量之群，再由抽出之各群製品作系統式循環抽樣（由各群中抽取同一編號之製品），將受驗之樣品抽出。

　　　(4) 依上述方法取得之製品數量超過樣品所需數量時，重複進行隨機取樣去除超過部分至達到所要數量。

　　(三) 一般試驗和分項試驗以不同之樣品試驗之。

三、試驗項目

　　一般試驗及分項試驗之項目如表3-4：

表3-4　一般試驗及分項試驗項目表

試驗區分	試驗項目
一般試驗	構造、性能（火災動作‧斷線表示性能、回路斷線‧火警優先性能）、標示
分項試驗	電源電壓變動試驗
	絕緣電阻‧絕緣耐壓試驗
	性能（電壓‧電流測定、蓄積時間、延遲時間、預備電源性能情形）

四、缺點之等級及合格判定基準

　　(一) 試驗中發現之缺點，分為致命缺點、嚴重缺點、一般缺點及輕微缺點等四級。

　　(二) 各試驗項目之缺點內容，依肆、缺點判定方法規定，非屬該缺點判定表所列範圍之缺點者，則依消防機具器材及設備認可作業要點判定之。

五、批次之判定

　　批次合格與否，按下列規定判定之：

　　抽樣表中，Ac表示合格判定個數（合格判定時不良品數之上限），Re表示不合格判定個數（不合格判定之不良品數之下限），具有二個等級以上缺點之製品，應分別計算其各不良品之數量。

　　(一) 抽樣試驗中各級不良品數均在合格判定個數以下時，應調整其試驗等級，該

批為合格。

(二) 抽樣試驗中任一級之不良品數在不合格判定個數以上時，該批為不合格。但該等不良品之缺點僅為輕微缺點時，得進行補正試驗，惟以一次為限。

(三) 抽樣試驗中不良品出現致命缺點，縱然該抽樣試驗中不良品數在合格判定個數以下，該批仍視為不合格。

六、個別認可結果之處置

(一)合格批次之處置

1. 整批雖經判定為合格，但受驗樣品中發現有不良品時，於使用預備品替換或修復後始為合格品。

2. 非受驗之樣品若於整批受驗製品中發現有缺點者，準依前款規定辦理。

3. 上述1、2兩種情形，如無預備品替換或無法修復調整者，應就其不良品部分之個數，判定為不合格。

(二)補正批次之處置

1. 接受補正試驗時，應提出初次試驗時所發現不良事項之改善說明書及不良品處理之補正試驗紀錄表。

2. 補正試驗之受驗樣品數以初次試驗之受驗樣品數為準。

但該批次樣品經補正試驗合格，依參、六、(一)、1.之處置後，仍未達受驗樣品數之個數時，則為不合格。

(三)不合格批次之處置

1. 不合格批次之產品接受再試驗時，應提出初次試驗時所發現不良事項之改善說明書及不良品處理之補正試驗紀錄表。

2. 接受再試驗時不得加入初次受驗樣品以外之樣品。

3. 個別認可不合格之批次不再受驗時，應在補正試驗紀錄表中，註明理由、廢棄處理及下批之改善處理等文件，向辦理認可試驗單位提出。

3.2　火警發信機火警警鈴及標示燈

101年11月14日內授消字第10108247532號令修正

97年5月2日內授消字第0970821913號令發布

壹、技術規範及試驗方法

一、適用範圍

　　手動報警設備所使用之火警發信機、火警警鈴及標示燈，其構造、性能、材質等技術上之規範及試驗方法，應符合本基準之規定。

二、用語定義

(一) 火警發信機：係利用手動對火警受信總機或中繼器等發出信號之設備。分類如下：

　　1. 依系統種類區分：一般係與P型受信總機配合使用，至與R型受信總機配合使用者稱為「定址型火警發信機」。

　　2. 依操作方式區分：「強壓型」及「扳動型」。

　　3. 依設置場所區分：「屋內型」及「屋外型」。

(二) 火警警鈴：由火警受信總機或中繼器等操作，於火災發生時發出警報音響之設備。

(三) 標示燈：由火警受信總機或中繼器等操作，於火災發生時發出閃亮燈光之表示設備。

三、構造、形狀及材質

(一) 共同部分

1. 作動要確實，操作維護檢查及更換零件應簡便且具耐用性。

2. 不受塵埃、濕氣之影響而導致功能異常、失效之現象。

3. 應使用不燃或耐燃材料構成。

4. 機器內部所使用之配線，應對承受負載具有充分之電氣容量，且接線部施工

應確實。

5. 除屬於無極性者外，應設有防止接線錯誤之措施或標示。

6. 裝配零件時，應有防止其鬆動之裝置。

7. 電線以外通有電流且具滑動或轉動軸等之零件，可能有接觸不夠充分部分，應施予適當措施，以防止接觸不良之情形發生。

8. 額定電壓超過60V以上，其電源部分應有防觸電裝置，且外殼應為良導體並裝設地線端子。

(二)個別部分

1.火警發信機

(1) 外殼露在外面部分應為紅色；但修飾部位（如外殼邊框或印刷說明等）及文字標示除外。

(2) 啓動開關時即能送出火警信號。

(3) 發信開關應設有下列保護裝置：

①強壓型：須設置能以手指壓破或壓下即能容易操作之保護裝置。

②扳動型：須設置防止任意扳動之保護裝置。

(4) 應有明確動作確認裝置（含燈或機構者）。

(5) 內部之開關接點須為耐腐蝕材質且具有銀鈀合金同等以上導電率。

(6) 開關連動部位須有防腐蝕處理。

(7) 與外線連接部位須有接線端子或導線設計。

2.火警警鈴

(1) 火警警鈴係使用鈴殼及打鈴振動臂者應有防腐蝕處理，且鈴殼須為紅色。

(2) 使用電源須為DC 24V且應標明消耗電流。

3.標示燈

(1) 燈罩應為紅色透明之玻璃材料或耐燃性材料。

(2) 燈座及座台應為不燃或耐燃材料。

四、動作試驗

施以額定電壓確認其動作狀態，不得有異狀。且在額定電壓之90%至110%範圍內施以電壓變動試驗，其功能不得有異狀。

五、溫濕度試驗

樣品依下表規定之環境溫度及濕度下靜置12小時後，在室溫下實施動作試驗、音壓試驗及照度試驗等功能性試驗，不得產生構造及功能之異常。

環境參數　　　　　　　　種類	屋內型	屋外型
高溫環境	溫度50±2℃，濕度90±3%	溫度70±2℃，濕度95±3%
低溫環境	溫度0±3℃	溫度−10±3℃

六、保護裝置強度試驗

火警發信機之發信開關保護裝置，其強度應在保護裝置中央用圓直徑20mm且其尾端能均勻與板面接觸之物體加以2kgf之靜重時，不得有異狀，而以8kgf之靜重壓下時，則能操作或被壓下者為準（使用扳動型者不在此限）。

七、反覆試驗

以額定電壓及額定電流對火警發信機反覆1000次通電試驗後（定址型火警發信機須接上火警受信總機進行試驗），其構造及功能不得有異狀。

八、腐蝕試驗

對屋外型者，用重量百分比濃度3%之鹽水溶液依CNS 8886〔鹽水噴霧試驗方法〕，噴霧8個小時後，靜置16小時，以此為一週期，反覆實施五個週期，再以水沖洗，經自然乾燥24小時後，不得產生腐蝕現象。

九、灑水試驗

屋外型發信機在通電狀態下，由前上方45°方向處，使用清水以每分鐘3mm之撒水比例，以雨狀均勻灑在本體上，1小時後其內部不能有積水，且其功能不得有異狀。

十、振動試驗

在通電狀態下，施以振動頻率每分鐘1000次全振幅4mm之任意方向連續振動60

分鐘後，其構造及功能不得有異狀。

十一、衝擊試驗

對火警發信機及火警警鈴，由任意方向以最大加速度100g（g爲重力加速度）之衝擊5次後，其構造及功能不得有異狀。

十二、絕緣電阻試驗

端子與外殼間，以直流500V之絕緣電阻計測量，其電阻值須達20MΩ以上。

十三、絕緣耐壓試驗

端子與外殼間之絕緣耐壓試驗：接通50Hz或60Hz近似正弦波形而實效電壓500V之交流電應能耐1分鐘，但額定電壓在60V至150V者，以1000V爲試驗電壓，額定電壓超過150V以上者，則以其額定電壓乘2倍再加1000V爲試驗電壓。

十四、音壓試驗

將火警警鈴裝置於無響室內，施以額定電壓之80%電壓時，在距離火警警鈴正面1m處所測得之音壓須在65dB以上；施以額定電壓時，在距離火警警鈴正面1m處所測得之音壓須在90dB以上。且在施以額定電壓連續鳴響8小時後，其構造及功能不得有異狀。

十五、照度試驗

在周圍照度300Lux以上之狀態下，沿著與裝設面成爲15度以上角度之方向距離10公尺處，可以目視確認其亮燈。且施以額定電壓之130%電壓連續20小時後，不得有斷線、黑化或發生電流降低達到初期量測值之20%以上。

十六、熾熱線試驗

(一) 熾熱線試驗係應用在完成品或組件實施耐燃試驗時之相關規定。

(二) 引用標準：

1. 中華民國國家標準（以下簡稱CNS）14545-4〔火災危險性試驗—第2部：試驗方法—第1章／第0單元：熾熱線試驗方法—通則〕

2. CNS 14545-5〔火災危險性試驗—第2部：試驗方法—第1章／第1單元：完成

　　品之熾熱線試驗及指引〕

(三) 試驗說明：

1. 試驗裝置依CNS 14545-4之規定。

2. 熾熱線試驗不適用於直線表面尺度小於20mm之小組件者，可參考其他方法（例如：針焰試驗）。

3. 試驗前處理：將試驗品或薄層置於溫度15℃至35℃間，相對濕度在45%至75%間之1大氣壓中24小時。

4. 試驗程序及注意事項：參照CNS 14545-4中第9.1節至第9.4節之規定。

5. 試驗溫度：

　　(1) 對非金屬材料組件如外殼、標示面及照射面所用絕緣材料，試驗溫度為550±10℃。

　　(2) 支撐承載電流超過0.2A之連接點的絕緣材料組件，試驗溫度為750±10℃；對其他連接點，試驗溫度為650±10℃。施加之持續時間（t_a）為30±1秒。

(四) 觀察及量測：熾熱線施加期間及往後之30秒期間，試驗品、試驗品周圍之零件及其位於試驗品下之薄層應注意觀察，並記錄下列事項：

　　1. 自尖端施加開始至試驗品或放置於其下之薄層起火之時間（t_i）。

　　2. 自尖端施加開始至火焰熄滅或施加期間之後，所持續之時間（t_e）。

　　3. 目視著火開始大約1秒後，觀察及量測有無產生聚合最大高度接近5mm之火焰；火焰高度之量測係於微弱光線中觀察，當施加到試驗品上可看見到火焰之頂端與熾熱線上邊緣之垂直距離。

　　4. 尖端穿透或試驗品變形之程度。

　　5. 如使用白松木板則應記錄白松木板之任何燒焦情形。

(五) 試驗結果之評估：符合下列之一者為合格。

　　1. 試驗品無產生火焰或熾熱者。

　　2. 試驗品之周圍及其下方之薄層之火焰或熾熱在熾熱線移除後30秒內熄滅，換言之$t_e \leq t_a$ + 30秒，且周圍之零件及其下方之薄層無繼續燃燒。當使用包裝棉紙層時，此包裝棉紙應無著火。

十七、標示

(一) 應於本體上之明顯易見處，以不易磨滅之方法，標示下列事項（進口產品亦

需以中文標示）：

1. 產品名稱及型號。
2. 型式認可號碼。
3. 製造廠名稱或商標。
4. 製造年月或批號。
5. 電氣特性（含額定AC或DC電壓、電流等）。
6. 發信機各接線端應註明端子符號或接線標示。

(二) 檢附操作說明書及符合下列事項：

1. 應附有簡明清晰之安裝、接線及操作說明，並提供圖解輔助說明。
2. 包括產品安裝、接線及操作之詳細注意事項及資料。同一容器裝有數個同型產品時，至少應有一份安裝及操作說明書。
3. 詳述其檢查及測試之程序及步驟。
4. 其他特殊注意事項（特別是安全注意事項）。

貳、型式認可作業

一、型式試驗之方法

(一) 試驗樣品數3個，熾熱線試驗樣品數6個。
(二) 試驗項目及流程如下：

1. 共同試驗

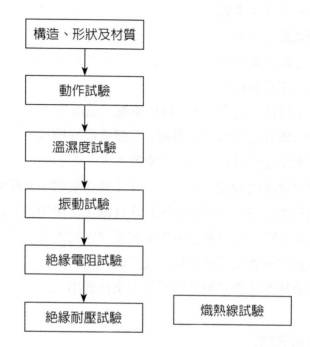

2. 追加試驗

(1) 火警發信機

① 屋內型

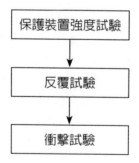

②屋外型

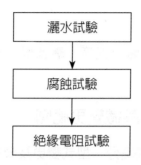

```
┌─────────────┐
│  灑水試驗   │
└─────────────┘
       ↓
┌─────────────┐
│  腐蝕試驗   │
└─────────────┘
       ↓
┌─────────────┐
│ 絕緣電阻試驗 │
└─────────────┘
```

(2) 火警警鈴

```
┌─────────────┐
│  衝擊試驗   │
└─────────────┘
       ↓
┌─────────────┐
│  音壓試驗   │
└─────────────┘
```

(3) 標示燈

```
┌─────────────┐
│  照度試驗   │
└─────────────┘
```

二、型式試驗結果之判定

(一) 符合本認可基準所規定之技術規範，未發現缺點者，則型式試驗結果爲「合格」。

(二) 符合下述三、補正試驗所揭示之事項者，得進行補正試驗一次。

(三) 不符本認可基準所規定之技術規範，試驗結果發現不合格情形者，則該型式試驗結果爲「不合格」。

三、補正試驗

(一) 型式試驗中構造檢查不良事項，如爲本認可基準肆、缺點判定表所列輕微缺點者，得進行補正試驗一次。

(二) 補正試驗所需樣品數3個，並依本認可基準之型式試驗方法進行。

四、型式變更試驗之方法

型式變更試驗之樣品數、試驗流程等，應就型式變更之內容依本認可基準之型式試驗方法進行。

五、型式區分、型式變更及輕微變更範圍

表3-5　型式區分、型式變更及輕微變更範圍

區分	說明	項目
型式區分	型式認可之產品其主要性能、設備種類、動作原理不同，或經中央主管機關規定之必要區分者，須以單一型式認可做區分。	1. 設備種類：火警發信機、火警警鈴、標示燈。 2. 防水等級：如屋外型、屋內型。 3. 火警發信機啟動方式不同。 4. 火警警鈴動作原理不同。
型式變更	經型式認可之產品，其型式部分變更，有影響性能之虞，須施予試驗確認者。	1. 火警發信機之發信開關種類。 2. 火警警鈴使用電源種類不同。 3. 標示燈燈泡光源種類。
輕微變更	經型式認可或型式變更認可之產品，其型式部分變更，不影響其性能，且免施予試驗確認，可藉由書面據以判定者。	1. 標示事項或標示位置。 2. 火警發信機之發信開關保護板安裝方式。 3. 電子零件變更額定值、規格、型式或製造者。（但不影響設備性能） 4. 零件（電子零件以外） 　(1) 外箱、保護裝置構造或材質，標示燈罩材質。 　(2) 外箱形狀及構造與標示燈的形狀。 　(3) 上揭(1)、(2)以外零件。（但不影響設備性能） 5. 下述電子回路變更。（但不影響設備性能） 　(1) 電源回路變更。 　(2) 電子回路數變更。 6. 對主機能無影響之附屬裝置變更。

六、試驗紀錄

有關上述型式試驗、補正試驗、型式變更試驗之結果，應詳細填載於型式試驗記錄表。

參、個別認可作業

一、個別認可之抽樣方法

(一) 個別認可之抽樣試驗數量依抽樣表規定，抽樣方法依CNS 9042規定辦理。

(二) 抽樣試驗之分等依程度分為寬鬆試驗、普通試驗、嚴格試驗及最嚴格試驗四種。

二、個別認可之試驗項目

(一) 個別試驗通常將試驗項目分為一般樣品之試驗（以下稱為「一般試驗」）及分項樣品之試驗（以下稱為「分項試驗」）。

(二) 試驗項目及樣品數

一般試驗及分項試驗之試驗項目及其所需樣品數如下表（表3-6、3-7、3-8）所列：

表3-6 火警發信機個別認可試驗項目表

區分	試驗項目	備註
一般試驗	形狀、構造、標示	樣品數： 依據各式試驗抽樣表抽取。
	動作試驗	
分項試驗	保護裝置強度試驗	
	絕緣電阻試驗	
	絕緣耐壓試驗	

表3-7 火警警鈴個別認可試驗項目表

區分	試驗項目	備註
一般試驗	形狀、構造、標示	樣品數： 依據各式試驗抽樣表抽取。
	動作試驗	
分項試驗	音壓試驗 （試驗時間10分鐘）	
	絕緣電阻試驗	
	絕緣耐壓試驗	

表3-8　火警標示燈個別認可試驗項目表

區分	試驗項目	備註
一般試驗	形狀、構造、標示	樣品數： 依據各式試驗抽樣表抽取。
	動作試驗	
分項試驗	照度試驗 （目視確認亮燈）	
	絕緣電阻試驗	
	絕緣耐壓試驗	

肆、缺點判定方法

各項試驗所發現之不合格情形，其缺點之等級依表3-9之規定判定。

表3-9　缺點判定表

試驗項目	致命缺點	嚴重缺點	一般缺點	輕微缺點
區分	對人體有危害之虞或無法發出警報等基本功能者。	未達到致命缺點，但對功能有產生重大故障之虞者。	1. 未達到致命缺點及嚴重缺點，但對功能有產生故障之虞者。 2. 機器的構造與已被認可之型式不同或標示有誤，致使用時對功能有產生故障之虞者。	未達到致命缺點、嚴重缺點、一般缺點之輕微故障者。

試驗項目		致命缺點	嚴重缺點	一般缺點	輕微缺點
形狀、構造		斷線、接觸不良、零組件缺陷等，致無法發出火災信號、亮燈或鳴動之功能。	零組件安裝嚴重不良，致影響發送火災信號、亮燈或鳴動之功能。	1. 零組件安裝嚴重不良，致影響發送火災信號、亮燈或鳴動以外之功能。 2. 接點上有明顯損傷。 3. 保護裝置之安裝不確實。 4. 在接點部分有明顯之髒污附著或異物殘留。 5. 有生鏽現象，致對功能造成影響。 6. 損傷或異物殘留，致對功能造成影響。	1. 零組件安裝嚴重不良，未對功能造成影響。 2. 零組件安裝輕微不良。 3. 外觀形狀或零組件之尺寸偏離公差值。 4. 有生鏽現象，未對功能造成影響。
性能	發信機火警	無法發出火警信號。		保護裝置之強度偏離規定值。	在附屬裝置之功能等有不良之情形。（影響警報功能之情形除外。）
	火警警鈴	音壓未滿50dB。	1. 音壓在50dB以上、未滿標稱音壓之80%。 2. 以額定電壓85%值之110%以上、額定電壓未滿之電壓無法鳴動。	1. 音壓在標稱音壓之80%以上、未滿95%。 2. 以額定電壓85%值之105%以上、110%未滿之電壓無法鳴動。	1. 音壓在標稱音壓之95%以上、未滿標稱音壓。 2. 以額定電壓85%值之100%以上、105%未滿之電壓無法鳴動。
	標示燈	標示燈不亮。		標示燈不亮。（以斷線、接觸不良為限。）	標示燈之一部分不亮。
監視狀態			從一開始就處於動作發出火災信號之發信狀態。	從一開始就處於故障等類似信號之發信狀態（以能發出火災信號之狀態為限）。	1. 從一開始附屬裝置就處於動作狀態。 2. 從一開始就在故障等類似信號之發信狀態（以有關附屬裝置之信號為限）。

試驗項目	致命缺點	嚴重缺點	一般缺點	輕微缺點
絕緣電阻、耐壓	交流電輸入側與外箱之間呈短路狀態。	1. 額定電壓超過60V時，絕緣電阻值未達規定值。 2. 額定電壓超過60V時，在絕緣耐力試驗中未達到規定之耐用時間。	1. 額定電壓在60V以下時，絕緣電阻值未達規定值。 2. 額定電壓在60V以下時，在絕緣耐力試驗中未達到規定之耐用時間。	
熾熱線		熾熱線試驗不合格。		
標示			有關產品名稱、型號、型式認可號碼、電氣特性、端子符號、額定電壓、電流值等標示脫落、錯誤或無法判別。	除左列一般缺點外，標示脫落、錯誤或無法判別。

註：1.零組件安裝嚴重不良：係指與零組件有關之損傷、與配線有關之斷線、接觸不良、忘記焊接、表層焊或繞捲不良（鬆動或未滿3圈）及其他類似之不良。

　　2.零組件安裝輕微不良：係指裝設狀態不良、配線狀態不良、忘記防鬆脫栓、與配線有關之焊接不良（忘記焊接、表層焊除外）或繞捲欠佳（圈數在3以上、未滿6）、保險絲之容量有誤及其他類似之不良。

伍、主要試驗設備

　　本基準各項試驗設備依表3-10所列設置，未列示之設備亦需經評鑑核可後准用之。

表3-10 主要試驗設備項目表

項目		規 格	數量
抽樣表		本基準之規定	1份
亂數表		CNS 9042或本基準有關之規定	1份
計算器		8位數以上工程用電子計算器	1只
放 大 鏡		8倍左右	1個
碼錶		1分計，附計算功能，精密度1/10至1/100 sec	2個
尺寸測量器	游標卡尺	測定範圍0至150mm，精密度1/50mm，1級品	1個
	分 釐 卡	測定範圍0至25mm最小刻度0.1mm精密度±0.005mm	1個
	直尺	測定範圍1至30cm，最小刻度1mm	1個
	卷尺（布尺）	測定範圍1～15m，最小刻度1cm。	1個
保護裝置按壓試驗器		尾端直徑20mm，能加載靜重2kg至8kg。	1套
反覆試驗機		能試驗基準規定之反覆試驗設備。	1套
恆溫恆濕試驗機		溫度測定範圍：-10℃～70℃±2℃，最小刻度1℃ 濕度測定範圍：45～95%±3%以上，最小刻度2%	1個
數位式電表		電流測定範圍：0至30mA以上。 電阻測定範圍：0至20MΩ以上。 電壓測定範圍：0至2000V以上AC或DC。	1個
照度計		測定範圍：0至1000 LUX以上。	1個
無響室		符合CNS 14657規定之無響室。	1間
聲度表或分析儀		測定範圍：90dB以上（A權值）。準確度±1dB。	1個
熾熱線試驗機		符合CNS14545-4規定之設備。	1套
噴水試驗裝置		符合撒水試驗規定之設備。	1套
振動試驗機		振動頻率每分鐘1000次以上，全振幅4mm。	1套
鹽霧腐蝕試驗機		符合CNS 8886「鹽水噴霧試驗方法」規定設備。	1套
落下衝擊試驗機		最大加速度100 g以上（g為重力加速度）。	1套
絕緣電阻計		測定電壓：500V 電阻測定範圍：0至20MΩ以上。	1個
絕緣耐壓試驗機		可應用電壓：0至2000V以上 AC或DC。	1個

附表　火警發信機產品明細表

申請者						
型式						
型號						
產品名稱	明細				製造者	備考
保護板	材質		尺寸			
開關	額定電壓	額定電流	最大電壓	最大電流		
	V	A	V	A		
外箱	材質		厚度			
			mm			
端子板	額定電壓	額定電流				
	V	A				
動作概要						
備註						

註：1.以A4書寫。

　　2.如申請之設備無該項目時，以劃線表示刪除。

　　3.本表格不足可自行延伸使用。

附表　火警警鈴產品明細表

申請者							
型式							
型號							
樣品	額定電壓		V	額定電流			mA
產品名稱	明細						製造者 ／ 備考

		額定電壓	額定電流	使用電壓	使用電流	最低啓動電壓	製造者	備考
驅動警鈴		V	A	V	A	V		
		短路電流						
		mA						
接點	固定部	材質	尺寸	裝置方式	圖面頁碼			
	可動部	材質	尺寸	裝置方式	圖面頁碼			
振動板								
鐘殼材質								
打擊棒								
彈簧								
蓋子								
端子板								
印刷基板								
備註								

註：1.以A4書寫。
　　2.如申請之設備無該項目時，以劃線表示刪除。
　　3.本表格不足可自行延伸使用。

附表 標示燈產品明細表

申請者						
型式						
型號						
產品名稱	明細				製造者	備考
燈罩	材質	表面處理	尺寸			
座台	材質	表面處理	尺寸			
燈泡	材質	額定電壓	額定電流	瓦特數		
燈泡座	材質	額定電壓	額定電流			
		V	A			
連接線	材質					
備註						

註：1. 以A4書寫。

　　2. 如申請之設備無該項目時，以劃線表示刪除。

　　3. 本表格不足可自行延伸使用。

附表 火警發信機型式認可試驗紀錄表

申請者				會同人員		
型號				試驗人員		
天氣溫溼度		/ ℃/ %				
試驗日期		年 月 日～ 年 月 日				

試驗項目			樣品1	樣品2	樣品3	判 定
性能試驗	動作試驗					良 否
			電壓變動測試		良□ 否□	
	振動試驗					良 否
	保護裝置強度試驗					良 否
	反覆試驗					良 否
	衝擊試驗					良 否
	灑水試驗	絕緣電阻 灑水前	MΩ	MΩ	MΩ	良 否
		灑水後	MΩ	MΩ	MΩ	良 否
		動作試驗				良 否
	腐蝕試驗	絕緣電阻試驗	MΩ	MΩ	MΩ	良 否
		動作試驗				良 否
	絕緣電阻試驗		MΩ	MΩ	MΩ	良 否
	絕緣耐壓試驗		試驗電壓V	試驗電壓V	試驗電壓V	良 否
構造 形狀 材質	外殼尺寸					良 否
	構造、形狀、材質、零組件					良 否
	配線					良 否
	標示狀況(銘板、記號)					良 否
材質	熾熱線試驗					良 否
綜合評價	□合格 □ 不合格，內容：					
備註						

註：1.以A4書寫。
　　2.如申請之設備無該項目時，以劃線表示刪除。
　　3.本表格不足可自行延伸使用。

附表　火警警鈴型式認可試驗紀錄表

申請者			會同人員	
型號			試驗人員	
天氣溫濕度	/　　℃/　　%			
試驗日期	年　　月　　日～　　年　　月　　日			

試驗項目			樣品1	樣品2	樣品3	判　定
性能試驗	動作試驗					良　否
	初次啓動	80%額定電壓時音壓	dB	dB	dB	良　否
		額定電壓時音壓	dB	dB	dB	良　否
	連續鳴動	8小時後之音壓	dB	dB	dB	良　否
	振動試驗					良　否
	衝擊試驗					良　否
	絕緣電阻試驗		MΩ	MΩ	MΩ	良　否
	絕緣耐壓試驗		試驗電壓V	試驗電壓V	試驗電壓V	良　否
構造 形狀 材質	外殼尺寸					良　否
	構造、形狀、材質、零組件					良　否
	配線					良　否
	標示狀況（銘板、記號）					良　否
其他	音壓試驗時環境噪音					dB
綜合評價	□ 合格 □ 不合格，內容：					
備註						

註：1.以A4書寫。
　　2.如申請之設備無該項目時，以劃線表示刪除。
　　3.本表格不足可自行延伸使用。

附表 標示燈型式認可試驗紀錄表

申請者			會同人員	
型號			試驗人員	
天氣溫濕度	/ ℃/ %			
試驗日期	年 月 日 ～ 年 月 日			

試驗項目		樣品1	樣品2	樣品3	判定
性能試驗	動作試驗	良□ 否□	良□ 否□	良□ 否□	良 否
	照度試驗	20小時燈泡耐久試驗		良□ 否□	良 否
		良□ 否□	良□ 否□	良□ 否□	
	振動試驗				良 否
	絕緣電阻試驗	MΩ	MΩ	MΩ	良 否
	絕緣耐壓試驗	試驗電壓 V	試驗電壓 V	試驗電壓 V	良 否
構造 形狀 材質	外殼尺寸				良 否
	構造、形狀、材質、零組件				良 否
	配線				良 否
	標示狀況（銘板、記號）				良 否
材質	熾熱線試驗				良 否
其他	照度試驗時環境照度				Lux
綜合評價	□合格 □ 不合格，內容：				
備註					

註：1.以A4書寫。
　　2.如申請之設備無該項目時，以劃線表示刪除。
　　3.本表格不足可自行延伸使用。

附表　火警發信機個別認可試驗紀錄表

申請者		申請數量	
型號		認可編號	
天氣溫濕度	：　℃／　％	會同人員	
試驗日期	年　月　日～　年　月　日	試驗人員	

試驗項目			樣品編號 NO.1	NO.2	NO.3	NO.4	NO.5	判定
一般	構造	外殼尺寸						良　否
		構造、零組件						良　否
		配線						良　否
		標示狀況（銘板、記號）						良　否
	形狀							良　否
	動作試驗							良　否
分項	保護裝置強度							良　否
	絕緣電阻試驗		MΩ	MΩ	MΩ	MΩ	MΩ	良　否
	絕緣耐壓試驗							良　否
其他								
綜合評價	□合格 □不合格，內容：							
備註								

註：1.以A4書寫。
　　2.如申請之設備無該項目時，以劃線表示刪除。
　　3.本表格不足可自行延伸使用。

附表 火警警鈴個別認可試驗紀錄表

申請者			申請數量	
型號			認可編號	
天氣溫濕度	： ℃/ %		會同人員	
試驗日期	年 月 日～ 年 月 日		試驗人員	

試驗項目			樣品編號					判定	
			NO.1	NO.2	NO.3	NO.4	NO.5		
一般	構造	外殼尺寸						良	否
		構造、零組件						良	否
		配線						良	否
		標示狀況（銘板、記號）						良	否
		形狀						良	否
		動作試驗						良	否
分項	音壓試驗	80%額定電壓時音壓	dB	dB	dB	dB	dB	良	否
		額定電壓時音壓	dB	dB	dB	dB	dB	良	否
	絕緣電阻試驗		MΩ	MΩ	MΩ	MΩ	MΩ	良	否
	絕緣耐壓試驗							良	否
其他	音壓試驗時環境噪音								dB
綜合評價	□合格 □不合格，內容：								
備註									

註：1.以A4書寫。

2.如申請之設備無該項目時，以劃線表示刪除。

3.本表格不足可自行延伸使用。

附表　標示燈個別認可試驗紀錄表

申請者				申請數量					
型號				認可編號					
天氣溫濕度	；　℃/　%			會同人員					
試驗日期	年　月　日～　年　月　日			試驗人員					

試驗項目			樣品編號					判定
			NO.1	NO.2	NO.3	NO.4	NO.5	
一般	構造	外殼尺寸						良　否
		構造、零組件						良　否
		配線						良　否
		標示狀況（銘板、記號）						良　否
		形狀						良　否
		動作試驗						良　否
分項		照度試驗	良否	良否	良否	良否	良否	良　否
		絕緣電阻試驗	MΩ	MΩ	MΩ	MΩ	MΩ	良　否
		絕緣耐壓試驗						良　否
其他		照度試驗時環境照度						Lux
綜合評價	□合格 □不合格，內容：							
備註								

註：1.以A4書寫。
　　2.如申請之設備無該項目時，以劃線表示刪除。
　　3.本表格不足可自行延伸使用。

3.3　火警探測器

97年5月19日內授消字第0970822075號令發布

壹、技術規範及試驗方法

一、適用範圍

供各類場所消防安全設備設置標準規定設置火警自動警報設備所使用之火警探測器，其構造、材質、性能等技術上之規範及試驗方法，應符合本基準之規定。

二、用語定義

(一) 火警探測器：

火警探測系統的一個元件，至少包含一個感應器，以規律性的週期或持續監控至少一種與燃燒有關的物理或化學現象，並將至少一種相關信號傳送至控制及操作顯示設備，分類如下：

1. 依防水性能區分：防水型、非防水型。

2. 依防腐蝕性能區分：耐酸型、耐鹼型、普通型。

3. 依有無再用性區分：再用型、非再用型。

4. 依有無防爆功能區分：防爆型、非防爆型。

5. 依蓄積動作之有無區分：蓄積型、非蓄積型。

6. 依動作原理區分：

   (1) 差動式局限型探測器：周圍溫度上升率在超過一定限度時即會動作，僅針對某一局限地點之熱效率有反應。

   (2) 差動式分布型探測器：周圍溫度上升率在超過一定限度時即會動作，針對廣大地區熱效率之累積產生反應。

   (3) 定溫式局限型探測器：周圍溫度達到一定溫度以上時，即會產生動作，外觀為非電線狀。

   (4) 定溫式線型探測器：周圍溫度達到一定溫度以上時，即會產生動作，外觀為電線狀。

(5) 補償式局限型探測器：兼具差動式局限型及定溫式局限型二種性能。

(6) 離子式探測器：周圍空氣中含煙濃度達到某一限度時即會動作，原理係利用離子化電流受煙影響而產生變化。

(7) 光電式探測器：周圍空氣中含煙濃度達到某一限度時即會動作，原理係利用光電束子之受光量受到煙之影響而產生變化，並可分為散亂光型及減光型。

(8) 火焰式探測器：指當火焰放射出來之紫外線或紅外線之變化在定量以上時會發出火災信號之型式中，利用某一局部處所之紫外線或紅外線引起光電元件受光量之變化而動作。可分為紫外線式、紅外線式、紫外線紅外線併用式、複合式。

(9) 複合式探測器：具有上述兩種以上偵測功能。

(二) 火災信號：顯示已經發生火災之信號。

(三) 火災訊息信號：與因火災產生之熱或煙之程度及其他與火災之程度有關之信號。

三、環境溫度適用範圍

　　差動式、補償式、離子式、光電式、火焰式探測器應在0℃至50℃溫度範圍內；另定溫式探測器應在零下10℃至其標稱動作溫度減20℃之溫度範圍內確實動作，且不得影響其功能。

四、構造及材質

(一) 構造

1. 不得因氣流方向改變而影響探測功能。

2. 應有排除水分侵入之功能。

3. 接點部之間隙及其調節部應牢固固定，不得因作調整後而有鬆動之現象。

4. 探測器之底座視為探測器的一部位，且可與本體連結試驗1000次後，內部接觸彈片不得發生異狀及功能失效。

5. 探測器之接點不得露出在外。

6. 差動式局限型有排氣裝置者，其排氣裝置不可使用會氧化之物質而影響其正常排氣功能。

7. 差動式分布型探測器裝有空氣管者，應符合下列規定：

(1) 容易測試其漏氣、阻力及接點水位高。

(2) 容易測試空氣管之漏氣或阻塞，且應具有測試完畢後，可將試驗復原之措施。

(3) 應使用整條空氣管全長應有20公尺以上，其內徑及管厚應均勻，不得有傷痕、裂痕、扭曲、腐蝕等有害瑕疵。

(4) 空氣管之厚度應在0.3mm以上。

(5) 空氣管之外徑應在1.94mm以上。

8. 差動式分布型探測器中採用熱電偶或熱半導體者，應符合下列規定：

(1) 易於測試出檢測體之動作電壓。

(2) 具容易測試熱電偶有無斷線及導電體電阻之構造，且應具有測試完畢後，可將試驗復原之裝置。

9. 局限型之離子式及光電式探測器與平面位置有45°傾斜時，差動式者有5°傾斜時，仍不致有功能異狀。探測器應裝設能表示已動作之指示設備，但補償式探測器及防爆型探測器在動作時有連接至受信總機表示確有動作機能者，則不在此限。

10. 光電式探測器應符合下列規定：

(1) 所使用光源之光束變化應少，且能耐長時間之使用。

(2) 光電元件應不得有靈敏度劣化或疲勞現象，且能耐長時間之使用。

(3) 能容易清潔檢知部位。

11. 離子式探測器之輻射量應低於$1.0\mu Ci$，且不得對人體有危害。

12. 採用放射線物質者，應將該物質密封且不易由外部接觸，當火災發生時亦不易破壞。

13. 含有放射性物質之探測器，應依行政院原子能委員會對含有放射性產品之管制須知辦理。

14. 火焰式探測器應符合下列規定：

(1) 受光元件（受光體）不得有靈敏度劣化或疲勞現象，且能耐長時間之使用。

(2) 能容易清潔檢知部位。

(3) 應設置動作標示裝置。但該探測器如能與可以顯示信號發信狀態之受信總機連接者，不在此限。

(4) 如係有髒污監視功能，當檢知部位產生可能影響檢知部分功能時，能自

動向受信總機發出該等信號。

15. 火警探測器內附有電磁電驛者應符合下列規定：

(1) 所有接點應使用G、S合金（金、銀合金或其他有效電鍍處理者）。

(2) 接點能適合最大使用電流容量，在最大使用電壓下經由電阻負載於最大使用電流反覆動作試驗30萬次之後，其功能構造均不得有異常障礙發生。

(3) 電驛除密封型外，其餘應裝設適當護蓋，以避免塵埃等附著於電驛接點及可動作部位。

(4) 同一接點不得接至內部負載和外部負載做直接供應電力之用。

(5) 同一電驛不得同時使用於主電源變壓器之一次側及二次側。

(二) 材質

1. 感知部與外線接觸端，應採用不生鏽之材質。

2. 探測器之接點應使用金銀或銀鈀合金，或具有同等以上之導電率及抗氧化性之金屬物質。

3. 探測器之露出部分（於裝設時手能接觸部分，但不含確認燈蓋、發光二極體及各指示標籤）應使用不燃性或耐燃性材料。

五、抗拉試驗

應於腐蝕試驗後進行，施加負載時間為10秒，連接線之芯線截面積應在$0.5mm^2$以上，若連接線與本體結合時，需利用焊接等方法以固定之。差動式分布型探測器之線狀感熱部及定溫式線型探測器，應符合下列規定：

(1) 將試片之一端予以固定後，離25公分處施以10kgf的拉力負荷後，不得有拉斷且功能無影響。

(2) 裝接線狀部分之零件不能於裝接後，使線條發生異狀。

(3) 探測器之端子對每一極要預備2個。

(4) 除差動式分布型探測器之線狀感熱部及定溫式線型探測器外，以電線代替端子之型式者，其電線數量每極應有2根，且對每根電線施予2kgf抗拉負荷試驗，不致發生拉斷且對其功能不發生異狀。

六、靈敏度試驗

(一)差動式局限型探測器

應按照種別施予下列各項試驗，其數值符合表3-11所列K、V、N、T、M、k、v、n、t、m各值。

表3-11 差動式局限型探測器靈敏度試驗數值表

種別	動作試驗					不動作試驗				
	階段上升			直線上升		階段上升			直線上升	
	K	V	N	T	M	k	v	n	t	m
1種	20	70	30	10	4.5	10	50	1	2	15
2種	30	85		15		15	60		3	

1. 動作試驗

(1) 較室溫高K℃之溫度，以風速V cm/sec之高溫氣流垂直方向吹向時，應在N秒內動作。

(2) 自室溫狀態下以平均每分鐘T℃直線升溫速度之水平氣流吹向時，應在M分鐘以內動作。

2. 不動作試驗

(1) 較室溫高k℃之溫度，以風速v cm/sec之高溫氣流垂直方向吹向時，應在n分鐘內不動作。

(2) 自室溫開始以平均每分鐘t℃直線升溫速度之水平氣流吹向時，應在m分鐘以內不動作。

(二)差動式分布型探測器

按照溫度上升率及其種別必須符合表3-12規定：

表3-12 差動式分布型探測器靈敏度試驗數值表

種別	t_1（℃）	t_2（℃）
1種	7.5	1
2種	15	2
3種	30	4

1. **動作試驗**

   離檢出部位（感知部）最遠處之空氣管20公尺部分，每分鐘t1℃直線升溫速度，應在1分鐘內動作。

2. **不動作試驗**

   空氣管全部在每分鐘t2℃直線升溫速度時，7分30秒內不得動作。

(三)定溫式探測器

1. 標稱動作溫度之設定以探測器本身標示之動作溫度值為標稱溫度值，其動作時間以下列計算公式計算之（標稱定溫點是以55℃至150℃為準）。

2. 試驗依照下列方法進行，其數值應符合表3-13規定：

   (1) 動作試驗

   標稱動作溫度之125%熱風以1m/sec之垂直氣流吹向時應在表3-13之時間內動作。

表3-13　定溫式探測器靈敏度試驗數值表

種別	室溫（θr）	
	零度	零度以外
特種	40秒	室溫θ_r（度）時之動作時間t（秒）依下列公式計算之
1種	120秒	$$t = \frac{t_0 \log_{10}(1 + \frac{\theta - \theta_r}{\delta})}{\log_{10}(1 + \frac{\theta}{\delta})}$$
2種	300秒	

備註：t_0：表示室溫在0℃時之動作時間。（單位：秒）

　　　θ：表示標稱動作溫度。（單位：℃）

　　　δ：表示標稱動作溫度與動作試驗溫度之差。（單位：℃）

   (2) 不動作試驗

   用較標稱動作溫度低10℃而以1m/sec之風速垂直吹向時，在10分鐘內不動作。

(四)補償式局限型探測器

1. 標稱定溫點以55℃至150℃之間為準。

2. 按其種別依照下列方法測試，並應符合表3-14所列之K、V、N、T、M、S、k、v、n、t、m各值。

表3-14　補償式局限型探測器靈敏度試驗數值表

種別	動作試驗						不動作試驗				
	階段上升		直線上升			定溫式	階段上升			直線上升	
	K	V	N	T	M	S	k	v	n	t	m
1種	20	70	30	10	4.5	55以上150以下	10	50	1	2	10
2種	30	85		15			15	60		3	

3. 動作試驗

　(1)較室溫高K℃之溫度，以風速V cm/sec之垂直氣流直接吹向時，應在N秒鐘內動作。

　(2) 自室溫開始以每分鐘T℃之直線升溫速度之水平氣流吹向時，應在M分鐘以內動作。

　(3) 自室溫開始以每分鐘1℃之直線升溫速度之水平氣流吹向時，應在較S低10℃溫度至較S高10℃溫度範圍內動作。

4. 不動作試驗

　(1) 較室溫高k℃之溫度，以風速v cm/sec之垂直氣流吹向時，應在n分鐘內不得動作。

　(2) 自室溫開始以平均每分鐘t℃之直線上升速度之水平氣流吹向時，應在較S低10℃溫度範圍下m分鐘以內不得動作。

(五) 離子式探測器

1. 離子式局限型探測器之蓄積時間（係指於探測出周圍之空氣含有一定濃度以上之煙起，繼續感應，直到發出火災信號之時間。以下同。），應在5秒以上、60秒以內，標稱蓄積時間則在10秒以上、60秒以內，以每10秒為刻度。

2. 經下列各項之試驗且符合表3-15所規定之數值。

表3-15 離子式探測器靈敏度試驗數值表

種別	K	V	T	t
特種	0.19			
1種	0.24	20～40	30	5
2種	0.28			

備註：K表示標稱動作電離電流變化率。

3. 動作試驗

含有電離電流變化率1.35K濃度煙之氣流，以風速Vcm/sec之速度吹向時，對非蓄積型者應在T秒內，對於蓄積型者應在標稱蓄積時間以上動作，但此時間不得超過標稱蓄積時間加T秒（但總時間不得超過60秒）。

4. 不動作試驗

含有電離電流變化率0.65K濃度煙之氣流，以風速V cm/sec吹向時，在t分鐘以內不動作方為合格。

(六) 光電式探測器

1. 光電式局限型探測器應符合下列規定：

(1) 光電式局限型探測器之蓄積時間，應在5秒以上、60秒以內，標稱蓄積時間則在10秒以上、60秒以內，以每10秒為刻度。

(2) 光電式局限型探測器之靈敏度應經下列各項之試驗且符合表3-16所規定之數值。

表3-16 光電式局限型探測器靈敏度試驗數值表

種別	K	V	T	t
1種	5			
2種	10	20～40	30	5
3種	15			

備註

1. K值表示標稱動作濃度，亦即用減光率來表示，所謂減光率即發光部與受光部相隔一定距離，而在此空間中有煙存在時會減少其光度。

2. 以標示靈敏度為種類者：K值係以探測器本身濃度標示值（％），以其標示值之130%為動作試驗值（％），以標示值之70%為不動作試驗值（％）。（但K值不得超過5不得小於2，並歸類於1種之種別）

(3) 動作試驗

含有每公尺減光率1.5K濃度之煙，以風速Vcm/sec之氣流吹向時，對非蓄積型者應在T秒內，對於蓄積型應在標稱蓄積時間以上動作，但此時間不得超過標稱蓄積時間加T秒。（但總時間不得超過60秒）

(4) 不動作試驗

含有每公尺減光率0.5K濃度之煙，以風速V cm/sec之氣流吹向時，在t分鐘以內不得動作。

2. 光電式分離型探測器應符合下列規定：

(1) 光電式分離型探測器之蓄積時間及標稱蓄積時間壹、六、(六)、1、(1)之規定。

(2) 光電式分離型探測器之標稱監視距離，在5公尺以上、100公尺以下，以每5公尺為刻度。

(3) 光電式分離型探測器之靈敏度，相對於其類別、標稱蓄積時間及標稱監視距離，K_1、K_2、T及t之值應符合表3-17所規定之數值。

表3-17　光電式分離型探測器靈敏度試驗數值表

種別	L_1	K_1	K_2	T	t
1種	45公尺未滿	$0.8 \times L_1 + 29$	$0.3 \times L_2$	30	2
	45公尺以上	65			
2種	45公尺未滿	$L_1 + 40$			
	45公尺以上	85			

備註：
1. L_1為標稱監視距離之最小值，L_2為標稱監視距離之最大值。
2. K_1及K_2為與煙濃度相當之減光濾光片之性能，以減光率表示。此時之減光率係以尖峰波長為940奈米之發光二極體為光源，以靈敏度尖峰值接近紅外線部分之受光部進行測定。

(1) 動作試驗：當於送光部與受光部間設置具有對應L_1之K_1性能之減光濾光片時，非蓄積型之型式應在T秒以內發出火災信號，蓄積型之型式應在T秒以內感應後，於較標稱蓄積時間短5秒之時間以上、長5秒之時間以內發出火災信號。

(2) 不動作試驗：當於送光部與受光部間設置具有對應L_2之K_2的性能之減光濾光片時，在t分鐘以內不會動作。

(七)火焰式探測器

1. 標稱監視距離，係按照每5度視角加以規定，未滿20公尺時以每1公尺為刻度，20公尺以上時，以每5公尺為刻度。

2. 靈敏度應符合下列規定：

   (1) 動作試驗：相對於探測器之分類及每一視角之標稱監視距離，將L及d之值作如表3-18之規定時，在距離探測器之水平距離L公尺處，以一邊長度為d公分之正方形燃燒盤燃燒正庚烷，應在30秒以內發出火災信號。

表3-18　火焰式探測器動作試驗數值表

分類	L（公尺）	d（公分）
室內型	標稱監視距離之1.2倍之值	33
室外型	標稱監視距離之1.4倍之值	70

   (2) 不動作試驗：紫外線及紅外線之受光量，在前款動作試驗中受光量之四分之一時，在1分鐘內不會動作。

(八)靈敏度試驗之條件

上述靈敏度試驗，應將探測器放置於與室溫相同之強制通風環境下30分鐘以後才進行試驗，此強制通風工作須於每一試驗前進行之。

七、老化試驗

差動式、離子式、光電式探測器要放置在50℃空氣中，補償式或定溫式探測器則放置在較標稱動作溫度低20℃之空氣中，持續通電狀態保持30天後，其構造及功能均不得發生異常。

八、防水試驗

防水型探測器之防水試驗，將探測器浸入於0.3%食鹽水中，而探測器之安裝座面應保持在水面下5公分位置，如此浸泡30分鐘較常溫升高溫度20℃後再經2小時才恢復至原來溫度，此項試驗反覆做二次之後，試驗其功能不得有異狀。

九、腐蝕試驗

對於普通型者要施行下列第(一)項試驗，對耐酸型者要施行第(二)項及第(三)項之試驗，對耐鹼性者要施行第(二)項及第(四)項試驗後，其功能不得有異狀才合格，上述各項試驗應在溫度45℃下進行，使用空氣管者，應將空氣管緊靠纏繞於直徑100mm圓條上，使用感知線型者將線狀感熱部緊密纏繞於直徑100mm圓條上做試驗，試驗中的動作，不做合格與否之判定。

(1) 在5公升試驗用容器倒入每公升溶有40公克之硫代硫酸鈉之水溶液500cc，再用1N濃度之硫酸156cc稀釋1000cc水之酸液以1天2次每次取此酸溶液10cc加入於試驗容器中，使其發生二氧化硫（SO_2）氣體，而將探測器於在此氣體中連續通電4天。

(2) 用與(一)項同樣試液、環境條件下連續通電放置8天，這項試驗反覆做二次。

(3) 在每公升含1mg濃度之氯化氫（HCl）氣體中，連續通電放置16天。

(4) 在每公升中含有10mg濃度氨氣體（NH_3）中，連續通電放置16天。

十、反覆試驗

非再用型除外，其他探測器之動作原理為接點方式者，經由電阻負載對此接點給予額定電壓及額定電流接通後，在此測試狀態下：

(一) 差動式、定溫式及補償式探測器

　　1.對特種及第1種者以較溫室或標稱動作溫度高30℃之氣流中，直至動作狀態後，再放在同室溫之強制通風下冷卻至恢復原狀止，如此操作反覆1000次試驗後，對其構造及功能不得發生異狀。

　　2.對第2種者要高40℃，對第3種要用較高60℃之氣流施予前項相同程序試驗。

(二) 離子式、光電式、火焰式探測器：在其動作原理及動作電壓下，如此反覆操作1000次測試後，對其構造及功能不得發生異狀。

十一、振動試驗

(一) 將探測器在通電狀態下，給予每分鐘1000次全振幅mm之任意方向振動連續10分鐘後，不得發生異狀。

(二) 將探測器在無通電狀態下，給予每分鐘1000次全振幅4mm之任意方向振動連續60分鐘後，對其構造及功能不得發生異狀。

十二、落下衝擊試驗

將探測器給予任意方向之最大加速度50g（g為重力加速度），撞擊5次後，對其功能不得發生異常現象。

十三、粉塵試驗

將探測器在通電狀態下與含有減光率在每30公分20%濃度之粉塵空氣接觸15分鐘後，對其構造及功能不得發生異常現象，做本項試驗時，應在溫度20±10℃，相對濕度40±10%環境下進行，試驗中的動作，不做合格與否之判定。差動式局限型、差動式分布型、定溫式局限型、定溫式線型及補償式局限型等感熱型探測器可省略本試驗。

十四、耐電擊試驗

在通電狀態下，電源接以500V電壓之脈波寬1μsec及0.1μsec，頻率100赫茲（HZ），串接50Ω之電阻後，接於探測器之二端予以電擊試驗，各試驗15秒鐘後，對其功能不得發生異常現象。但無電路板結構者之探測器可省略本試驗。

十五、濕度試驗

探測器在通電狀態下放在溫度40±2℃，相對濕度90～95%之空氣中連續四天後，不得發生異常現象，且須符合下列規定，試驗中的動作，不做合格與否之判定：

(1) 差動式局限型、差動式分布型、定溫式局限型、定溫式線型及補償式局限型及火焰式探測器，在室溫下經強制通風30分鐘後靈敏度應能正常。

(2) 離子式、光電式探測器不經強制通風下，亦不得發生誤動作，但再做靈敏度試驗間需強制通風30分鐘。

十六、再用性試驗

將再用型探測器放置在150℃，風速1m/sec氣流中，對定溫式者測試2分鐘，對其他型者測試30秒鐘後，其構造及功能不得發生異狀，試驗中的動作，不做合格與否之判定。但差動分布型及離子式、光電式探測器等探測器可省略本試驗。

十七、絕緣電阻試驗

探測器之端子與外殼間之絕緣電阻，以直流500V之絕緣電阻計測量時應在50MΩ以上才合格，但定溫式線型探測器每1公尺應在1000MΩ以上。

十八、絕緣耐壓試驗

端子與外殼間之絕緣耐壓試驗，應用50 HZ或60 HZ近似正弦波而其實效電壓在500V之交流電通電1分鐘，能耐此電壓者為合格，但額定電壓在60V以上150V以下者，用1000V電壓，額定電壓超過150V則以額定電壓乘以2倍再加上1000V之電壓作試驗。

十九、標示

應於本體上之明顯易見處，以不易磨滅之方法，標示下列事項（進口產品亦需以中文標示），線型探測器等無法在本體標示者，應以適當之標籤標示：

(一) 產品種類名稱及型號。

(二) 製造廠名稱或商標。

(三) 型式認可號碼。

(四) 製造年月或批號。

(五) 電氣特性（含額定AC或DC電壓、電流等）。

(六) 屬防水型、防爆型、非再用型、蓄積型須另行標示，且蓄積型應標示蓄積時間。

(七) 差動式分布型探測器中有使用空氣管者，應標明空氣管之長度限制，其他分布型者則標示可裝置感熱器最多個數及電氣導體之電阻值等。

(八) 檢附操作說明書及符合下列項目：

　　1. 包裝火警探測器之容器應附有簡明清晰之安裝及操作說明書，並提供圖解輔助說明。說明書應包括產品安裝及操作之詳細指引及資料，同一容器裝有數個同型產品時，至少應有一份安裝及操作說明書。

　　2. 若作為火警探測器設備檢查及測試之用者，得詳述其檢查及測試之程序及步驟。

　　3. 其他特殊注意事項。

貳、型式認可作業

一、型式試驗之樣品

型式試驗須提供樣品10個（非再用型50個），差動式分布型探測器空氣管需樣

本100m。

二、型式試驗之方法

(一)型式試驗流程與樣品數

型式試驗之試驗項目及試驗流程如下：

【再用型】

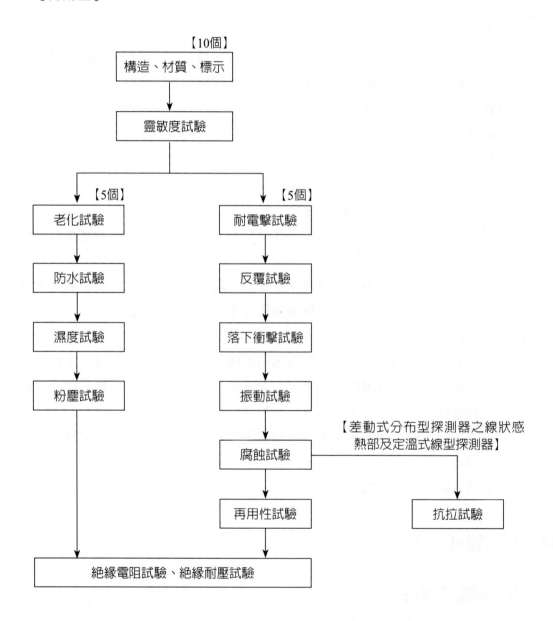

【非再用型】

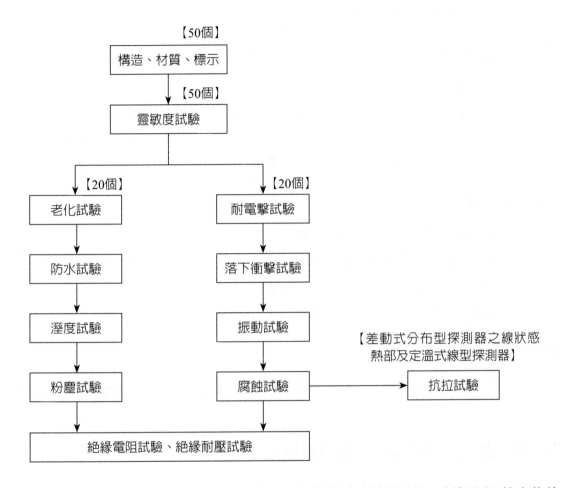

1. 從耐電擊試驗至再用性試驗，由老化試驗至粉塵試驗每一試驗過程 結束後皆需以靈敏度試驗來確認探測器功能是否異常。如果係非再用型探測器，則在靈敏度試驗取50個試驗樣品，先對其全部作不動作試驗，之後再對其5個實施動作試驗，除了這5個以外之45個，繼續分別以20個作耐電擊試驗，以20個作老化試驗，在每一檢查項目之靈敏度試驗，均先實施不動作試驗，然後以其中5個實施動作試驗，重複進行檢查。

2. 差動式分布型探測器之線狀感熱部及定溫式線型探測器之試驗樣品數，係將每1m長度視為1個進行檢查。

(二) 試驗之方法

試驗方法依照「壹、技術規範及試驗方法」規定。

(三)試驗之紀錄

型式試驗的結果，予以記錄之。

三、型式試驗結果之判定

型式試驗之結果判定如下：

(一) 符合本認可基準所規定之技術規範者，該型式試驗結果為合格。

(二) 符合下述五、補正試驗所定事項者，得進行補正試驗，並以一次為限。

(三) 未符合本認可基準所規定之技術規範者，該型式試驗結果為不合格。

四、補正試驗

符合下列事項之一者得進行補正試驗：

(一) 型式試驗之不良事項如為申請資料不完備（設計錯誤除外）、標示遺漏、零件裝置不良之一般缺點或輕微缺點者。

(二) 試驗設備有不完備或缺點，致無法進行試驗之情形。

五、型式變更試驗之方法

型式變更試驗之樣品數、試驗流程等，應就型式變更之內容，依前述型式試驗進行。

六、型式區分、型式變更及輕微變更範圍

型式區分、型式變更及輕微變更範圍如表3-19。

七、試驗紀錄

產品明細表格式。有關上述型式試驗、補正試驗、型式變更試驗之結果，應詳細填載於型式試驗紀錄表。

表3-19 型式區分、型式變更及輕微變更範圍

區分	說明	項目
型式區分	型式認可之產品其主要性能、設備種類、動作原理不同，或經中央主管機關規定之必要區分者，須以單一型式認可做區分。	1. 設備種類不同：差動式局限型、差動式分布型、定溫式局限型、定溫式線型、補償式局限型、離子式、光電式、複合式、火焰式等探測器。 2. 多信號。 3. 感度種類不同。 4. 動作溫度、濃度不同。 5. 防水型、非防水型。 6. 耐酸型、耐鹼型。 7. 再用型、非再用型。 8. 蓄積型、非蓄積型。 9. 標稱監視距離。 10. 監視角度。 11. 屋內型、屋外型。
型式變更	經型式認可之產品，其型式部分變更，有影響性能之虞，須施予試驗確認者。	1. 多信號數追加。 2. 變更動作電壓或電流。 3. 有影響主要性能的附屬裝置之材質、構造變更。 4. 變更標稱監視距離。（火焰探測器為每個視野角的標稱監視距離） 5. 感熱元件及檢知部除外，有影響性能部分的材質構造及形狀變更。
輕微變更	經型式認可或型式變更認可之產品，其型式部分變更，不影響其性能，且免施予試驗確認，可藉由書面據以判定良否者。	1. 接點方式、形狀及材質。 2. 基板材質。 3. 標示事項或標示位置。 4. 安裝方式。 5. 電子零件變更額定值、規格、型式或製造者。（但不影響設備性能者） 6. 零件（電子零件以外） 　(1) 外殼材質。 　(2) 外殼形狀及構造。 　(3) 上揭(1)、(2)以外零件。（但不影響設備性能者） 7. 電子回路變更。（但不影響設備性能者） 8. 對主機能無影響之附屬裝置變更。

參、個別認可作業

一、個別認可之方法

(一) 個別認可依照CNS 9042規定進行抽樣試驗。

(二) 抽樣試驗之嚴寬等級依程序分爲最嚴格試驗、嚴格試驗、普通試驗、寬鬆試驗及免會同試驗五種。

(三) 個別試驗通常將試驗項目分爲以通常樣品進行之試驗（以下稱爲「一般試驗」）以及對於少數樣品進行之試驗（以下稱爲「分項試驗」）。

二、個別認可之樣品

個別認可之樣品數以及樣品之抽樣方法如下

(一) 個別認可之樣品數由該個別認可之相關試驗之嚴寬等級以及批次大小所定。

(二) 樣品之抽取如下所示

　1. 抽樣試驗以每一批次爲單位。

　2. 樣品之多寡，應視整批成品（受驗數量＋預備品）數量之多寡及試驗等級，按抽樣表之規定抽取，並在重新編號之全部製品（受驗批）中，依隨機抽樣法（CNS 9042）隨意抽取，抽出之樣品依抽出順序編排序號。但受驗批量如在300個以上時，應依下列規定分爲二段抽樣。

　　(1) 計算每群應抽之數量：當受驗批次在五群（含箱子及集運架等）以上時，每一群之製品數量應在5個以上之定數，並事先編定每一群之編碼；但最後一群之數量，未滿該定數亦可。

　　(2) 抽出之產品賦予群碼號碼：同群製品須排列整齊，且排列號碼應能清楚辨識。

　　(3) 確定群數及抽出個群，再從個群中抽出樣品：確定從所有群產品中可抽出五群以上之樣品，以隨機取樣法抽取相當數量之群，再由抽出之各群製品作系統式循環抽樣（由各群中抽取同一編號之製品），將受驗之樣品抽出。

　　(4) 依上述方法取得之製品數量超過樣品所需數量時，重複進行隨機取樣去除超過部分至達到所要數量。

　3. 一般試驗和分項試驗以不同之樣品試驗之。

三、試驗項目

(一) 一般試驗以及分項試驗之項目如表3-20所述

表3-20　一般及分項試驗項目

試驗區分	試驗項目
一般試驗	構造、材質、標示
	靈敏度試驗
分項試驗	絕緣電阻、絕緣耐壓試驗
	防水試驗（防水型探測器）
	抗拉試驗（差動式分布型探測器之線狀感熱部及定溫式線型探測器）

(二) 試驗方法

　　試驗方法依照「壹、技術規範及試驗方法」。

(三) 紀錄個別試驗。

四、缺點之分級及合格判定基準

依下列規定區分缺點及合格判定基準（AQL）。

(一) 試驗中發現之缺點，其嚴重程度依「消防機具器材及設備認可作業要點」規定，區分為致命缺點、嚴重缺點、一般缺點及輕微缺點等四級。

(二) 各試驗項目之缺點內容，依本基準肆、缺點判定方法規定，非屬該判定方法所列範圍內之缺點者，依「消防機具器材及設備認可作業要點」之分級原則判定。

五、個別認可結果之判定

受測批量合格與否，依抽樣表及下列規定判定之。抽樣表中，Ac表示合格判定個數（合格判定時，不良品數之上限），Re表示不合格判定個數（不合格判定時，不良品數之下限）。一般試驗及分項試驗，應分別計算其不良品之數量。

(一) 抽樣試驗中，一般試驗及分項試驗之不良品數，均於合格判定個數以下時，視該批為合格。且下一批可依下述第八項「試驗嚴寬度等級之調整」更換較寬鬆之試驗等級。

(二) 抽樣試驗中，一般試驗及分項試驗，任一試驗之不良品數在不合格判定個數以上時，視該批為不合格。並應依下述第八項「試驗嚴寬度等級之調整」更換較嚴格之試驗等級。但該等不良品之缺點僅為輕微缺點時，得進行補正試驗，惟以一次為限。

(三) 抽樣試驗中出現致命缺點之不良品時，即使該抽樣試驗中不良品數在合格判

定個數以下，該批仍視為不合格。並應依下述第八項「試驗嚴寬度等級之調整」更換較嚴格之試驗等級。

六、個別認可結果之處置

(一) 合格批量之處置

1. 當批量雖經判定為合格，但受驗樣品中如發現有不良品時，應使用預備品替換或修復該等不良品數量後，方視整批為合格品。

2. 即當批量雖經判定為合格，其不良品部分之個數，如無預備品替換或無法修復調整者，仍判定為不合格。

(二) 補正批量之處置

1. 接受補正試驗時，應提出初次試驗時所發現不良事項之改善說明書及不良品處理後之補正試驗合格紀錄表。

2. 補正試驗之受驗樣品數以初次試驗之受驗樣品數為準。

(三) 不合格批量之處置

1. 不合格批量之產品接受再試驗時，應提出初次試驗時所發現不良事項之改善說明書，及不良品處理之補正試驗合格紀錄表。

2. 不合格批量之產品接受再試驗時，不得加入初次試驗受驗製品以外之製品。

3. 不合格之批量不再試驗時，應向認可機構備文說明理由及其廢棄處理等方式。

七、個別認可試驗嚴寬度等級之調整

(一) 試驗等級以普通試驗為標準，並依表3-21規定進行轉換。

(二) 有關補正試驗及再受驗批次之試驗等級調整，第一次試驗為寬鬆試驗者，以普通試驗為之；第一次試驗為普通試驗者，以嚴格試驗為之；第一次試驗為嚴格試驗者，以最嚴格試驗為之。此再受驗批次之試驗結果，不得計入試驗嚴寬分級轉換紀錄中。

八、免會同試驗

(一) 符合下列所有情形者，得免會同試驗：

　　1. 達寬鬆試驗後連續十批第一次試驗均合格者。

　　2. 累積受驗數量達2000個以上。

3. 取得ISO 9001認可登錄或國外第三公正檢驗單位通過者（產品具合格標識）。

(二) 實施免會同試驗時，檢測單位每半年至少派員會同實施抽驗一次，試驗項目依照個別認可試驗項目，若試驗不符合本基準規定時，該批次予以不合格處置，並次批恢復為普通試驗（會同試驗）。

(三) 符合免會同試驗資格者，如有下列情形之一時，該批樣品應即恢復為普通試驗（會同試驗）：

1. 所提廠內試驗紀錄表有疑義時。

2. 六個月內未申請個別認可者。

3. 經使用者反應認可樣品有構造與性能不合本基準規定，經檢測單位確認確實有不符合者。

九、個別認可試驗之限制

當批量完成上述之個別認可試驗完整程序後，方能申請及執行下一批量之個別認可試驗。

十、免施試驗之範圍

差動式分布型、光電式分離型及火焰式探測器等進口產品得免施一般試驗之靈敏度試驗，申請免施試驗應檢附下列資料：

(一) 產品進口報單。

(二) 國外第三公證機構認可（證）標示。

(三) 出廠測試相關證明文件。

十一、個別認可試驗設備發生故障之處置

試驗開始後因試驗設備發生故障，確認當日無法完成試驗時，則中止該試驗。應俟接獲試驗設備完成改善之通知後，重新擇定時間，依下列規定對該批施行試驗。

(一) 試驗之抽樣標準與初次試驗時相同。

(二) 該試驗不得進行補正試驗。

十二、其他

個別認可時，若發現製品有其他不良事項，經認定該產品之抽樣標準及個別認可方法不適當時，得由中央主管機關另訂個別認可方法及抽樣標準。

表3-21　試驗嚴寬度等級之調整

免會同試驗	寬鬆試驗	普通試驗	嚴格試驗	最嚴格試驗
第一次試驗，其不良品數在Ac以下或抽樣以外，但該批次為合格，自次一批起調整為寬鬆試驗。		符合下列所有條件者，則下次試驗得轉換成寬鬆試驗。 1. 最近連續10批次接受普通試驗，第一次試驗均合格者。 2. 從最近連續10批次中（符合前項但書者為15批次）抽樣之不合格品總數在附表6之寬鬆試驗界限數以下者。此時之累計比較以一般檢查進行。 3. 生產穩定者。	嚴格試驗者，第一次試驗中不合格批次數累計達3批次時，應對申請者提出改善措施之勸導，並中止試驗。	
	符合下列各條件之一者，則下次試驗應以普通試驗進行。 1. 一批次在初次檢查即不合格者。 2. 一批次在初次檢查為附帶條件合格者。所謂附帶條件合格者為寬鬆檢查時，試品當中之不合格個數超過合格判定個數（Ac）未達不合格判定個數（Re）該批次判斷為合格者。 3. 生產不規則或是停滯（適用寬鬆試驗者受驗間隔約在六個月以上者）。			勸導後，經確認申請者已有品質改善措施時，下批次之試驗以最嚴格試驗進行。
適用下列任一情形時，自次一批起調整為普通試驗： 1. 逾3個月未申請個別認可。 2. 認可品之構造及性能有不適用之情形時。 3. 第一次試驗之批次補正或不良品數在Ac以上Re以下時（附帶條件合格）。 4. 廠內試驗紀錄表經認定測試內容或數據有疑義時。		符合下列各條件之一者，則下次試驗應以嚴格試驗進行。 1. 第一次試驗時該批次為不合格，且將該批次連同前4批次連續共5批次之不合格品總數累計，如達附表5所示嚴格試驗之界限數以上者。該累計樣品數，以一般試驗之缺點分級所得結果為之。當適用普通試驗之批次數未達5批次時，發生某批次第一次試驗即不合格之情形，將適用普通試驗之不合格品總數累計，達嚴格試驗之界限數值以上者。具有致命缺點之產品，則計入嚴重缺點不合格品之數量。 2. 第一次試驗時，因致命缺點而不合格者。	進行嚴格試驗者，連續五批次在第一次試驗即合格者，則下次試驗得轉換成普通試驗。	進行最嚴格試驗者，連續五批次之第一次試驗即合格，則下次試驗可以轉換成嚴格試驗。

肆、缺點判定方法

各項試驗所發現之不合格情形，其缺點之等級依表3-22之規定判定。

表3-22 缺點判定表

		致命缺點	嚴重缺點	一般缺點	輕微缺點
分類		可能造成人體之傷害或無法發揮機具之基本功能者	不屬於致命缺點，但會對機具等之功能產生重大妨礙者	不屬於致命缺點或嚴重缺點，但會對機具等之功能產生妨礙之情形、機具等之構造與經型式承認機具不同或有會造成在使用時妨礙之錯誤標示者	有不屬嚴重缺點或一般缺點之輕微妨礙故障者
探測器	共通	與監視狀態有關			
		從一開始探測器就是在未連接狀態	從一開始就在火災信號或火災訊息信號之發信狀態	1. 從一開始動作標示裝置等就在動作狀態（火災信號或火災訊息信號之發信狀態除外） 2. 從一開始就在故障或類似信號之發信狀態（以可以發出火災信號或火災訊息信號之狀態為限）	1. 從一開始附屬裝置等就在動作狀態 2. 從一開始就在故障或類似信號之發信狀態（以有關附屬裝置之信號為限）
		與絕緣電阻、耐壓有關			
			1. 額定回路電壓超過60V時，絕緣電阻值未滿規定值 2. 額定回路電壓超過60V時，在絕緣耐壓試驗中未達到規定之耐用時間	1. 額定回路電壓在60V以下時，絕緣電阻值未滿規定值 2. 額定回路電壓在60V以下時，在絕緣耐壓試驗中未達到規定之耐用時間	

		致命缺點	嚴重缺點	一般缺點	輕微缺點
		與一般功能有關			
		無法發出火災信號或火災訊息信號	1. 動作後無法復歸 2. 特有信號之定址號碼不同 3. 在防水試驗中，絕緣電阻未滿1MΩ	1. 探測器動作時，無法將該等訊息向動作確認燈及其他類似之火災報警功能相關裝置送信 2. 動作標示裝置不動作 3. 在防水試驗中，絕緣電阻值未滿1MΩ以上之規定值 4. 無法向附屬裝置發送火災信號或火災訊息信號	附屬裝置之功能等有不良之情形
		與試驗功能有關			
				試驗功能無法正常動作（對火災信號或火災訊息信號造成影響者除外）	
		與構造有關			
		1. 造成可能或無法發出火災信號或火災訊息信號之斷線、接觸不良、零配件缺陷（洩漏電阻、熱偶等之缺陷）及其他類似之致命性不良 2. 無接點	1. 對發送火災信號或火災訊息信號之功能造成影響之試驗裝置或零配件之裝設等有嚴重不良。 2. 基板與本體無法嵌合。	1. 對火災功能（火災信號或火災訊息信號之發信功能除外）造成影響之試驗裝置或零配件之裝設等有嚴重不良 2. 接點上有顯著之損傷 3. 在接點部分、感應部分等有明顯之髒污附著或異物殘留 4. 可能會對功能造成影響之生鏽 5. 在簧膜室等需要防蝕處理處未做防蝕處理	1 對火災功能或試驗裝置功能無影響之零配件，其裝設等有嚴重不良 2. 試驗裝置或零配件之裝設等有輕微不良 3 基板與本體有無法確實嵌合（偏位、縫隙等）之情形 4 外觀、零配件之尺度偏離公差值 5. 對功能不致造成影響之生鏽

		致命缺點	嚴重缺點	一般缺點	輕微缺點
		與標示有關			
				1. 對火災信號或火災訊息信號之發信功能可能造成影響之標示錯誤 2. 定址標示與探測器號碼不同	1. 標示錯誤（對火災信號或火災訊息信號之發信功能可能造成影響之情形除外） 2. 未標註或不明顯者
		（相對於種類不同之功能關係）			
	差動式局限型	以下列之條件實施階段上升動作試驗時，在30秒內不動作 1. 第1種，為第2種之試驗條件 2. 第2種，為溫度45度、風速105cm/s	1. 實施階段上升動作試驗時，其動作時間超過規定時間之120% 2. 實施直線上升動作試驗時，其動作時間超過規定時間之120%	1. 實施階段上升動作試驗時，其動作時間超過規定時間之105%，在120%以下 2. 實施直線上升動作試驗時，其動作時間超過規定時間之105%，在120%以下 3. 在不動作試驗時動作	1. 實施階段上升動作試驗時，其動作時間超過規定時間、在規定值之105%以下 2. 實施直線上升動作試驗時，其動作時間超過規定時間、在規定值之105%以下
	差動式分布型	空氣管式 1. 洩漏電阻值未滿設計值之50% 2. 接點水高值超過設計值之2倍	1. 洩漏電阻值未滿規定值下限之80%或超過上限之120% 2. 接點水高值未滿規定值下限之80%或超過上限之120% 3. 等價容量未滿規定值下限之80%或超過上限之120%	1. 洩漏電阻值在規定值下限之80%以上未滿95%或超過105%在120%以下。 2. 接點水高值在規定值下限之80%以上未滿95%或超過105%在120%以下。 3. 等價容量在規定值下限之80%以上未滿95%或超過105%在120%以下。 4. 在接點開放試驗中接點不開放。	1. 洩漏電阻值在規定值下限之95%以上、未滿下限值，或超過上限值、在上限值105%以下 2. 接點水高值在規定值下限之95%以上、未滿下限值，或超過上限值、在上限值105%以下 3. 等價容量在規定值下限之95%以上、未滿下限值，或超過上限值、在上限值105%以下

		致命缺點	嚴重缺點	一般缺點	輕微缺點
		非空氣管式 1. 檢出器之動作電壓超過設計值之2倍 2. 感熱部分之熱感應電壓未滿設計值之1/2	1. 檢出器之動作電壓未滿規定值下限之80%或超過上限之120% 2. 感熱部分之熱感應電壓未滿規定值下限之80%或超過上限之120%	1. 檢出器之動作電壓在規定值下限之80%以上未滿95%或超過105%在120%以下 2. 在接點開放試驗中接點不開放 3. 感熱部分之熱感應電壓在規定值下限之80%以上未滿95%或超過105%在120%以下	1. 檢出器之動作電壓在規定值下限之95%以上、未滿下限值,或超過上限值、在上限值105%以下 2. 感熱部分之熱感應電壓在規定值下限之95%以上、未滿下限值,或超過上限值、在上限值105%以下
定溫式局限型		以標稱動作溫度之150%之溫度、風速100cm/s、實施動作試驗時,在當時之室溫中未在規定之時間以內動作	在動作試驗時,其動作時間超過規定值之120%	1. 在動作試驗時,其動作時間超過規定值之105%,在120%以下 2. 在不動作試驗時動作	在動作試驗時,其動作時間超過規定時間、在規定值之105%以下
補償式局限型		以下列之條件實施階段上升動作試驗時,在30秒內不動作、及在定溫點動作試驗中比標稱定溫點高超過30度仍不動作 1. 第1種,為第2種之試驗條件 2. 第2種,為溫度45度、風速105cm/s	1. 實施階段上升動作試驗時,其動作時間超過規定時間之120% 2. 實施直線上升動作試驗時,其動作時間超過規定時間之120% 3. 在定溫點動作試驗中,動作溫度較標稱定溫點高超過20度	1. 實施階段上升動作試驗時,其動作時間超過規定時間之105%,在120%以下 2. 實施直線上升動作試驗時,其動作時間超過規定時間之105%,在120%以下 3. 在不動作試驗時動作 4. 在定溫點動作試驗中,動作溫度未滿較標稱定溫點低15度或較標稱定溫點高超過20度之溫度以下	1. 實施階段上升動作試驗時,其動作時間超過規定時間、在規定值之105%以下 2. 實施直線上升動作試驗時,其動作時間超過規定時間、在規定值之105%以下 3. 在定溫點動作試驗中,動作溫度在較標稱定溫點低15度之溫度以上未滿低10度之溫度或超過較標稱定溫點高10度之溫度而在高15度之溫度以下

	致命缺點	嚴重缺點	一般缺點	輕微缺點
離子式局限型、光電式局限型、光電式分離型	1. 以下列之條件實施動作試驗時，動作時間（如係蓄積型，為動作時間減去蓄積時間後之時間。以下在本表中同。）超過30秒（如係第3種或光電式分離型之第2種，則為60秒） (1) 第1種及光電式分離型之第2種，為第2種之試驗條件 (2) 離子式局限型第2種以及第3種，為第3種之試驗條件 2. 蓄積時間超過標稱蓄積時間之2倍	1. 在動作試驗時，其動作時間超過規定值之120% 2. 蓄積時間未滿規定值下限之80%或超過上限之120% 3. 為光電式分離型，卻無法設定監視距離	1. 在動作試驗時，其動作時間超過規定值之105%，在120%以下 2. 在不動作試驗時動作 3. 蓄積時間在規定值之80%以上、95%未滿，或超過上限值之105%、在120%以下	1. 在動作試驗時，其動作時間超過規定時間、在規定值之105%以下 2. 蓄積時間在規定值之下限值95%以上、未滿下限值，或超過上限值、在上限值105%以下
火焰式	在標稱監視距離之2/3距離處實施動作試驗時，其動作時間超過30秒	在動作試驗時，其動作時間超過規定值之120%	1. 在動作試驗時，其動作時間超過規定值之105%，在120%以下 2. 在不動作試驗時動作 3. 髒污監視功能不動作	在動作試驗時，其動作時間超過規定時間、在規定值之105%以下

備考：1.複合式局限型探測器得依其具有之性能分別準用該分類之規定。

　　　2.如係多信號探測器，得就其具有之種類別（特種、第1種、第2種或第3種）、標稱動作溫度等分別適用本表之規定。

　　　3.本表用語之定義如下：

　　　　(1)火災報警功能：係指火災警報設備所具有之監視、警報、火災顯示試驗、導通試驗功能等功能。

　　　　(2)附屬裝置：係指與火災報警功能有關之裝置以外組裝在機器中之裝置。

　　　　(3)零配件裝設之重大不良：係指與零配件有關之損傷或過與不足、與配線有關之斷線、接觸不良、忘記焊接、表層焊或繞捲不良（鬆動或未滿3圈）及其他類似之不良。

　　　4.零配件裝設之輕微不良：係指裝設狀態不良、配線狀態不良、忘記防鬆脫栓、與配線有關之焊接不良（忘記焊接、表層焊除外。）或繞捲欠佳（圈數在3以上、未滿6）、保險絲之容量有誤及其他類似之不良。

伍、主要試驗設備

本基準各項試驗設備依表3-23所列設置。

表3-23 試驗設備項目表

項目		規格	數量
抽樣表		本基準之規定	1份
亂數表		CNS 9042或本基準中有關之規定	1份
計算器		8位數以上工程用電子計算器	1只
碼錶		1分計,附計算功能,精密度1/10至1/100 sec	1個
尺寸測量器	游標卡尺	測定範圍:0至150mm,精密度1/50mm,1級品	1個
	分厘卡	測定範圍:0至25mm,最小刻度0.1mm,精密度±0.005mm	1個
	深度量規	指示盤之精度:小圓分10格,每格0.01mm;大圓分100格,每格0.1mm	1個
	直尺	測定範圍:1至30cm,最小刻度1mm	1個
	卷尺(布尺)	測定範圍:1至5m,最小刻度1mm	1個
風速計		測定範圍:0.05～20.0(m/s),精密度±1%	1個
數位式三用電表		電流測定範圍:0至30mA以上 電阻測定範圍:0至20MΩ以上 電壓測定範圍:AC或DC 0至2000V以上	1個
抗拉試驗裝置		抗拉試驗設備(拉力10kgf以上,精密度±1%)	1套

靈敏度試驗裝置		1. 定溫式局限型靈敏度試驗機
		  (1) 設定溫度150℃,精密度±2.5%。
		  (2) 風速0.2～1.0m/sec,精密度±0.1m/sec。
		2. 差動式階段上升用靈敏度試驗機
		  (1) 垂直氣流試驗機。
		  (2) 設定溫度20℃、30℃,精密度±2.5%。
		  (3) 風速0.2～1.0m/sec,精密度±0.1m/sec。
		3. 差動式直線上升用靈敏度試驗機
		  (1) 水平氣流試驗機。
		  (2) 設定溫度2、3、10、15℃/min,精密度±2.5%。
		  (3) 風速0.2～1.0m/sec,精密度±0.1m/sec。
		4. 偵煙式局限型光電式靈敏度試驗機
		  (1) 水平氣流試驗機。
		  (2) 光學濃度計。
		  (3) 發煙箱。
			各1套

項目	規格	數量
	(4) 風速0.2～1.0m/sec，精密度±0.1m/sec。 (5) 校正用光學濾鏡。 5. 偵煙式局限型離子式靈敏度試驗機 (1) 水平氣流試驗機。 (2) 離子式濃度計。 (3) 發煙箱。 (4) 風速0.2～1.0m/sec，精密度±0.1m/sec。	
老化試驗裝置	老化試驗箱（溫度為室溫～150℃）	1套
防水試驗裝置	防水試驗槽（水槽溫度為室溫～80℃）	1套
腐蝕試驗裝置	1. 5公升試驗用容器 2. 硫代硫酸鈉、硫酸、氯化氫、氨氣等 3. 恆溫設備（恆溫45℃±2℃）	各1套
反覆試驗裝置	依動作原理反覆進行1000次動作之試驗設備	1套
振動試驗裝置	振動試驗機 （振動頻率每分鐘1000次以上，全振幅4mm）	1套
落下衝擊試驗裝置	衝擊試驗機（最大加速度100 g以上）	1套
粉塵試驗機裝置	1. 粉塵試驗機 2. 光學濃度計 3. 溫度20～30℃，濕度40～50%。	1套
耐電擊試驗裝置	耐電擊試驗機 1. 衝擊波形為方波 2. 可設定測試電壓500V，脈波寬為1μs、0.1μs。測試頻率100HZ。	1套
溼度試驗裝置	恆溫恆濕機（溫度為40℃±2℃、濕度為95%±2.5%）	1套
再用性試驗裝置	風洞試驗機（溫度150℃，風速1m/sec）	1套
絕緣電阻計	測定電壓DC 500V、1000V以上	1套
絕緣耐壓試驗機	測試電壓為2000V以上	1套

3.4 住宅用火災警報器

99年9月9日內授消字第0990824226號令訂定發布

第一章 技術規範及試驗方法

一、適用範圍

住宅用火災警報器（以下簡稱住警器），其構造、材質及性能等技術規範及試驗方法，應符合本基準之規定。

二、用語定義

(一)住宅用火災警報器

住警器係指為防範居室火災而能早期偵測及報知之警報器，由偵測部及警報部所構成之設備，得具有自動試驗功能。依種類可區分為定溫式住宅用火災警報器（以下稱「定溫式住警器」）、離子式住宅用火災警報器（以下稱「離子式住警器」）及光電式住宅用火災警報器（以下稱「光電式住警器」）。依電源供應方式可分為內置電池、外部電源及併用型（外部電源及內置電池併用，以下相同）。

(二)定溫式住宅用火災警報器

係指對局部場所之周圍溫度達到一定溫度以上時，發出火災警報之住警器。

(三)離子式住宅用火災警報器

係指利用離子化電流受煙之影響而產生變化原理對局部場所周圍空氣中含煙濃度達到某一限度時，發出火災警報之住警器。

(四)光電式住宅用火災警報器

係指利用光電束子之受光量受煙之影響而產生變化原理對局部場所周圍空氣中含煙濃度達某一限度時，發出火災警報之住警器。

(五)自動試驗功能

係指藉由此試驗功能自動確認住警器相關功能是否維持正常之裝置者。

(六) 電源供應方式

　　住警器電源供應方式可分為內置電池、外部電源及併用型。以內置電池以外之方式供電者，除由插座、分電盤或其他方式直接供給電力外，其中途不可經由開關裝置，且需有預防因外部電源中斷而導致住警器功能異常之措施。

三、構造與功能

(一) 應能確實動作且易於操作、附屬零件易於更換。
　　1. 住警器在下列(1)或(2)之情況中，應能確實持續發出警報：
　　　(1) 外部電源者：以額定電壓之±10%範圍內變動時（變動範圍有指定時，以該變動範圍為準。）
　　　(2) 內置電池者：以住警器設計動作電壓之上下限值範圍內變動時。
　　2. 住警器之消耗電流不得超過該住警器之設計範圍。
　　3. 需更換保險絲之住警器應置備更換用之保險絲。
(二) 應具有易於安裝及更換之構造，且應符合下列規定：
　　1. 安裝於底座時，不需拆取外罩或打開裝設孔等情況下，應能容易安裝及更換構造。但外罩如為可容易開啟之構造者則不在此限。
　　2. 外部電源採交流供電者，其電源線附有插頭應符合CNS690〔配線用插接器〕之規定，且應於外殼上標明其額定電壓。
　　3. 外部電源之住警器，具有極性電源配線者應採取防止誤接之措施。在此情況中，若發生電源配線誤接時，住警器功能不得產生異常。
(三) 使用之零件、配線、印刷基板等需具耐久性，且不能超過其說明書、型錄等所記載之額定容許值。
(四) 正常使用狀態下，住警器不得因溫度變化導致外殼變形，外殼材質應符合CNS14535〔塑膠材料燃燒試驗法〕或UL94【Tests for Flammability of Plastic Materials for Parts in Devices and Appliances】V-2以上或同等級以上之耐燃材料。
(五) 外部配線應具有充分之電流容量並應正確連接，且能承受任何方向之20N拉力達1分鐘，拉力不會傳遞到導線和電池端子連接器間之接頭上，也不會傳遞到導線和住警器電路板間之接頭上。
(六) 零件應安裝正確且不易鬆脫，如採用可變電阻或調整部等功能之零件，不得因振動或衝擊等產生變動。

(七) 帶電部應有充分保護且人員不易從外部碰觸，並應符合下列規定：

　　1.帶電部外露者，應使用合適之保護裝置，無法從外部碰觸之構造。

　　2.額定電壓超過60V者，應採用塗裝以外之絕緣方法。

(八) 不得因偵測部所受之氣流方向不同，而使住警器相關功能發生顯著變動，且住警器以其平面位置為定點，使之傾斜45度情況下，不得功能異常。

　　1.偵測部接收氣流方向如下：

　　　(1) 安裝於天花板或牆面之定溫式住警器，於天花板面安裝時，應以垂直方向給予氣流；於牆面安裝者，以水平任意方向（若有指定安裝方向者，應從牆面安裝之住警器之上方或下方之方向。以下相同）各給予氣流。

　　　(2) 安裝於牆面之定溫式住警器，於牆面安裝狀態下，以水平任意方向給予氣流。

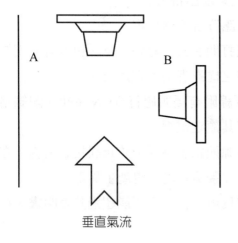

A

B

定溫式
併用型 → A方向＋B方向
墻面安裝型 → B方向

垂直氣流

　　　(3) 離子式住警器及光電式住警器於天花板面或牆面安裝時，以水平任意方向各給予氣流。

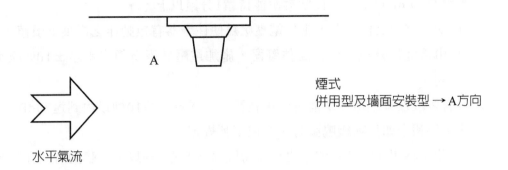

煙式
併用型及墻面安裝型 → A方向

水平氣流

2. 住警器之方向性試驗如下：

(1) 針對其安裝狀態，如下圖所示，任意以每45度刻度從A至H之8個方向給予氣流。

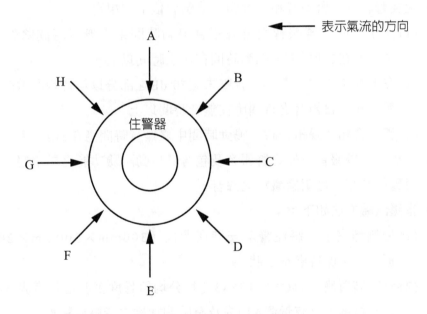

表示氣流的方向

住警器

(2) 前述「不得使功能發生顯著變動」係指在試驗風速在0.2m/s時，符合本基準壹、十五靈敏度試驗之動作試驗規定。

(3) 「使傾斜45度情況下」係指天花板安裝情況及牆面安裝情況，在各自狀態下傾斜45度。

(九) 火災警報應符合下列規定：

1. 藉由警報音（包含音聲者。以下相同）發出火災警報之住警器音壓，依下列方式，施加規定之電壓時，於無響室中距離警報器中心前方1m處，音

壓應有70 dB以上，且此狀態應能持續1分鐘以上。

(1) 使用電池之住警器，施加電壓應為使住警器有效動作之電壓下限值。

(2) 由電池以外電力供給之住警器，施加電壓值應為額定電壓±10%範圍間。

2. 具有多段性音壓增加功能者，應在發出警報音開始10秒以內到達70dB。

3. 火災警報音如為斷續鳴動時，應依下列規定：

(1) 休止時間（鳴動時間中之無音時間除外）在2秒以下，鳴動時間在休止時間以上。

(2) 在鳴動時間中，警報音音壓未滿70 dB之部分稱為無音時間，警報音鳴動時間應在無音時間以上。

(3) 鳴動時間中之無音時間應在2秒以下。

4. 火災警報音以警報音和音聲組合鳴動者依下列規定：

(1) 休止時間（警報音與音聲組合鳴動時間中之無音時間除外，以下相同。）在2秒以下，鳴動時間在休止時間以上。

(2) 在鳴動時間中，警報音音壓未滿70 dB之部分以無音時間做計算，且警報音和音聲組合之時間應在無音時間以上。

(3) 警報音和音聲組合時，鳴動時間中之無音時間應在2秒以下。

5. 發出火災警報音以外之警報音及包含具自動試驗功能之異常警報音時，火災警報音應為可明確識別之聲音。

6. 音壓試驗方法如下：

(1) 於無響室中，將住警器安裝在背板（300mm×300mm×20mm之木板）上，保持懸空之狀態。

(2) 試驗裝置應符合CNS 13583〔積分均值聲度表〕之聲度表（噪音計）或分析儀，具有量測A加權及有時間加權之音壓值特性。

(3) 試驗採用A加權分析，以儀器最小範圍之時間常數，測定其最大音壓值。

(十) 電池耗盡警報及電池更換應符合下列規定：

1. 住警器電池電壓在有效動作之電壓下限值時，應能自動以閃滅或音響方式表示電池即將耗盡，且在尚未以手動方式停止前，能持續警示72小時以上。

2. 電池耗盡警報使用之建議警報音依下列規定：

(1) 建議警報音應具有下列所示之間隔及音色（基本頻率大概為「嗶」音）且應具有能充分聽見之音壓。

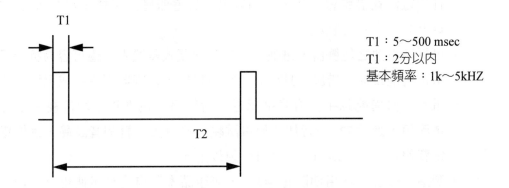

T1：5～500 msec
T1：2分以內
基本頻率：1k～5kHZ

(2) 具有合併自動試驗功能者，該自動試驗功能相關異常警報音應採用壹、三、(十五)、2、(1)之建議警報音。

3. 電池耗盡警報使用之警報方式為前項2.規定之警報以外者，依下列規定：

(1) 警報在每2分鐘內動作1次以上，可持續72小時。

(2) 僅以標示燈發出警報者，除須具有表示電池耗盡之標示外，標示燈之閃滅應在每2分鐘內重複10次以上（包含連續亮燈動作），該動作可持續72小時以上。

(3) 電池耗盡警報與自動試驗功能相關異常警報應有明顯之區別。但如電池壽命超過住警器汰換期限者，不在此限。

4. 住警器電池使用期限在正常使用及定時檢測（每月1次，每次10秒之檢測頻率）狀態下，應有3年以上之使用期限，在型式認可申請時應附有電池容量計算書，並應考量下列設計需求：

(1) 一般監視狀態之消耗電流。

(2) 非火災警報之消耗電流。

(3) 檢測時之消耗電流。

(4) 具有供給附屬裝置電源者，其連接該附屬裝置中監視及動作狀態之消耗電流。

(5) 電池之自然放電電流。

(6) 其他設計中必要之消耗電流。

(7) 設計安全餘裕度（安全係數）。

5. 電池之使用期限依電池製造者建議之消耗電流計算之。

6. 電池耗盡警報之動作電壓下限值，應在住警器有效動作電壓下限值以上，且於電池耗盡警報動作後，如發生火災警報應能維持正常警報音（70dB以上）至少4分鐘以上。

7. 可更換電池之住警器，電池（含具有線頭式整體者）應可容易拆裝且具有防止電池誤接之措施。且如發生電池誤接，住警器不應造成損壞。

8. 電池容量僅能以手動方式確認者，對使用之電池以平均監視電流之50倍電流值，進行526小時加速放電試驗，再行火災警報音試驗，應能維持正常警報音（70dB以上）至少1分鐘以上。

9. 製造商設計之使用期限超過3年，或產品本體自主標示使用（汰換）年限超過3年者，則依上揭4至8項採對應之電池容量計算或放電時間進行實測確認。

(十一) 藉由開關操作可停止火災警報之住警器須在藉由操作該開關而停止火災警報時，於15分鐘內自動復歸至正常監視狀態者並符合下列規定：

1. 火災警報之停止時間不得任意變動。

2. 火災警報停止開關兼動作試驗開關者，該開關應採取可再試驗之方式。

(十二) 光電式住警器之光源應為半導體元件。

(十三) 偵測部應具有網目尺寸在（1.3±0.05）mm以下之網狀材料，並符合下列規定：

1. 網或圓孔板為金屬線編織而成或金屬板上鑽有孔洞之網狀材料。

2. 以金屬以外物品作為網狀材料時，應採用在一般使用狀態下不因熱而變形之材質。

(十四) 使用放射性物質之住警器，應對該放射性物質進行輻射源防護，且輻射源應無法從外部直接碰觸，火災時亦無法輕易破壞者。

1. 離子式住警器之輻射量應低於1.0μCi。

2. 應依行政院原子能委員會，對含有放射性產品之回收管制規定辦理。

3. 在發生火災時，應具能將放射源固定於支固器上，不會脫落之構造。

(十五) 附有自動試驗功能之住警器，應能自動以閃滅或音響等方式表示功能異常，且在尚未以手動方式停止前，能持續警示72小時以上。

1. 確認住警器是否功能維持正常,係指以偵測部動作之方式、檢出偵測部之出力值等方式檢查,來確認住警器功能是否正常。

2. 自動試驗功能相關異常警報所使用建議警報音,依下列規定:

(1) 建議警報音應有下列圖示之間隔及音色(基本頻率大概為「嗶、嗶、嗶」之聲音),且應具有能充分聽見之音壓。

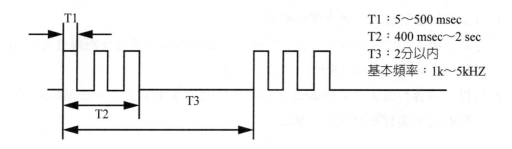

T1:5~500 msec
T2:400 msec~2 sec
T3:2分以內
基本頻率:1k~5kHZ

(2) 合併擁有電池耗盡警報功能者,該電池耗盡警報採用壹、三、(十)、2.、(1)中建議警報音。

3. 自動試驗功能之異常警報使用前項2.規定警報以外之警報者依下列規定。

(1) 警報應在每2分鐘內發出1次以上,且該動作可以持續72小時以上。但警報音之警報不得發生與前項3.(1)規定之警報有混雜之情況。

(2) 僅以標示燈發出警報者,除能明確知道異常之標示外,其標示燈之閃滅在每2分鐘內應重複10次以上,且該動作可以持續72小時以上(包含持續亮燈動作)。

(3) 自動試驗功能之異常警報應與電池耗盡警報區別分辨。

(4) 應可識別出其他功能異常警報與自動試驗功能警報。但因其他功能異常而必須更換住警器之警報,不在此限。

(十六) 住警器內含電源變壓器者,依下列規定:

1. 電源變壓器需符合CNS1264〔電訊用小型電源變壓器〕或具同等性能以上之規定,且其容量可連續耐最大使用電流者。

2. 警鈴用變壓器之額定2次電壓及電流值在30V、3A以下;或者是60V、1.5A以下。

3. 設置回路保護裝置者,應設有該保護裝置動作顯示之功能。

(十七) 住警器如安裝具有本基準所列功能以外之輔助警報或附屬裝置者，其裝置不得影響住警器正常功能。

四、氣流試驗

離子式住警器（包含兼具定溫式住警器性能者），於通電狀態下，投入風速5公尺／秒之氣流中，5分鐘內不得發出警報，試驗方式如下：

(一) 氣流試驗裝置依下圖之圖例配置。

(二) 取下離子式住警器及安裝板之狀態下，調整風扇之速度使距離整流板50公分位置之氣流速度為（5±0.5）公尺／秒。

(三) 以煙最容易流入之方向做為試驗氣流方向（水平氣流），於試驗5分鐘後回轉90度，進行垂直之氣流試驗。

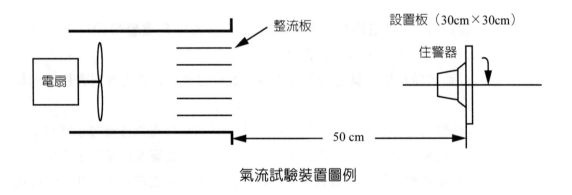

氣流試驗裝置圖例

五、外光試驗

光電式住警器（包含兼具定溫式住警器性能者）於通電狀態下，使用白熾燈管，以照度5000lux之強光依照射10秒、停止照射10秒之動作，反覆10次後，再持續照射5分鐘，試驗過程中不得發出警報，試驗方式如下：

(一) 外光試驗裝置依下圖之圖例配置。

(二) 配置白熾燈使光電式住警器之表面照度為（5000±50）lux。

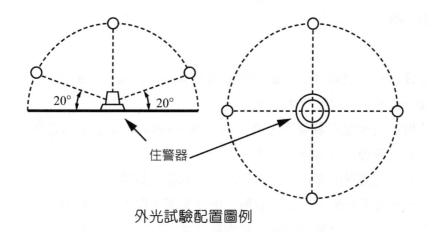

20° 20°

住警器

外光試驗配置圖例

六、周圍溫度試驗

方式如下：

(一) 住警器必須於周圍溫度為0℃以上40℃以下時，功能亦不得發生異常。

(二) 住警器於正常使用狀態下，於溫度（0±2）℃及（40±2）℃各放置12小時。

(三) 試驗結束後，進行靈敏度試驗之動作試驗確認功能是否異常。

七、腐蝕試驗

方式如下：

(一) 具有耐腐蝕性能之住警器必須在5公升試驗用容器倒入每公升溶有40公克之硫代硫酸鈉之水溶液500cc，再用1N濃度之硫酸156cc稀釋1000cc水之酸液，以1天2次每次取此酸溶液10cc加入於試驗容器中，使其產生二氧化硫（SO_2）氣體，而住警器於正常使用狀態下，置於此氣體中4天。上述試驗必須於溫度（45±2）℃之狀態下進行。

(二) 在試驗中發出警報者不判定其合格與否。

(三) 試驗後，擦拭附著在外部之水滴，在相對濕度不超過85%之室溫中放置1天至4天，再進行靈敏度試驗之動作試驗確認功能是否異常。

(四) 非具有耐腐蝕性能之住警器，免施此試驗。

八、振動試驗

方式如下：

(一) 住警器在通電狀態下，給予每分鐘1000次全振幅1mm之任意方向振動連續10分鐘後，不得發生異狀。

(二) 住警器在無通電狀態下，給予每分鐘1000次全振幅4mm之任意方向振動連續60分鐘後，對其構造及功能不得發生異常。

(三) 住警器使用懸掛等簡易設置方法，於實施該試驗時，不得自裝設板上脫落。

(四) 試驗後確認變形、龜裂、破損、配件脫落、配件裝設鬆弛等狀況。

(五) 試驗後再進行靈敏度試驗之動作試驗確認功能是否異常。

九、落下衝擊試驗

方式如下：

(一) 住警器給予任意方向之最大加速度50g（g為重力加速度）撞擊5次後，對其構造及功能不得發生異狀。

(二) 住警器使用懸掛等簡易設置方法，於實施該試驗時，不得自裝設板上脫落。

(三) 試驗後確認變形、龜裂、破損、配件脫落、配件裝設鬆弛等狀況。

(四) 試驗後再進行靈敏度試驗之動作試驗確認功能是否異常。

十、耐電擊試驗

配有外部配線端子之住警器於通電狀態下，電源接以500V電壓之脈波寬1μs及0.1μs，頻率100赫茲（HZ），串接50Ω之電阻後，接於住警器之二端予以電擊試驗，各試驗15秒後，對其功能不得發生異常現象，並須符合下列規定：

(一) 試驗接線回路及電壓波形依下圖所示圖例。

(二) 進行試驗之端子與連動型之信號回路相關，試驗回路以直徑0.9mm以上，長1m以下之電線接續。

(三) 試驗後再進行靈敏度試驗之動作試驗確認功能是否異常。

(四) 無外部配線端子之住警器免施此試驗。

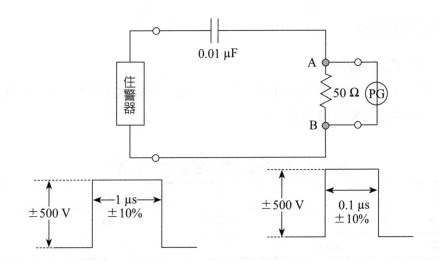

耐電擊試驗接線圖例

十一、濕度試驗

住警器必須於通電狀態下，以溫度（40±2）℃放置於相對濕度95%（+0%、－5%）之空氣中4天，應可持續處於正確適當之監視狀態，試驗方式如下：

(一)「正確適當之監視狀態」是指在試驗中，正常之持續監視下，應不發出火災警報、電池耗盡警報或自動試驗功能異常警報者。

(二) 試驗初期放入試驗箱時發出火災警報者，不做合格與否之判定。

(三) 試驗後再進行靈敏度試驗之動作試驗確認功能是否異常。

十二、絕緣電阻試驗

住警器之絕緣端子間（不包含移報火災警報信號之無電壓接點端子），及帶電部與金屬製外殼間之絕緣電阻，以直流500V之絕緣電阻計測量時應在50MΩ以上。

十三、絕緣耐壓試驗

住警器之帶電部與金屬製外殼間之絕緣耐壓，應用50Hz或60Hz近似正弦波而其實效電壓在500V之交流電通電1分鐘，能耐此電壓者為合格，但額定電壓在60V以上150V以下者，用1000V電壓，額定電壓超過150V則以額定電壓乘以2倍再加上1000V之電壓作試驗。

十四、靈敏度試驗

(一)離子式住警器

1. 離子式住警器之靈敏度在依其種別不同施予表3-24所列K、V、T及t值時，進行下列各項試驗符合者為合格。

表3-24　離子式住警器靈敏度試驗數值表

種別	K	V	T	t
1種	0.19	0.2以上 0.4以下	60	5
2種	0.24			

(1) 動作試驗

含有電離電流變化率1.35K濃度之煙，以風速V公尺／秒之速度吹向時，T秒以內得發出火災警報。

(2) 不動作試驗

含有電離電流變化率0.65K濃度之煙，以風速V公尺／秒之速度吹向時，t分鐘以內不得發出火災警報。

2. 離子式住警器於靈敏度試驗前，須將住警器置於室溫下強制通風30分鐘後再進行試驗。

3. 離子式住警器靈敏度試驗機及煙霧濃度量測設備（離子電離量測設備）應符合附錄1及附錄3之圖例規定。

4. 風速在（0.4±0.05）公尺/秒場合中之煙濃度需進行濃度補正，動作試驗以平行板濃度計指示值加上0.03；不動作試驗以平行板濃度計指示值加上0.02後之數值。

(二)光電式住警器

1. 光電式住警器之靈敏度試驗，應依其種別不同施予符合表3-25所列K、V、T及t值時，進行下列各項試驗符合者為合格。

表3-25　光電式住警器靈敏度試驗數值表

種別	K	V	T	t
1種	5	0.2以上 0.4以下	60	5
2種	10			

(1) 動作試驗

含有每公尺減光率1.5K濃度之煙，以風速V公尺／秒之速度吹向時，T秒以內得發出火災警報。

(2) 不動作試驗

含有每公尺減光率1.5K濃度之煙，以風速V公尺／秒之速度吹向時，t分鐘以內不得發出火災警報。

2. 光電式住警器於靈敏度試驗前，須將住警器置於室溫下強制通風30分鐘後再進行試驗。

3. 光電式住警器靈敏度試驗機及煙霧濃度量測設備（光學濃度計）應符合附錄1及附錄2之圖例規定。

(三)定溫式住警器

1. 定溫式住警器之靈敏度應依下列規定試驗：

(1) 動作試驗

投入溫度（81.25±2）℃、風速（1±0.2）公尺／秒之垂直氣流時，於40秒內（安裝於壁面者，用以下公式計算時間t秒內）發出火災警報。

$$t = 40\log_{10}(1 + (65 - \theta_r)/16.25)/\log_{10}(1 + 65/16.25)$$

θ_r為室溫（℃）

(2) 不動作試驗

投入溫度（50±2）℃、風速（1±0.2）公尺/秒之垂直氣流時，10分內不得動作。

2. 定溫式住警器靈敏度試驗機應可調整試驗風洞之溫度（溫度設定範圍50℃～100℃）與風速〔設定範圍（0.8～1.2）公尺／秒〕且能提供穩定溫度與風速之特性，另應具備可以將氣流方向與住警器安裝狀態之底座面呈水平方式放入該住警器之構造。

十五、試驗環境

除前項試驗有環境要求外，進行試驗必須符合下列環境規定：

(一) 環境溫度5℃以上35℃以下。

(二) 相對濕度45%以上85%以下。

十六、標示

住警器應於本體上之明顯易見處，以不易抹滅之方法，標示下列事項（進口產品亦須以中文標示）。

(一) 住宅用火災警報器之文字。

(二) 產品種類名稱、種別、型式及型號。

(三) 型式認可編號。

(四) 產地。

(五) 製造年月或批號。

(六) 製造商名稱或商標。

(七) 電氣特性。（含外部電源之額定電壓、電流或內置電池電壓及型式等）

(八) 有耐腐蝕性能者，標示耐腐蝕性能之文字。

(九) 具有自動試驗功能者，標示自動試驗功能之文字。

(十) 具有數個功能之住警器之種類標示應將具有之種類合併註記。

(十一) 只限安裝於壁面或天花板面者，應註明壁面安裝專用或天花板面安裝專用。

(十二) 離子式住警器應標示放射性物質之符號。

(十三) 檢附操作說明書及符合下列項目：

　　1.包裝住警器之容器應附有簡明清晰之安裝及操作說明書，並提供圖解輔助說明。說明書應包括產品安裝及操作之詳細指引及資料，同一容器裝有數個同型產品時，至少應有一份安裝及操作說明書。

　　2.若作為住警器檢查及測試之用者，得詳述其檢查及測試之程序及步驟。

　　3.其他特殊注意事項。

十七、新技術開發之住警器

新技術開發之住警器，依形狀、構造、材質及性能判定，如符合本基準規定及同等以上性能者，並經中央消防主管機關認定者，得不受本基準之規範。

十八、試驗設備依表3-26設置。

表3-26

試驗設備名稱	規格內容	數量	備註
尺寸測定器	鋼尺、游標卡尺	各1	
交流電源供應器	110V、220V、60Hz	1	定期校正
直流電源供應器	30V/3A		
環境溫濕度計	環境紀錄器（±5%）	1	定期校正
絕緣電阻計	測定電壓DC500V、DC1000V以上	1	定期校正
絕緣耐壓機	測定電壓500～2000Vac範圍可調	1	定期校正
耐電擊試驗設備	高頻雜訊模擬器 可調整衝擊波為方波 可設定測試電壓500V，脈波寬$1\mu s$、$0.1\mu s$。	1	
風速計	0.1～20.0（m/s）測定範圍。（±5%）	1	定期校正
數位式三用電錶	電流測定為0～1A以上，解析度為0.1mA。（±1%） 電壓測定為0～300V以上，解析度為0.1V。（±1%） 電阻測定為0～100MΩ以上，解析度為1Ω。（±1%）	1	定期校正
音壓位準試驗裝置	1. 無響室：應符合CNS 14657（聲學-測定噪音源音響功率之精密級方法-用於無響室和半無響室）或同等國際規範之規定。 2. 音壓位準量測之聲度表（噪音計）或分析儀：符合CNS 13583（積分均值聲度表）或相當標準之規定。Type 1等級噪音計，準確度±1 dB。 3. 噪音計或分析儀須能分析頻率範圍。	各1	噪音計需定期校正
氣流試驗設備	裝置須符合基準設置規定。 風速應可維持（5±0.5）m/s範圍之穩定氣流。	1	
外光試驗設備	裝置須符合基準設置規定。 照度應可維持（5000±100）lux範圍。	1	
溫度濕度試驗裝置	恆溫恆濕機 溫度調整-10～100℃，解析度為0.1℃。（±5%） 濕度調整80～95%（20～45℃間）。（±5%）	1	定期校正
振動試驗機	振動頻率每分鐘1000次以上，全振幅4mm。	1	
落下衝擊試驗機	最大加速度（50±5）g	1	
腐蝕試驗裝置	1. 5公升試驗用容器 2. 硫代硫酸鈉、硫酸、氯化氫、氨氣等 3. 恆溫設備（溫度（45±2）℃）	各1	
靈敏度試驗裝置	離子式住警器靈敏度試驗裝置為附錄1及3規定	1	
	光電式住警器靈敏度試驗裝置為附錄1及2規定	1	
	定溫式住警器靈敏度試驗裝置應符合壹、十五、(三)規定	1	

第二章 型式認可作業

十九、型式試驗之方法

型式與型式變更試驗項目、樣品數及流程如下表所示:

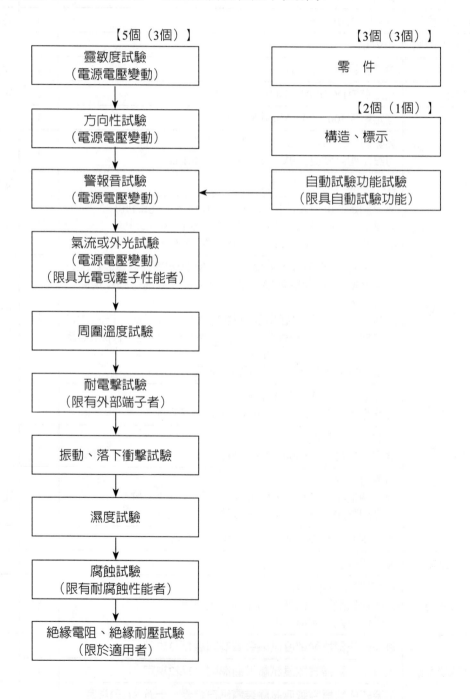

(一) 表中〔　〕內為每個試驗項目之樣品，其中（　）內為型式變更之樣品，（　）外為型式認可之樣品，從靈敏度試驗開始到絕緣電阻、絕緣耐壓之樣品為相同之樣品。

(二) 周圍溫度試驗、耐電擊試驗、振動試驗、落下衝擊試驗、濕度試驗及腐蝕試驗等各項試驗後需再進行靈敏度試驗之動作試驗，確認功能是否異常。

(三) 消耗電流之測定於靈敏度試驗時實施。

二十、型式試驗結果判定

方式如下：

(一) 符合本認可基準所規定之技術規範者，該型式試驗結果或型式變更試驗結果視為「合格」。

(二) 符合貳、三、補正試驗所列事項者，得進行補正試驗，惟以一次為限。

(三) 未符合本認可基準所規定之技術規範者，該型式試驗結果或型式變更試驗結果視為「不合格」。

二十一、補正試驗

(一) 型式試驗有下列情形之一者，得申請補正試驗：

1. 設計資料不完備（設計有誤除外）。

2. 設計資料之誤記、漏記、計算錯誤等。

3. 影響功能之零件安裝等嚴重不良（零件之損傷或不足或配線有斷線、連接不良、忘記焊接或焊接中有孔洞造成之焊接不良。以下相同。）

4. 安裝底座與本體之嵌合不符（不密合、隙縫等）。

5. 零件安裝等輕微不良（部品之安裝不良、配線狀態不良、忘記施予鬆脫之防止、配線上焊接不良（忘記焊接或焊接中有孔洞造成焊接不良除外。）或是保險絲容量不同。以下相同。）

6. 外觀、配件尺寸超出公差。

7. 標示之誤載（可能使火災警報產生妨礙之情況除外）、未記載或不明顯。

8. 附屬裝置之功能不良（具有型式認可編號者除外）。

(二) 試驗機構試驗設備有不完備或缺點時，致無法進行試驗之情形，亦得申請補正試驗。

二十二、型式變更之試驗方法

　　型式變更試驗之樣品數、試驗流程等，應就型式變更之內容，依十九、型式試驗之方法進行試驗。

二十三、型式區分、型式變更及輕微變更之範圍，依表3-27規定。

表3-27

區分	說明	項目
型式區分	型式認可之產品其主要性能、設備種類、動作原理不同，或經中央主管機關認定之必要區分者，須以單一型式認可做區分。	1. 設備種類不同：離子式住警器、光電式住警器、定溫式住警器或上述兼具多種性能之警報器。 2. 感度種類不同。 3. 使用環境溫度範圍不同。 4. 耐腐蝕型。 5. 內部電池、外部電源及併用型。 6. 附有自動試驗功能者。
型式變更	經型式認可之產品，其型式部分變更，有影響性能之虞，須施予試驗確認者。	1. 會影響感熱部及偵測部以外功能之部分材質、構造或形狀之變更。 2. 回路（除了發出火災警報部分之回路）之變更。 3. 會影響主功能之附屬裝置之追加或變更（去除之情況除外）。 4. 電源變壓器或有關此項之變更。 5. 火災警報發生裝置（只限單項品）之變更。 6. 伴隨消耗電流增加之回路、電子配件等之變更。 7. 更換時期相關設計變更。 8. 追加電池（只限於認可之放電特性、電池容量等對電池壽命有影響者）及電池壽命相關設計變更。 註：型式變更試驗對應前項之變更內容後，可以省略相關部分之前項型式試驗項目。
輕微變更	經型式認可或型式變更認可之產品，其型式部分變更，不影響其性能，且免施予試驗確認，可藉由書面據以判定良否者。	1. 標示事項或標示位置（含技術手冊）。 2. 外殼之形狀（限於不影響功能之情況）、構造（限於已被認可情況）或材質（限於已認可且使用於被認可之條件範圍內之情況）。 3. 接點形狀或材質（限已被認可之情況） 4. 底座等構造或材質（只限材質已認可之情況）。 5. 端子之形狀、構造或材質。 6. 主要部分（外箱除外。）之構造或材質（只限已認可之情況）。 7. 零件之安裝方法

區分	說明	項目
		8.零件之額定、型式或製造者（已認可之配件只限於在該配件認可額定範圍內之情況）。 9.半導體、電阻、電容器等（只限額定符合使用條件者）。 10.變更同等規格之認可之零件或同等以上者。 11.變更電池（只限不影響已認可之放電特性、電池容量等電池壽命者）。 12.充電回路（只限已認可之情況）。 13.影響主功能之附屬裝置之變更（已認可之電器回路等）。 14.不影響主功能之附屬裝置之附加（包含具有型式編號者）。 15.伴隨回路定數等輕微之電器回路變更者。

二十四、試驗紀錄

產品明細表格式。型式試驗、補正試驗、型式變更試驗之結果，應詳細填載於型式試驗紀錄表。

第三章　個別認可作業

二十五、個別認可之方法

依下列規定辦理：

(一) 依CNS9042〔隨機抽樣法〕規定進行抽樣試驗。

(二) 抽樣試驗之嚴寬等級，分為寬鬆試驗、普通試驗、嚴格試驗、最嚴格試驗。

(三) 個別認可之試驗項目分為一般樣品之試驗（以下稱為「一般試驗」），以及少數樣品之試驗（以下稱為「分項試驗」）。

二十六、批次之判定基準

(一) 受驗品按不同受驗廠商、種類，依其試驗嚴寬等級之區分，視為同一批次如表3-28所示。

表3-28　同一批次判定

種類	電源方式之分類	批次
離子式住警器 (具有數個種類者除外)	外部電源方式	同一批
	內置電池方式	同一批
	併用型	同一批
光電式住警器 (具有數個種類者除外)	外部電源方式	同一批
	內置電池方式	同一批
	併用型	同一批
定溫式住警器 (具有數個種類者除外)	外部電源方式	同一批
	電池方式	同一批
	併用型	同一批
離子式住警器／定溫式住警器	外部電源方式	同一批
	電池方式	同一批
	併用型	同一批
光電式住警器／定溫式住警器	外部電源方式	同一批
	電池方式	同一批
	併用型	同一批
附屬裝置(限具有型式編號者)	特定用途區分	同一批
補助警報裝置	警報方式	同一批

(二) 申請者不得指定將某部分產品列爲同一批次。

(三) 以每批爲單位,將試驗結果登記在個別認可試驗紀錄表中。

二十七、個別認可之樣品數及抽樣方法

(一) 個別認可之樣品數,應依個別認可試驗之嚴寬等級及批量規定辦理。另受驗數量爲少量之普通試驗,由申請者申請認可作業。

(二) 樣品之抽樣依下列規定:

1. 抽樣試驗應以每一批次爲單位。

2. 樣品數應依受驗批次數量(受驗數+預備品)及試驗嚴寬等級,按抽樣表之規定抽取,並在事先已編號之製品(受驗批次)中,依隨機抽樣法(CNS 9042)隨意抽取,抽出之樣品依抽樣順序逐一編號。但受驗批量

如在501個以上時，應依下列規定分為二階段抽樣。

(1) 計算每群應抽之數量：當受驗批次在5群（含箱子及集運架等）以上時，每一群之製品數量應在5個以上之定數，並事先編定每一群之編碼；但最後一群之數量，未滿該定數亦可。

(2) 抽出之產品予以群碼號碼：同群製品須排列整齊，且排列號碼應能清楚辨識。

(3) 確定群數及抽出個群，再從個群中抽出樣品：確定從所有群產品中可抽出五群以上之樣品，以隨機取樣法抽取相當數量之群，再由抽出之各群製品作系統式循環抽樣（由各群中抽取同一編號之製品），將受驗之樣品抽出。

(4) 依上述方法取得之製品數量超過樣品所需數量時，重複進行隨機取樣去除超過部分至達到所要數量。

(三) 一般試驗和分項試驗以不同之樣品試驗之。

二十八、試驗項目

(一) 一般試驗及分項試驗項目，依表3-29規定。

表3-29

區分	試驗項目	備註
一般試驗	外觀、構造	樣品數： 依據各式試驗抽樣表抽取
	標示	
	靈敏度試驗	
	氣流或外光試驗（限光電式或離子式住警器）	
	絕緣電阻、絕緣耐壓試驗（限外部電源及併用型）	
分項試驗	音壓	
	特性 (1)電池耗盡警報 (2)火災警報停止	
	自動試驗功能（限具該功能者）	
	消耗電流測定（限使用內置電池者）	

(二) 試驗方法依「壹、技術規範及試驗方法」規定。

(三) 使用個別試驗紀錄表。

二十九、缺點之分級及合格判定基準

(一) 在試驗中發現之缺點，其嚴重程度依「消防機具器材及設備認可作業要點」規定，區分為致命缺點、嚴重缺點、一般缺點、輕微缺點等4級。

(二) 各試驗項目之缺點內容，依本基準肆、缺點判定方法規定，非屬該判定方法所列範圍內之缺點者，依「消防機具器材及設備認可作業要點」之分級原則判定之。

三十、批次之合格判定

批次合格與否，依附表1至附表5之抽樣表與下列規定判定：

(一) 抽樣表中，Ac表示合格判定個數（合格判定之不良品數上限），Re表示不合格判定個數（不合格判定之不良品數下限），具有二個等級以上缺點之樣品，應分別計算各不良品之數量。

(二) 抽樣試驗中各級不良品數均在合格判定個數以下時，應依八、嚴寬度等級之調整所列試驗嚴寬度條件調整試驗等級，且視該批為合格。

(三) 抽樣試驗中任一級之不良品數在不合格判定個數以上時，視該批為不合格。但該等不良品之缺點僅為輕微缺點時，得進行補正試驗，惟以一次為限。

(四) 抽樣試驗中出現致命缺點之不良品時，即使該抽樣試驗中不良品數在合格判定個數以下，該批仍視為不合格。

三十一、個別試驗結果之處置

(一) 合格批次之處置

1. 整批雖經判定為合格，但受驗樣品中如發現有不良品時，仍應使用預備品替換或修復該等不良品後，方可視為合格品。

2. 即使為非受驗之樣品，若於整批受驗樣品中發現有缺點者，準依參、七、(一)、1之規定。

3. 上開參、七、(一)、1及2情形，如無預備品替換或無法修復調整者，應就其不良品部分之個數，判定為不合格。

(二)補正批次之處置

1. 接受補正試驗時，應提出第一次試驗時所發現不良事項之改善說明書及不良品處理後之補正試驗試驗合格紀錄表。

2. 補正試驗之受驗樣品數以第一次試驗之受驗數為準。但該批樣品經補正試驗合格，經依前參、七、(一)、1處置後，仍未達受驗樣品數之個數時，則視為不合格。

(三)不合格批次之處置

1. 不合格批次之產品接受再試驗時，應提出第一次試驗時所發現不良事項之改善說明書及不良品處理之再試驗試驗合格紀錄表。

2. 接受再試驗時，不得加入第一次試驗受驗樣品以外之製品。

3. 個別試驗不合格之批次不再受驗時，應於再試驗紀錄表中，註明理由、廢棄處理及下批之改善處理等文件，向辦理試驗單位提出。

三十二、試驗嚴寬度等級之調整

(一) 第一次申請個別認可時，其試驗等級以普通試驗為之，並依表3-30規定進行調整。

表3-30

寬鬆試驗	普通試驗	嚴格試驗	最嚴格試驗

(二) 有關補正試驗及再試驗批次之試驗分等，第一次試驗為寬鬆試驗者，以普通試驗為之；第一次試驗為普通試驗者，以嚴格試驗為之；第一次試驗為嚴格試驗者，以最嚴格試驗為之。再試驗批次之試驗結果，不得計入試驗寬鬆等級轉換紀錄中。

三十三、下一批次試驗之限制

個別認可如要進行下一批次試驗時，須於該批次個別認可試驗結束，且試驗結果處理完成後，始得實施下一批次之個別認可。

三十四、試驗之特例

有下列情形之一時，得在受理個別認可申請前，依預訂之試驗日程實施試驗，但須在確認產品之個別認可申請書受理後，才能夠判斷是否合格。

(一) 第一次試驗因嚴重缺點或一般缺點判定不合格者。

(二) 不需更換全部或部分產品，可容易將不良品之零件更換、去除或修正者。

三十五、試驗設備發生故障時之處置

試驗開始後，因試驗設備發生故障或其他原因致無法立即修復，經確認當日無法完成試驗時，則中止該試驗。並俟接獲試驗設備完成改善之通知後，重新排定時間，依下列規定對該批實施試驗：

(一) 試驗之抽樣標準與第一次試驗時相同。

(二) 不得進行三十、批次之合格判定

(三) 補正試驗。

三十六、其他

個別認可時，若發現受驗樣品有其他不良事項，經認定該產品之抽樣標準及個別認可方法不適當時，得由中央消防主管機關另訂個別認可方法及抽樣標準。

第四章　缺點判定方法

三十七、各項試驗所發現之不合格情形，其缺點之等級判定標準應依表3-31及「消防機具器材及設備認可作業要點」第19點之規定判定。

表3-31

試驗項目	致命缺點	嚴重缺點	一 般 缺 點	輕微缺點
外觀構造	1. 無火災動作或有造成其斷線、接觸不良、欠缺配件（雙金屬等之欠缺）等其他致命之不良。 2. 無接點。	影響火災動作之配件裝設等嚴重不良。	1. 有 會 影 響 功 能（火 災 動 作 除外）之配件裝設等嚴重不良。 2. 底座與本體未嵌合。 3. 接點上有明顯之損傷。 4. 接點部、感應部等有明顯附著髒污或有異物之殘留。 5. 可能會對功能造成影響之生鏽。 6. 應有防蝕處理部分 沒 有 防 蝕 處理。	1. 不影響火災功能之配件有嚴重不良安裝。 2. 底 座 與 本 體 之銜 接 不 合 （不密 合 、 有 隙 縫等）。 3. 配件安裝等有輕微之不良。 4. 外觀、配件之尺寸偏離公差。 5. 有不對功能產生影 響 之 生 鏽 情況。
標示			有會使火災動作發生 故 障 之 錯 誤 標示。	誤寫標示（會使火災動作發生故障之情況除外。）、沒寫到或不明顯者。
監視狀態		一開始即為火災動作狀態。	1. 一開始即為電池容量不足之表示或警報音之動作狀態。 2. 電池耗盡警報之動作電壓超過設計電壓範圍上限值。	一開始附屬裝置即為動作狀態。
一般功能	1. 音響裝置之音壓未滿50dB。 2. 消耗電流之耗費未滿足電池壽命期限自動試驗功能。	1. 音響裝置之音壓為 5 0 d B 以 上，未滿規定值80%者。 2. 電池耗盡警報之作動電壓未滿設計電壓範圍之下限值。	1. 音響裝置之音壓在規定值80%以上，未滿95%。 2. 電池容量不足之警報週期偏離設計值±50%或超過2分鐘。	1. 音響裝置之音壓為規定值95%以上 ， 未 滿 規 定值。 2. 附屬裝置之功能不良。

試驗項目	致命缺點	嚴重缺點	一般缺點	輕微缺點
		3. 音響裝置鳴動停止後，到監視狀態之時間超過15分鐘。 4. 消耗電流超過設計值之105%。（未滿足電池壽命期限者除外。）	3. 動作之後無法復歸。 4. 自動試驗功能動作不正常（影響火災信號者除外） 5. 消耗電流超出設計值，於設計值105%以下。（未滿足電池壽命期限者除外）	
絕緣電阻絕緣耐壓	交流電源輸入側與外殼間為短路之狀態。	1. 額定電壓超過60V時，絕緣電阻值未滿規定值。 2. 額定回路電壓超過60V時，未達到絕緣耐力試驗中規定之時間。	1. 額定回路電壓在60V以下時，絕緣電阻值未滿規定值。 2. 額定回路電壓在60V以下時，未達到絕緣耐壓試驗中規定之時間。	
定溫式住警器靈敏度試驗	溫度100℃、風速1.0m/s下進行動作試驗時，動作時間超過40秒。	動作試驗中動作時間超過規定值之120%。	1. 動作試驗中動作時間超過規定值之105%，120%以下。 2. 在不動作試驗中卻動作。	動作試驗中動作時間超過規定時間，在規定值之105%以下。
離子式住警器光電式住警器靈敏度試驗	在下列條件下進行動作試驗時，動作時間超過1分鐘。 1. 離子式以電離電流變化率0.4濃度，風速0.2m/s。 2. 光電式以減光率25%/m之濃度，風速0.2m/s。	動作試驗中動作時間超過規定值之120%。	1. 動作試驗中動作時間超過規定值之105%，120%以下。 2. 在不動作試驗中動作。 3. 在氣流或外光試驗中動作。	動作試驗中動作時間超過規定時間，在規定值之105%以下。

附錄

附錄1 偵煙型探測器靈敏度試驗之煙道（圖例）

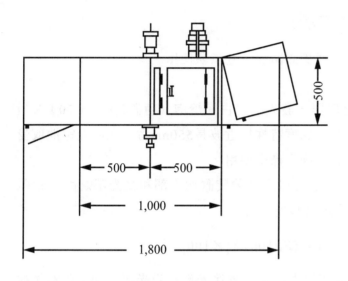

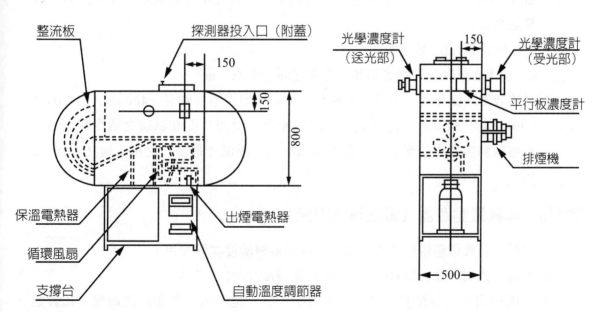

1.煙道須能提供穩定之氣流速度及濃度。〔如（0.2±0.04）m/s 或

（0.4±0.05）m/s〕（以變更循環風扇回轉數來調整風速。）

2. 煙道應維持溫度在（30±2）℃環境下進行測試。

3. 煙霧是由出煙電熱器〔將兩面可維持溫度為（400±10）℃之壺型電熱器正對著〕中放入東洋No.2定性濾紙產生之。

附錄2　煙霧量測儀器（光學濃度計）

1. 光學濃度計適用於偵煙型光電式探測器靈敏度試驗使用。

2. 安裝方式如附錄1圖例所示。

3. 光學濃度計為測量減光率之儀器，發光部以白熾燈泡（色溫2,800±30）K組成，受光部以接近視感度（受光感度特性接近波長550nm者）之硒光電池或受光半體體元件組成，作為減光率換算標準使用。

4. 減光率長度單位為公尺，故對應使用之試驗裝置送光部和受光部之間之距離應以Lambert法則換算為每公尺之減光率。

$$En = [1 - \{1 - (E_1/100)^n\}] \times 100$$

En：相當於1m之減光率對應使用之試驗裝置送光部和受光部之間之距離後換算之減光率（％）

E_1：相當於1m之減光率（％）

n：使用之試驗裝置送光部和受光部之間之距離（m）

5. 試驗裝置之減光率，使用減光濾片〔可減光到視感度頻寬（400nm、550nm及700nm）光線測定到之減光率（試驗範圍）之濾片〕在試驗之濃度範圍內，調整試驗裝置之減光式濃度計指示值與插入該減光過濾片之指示值在±2%/m內。

附錄3　煙霧量測儀器（電離量測設備）

1. 電離量測設備適用於偵煙型離子式探測器靈敏度試驗使用。

2. 安裝方式如附錄1圖例所示。（平行板濃度計）

3. 電離量測裝置由量測電離室（下圖所示）、電子放大器和能連續吸入煙霧之系統組成。

4. 放射源特性如下：

(1) 同位素：Am241

(2) 放射性：130kBq（3.5μci）±5%

(3) 平均α能量：4.5MeV±5%

(4) 電極板直徑27mm。

5. 在以下條件時，潔淨氣流下之電離室阻抗應為$1.9×10^{11}Ω±5%$（電離室電流為100pA）。

　(1) 壓力：（101.3±1）kpa

　(2) 溫度：（25±2）℃

　(3) 濕度：（55±20）%

6. 吸入系統應能在大氣壓下以30L/min±10%之速度以連續、穩定之將空氣吸入設備內。

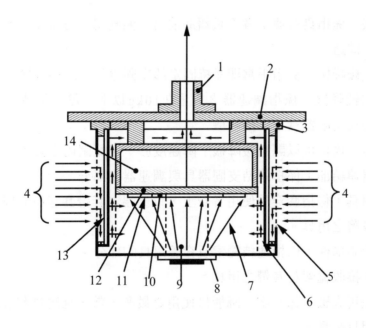

說明：

1.吸嘴　　　　　6.控制隔柵　　　11.防護環
2.安裝板　　　　7.射線　　　　　12.絕緣材料
3.絕緣環　　　　8.放射源　　　　13.防風罩
4.空氣/煙路入口　9.量測空間　　　14.電子裝置
5.外部隔柵　　　10.量測電極

3.5 緩降機

96年11月30日內授消字第0960826026號令修正發布

壹、技術規範及試驗方法

有關避難逃生設備所使用之緩降機,其構造、性能、材質等技術上之規範及試驗方法,應符合本基準之規定。

一、用語定義

(一) 緩降機:係指具有使用者不須藉助他力,僅利用本身重量即能自動連續交替下降之構造。

(二) 固定式緩降機:係指平常即保持固定於支固器具上之緩降機。

(三) 移動式緩降機:係指調速器之重量在10kg以下,於使用時方以安全扣環確實安裝在支固器具上之緩降機。

(四) 調速器:係指可以調整緩降機下降速度於一定範圍內之裝置。

(五) 調速器連結部:係指連結支固器具與調速器的部分。

(六) 穿著用具:係指套穿於使用者身上,以一端之套帶套穿所形成之套圈固定使用者身體之用具。

(七) 緊結金屬構件:係指連結繩索及穿著用具的部分。

(八) 捲盤:捲收繩索及套帶之用具。

(九) 最大使用人數:每一次下降能供使用之最多人數,且應具有最大使用人數之穿著用具數量。

二、構造及性能

(一)組成

應由調速器、調速器連結部、繩索、緊結金屬構件及穿著用具等所組成。

(二)調速器

1. 應堅固並具有耐久性。

2. 無須經常拆開清理亦能正常運作。

3. 下降時所發生之熱量，不得使其他功能產生異常。

4. 下降時不得損傷繩索。

5. 應具備牢固護蓋保護機件，以避免砂粒或其他異物侵入致產生功能異常。

(三)調速器連結部

調速器之連結不得在使用中發生支解損傷、變形或調速器脫落等現象。

(四)繩索

1. 芯線應施予外裝，全繩為均勻構造；芯線直徑並應在0.3cm以上。

2. 實施下降動作時不得有讓使用者遭致旋轉扭絞之情形。

3. 繩索之兩端應以不脫開之方法連結在緊結金屬構件。

(五)緊結金屬構件

使用中不得有脫離、支解、損傷或變形之情形，且不得有傷害使用者之虞。

(六)穿著用具

1. 能輕易穿著，套穿時不須經由手或身體操作調整，即可藉自身之體重確實固定於使用者之身體。

2. 穿著時不得有脫落或鬆脫之情形。

3. 下降時不得對使用者之視線或其動作產生障礙。

4. 不得有傷害使用者之虞。

5. 於繩索之兩端應具備以不會脫開之方法連結相當於最大使用人數之穿著用具。

6. 套帶部分之縫織線不得有鬆脫之情形。

7. 套帶以相當於最大使用載重除以最大使用人數，再乘以6.5（係數）所得之拉力載重加載持續5分鐘後，不得產生斷裂或明顯之變形現象。

三、材質

緩降機各部構造所用材質應符合表3-32之規定。

表3-32　構件材質表

零件名稱		材質標準
繩索	芯料	CNS 941〔鋼纜總則〕之規定且有耐蝕加工者。
	外裝	CNS 6378〔棉紗〕之A級規定且有結實構造。
穿著用具		CNS 6378之A級品且具有三重編織者或具有同等強度之尼龍絲。
調速器連結部		CNS 2473〔一般結構用軋鋼料〕且有耐蝕加工者。
緊結金屬構件		CNS 2473〔一般結構用軋鋼料〕且有耐蝕加工者。
鉚釘		CNS 575〔鉚釘用鋼棒〕且有耐蝕加工者。 （如施以穿梭壓夾法則不在此限）

四、最大使用載重

緩降機之最大使用載重，應在最大使用人數乘以1000nt所得數值以上。

五、試驗溫度條件

試驗時之周圍環境應在攝氏10度以上，35度以下。

六、下降速度試驗

將緩降機固定在該繩索最長使用限度之高處（如繩索長度超過15m者則以15m之高度為準），進行下列試驗：

(一)常溫下降試驗

施予最大使用人數分別乘以250nt及650nt之載重及以相當於最大使用載重之負載等三種載重，左右交互加載且左右連續各下降一次時，其速度應在16cm/sec以上150cm/sec以下之範圍內。

(二)20次連續下降試驗

施予相當於最大使用人數乘以650nt之載重，左右交互加載且左右連續各下降10次之下降速度，任一次均應在20次之平均下降速度值之80%以上120%以下，且不得發生性能及構造上之異常現象。

七、含水下降試驗

(一)浸水處理

將繩索一端拉緊至另一端繩索之緊結金屬構件頂住調速器後，露在調速器外面的繩索全部浸泡在水中，1小時之後取出，含水後不得將水擦乾，直接進行試驗。

(二)下降試驗

直接將緩降機固定於試驗高度，並於穿著用具之一端依壹、六、(二)規定之載重，左右交互加載且左右連續各下降一次時，其下降速度值，應在壹、六、(二)所定平均下降速度值之80%以上120 %以下範圍內，且不得發生性能及構造上之異常現象。

八、低溫試驗及高溫試驗

(一) 緩降機分別放置在攝氏零下20度及50度之狀態24小時後，立即取出固定於試驗高度位置，並於穿著用具之一端依壹、六、(一)規定之載重，左右交互加載且左右連續各下降一次時，其下降速度值應在壹、六、(一)所規定之速度範圍值內，並不得發生性能及構造上之異常現象。

(二) 由於本項試驗係於含水下降試驗後進行，故應使繩索自然乾燥後再進行低溫試驗，以避免水份在調速器內部產生凍結現象。

九、反覆試驗

(一) 緩降機固定於試驗高度位置，於穿著用具之一端以相當於最大使用載重之負載，左右各互加載且連續各下降10次〔繩索長度超過15m者，為繩索之長度除以15所得值再乘以10之乘積值（小數點第一位以下之尾數捨去不計）〕做為1個週期，反覆實施5個週期後，再以壹、六、(一)規定之載重，左右交互加載且左右連續各下降一次時，其下降速度值應在壹、六、(一)所規定之速度範圍值內，且不得發生性能及構造上之異常現象。

(二) 在繩索不產生異常的情況下，試驗超過50次者，得於進行下一週期之試驗前更換繩索。

十、耐腐蝕試驗

(一) 緩降機依CNS 8886〔鹽水設備試驗方法〕之規定進行鹽水噴霧時，須將緩

降機處於安裝狀態下噴撒。自然乾燥應於室內，使緩降機處於安裝狀態下進行。

(二) 依前項規定，以5%鹽水噴霧8小時後靜置16小時，為1週期，反覆實施5週期後，使其自然乾燥24小時，再將該緩降機固定於試驗高度位置，並於穿著用具之一端依壹、六、(一)規定之載重，左右交互加載且左右連續各下降一次時，其下降速度值應在壹、六、(一)所規定之速度範圍值內，且不得發生性能及構造上之異常現象。

十一、落下衝擊緩降試驗

(一) 緩降機固定於距離地板面2m以上（以不撞到地面為原則）之高度進行試驗。

(二) 由緩降機調速器之下降側拉出繩索25cm，向上提高，並於穿著用具之一端加載相當於最大使用載重之負載使其落下，反覆實施5次後，再將緩降機固定於試驗高度位置，於穿著用具之一端依壹、六、(一)規定之載重，左右交互加載且左右連續各下降一次時，其下降速度值應在壹、六、(一)所規定之速度範圍值內，且不得發生性能及構造上之異常現象。

十二、掉落試驗

(一) 移動式緩降機之調速器由地板上1.5m高度（指調速器下端至地板面之距離），向厚度5cm以上之RC地板使其自然落下，反覆實施5次後，再將緩降機固定於試驗高度位置，於穿著用具之一端依壹、六、(一)規定之載重，左右交互加載且連續左右各下降一次時，其下降速度值應在壹、六、(一)所規定之速度範圍值內，且不得發生性能及構造上之異常現象。

(二) 試驗時，應先將穿著用具及繩索移開，避免造成操作上之妨礙。

十三、強度試驗

以最大使用載重除以最大使用人數乘以3.9（係數）所得數值之靜載重實施加載試驗持續5分鐘後，應符合下列各項規定：

(一) 調速器、調速器之連結部及其緊結金屬構件等不 得有支解、破損或顯著之變形現象。

(二) 繩索及穿著用具不得有斷裂或破損之現象。

十四、套帶拉力試驗

於強度試驗後，自穿著用具切取一段套帶，並以最大使用載重除以最大使用人數乘以6.5（係數）所得數值之靜載重實施加載，持續5分鐘（注意勿使受力不均），不得發生斷裂或顯著之變形現象。

十五、形狀及構造檢查

(一) 外觀檢查：原則以目視方式為之，除於上揭試驗項目中檢查外，並對其內部零件之形狀進行確認。

(二) 分解檢查：將試樣分解後與設計圖面進行比對，檢查其尺寸是否與圖面相符，尺寸公差及圖形繪製等是否正確。

(三) 標示：

緩降機應在該機上明顯處以不易磨滅之方法，詳實標示下列事項。

1. 型式。
2. 型號。
3. 製造年月。
4. 製造批號。
5. 繩索長度。
6. 最大使用載重。
7. 最大使用人數。
8. 製造廠名稱或商標。
9. 使用上應注意事項。

貳、型式認可作業

一、型式試驗之方法依本認可基準壹、技術規範及試驗方法之規定，其試驗項目、樣品數及順序如下：

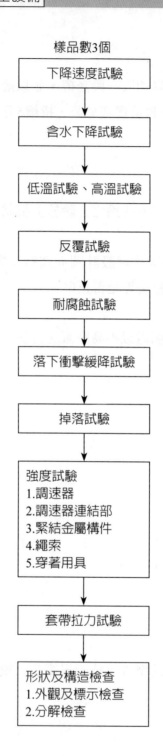

樣品數3個

下降速度試驗

含水下降試驗

低溫試驗、高溫試驗

反覆試驗

耐腐蝕試驗

落下衝擊緩降試驗

掉落試驗

強度試驗
1.調速器
2.調速器連結部
3.緊結金屬構件
4.繩索
5.穿著用具

套帶拉力試驗

形狀及構造檢查
1.外觀及標示檢查
2.分解檢查

二、型式試驗結果之判定

型式試驗之結果判定如下：

(一) 符合本認可基準所規定之技術規範時，該型式試驗結果爲「合格」。

(二) 符合下揭三、(一)所定事項者，得進行補正試驗一次。

(三) 未達到本認可基準所規定之技術規範時，該型式試驗結果爲「不合格」。

三、補正試驗

(一) 型式試驗中之不良事項，如爲本認可基準肆、缺點判定表所列之一般缺點或輕微缺點者，得進行補正試驗。

(二) 補正試驗所需樣品數3個，並準依前述型式試驗之方法進行。

3.6 金屬製避難梯

壹、技術規範及試驗方法

有關避難逃生設備所使用之金屬製避難梯（以下簡稱為避難梯），其構造、性能、材質等技術上之規範及試驗方法，應符合本基準之規定。

一、避難梯分類如下：

(一) 固定型梯：係指固定於建築物，隨時可供使用者，包含可收納式（指橫桿可收納於梯柱內，使用時將其拉出成可使用狀態，或梯子下部有可折疊、伸縮等構造者）。

(二) 倚靠型梯：係指將梯子倚靠於建築物，供緊急避難用者。

(三) 懸吊型梯：係指以折疊、伸縮、捲收等方式收納，使用時，將掛勾等吊掛用金屬構件搭掛在建築物上，放下梯身掛置使用；或打開設置於建築物懸吊梯箱（已設置懸吊型梯於其中），將其垂下，呈可使用狀態，供作緊急避難用者。

二、構造及性能

(一) 一般規定

1. 應為安全、確實且便於使用之構造。

2. 由梯柱（如係懸吊梯時，以相當於梯柱之鋼索、鍊條或其他金屬製之桿或板所製成者）及橫桿所構成。

3. 梯柱為單支之構造者，應符合下列規定：

  (1) 以梯柱為該梯之中心軸，橫桿尾端應設有與梯柱平行且長5cm以上之突出物，以防止橫向之滑溜。

  (2) 橫桿的長度，自梯柱至橫桿的尾端內側為15cm以上25cm以下，梯柱的寬度以橫桿軸方向量測，須在10cm以下。

4. 梯柱為二支以上構造者，其梯柱間之內側距離應在30cm以上50cm以下。

5. 橫桿之直徑應為14mm以上35mm以下之圓型剖面，或具同等尺度之其他形狀剖面。

有關同等尺度之其他形狀剖面，應符合下列任二種情形：

(1) 斷面積在154mm^{2}以上，962mm^{2}以下。

(2) 對角線40mm以下。

(3) 周長110mm以下。

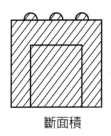
斷面積

對角線

周長

圖　斜線的斷面積、對角線及周長的測定範例

6. 橫桿須以同一間距裝設於梯柱上，其間距應為25cm以上35cm以下（橫桿間距，係指梯子在可使用狀態下，自橫桿上端至次一個橫桿上端之距離）。

7. 橫桿上之踩踏面必須施以防滑措施，但不得影響結構安全。

8. 測定梯柱間及橫桿間之間距，應以50kgf抗拉載重加載於其上後測定之。

9. 避難梯之動作，應符合下列規定：

(1) 折疊部分操作應保持平順，突出物等不得有變形。

(2) 避難梯於展開使用及收納時，其梯柱及橫桿之動作應保持平順且正常動作。

(3) 使用時，安全裝置、保護裝置或緩降裝置之動作應保持平順且正常動作。

10. 操作展開避難梯所需之力量，以手指施力為5kgf以內，以手腕施力為10kgf以內，以腳施力為15kgf以內。

11. 零件以螺絲固定之部分，應有防止螺絲鬆動之措施。

12. 回轉部分應設置護蓋。

13. 使用避難梯時雖然會有搖晃、扭曲等情形，但在安全、確實之使用前提下，梯柱之支數可為一支。

(二)固定型梯

除須符合二、(一)之規定外，應符合下列之規定：

1. 金屬構件部分應設置保護裝置，避免因震動或其他衝擊，產生容易脫落之情形。

2. 除操作保護裝置之動作外，應於二次動作內，使避難梯呈可使用狀態。

(三) 倚靠型梯

除須符合二、(一)之規定外，應符合下列規定：

1. 在上方支撐點處（自上端60cm內之任意位置）應裝設防止打滑及跌倒之安全
裝置。

2. 下端支撐點應設置止滑裝置。

3. 如為可伸縮構造者，應裝設能防止使用時自動縮梯之安全裝置。

4. 如為可折疊構造者，應裝設能防止使用時自動折疊之安全裝置。

(四) 懸吊型梯之構造及性能

除須符合二、(一)之規定外，應符合下列規定：

1. 在每一橫桿處應設長10cm以上之有效突出物，以保持該梯子在使用時能與建
築物保持距離。但未設此突出物如於使用時能與建築物保持10cm以上距離之
構造者，不在此限。

2. 梯柱之上端應裝有圓環、掛勾或其他吊掛用金屬構件。

三、材質

避難梯所使用構件之材質，應符合表3-33或表3-34之規定或具有同等以上強度及
耐久性。如為不具耐腐蝕性材料，應施予耐腐蝕加工。

表3-33　固定梯及倚靠型梯用構件之材質

構件名稱	材質標準
梯柱、橫桿 加強材、支撐材	CNS2473〔一般結構用軋鋼料〕 CNS4435〔一般結構用碳鋼鋼管〕
防止縮梯裝置 防止折疊裝置	CNS2257〔鋁擠型條〕、CNS575〔鉚釘用鋼棒〕 CNS2673〔一般用途之碳鋼鍛鋼件〕 CNS2936〔黑心展性鑄鐵件〕
掛鉤	CNS2473〔一般結構用軋鋼料〕
滑輪	CNS2906〔碳鋼鑄鋼件〕、CNS4336〔黃銅鑄件〕
螺栓類	CNS9276〔光面鋼棒，碳鋼及合金鋼〕
插梢類	CNS575〔鉚釘用鋼棒〕 CNS9612〔鉛及鋁合金鍛件〕

表3-34　懸吊型梯用構件之材質

構件名稱	材質標準
梯柱 突出物	CNS7792〔船舶一般用鏈〕 CNS2473〔一般結構用軋鋼料〕 CNS9493〔航空器用鋼纜〕 CNS2253〔鋁及鋁合金之片及板〕
橫桿	CNS2473〔一般結構用軋鋼料〕 CNS9726〔光面鋼棒〕 CNS8499〔冷軋不銹鋼鋼板，鋼片及鋼帶〕 CNS4435〔一般結構用碳鋼鋼管〕 CNS2253〔鋁及鋁合金之片及板〕
吊掛用金屬構件	CNS2473〔一般結構用軋鋼料〕
滑輪	CNS2906〔碳鋼鑄件〕、CNS4336〔黃銅鑄件〕
螺栓類	CNS9276〔光面鋼棒，碳鋼及合金鋼〕
插梢類	CNS575〔鉚釘用鋼棒〕 CNS9612〔鉛及鋁合金鍛件〕

四、耐腐蝕試驗

耐腐蝕性之試驗方法，將長度1m之樣品依CNS8886〔鹽水噴霧試驗方法〕，以5%鹽水噴霧8個小時後，靜置16小時，以此為一週期，反覆實施五個週期，再以水沖洗，經自然乾燥24小時後，不得產生腐蝕現象。

五、強度試驗

(一) 避難梯之梯柱及橫桿，依梯柱之方向，按表3-35之規定，施以靜載重試驗時，不得產生永久變形。

表3-35　避難梯之靜載重

構件名稱	靜載重
梯柱	自最上端之橫桿至最下端橫桿部位按每2m或其尾數加予下列之載重試驗。 1. 每一梯柱50kgf之壓縮載重。 2. 如梯柱採用鍊條或鋼索者，施以75kgf之壓縮載重。 3. 梯柱有三支以上者，其內側之梯柱應施加100kgf之壓縮載重。 4. 梯柱為一支者，施加100kgf之壓縮載重。 5. 如係懸吊型者，以上各項之載重均為抗拉載重。
橫桿	每一橫桿中央位置之7cm範圍內，施加100kg之平均載重。

(二) 避難梯之梯柱及橫桿,依梯柱之方向,施以靜載重之2倍靜載重試驗5分鐘,不得產生龜裂、破損。

(三) 收納式固定梯,將梯柱之一端固定,橫桿拉出成水平狀態,並與梯柱及橫桿均成垂直方向,在未被固定之另一支梯柱之上端部、中央部及下端部各施以5分鐘22kgf之靜載重試驗後,不得產生永久變形、龜裂、破損等現象。

(四) 倚靠型梯:將梯兩端水平放置於適當平臺上,同時依梯柱方向,在梯柱中央及其左右每2m處,各施以5分鐘65kgf之垂直靜載重,不得產生永久變形、龜裂、破損等現象。

(五) 梯柱及橫桿各安裝點,依前開各項試驗規定,不得產生永久變形、龜裂、破損等現象。

六、衝擊試驗

(一) 避難梯從收納狀態展開至可使用狀態,反覆操作100次後,不得產生顯著變形、龜裂或破損等現象。

(二) 懸吊型梯之吊掛用金屬構件,就每具構件以該伸長之梯柱方向,自該梯之最上端橫桿至最下部橫桿間每隔2m及其尾數,施以150kgf之抗拉載重時,不得產生顯著變形、龜裂或破損等現象。

(三) 懸吊型梯之突出物,就每一橫桿上所裝設之突出物,於突出物與梯柱及橫桿均呈垂直之方向,施以5分鐘15kgf之壓縮載重時,不得產生顯著變形、龜裂或破損等現象。

(四) 避難梯之橫桿施以2.3kgf-m之扭力時,不得產生旋轉或顯著變形、龜裂、破損等現象。

七、標示

避難梯應在其明顯位置,以不易磨滅方法標示下列事項:
(一) 種類。
(二) 型號。
(三) 製造廠名稱或商標。
(四) 製造年月。
(五) 製造批號。
(六) 長度(長度係以最上部的橫桿上端至最下部的橫桿上端)。

(七) 如為倚靠式或懸吊式者，應標示其本身重量（其重量應包含收納時捆綁固定等之附屬品）。

貳、型式認可作業

一、型式試驗之樣品

型式試驗樣品之種類及數量如下：

(一) 完成品　　　　　　　　　3具

(二) 長度1m的樣品　　　　　　3具

(三) 避難梯的組成構件　　　　1組

二、型式試驗之方法

(一) 試驗項目

型式試驗之試驗項目中樣品數及其試驗順序：

1. 形狀及構造檢查：3具。

2. 性能試驗：3具。

動作	收納	保護裝置
		（固定型梯）
		安全裝置
		（倚靠型梯）

收納束帶	吊掛用金屬構件
（懸吊型梯）	（懸吊型梯）

3. 衝擊試驗：3具。

4. 強度試驗：3具。

5. 耐腐蝕試驗：3具。

(二)試驗方法

試驗方法依本認可基準壹、技術規範及試驗方法之規定。

(三)試驗設備

進行試驗時所需之試驗設備。

三、型式試驗結果之判定

型式試驗結果之判定如下：

(一) 符合本認可基準所規定之技術規範者，該型式試驗結果為合格。

(二) 符合下述四、補正試驗所定事項者，得進行一次補正試驗。

(三) 未符合本認可基準所規定之技術規範者，該型式試驗結果為不合格。

四、補正試驗

符合下列規定者得進行補正試驗：

(一) 型式試驗之不良事項為申請資料不完備（設計錯誤除外）、標示遺漏、構件
　　 安裝不良等符合附表3所規定之內容者。

(二) 試驗設備不完備或有缺點，致無法進行試驗者。

(三) 符合附表1所列輕微缺點者。

五、型式變更之試驗方法

型式變更試驗之樣品數、試驗流程等，應就型式變更之內容，依前述型式試驗進
行。

六、型式變更及輕微變更之範圍

型式變更及輕微變更之範圍，依表3-36之規定。

表3-36　型式變更及輕微變更之範圍

梯之種類	型式變更	輕微變更
共通事項	梯柱或橫桿之間距。	1. 梯柱或橫桿之長度或間距改短。 2. 橫桿之止滑裝置的形狀。
固定型梯	收納部之材質或構造。	將梯子固定於建築物，所附加於梯子之金屬零件形狀。

梯之種類	型式變更	輕微變更
倚靠型梯	上部支持點安全裝置、縮梯或折疊防止裝置之材質或構造。	1. 下部支撐點止滑裝置之構造或材質。 2. 伸縮用繩索之材質。
懸吊型梯	1. 突出物之材質或構造。 2. 吊掛用金屬構件之材質或構造。	1. 收納束帶之構造或材質。 2. 鋼索或鏈條之長度。

參、個別認可作業

一、個別認可之方法

(一) 個別認可之抽樣試驗數量依抽樣表規定,抽樣方法依CNS9042規定進行抽樣試驗。

(二) 抽樣試驗之嚴寬等級依程序分為最嚴格試驗、嚴格試驗、普通試驗、寬鬆試驗及免會同試驗五種。

(三) 個別試驗通常將試驗項目分為以通常樣品進行之試驗(以下稱為「一般試驗」)以及對於少數樣品進行之試驗(以下稱為「分項試驗」)。

二、批次之判定基準

個別認可中之受驗批次判定如下:

(一) 受驗品按不同受驗工廠別,並依下表所示型式之區分,以同一樣式之產品列為同一批次。

	固定型梯	倚靠型梯	懸吊型梯
區分	1. 橫桿收納式 2. 折疊式 3. 伸縮式	1. 單一式 2. 伸縮式	1. 折疊式 2. 伸縮式 3. 鋼索式 4. 鍊條式

(二) 依規定取得型式認可者,與正在受驗之型式區分雖相同,但梯柱、橫桿及吊掛用金屬構件之構造或材質不同時,如經實施連續十次普通試驗均於初次即合格後,得不受前揭(一)之規定,與正在受檢之批次列為同一批。

(三) 申請者不得指定將某部分產品列為同一批次。

三、個別認可之樣品及抽樣方法

(一) 個別認可之樣品數依相關試驗之嚴寬等級以及批次大小所定。

另外，關於批次受驗數量少，進行普通試驗時，得依申請者事先提出之申請要求，使用只適用生產數量少之普通試驗抽樣表進行認可作業。

(二) 樣品之抽取如下所示

1. 抽樣試驗以每一批次為單位。

2. 根據受驗批次大小（受驗數+預備品）以及試驗之嚴寬等級，從抽樣表決定樣品數大小。從事先附有號碼之全製品（受驗批次）中以亂數表（CNS 9042）抽樣。在抽樣之樣品附上抽取順序一連串之編號，受驗批次之大小在500個以上時，依下列方式採二階段進行。

   (1) 批次分5個組群以上，每群之製品數為5的倍數個以上，附上組群號碼。最終號碼群無須到達定數。

   (2) 組群內之製品必須整齊排列，並且配列之號碼必須容易瞭解。

   (3) 從全組群定出可以抽出樣品5個以上之最低群數，從這些數群隨機抽樣，再從這些組群內製品以系統隨機抽樣（從各群抽取同一號碼製品）抽出樣品。

   (4) 以前述方法所得之製品數超過樣品所需要之數量時，將該製品再次進行隨機抽樣，去除超過部分得出所需數量。

(三) 一般試驗和分項試驗以不同之樣品試驗之。

四、試驗項目

一般試驗以及分項試驗之項目，如表3-37所述

表3-37　一般試驗及分項試驗

試驗區分		試驗項目
一般試驗	性能試驗	動作（1次） （展開、收藏、安全裝置、保護裝置）
	構造試驗	本基準之相關構造規定

試驗區分		試驗項目
分項試驗	性能試驗	衝擊（10次） （保護裝置、安全裝置、緩降裝置）
	強度試驗	橫桿扭力
		梯柱
		橫桿
		直角載重（固定型梯）
		水平載重（倚靠型梯）
		懸吊金屬構件（懸吊型梯）
		突出物（懸吊型梯）

五、缺點之等級及合格判定基準

缺點區分及合格判定基準依下列規定：

(一) 試驗中發現之缺點，分為致命缺點、嚴重缺點、一般缺點及輕微缺點等四級。

(二) 各試驗項目之缺點內容，依附表1缺點判定表之規定，非屬該缺點判定表所列範圍之缺點者，則依消防機具器材及設備認可作業要點判定之。

3.7　出口標示燈及避難方向指示燈

中華民國98年2月4日內授消字第0980820574號令

壹、技術規範及試驗方法

一、適用範圍

依各類場所消防安全設備設置標準規定設置之出口標示燈、避難方向指示燈等避難引導燈具（以下簡稱為引導燈具），其構造、材質與性能等技術上之規範及試驗方法，應符合本基準之規定。

二、用語定義

(一) 引導燈具：避難引導的照明器具，分成出口標示燈、避難方向指示燈，平日以常用電源點燈，停電時自動切換成緊急電源點燈。依構造形式及動作功能區分如下：

　　1. 內置型：內藏蓄電池作為緊急電源之引導燈具。

　　2. 外置型：藉由燈具外的蓄電池設備作為緊急電源供電之引導燈具。

　　3. 具閃滅功能者：藉由動作信號使燈閃滅或連續閃光之引導燈具。

　　4. 具音聲引導功能者：設有音聲引導裝置之引導燈具。

　　5. 具閃滅及音聲引導功能者：設有音聲引導裝置及閃滅裝置之引導燈具。

　　6. 複合顯示型：引導燈具其標示板及其他標示板於同一器具同一面上區分並置者。

(二) 出口標示燈：顯示避難出口之引導燈具。

(三) 避難方向指示燈：設置於室內避難路徑、開闊場所及走廊，指引避難出口方向之引導燈具。

(四) 閃滅裝置：接受動作信號，提高引導效果，使燈具閃爍之裝置。

(五) 音聲引導裝置：接受動作信號，產生語音告知避難出口位置之引導裝置。

(六) 信號裝置：將發自於火警自動報警設備之信號予以中繼並傳達至引導燈具之裝置。

(七) 常用電源：平時供電至引導燈具之電源。

(八) 緊急電源：常用電源斷電時，供電至引導燈具之電源。

(九) 蓄電池設備：係指經內政部認可之消防用蓄電池設備，且應為引導燈具專用。

(十) 控制裝置：由引導燈具之切換裝置、充電裝置及檢查措施所構成的裝置。使用螢光燈為燈具時，其變壓器、安定器等亦包含於此裝置內。

(十一) 標示板：標明避難出口或避難方向之透光性燈罩或表示面。

(十二) 檢查開關：檢查常用電源及緊急電源之切換動作，能暫時切斷常用電源之自動復歸型開關。

三、構造及性能

(一) 構造

1. 材料及零件之品質，在正常使用狀態下應能充分耐久使用，且標示板、光源、啟動器、內置型蓄電池等應為容易更換之構造，便於保養、檢查及維修。

2. 外殼應使用金屬或耐燃材料構成，且應固定牢固。且不會有妨礙避難的構造。

3. 各部分應在正常狀態溫度下耐久使用，如使用合成樹脂時，須不因紫外線照射而顯著劣化。

4. 裝設位置應堅牢固定。

5. 於易遭受雨水或潮濕地方，應有防水構造。電器於正常使用條件下應耐潮濕。

6. 緊急電源用之電池應採用可充電式密閉型蓄電池，容易保養更換、維修，並應符合下列規定：

   (1) 應為自動充電裝置及自動過充電防止裝置且能確實充電，但裝有不致產生過充電之電池或雖有過充電亦不致對其功能構造發生異常之電池，得免設置防自動過充電裝置（過充電係指額定電壓之120%而言）。

   (2) 應裝置過放電防止裝置。但裝有不致產生過放電之蓄電池或雖呈過放電狀態，亦不致對其功能構造產生異常者，不適用之。

7. 應有防止觸電措施。

8. 內部配線應做好防護措施，與電源接裝之出線，其截面積不得小於0.75mm²，

且電源線附插頭者,則插頭規格應符合CNS 690之規定。

9. 內置型引導燈具之蓄電池及控制裝置與燈具本體未共用同一外殼者,應符合下列規定:

(1) 蓄電池組應存放在耐燃材料之容器中。

(2) 應有可以容易更換蓄電池之構造。

(3) 各裝置間有使用連接器具者,其連接器具應以不燃材料製成,且具有充分之機械強度,另各裝置(光源、蓄電池及控制裝置)若有可將其安裝固定在建築物之構造者(如嵌頂式),也可使用繞性管或可繞波紋電線管。

10. 標示板及透光性燈罩所用材料,應符合壹、十熾熱線試驗之規定,且應不容易破壞、變形或變色。

11. 標示面在亮燈時不得有影響辨識之顯著眩光。

12. 標示面圖形及尺度依附錄1規定。

13. 標示面之顏色、文字、符號圖型(包括箭頭等,以下亦相同)應符合下列規定,可加註英文字樣「EXIT」,其字樣不得大於中文字樣。

(1) 出口標示燈:以綠色為底,用白色表示「緊急出口」字樣(包括文字與圖形)。

(2) 避難方向指示燈:用白色為底,綠色圖型(包括圖形並列之文字)。

(3) 在常用點燈狀態下之顏色使用應符合中華民國國家標準(以下簡稱CNS)9328〔安全用顏色通則〕及CNS 9331〔安全用色光通則〕色度座標範圍內。

14. 引導燈具內具閃滅裝置(包括調光裝置)或音聲引導裝置者,該等裝置之電源得與主燈具電源共用。

15. 火災發生時接受由火警警報設備或緊急通報裝置所發出之訊號,能啟動預先設定之避難方向指示燈者,其功能應準確且正常。

16. 內置型引導燈具緊急電源時間應維持90分鐘以上。

17. 內置型引導燈具除嵌入型者外,應裝電源指示燈及檢查開關。紅色顯示使用狀態,並安裝於從引導燈具外容易發現之位置。如顯示燈使用發光二極體(LED)時,須為引導燈具使用中不用更換之設計。另嵌入型引導燈具應取下保護燈罩或透光性燈罩及標示板後,符合上開電源指示燈及檢查開關之規定。

18. 引導燈具除嵌入型者外,底側應具有透光性(使用冷陰極管或LED光源者不在此限),以利人員疏散。

19. 引導燈具係利用常用電源常時點亮，停電時應自動更換為蓄電池電源或外置電源，繼續照明。

20. 燈具之光源應使用螢光燈、冷陰極管、LED等。

21. 燈具配線與電源側電線之連接點溫度上升變化應在30℃以下。

22. 緊急電源回路配線不可露出引導燈具外。

23. 外置型引導燈具配線方式分為2線式配線或4線式配線及共用式3種，2線式配線指同一電線供應一般及緊急用電者；4線式配線指不同之電線分別供應一般及緊急用電者；共用式指2線式及4線式任一種方法皆可使用之方式。

24. 外置型引導燈具供緊急用電之出線，應有耐燃保護。

25. 外置型引導燈具使用螢光燈時，其緊急電源回路應有保險絲等保護裝置。

26. 依用途區分及種類如表3-38規定：

表3-38　引導燈具區分

依用途區分	按照大小分類				標示面數	緊急電源區分	附加功能	標示面之縱向尺度
	分級		標示面光度（cd）	標示面長邊與短邊比				
出口標示燈	A級	A	50以上	1：1 ～ 5：1	單面	內置型	減光 消燈 閃滅 音聲引導 複合顯示	400mm以上
	B級	BH	20以上					200mm以上 400mm未滿
		BL	10以上					
	C級	C	1.5以上		2			100mm以上 200mm未滿
避難方向指示燈（非地面嵌入型）	A級	A	60以上		3 或以上 型式		減光 消燈 複合顯示	400mm以上
	B級	BH	25以上					200mm以上 400mm未滿
		BL	13以上			外置型		
	C級	C	5以上					100mm以上 200mm未滿
避難方向指示燈（地面嵌入型）	B級	BH	25以上	2：1 ～ 3：1	單面			200mm以上 400mm未滿
		BL	13以上					
	C級	C	5以上					130mm以上 200mm未滿

備註：1.標示面光度：係指常用電源點燈時其標示面平均亮度（cd/m²）乘以標示面面積（m²）所得之值（單位cd）。

2.附有箭頭之出口標示燈僅限於A級、B級。

3.作為避難方向指示燈使用之C級，其長邊長度應在130mm以上。

(二)性能

1. 燈具表面文字、圖形及顏色等，於該燈點亮時，應能正確辨認。

2. 平均亮度：燈具標示面之平均亮度、光度（包括單面及雙面）應符合表3-39 規定。具有調光性能之器具，則測定其必須作調光之各階段的平均亮度。

3. 對電氣充分絕緣。

表3-39　標示面之平均亮度

種類	平均亮度（cd/m²）	
	常用電源	緊急電源
出口標示燈	150以上	100以上400未滿
避難方向指示燈	150以上	100以上400未滿

四、材質

(一) 外殼應使用金屬或耐燃材料構成，各部分之構件應符合表3-40規定或具有同等以上性能：

表3-40　構件材料一覽表

零件名稱		材　料
蓄電池	鎳鎘蓄電池	CNS 6036〔圓筒密閉型鎳鎘蓄電池〕
	鉛蓄電池	CNS 6034〔可攜式鉛蓄電池〕
安定器	螢光管用	CNS 927〔螢光管用安定器〕 CNS 13755〔螢光管用交流電子式安定器〕
控制裝置		CNS 14816-1〔低電壓開關裝置及控制裝置-第1部：通則〕

(二) 變頻器於緊急電源供電時，須穩定點亮燈具；所用半導體須為耐久型。

(三) 標示面等透光性燈罩材料應為耐久性玻璃或合成樹脂，與燈具組合時須能確保光特性，且不可有內藏零件之陰影等。

五、點燈試驗

燈具附有起動器者，應在15秒以內點燈，無起動器之瞬時型者應即瞬間點燈。

六、絕緣電阻試驗

使用直流500V高阻計，測量帶電部分與不帶電金屬間之絕緣電阻，均應為5 MΩ以上。

七、充電試驗

內置型引導燈具其蓄電池電壓降達額定電壓20%以內時，應能自動充電。外置型引導燈具免施此試驗。

八、耐電壓試驗

(一) 於壹、六之測試端，燈具電源電壓為未滿150V者，施加交流電壓1000V，燈具電源電壓為150V以上者，施加交流電壓1500V，應能承受1分鐘無異狀。試驗時應將蓄電池卸下再進行試驗。回路電壓其交流電壓在30V以下、直流電壓在45V以下者免測試。

(二) 外置型引導燈具其緊急用電源回路之對地電壓及線間電壓在45V以上者，其緊急用電源回路也應實施耐電壓試驗。

九、充放電試驗

(一) 內置型引導燈具蓄電池應符合下列規定：

　　1.鉛酸電池：本試驗應於常溫下，按下列規定依序進行，試驗中電池外觀不可有膨脹、漏液等異常現象。

　　　(1) 依照燈具標稱之充電時間充電之。

　　　(2) 全額負載放電1.5小時後，電池端電壓不得少於額定電壓之87.5%。

　　　(3) 再充電24小時。

　　　(4) 全額負載放電1小時後，電池端電壓不得少於額定電壓之87.5%。

　　　(5) 再充電24小時。

　　　(6) 全額負載放電24小時。

　　　(7) 再充電24小時。

　　　(8) 全額負載放電1.5小時後，電池端電壓不得少於額定電壓之87.5%。

　　2.鎳鎘或鎳氫電池：

　　　(1) 燈具應依其標稱之充電時間進行充電，充足後其充電電流不得低於電

池標稱容量之1/30或高於1/10C。

　　(2) 放電標準：將充足電之燈具，連續放電1.5小時後，電池之端電壓不得少於標稱電壓之87.5%，且測此電壓時放電作業不得停止。

(二) 外置型引導燈具使用之蓄電池設備，為內政部認可之產品，免施本項試驗。

十、熾熱線試驗

(一) 熾熱線試驗係應用在完成品或組件實施耐燃試驗時。

(二) 引用標準：

　　1. CNS 14545-4〔火災危險性試驗—第2部：試驗方法—第1章／第0單元：熾熱線試驗方法—通則〕

　　2. CNS 14545-5〔火災危險性試驗—第2部：試驗方法—第1章／第1單元：完成品之熾熱線試驗及指引〕

(三) 試驗說明：

　　1. 試驗裝置如CNS 14545-4之規定。

　　2. 熾熱線試驗不適用於直線表面尺度小於20 mm之組件者，可參考其他方法（例如：針焰試驗）。

　　3. 試驗前處理：將試驗品或薄層置於溫度15℃至35℃間，相對濕度在45%至75%間之1大氣壓中24小時。

　　4. 試驗程序及警告注意：參照CNS 14545-4中之規定。

　　5. 試驗溫度：

　　　　(1) 對非金屬材料組件如外殼、標示面及照射面所用絕緣材料施測，試驗溫度為550±10℃。

　　　　(2) 支撐承載電流超過0.2 A之連接點的絕緣材料組件，試驗溫度為750±10℃；對其他連接點，試驗溫度為650±10℃。施加之持續時間（t_a）為30±1秒。

(四) 觀察及量測：熾熱線施加期間及往後之30秒期間，試樣、試樣周圍之零件及其位於試驗品下之薄層應注意觀察，並紀錄下列事項：

　　1. 自尖端施加開始至試驗品或放置於其下之薄層起火之時間（t_i）。

　　2. 自尖端施加開始至火焰熄滅或施加期間之後，所持續之時間（t_e）。

　　3. 目視著火開始大約1秒後，觀察及量測有無產生聚合最大高度接近5mm之火焰；火焰高度之量測係於微弱光線中觀察，當施加到試驗品上可看見到

火焰之頂端與熾熱線上邊緣之垂直距離。

4. 尖端穿透或試驗樣品變形程度。

5. 使用白松木板者，應記錄白松木板之任何燒焦情形。

(五) 結果評估：符合下列情形之一者為合格：

1. 試驗品無產生火焰或熾熱者。

2. 試驗品之周圍及其下方之薄層之火焰或熾熱，在熾熱線移除後30秒內熄滅者，即$t_e \leq t_a + 30$秒，且周圍之零件及其下方之薄層無繼續燃燒。使用包裝棉紙層時，包裝棉紙應無著火。

十一、平均亮度試驗

(一) 使用CNS 5119〔照度計〕中AA級者照度計測試平均亮度。

(二) 測試環境：測試時環境之照度在0.05 lux以下之暗房。

(三) 測試面：整個標示面。

(四) 測試步驟：標示板與受光器之距離為標示面長邊之4倍以上，量測其平均照度E_θ，平均亮度L_θ計算式如下：

$$平均亮度 L_\theta = \frac{K_1 \times E_\theta \times S^2}{A \cos \theta}$$

其中L_θ：角度θ之平均亮度（單位：cd/m^2）

K_1：基準光束/試驗使用燈管之全光束（一般K_1趨近於1）

E_θ：角度θ之平均照度測定值（單位：lx）

S：標示面板量測點與照度計間之距離（單位：m）

A：標示面之面積（單位：m^2）

θ：照度計與標示面量測點法線方向之角度（單位：°）

基準光束：標準燈管之全光束（單位：流明lm）

(五) 測試時間：常用電源之測試於試驗品施以額定電源並使燈管經枯化點燈100小時後測試。

(六) 緊急電源試驗，於執行常用電源之測試後，再依產品標示額定充電時間完成後即予斷電，並於斷電後45分鐘即實施試驗，並於10分鐘內測試完畢（外置型引導燈具僅針對額定緊急電源電壓施予測試）。

十二、亮度比試驗

亮度比係就標示面之綠色部分、白色部分分別逐點加以測定，求出其最大亮度（cd/m²）與最小亮度。逐點測定係分別測定3處以上。正方型引導燈具標示面之亮度比係在常時電源時所規定之測定點之最大亮度與最小亮度之比，應符合表3-41之值。本項測試使用之輝度計，應符合CNS 5064之規定。

表3-41　標示面之亮度比

	綠色部分	白色部分
避難出口標示燈	9以下	7以下
避難方向指示燈	7以下	9以下

如係標示面為長方形之引導燈具，其最小輝度與平均亮度之比，應在1/7以上。

$$亮度比 = Lmax/Lmin$$

式中，Lmax：在白色部分或綠色部分之最大亮度
　　　Lmin：在白色部分或綠色部分之最小亮度

十三、耐濕試驗

所有燈具需能耐正常使用下之潮濕狀況，在濕度箱內相對濕度91%至95%及溫度維持在20℃至30℃間之某溫度（t）的環境下放置48小時後，對於電性、機械性能及構造無使用上障礙。其試驗應符合下列各項規定：

(一) 溼度箱內部須穩定維持相對濕度91～95%，溫度在20～30℃間之某溫度（t），但需保持所設定之溫度（t）在±1℃以內之誤差。

(二) 試驗品有電纜入口者，須打開；若有提供填涵洞（Knock-outs）者，須打開其中之一。如電子零組件、蓋子、保護玻璃等可藉由手拆卸之零件需拆卸，並與主體部分一起做濕度處理。

(三) 試驗品在做濕度處理前，應放置在t至t+4℃之室內至少4小時以上，以達到此指定的溫度。

(四) 試驗品放入濕度箱前，須先使期溫度達到t至t+4℃之間，然後將試驗品放入濕度箱48小時

(五) 經過前述處理後，立刻於常溫常濕環境下，以正常狀態組裝試驗品，於取出後5分鐘內進行絕緣電阻、耐電壓試驗。

十四、靜荷重試驗

(一) 地面嵌入型燈具施以1000kgf（9800N）靜荷重時，外殼及標示板不可有裂痕、破裂及其他使用上之有害異常情形。

(二) 組裝方法以裝置固定於下圖所示實木框，在使用狀態下進行試驗。荷重以器具底層承受構造，可用試驗裝置底層與器具底層接觸狀態進行試驗。

(三) 於試驗品中央部施加靜荷重30秒，施加荷重面為直徑50mm圓。地面崁入型的閃爍行走用器具則為30mm以上之圓。

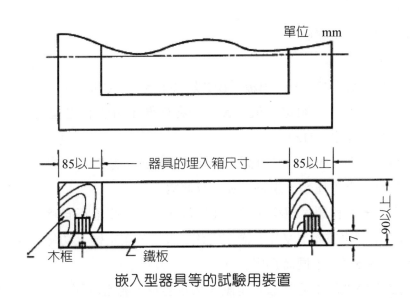

嵌入型器具等的試驗用裝置

十五、熱變形試驗

於燈具正常使用狀態下，由輸入端子處施加額定頻率之額定電壓的110%電壓，持續試驗24小時，其功能不得有異常、標示面或外殼不得有變色、變形之情形。所謂變形係指在固定狀態之器具上，有超過標示面長度1%以上之起伏彎曲等，以及採貼合構造之標示板有貼合處之脫落或有異常情形者。

十六、其他

具閃滅、音聲引導、減光或消燈等附加功能之引導燈具，除應符合基準本文規定外，應分別依所附加之功能按本基準附錄2【具閃滅功能與音聲引導功能之引導燈具規定】、附錄3【減光型及消燈型引導燈具規定】或附錄4【複合顯示之引導燈具規定】之各項規定分別試驗。

十七、標示

於燈具明顯位置，以不易磨滅之方法，標示下列事項：

(一) 設備種類。

(二) 設備名稱及型號。

(三) 製造年、月。

(四) 型式、型式認可號碼。

(五) 製造產地。

(六) 燈具等級區分〔如 A 級、B 級（BH 級、BL 級）、C 級〕。

(七) 額定電壓（V）、額定電流（A）（具有調光功能者之型式，應為最亮之值）、額定頻率（Hz）。

(八) 額定輸入功率（W）（具有調光功能者之型式，應為最亮之值）。

(九) 引導燈具之光源種類、規格（W）及個數。

(十) 緊急用之光源種類、規格（W）及個數（與平時亮燈不同時為限）。

(十一) 緊急用額定電壓（V）、額定電流（A）、額定輸入功率（W）（外置型及與平時亮燈不同時為限）。

(十二) 內置型需標明蓄電池額定電壓、額定容量、充電時間。

(十三) 內置蓄電池應標明種類、製造商及製造日期或批號。

(十四) 外置型需標明「外置型」字樣。

(十五) 其他附加功能應標明相關字樣，如「音聲引導」、「閃滅」等，依附加功能按本基準附錄2～4之標示辦理。

(十六) 使用方式及使用應注意事項。

貳、型式認可作業

一、型式試驗之樣品

主型式需樣品5個；熾熱線試驗試驗片樣品5個。具附加功能之引導燈具需樣品3個。同一型式之系列認證則依申請差異部分區分，有不同差異時至少需要樣品1個。

二、型式試驗之方法

(一) 試驗項目及流程

1. 一般性試驗項目及流程

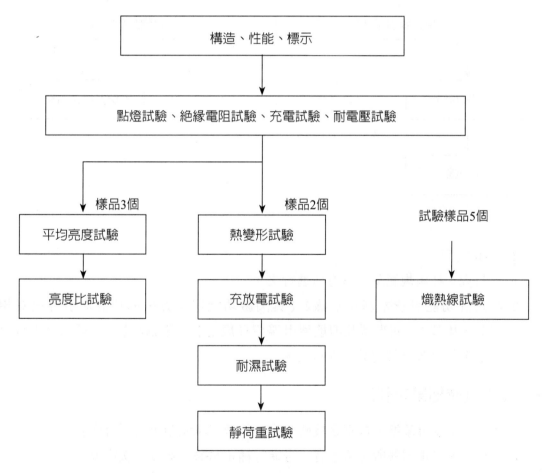

2. 外置型引導燈具免施充電試驗、充放電試驗。

3. 靜荷重試驗僅針對避難方向指示燈地面嵌入型實施測試，其餘型式免測。

4. 金屬、玻璃材質免施熾熱線試驗。

5. 具閃滅、音聲引導、減光或消燈等附加功能之引導燈具，除依上述試驗項目及流程試驗完成後，應依附加功能種類分別進行下列試驗：

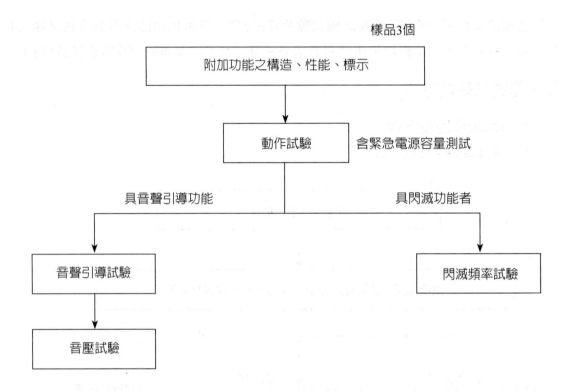

(二) 試驗方法

1. 依照壹、技術規範及試驗方法進行之。

2. 具附加功能者依本基準附錄2【具閃滅功能與音聲引導功能之引導燈具規定】、附錄3【減光型及消燈型引導燈具規定】或附錄4【複合顯示之引導燈具規定】之各項規定分別進行之。

三、型式試驗結果之判定：

(一) 符合本認可基準所規定之技術規範，該型式試驗結果爲「合格」。

(二) 有四、補正試驗所定情形者，得進行補正試驗，並以一次爲限。

(三) 依「缺點判定表」判定未符合本認可基準規範者，該型式試驗結果爲「不合格」。

四、補正試驗：

(一) 型式試驗之不良事項為申請資料不完備（設計錯誤除外）、標示遺漏、零件安裝不良者。

(二) 試驗設備有不完備或缺點，致無法進行試驗者。

(三) 依「缺點判定表」判定為輕微缺點，且合計3項（含）以下者。

五、型式變更之試驗方法

型式變更試驗之樣品數、試驗流程等，應就型式變更之內容，依前述型式試驗之方法進行。

六、型式區分、型式變更及輕微變更之範圍

型式區分、型式變更及輕微變更之範圍，依規定。

七、試驗紀錄

有關上述型式試驗、補正試驗、型式變更試驗之結果，應詳細填載於型式試驗紀錄表。

參、個別認可作業

一、個別認可之方法

(一) 個別認可之抽樣試驗數量依規定，抽樣方法依CNS 9042規定進行。

(二) 抽樣試驗之嚴寬等級依程度分為最嚴格試驗、嚴格試驗、普通試驗、寬鬆試驗及免會同試驗五種。

(三) 試驗項目分為以通常樣品進行之試驗（以下稱為「一般試驗」）以及對於少數樣品進行之試驗（以下稱為「分項試驗」）兩類。

二、批次之判定基準

(一) 受試驗品按不同受驗廠商，依其試驗等級之區分列為同一批次。

(二) 新產品與已受試驗之型式不同項目僅有表3-42所示項目者，自第一次受驗開始即可列為同一批次；如其不同項目非表3-42所示項目，惟經過連續10批次

普通試驗，且均於第一次即合格者，得列入已受驗合格之批次。

表3-42 新產品與已受試驗之型式可視為同一批次之項目

項次	項目名稱
1	同一系列者
2	經型式變更者
3	變更之內容在型式變更範圍內，且經型式變更認可者
4	受驗品相同但申請者不同者
5	光源及品名相同者

(三) 申請者不得指定將某部分產品列為同一批次。

三、個別認可之樣品及抽樣方法

(一) 個別認可之樣品數依相關試驗之嚴寬等級以及批次大小所定。關於批次受驗數量少，進行普通試驗時，得依申請者事先提出之申請要求，使用適用生產數量少之普通試驗抽樣表進行認可作業。

(二) 樣品之抽取依下列對規定：

1. 抽樣試驗應以每一批次為單位。

2. 樣品之多寡，應視整批成品（受驗數量＋預備品）數量之多寡及試驗等級，按抽樣表之規定抽取，並在重新編號之全部製品（受驗批）中，依隨機抽樣法（CNS 9042）隨意抽取，抽出之樣品依抽出順序編排序號。受驗批量如在500個以上時，應依下列規定分為二段抽樣。

   (1) 計算每群應抽之數量：當受驗批次在五群（含箱子及集運架等）以上時，每一群之製品數量應在5個以上之定數，並事先編定每一群之編碼；但最後一群之數量，未滿該定數亦可。

   (2) 抽出之產品賦予群碼號碼：同群製品須排列整齊，且排列號碼應能清楚辨識。

   (3) 確定群數及抽出個群，再從個群中抽出樣品：確定從所有群產品中可抽出五群以上之樣品，以隨機取樣法抽取相當數量之群，再由抽出之各群製品作系統式循環抽樣（由各群中抽取同一編號之製品），將受驗之樣品抽出。

(4) 依上述方法取得之製品數量超過樣品所需數量時，重複進行隨機取樣去除超過部分至達到所要數量。

(三) 一般試驗和分項試驗以不同之樣品試驗之。

四、試驗項目

(一) 一般試驗及分項試驗之項目及試驗流程如表3-43：

表3-43 個別認可試驗項目

試驗區分	試驗項目	備註
一般試驗	1.構造、性能檢查 2.標示檢查	樣品數： 依據規定抽取。
分項試驗	3.點燈試驗 4.絕緣電阻試驗 5.充電試驗 6.耐電壓試驗 7.平均亮度試驗（免施枯化點燈） 8.亮度比試驗	
	以下依附加功能之引導燈具加測 9.動作試驗 10.音聲引導試驗 11.音壓試驗 12.閃滅頻率試驗	

1. 平均亮度試驗免測試100小時枯化試驗。
2. 具附加功能之引導燈具之動作試驗，應分別依其附錄規定，進行動作、連動及停止測試，並應確認內置型緊急電源動作時間。
3. 具音聲引導功能之引導燈具應進行音聲引導試驗及音壓試驗。
4. 具閃滅功能之引導燈具應進行閃滅頻率試驗。
5. 具閃滅功能兼音聲引導功能之引導燈具應進行上述3、4試驗。

附錄1　標示板尺度規定

一、適用範圍：本附錄用於引導燈具標示板之有效標示面。

二、一般性條件：標示板之有效標示面及其鄰接部分，應與有效標示面部分之顏色幾乎相同，亮度在同一程度以下。

三、形狀及尺度：

(一) 出口標示燈之標示面形狀，依附錄1－圖1、附錄1－圖2規定，尺度則依附錄1－表1規定。

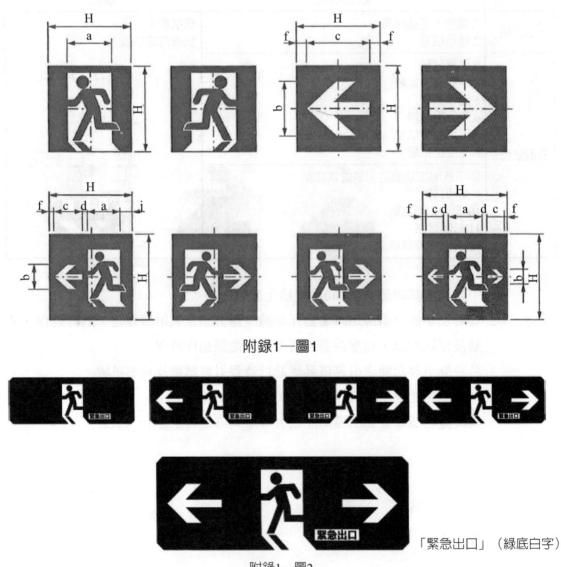

附錄1－圖1

「緊急出口」（綠底白字）

附錄1－圖2

附錄1—表1　　　　　　　　　　　　　　　　單位：mm

長邊與短邊之比	種類	a	b	c	d	e	f	j	k
1：1	無箭頭	13/24H	—	—	—	—	—	—	—
	只有箭頭	—	13/20H	4/5	—	—	1/10H	—	—
	單箭頭	2/5H	8/25H	7/20H	1/20H		1/20H	3/20H	—
	雙箭頭	2/5H	1/5H	11/50H	1/20H	—	3/100H	—	—

備考：H表示標示面之縱高尺度。

在本表中，例如標示為65/120H，是（65/120）H之意。

(二) 避難方向指示燈標示面之形狀如附錄1—圖3、附錄1—圖4規定，尺度則依附錄1—表2規定。

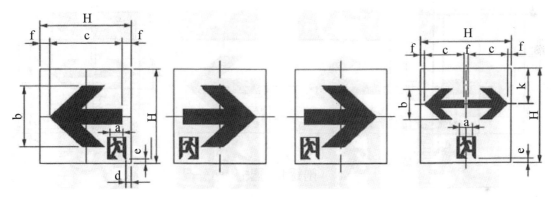

附錄1—圖3

　　　　　　「緊急出口」（綠底白字）

附錄1—圖4

附錄1—表2　　　　　　　　　　　　　　　　單位：mm

長邊與短邊之比	種類	a	b	c	d	e	f	j	k
1：1	單箭頭	1/8H	13/20H	4/5H	1/20H	1/20H	1/10H	－	－
	雙箭頭	1/8H	8/25H	17/40H	－	7/100H	1/20H	－	37/100H

備考：1.H表示標示面之縱高尺度。
　　　2.除了1：1之型式外，顯示避難出口之圖形及文字的下端應在同一線上。
　　　3.1：1之C級，依圖5規定。

(三) C級避難方向指示燈標示面之形狀，如附錄1—圖5規定，尺度如附錄1—表3
　　規定。

附錄1—圖5

附錄1—表3　　　　　　　　　　　　　　　　單位：mm

長邊與短邊之比	種類	a	b	c	d	e	f	k
1：1	單箭頭	1/8H	13/20H	4/5H	1/20H	1/20H	1/10H	－
	雙箭頭	1/8H	8/25H	41/100H	－	7/100H	3/50H（8mm）	37/100H

備考：H表示標示面之縱高尺度。

(四) 引導燈具之人型圖形與箭頭圖形，其形狀、尺度，依附錄1—圖6、附錄1—
　　圖7之規定。

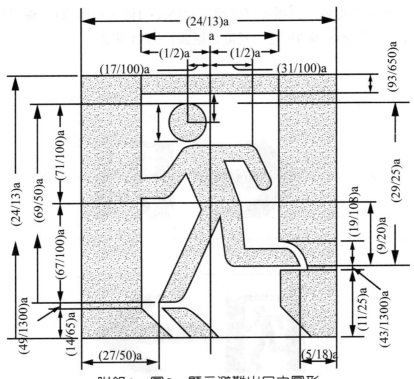

附錄1—圖6　顯示避難出口之圖形

備註：1.h為出口標示燈標示面之短邊長。

　　　2.a＝$\frac{1}{2}$h（設在通道或走廊之避難方向指示燈者為$\frac{1}{3}$h）以上，$\frac{13}{24}$h以下（1：1、2：1除外）。

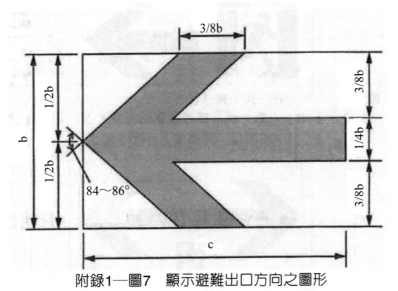

附錄1—圖7　顯示避難出口方向之圖形

備註：1.h為出口標示燈或避難方向指示燈標示面之短邊長度。

　　　2.b＝$\frac{2}{5}$h以上，$\frac{4}{5}$h以下。c＝$\frac{3}{5}$h以上，$\frac{13}{10}$h以下（1：1、2：1除外）。

(五) 地面嵌入型避難出口標示燈之標示面為3：1時，依附錄1—圖4規定；為2：
　　1時，依附錄1—圖9規定，尺度依附錄1—表4規定。

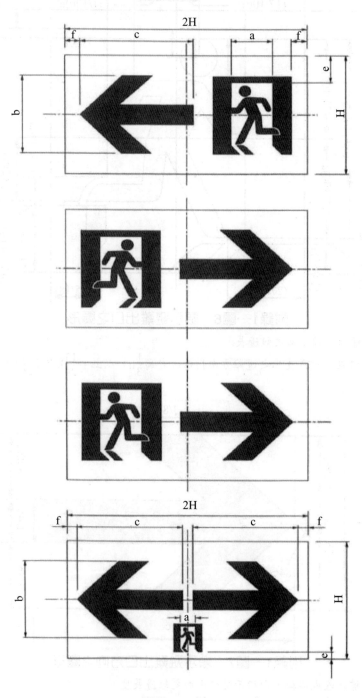

附錄1—圖9

表4 地板嵌入型避難出口標示燈（長短邊之比為2：1時） 單位：mm

長邊與短邊之比	種類	a	b	c	d	e	f
2：1	單箭頭	$\frac{65}{120} \times \frac{65}{100}H$	65/100H	$\frac{23}{16} \times \frac{65}{100}H$	—	9/40H	1/8H
	雙箭頭	1/8H	65/100H	9/10H	—	7/100H	3/50H（8mm）

附錄2 具閃滅功能與音聲引導功能之引導燈具規定

一、適用範圍：本附錄用於引導燈具具閃滅功能裝置或音聲引導功能裝置之規定。

二、種類：種類如附錄2—表1。

附錄2—表1

器具及裝置	依形狀分類
具閃滅功能之引導燈具 具音聲引導功能之引導燈具 具閃滅兼音聲引導功能之引導燈具	獨立型 組合型 內照型
閃滅裝置 音聲引導裝置	獨立型 組合型

三、具閃滅功能之引導燈具之構造及性能規定

　　(一) 閃滅裝置緊急時之閃滅動作，依附錄2—表2之規定。

附錄2—表2

種類		緊急時之閃滅動作
器具	燈泡	
獨立型 組合型	氙氣燈泡 白熾燈泡	閃滅亮燈
內照型	平常亮燈燈泡	變暗至變亮時之30%以下。

　　(三) 閃滅裝置之構造，如下之規定：

　　　　1.獨立型及組合型之閃滅裝置，使用氙氣燈及白熾燈泡作為閃滅光源者應可

以直接目視閃滅光源發光部。

2. 以氙氣燈及白熾燈泡作為閃滅光源者，閃滅光源應以透光性外蓋覆蓋。

3. 閃滅光源應可以更換。

(三) 閃滅用燈泡，依附錄2－表3之規定。

附錄2－表3

閃滅光源之種類	額定消耗電力（W）	額定壽命（Hr）
氙氣燈泡	10以上	100以上
白熾燈泡		

(四) 性能及動作試驗：

1. 信號動作：

(1) 接到來自信號裝置之動作信號，於3秒鐘內自動閃滅動作開始。如接到信號裝置或偵煙式探測器等外部信號時，於3秒鐘內停止動作。

(2) 僅將常用電源遮斷而非動作信號時，閃滅動作不會開始。但將信號裝置之常用電源遮斷時，則不在此限。

(3) 試驗方法，係按以下之步驟實施：

a. 於閃滅裝置上施加額定頻率之額定電壓。

b. 由開或關設在信號裝置之移報裝置側的開關來發送信號。

c. 由外部發送停止信號。

d. 將閃滅裝置之常用電源遮斷。

2. 閃滅頻率及時間比試驗：依附錄2－表4規定。

附錄2－表4

燈泡	閃滅頻率（Hz）		時間比
	額定電壓	放電標準電壓	
氙氣燈泡	2.0±0.1	2.0±1.0	－
白熾燈泡或日光燈			1：1

備考：以平常用之燈泡使之閃滅時，依本表之規定。

(1) 在閃滅裝置之輸入端子間施加額定電壓，然後使其接受信號裝置之動

作信號開始閃滅，統計其1分鐘之間的閃滅次數及時間比。

(2) 在閃滅裝置之輸入端子間施加放電標準電壓，然後使其接受信號裝置之動作信號開始閃滅，統計閃滅1分鐘之間的閃滅次數及時間比。

3. 動作時間是在接到信號時，其緊急電源容量應能有效閃滅動作90分鐘以上。

4. 光源特性：

(1) 以氙氣燈及白熾燈泡作爲閃滅光源之閃滅裝置，其光源特性應依附錄2一表5規定。

附錄2一表5

燈泡	光源特性
氙氣燈泡	輸入之能量每一發光體2.4J（Ws）以上
白熾燈泡	光束130lm以上及色溫在2800K以上

(2) 內照型閃滅功能之出口標示燈作閃滅閃動時，其亮與暗之比應在附錄2一表2之範圍內。

(3) 測定方法：

a.若閃滅光源爲氙氣燈，於閃滅裝置之輸入端子間施加放電標準電壓，測定燈泡輸入端子（接點）之輸入能量。但如果燈泡之輸入能量可以相關方式求得時，得採其他之測定方法。

b.內照型閃滅功能之出口標示燈亮與暗之測定，其試驗方式係停止閃滅回路，以照度計分別加以測定求得比值。

四、具音聲引導功能之引導燈具之構造及性能規定

(一) 音聲引導之構造規定

1. 音聲引導音由警報聲及語音2個部分所構成，依附錄2一圖1之規定。

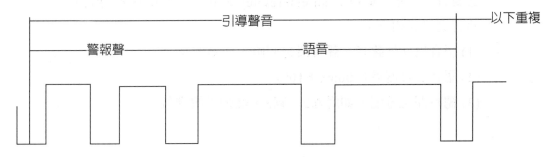

附錄2一圖1

2. 警報聲之構成，依附錄2—圖2之規定。

(1) 警報聲，係以基本頻率不同之2個週期性複合波連接合成聲（Ping、Pong）反覆2次而成。

(2) 基本頻率依如下之規定：

第1音：$f_1 = 1,056Hz \pm 3\%$（C音）

第2音：$f_2 = 880Hz \pm 3\%$（A音）

但f_1與f_2之音程（f_1/f_2），為$6/5 \pm 10\%$

(3) 音之起及伏時間：$15 \pm 10ms$

(4) 聲音之長度，依如下之規定。

第1音：$t_1 = 320ms \pm 10\%$

第2音：$t_2 = 700ms \pm 10\%$

$t_3 = 260ms \pm 10\%$

(5) 第2音的衰減曲線，是指數函數之衰減曲線。

(6) 第2音的終端音壓相對於第2音的峰值，為$10 \pm 3\%$。

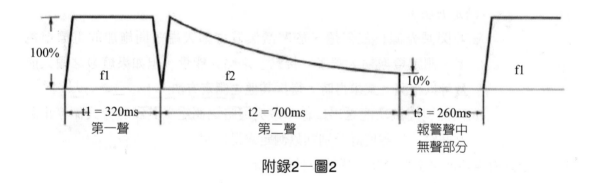

附錄2—圖2

3. 語音之內容為：「緊急出口在這裡！」

必要時用英語「here is an emergency exit！」與國語交互廣播。

語音之格式如下：

(1) 語音為女性聲音，聲音清楚明瞭，語氣堅定。

(2) 語音之長度為$1700ms \pm 10\%$。

(3) 總時間之分配，如附錄2—圖3，繼續重複進行。

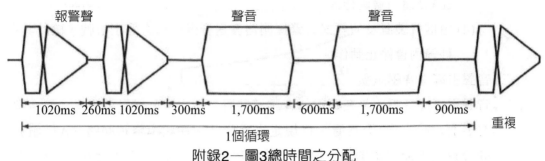

附錄2—圖3總時間之分配

4. 音聲引導之組成：

(1) 採電子回路形成之語音合成。

(2) 合成聲音之品質，應可以在發生災害時的心理狀態下避難人員可以清楚判斷傳達內容之程度。

(3) 再生頻率範圍最好在200Hz至6.3kHz。但應在200Hz～3.15Hz間。

5. 試驗方法：

(1) 在溫度25±5℃、相對濕度65±20%環境之無響室內進行音壓測試。

(2) 音聲引導之音壓試驗，以放電標準電壓進行。

(二) 音聲引導裝置之動作試驗：

1. 音聲引導裝置，於收到火災信號後動作，且於接到避難通道發生重大妨礙之信號時停止，依附錄2—表6之規定，在3秒內動作。

附錄2—表6

條件	接到火災信號時	接到停止信號時
音聲引導裝置	動作開始後繼續90分鐘	停止動作

2. 音聲引導裝置，經由引導燈具用信號裝置之動作信號用端子接受火災信號。

3. 音聲引導裝置，收到信號裝置或偵煙式火警探測器等來自外部之停止信號時，停止動作。

4. 信號動作之試驗，依如下之步驟：

(1) 與引導燈具用信號裝置、音聲引導裝置（或內設音聲引導裝置之引導燈具）及停止信號用開關連接，施加額定頻率之額定電壓。

(2) 將音聲引導裝置之常用電源遮斷，確認其不會動作。

(3) 以設於引導燈具用信號裝置移報裝置側之開關發送火災信號，確認其

　　　　　　在3秒鐘內會動作。

　　　　(4) 由信號裝置及偵煙式火警探測器發送音聲引導之停止信號，確認其在3
　　　　　　秒鐘內會停止動作。

(三) 音聲引導之音壓試驗：

　　　音聲引導之音壓，係在距離語音誘導裝置（獨立型）或引導燈具（組合型）
　　　之表面水平方向1公尺處，以規定之噪音計（探頻率修正回路之A權值）或
　　　同等以上性能之儀器加以測定。其警報聲及語音之最高值應在90dB以上。
　　　且可調整音壓型式之警報聲及語音最低調整值不低於70dB。

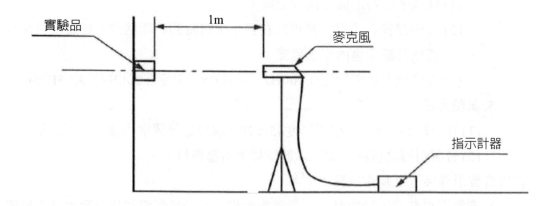

(四) 音聲引導裝置之構造（材料及零配件）：

　　　1. 具有由器具內部即可以使用語音之構造。

　　　2. 應具有由外部即可以作音壓調整之構造。

　　　3. 供裝置使用之揚聲器，應可以提供200～5000Hz（±10dBA）之頻寬。

五、標示：

(一) 閃滅型引導燈具之標示除依本文之規定外，應另外加註下列事項：

　　　1. 獨立型閃滅裝置、組合型閃滅裝置或內照型閃滅裝置。

　　　2. 閃滅用光源種類、規格、消耗功率等。

(二) 音聲引導之引導燈具應標明獨立型或組合型。

(三) 閃滅兼音聲引導之引導燈具應符合前項(一)、(二)規定。

附錄3 減光型及消燈型引導燈具規定

一、適用範圍：本附錄用於引導燈具為減光型或消燈型之規定。引導燈器具的一般性要求依據本文規定。

二、減光點燈：以常用點燈光束之20%以上的光束點燈。

三、消燈狀態：平時以不點燈狀態使用之引導燈具。

四、信號動作：藉由動作信號，使減光點燈或消燈狀態自動切換成正常點燈。

五、信號用電線及信號電路斷路或短路時，須復歸為正常點燈狀態。

六、標示除依據本文的規定外，須加註下列事項。

　　(一) 減光型或消燈型引導燈具。

　　(二) 減光點燈時之輸入電流及輸入功率。

附錄4 複合顯示之引導燈具規定

一、適用範圍：本附錄用於出口標示燈及避難方向指示燈附加其他非規定圖型或文字之標誌板（以下稱標誌板）之複合顯示型引導燈具（以下稱器具）。

二、構造除依本文之規定外，應依下列之規定：

　　(一) 器具應為一體構造，整體應符合本文規定。

　　(二) 引導燈具標示板與標誌板應明確加以區分。

　　(三) 引導燈具標示板部分之內部與標誌板部分內部以不透明之材料加以分隔。

　　(四) 不得由引導燈具標示板與標誌板交界部分顯著洩漏出器具內燈泡之光線。

　　(五) 標誌板之短邊長度不得比引導燈具標示板短邊長度長，器具之相鄰部分短邊長度應相同。

　　(六) 非供引導燈具標示板專用之燈泡，不得作為緊急亮燈之用。

三、引導燈具標示板及標誌板，依如下之規定：

　　(一) 標誌板之標示，應以增加避難引導效果為原則。

　　(二) 不得因其他類似標示而妨礙引導燈具標示板之醒目性、或容易造成混淆情形。

　　(三) 標誌板之底色，應屬於附錄4—圖1所規定之綠色及紅色以外之顏色。

　　(四) 色度（色調）原則上係以輝度計等適當之測定儀器測定其透光性。但也可以用標準色表等色度X、Y明確之色標作顏色比對加以判定。

四、標誌板之動作部分，建議可以由火災信號使其熄燈。

五、標誌板部分之平均亮度,不得超過引導燈具標示板之平均亮度。

六、標示依本文之規定。但平常亮燈時使用之光源種類、規格(W)及個數,其引導
　　燈標示板部分與標誌板部分應作分別標示。

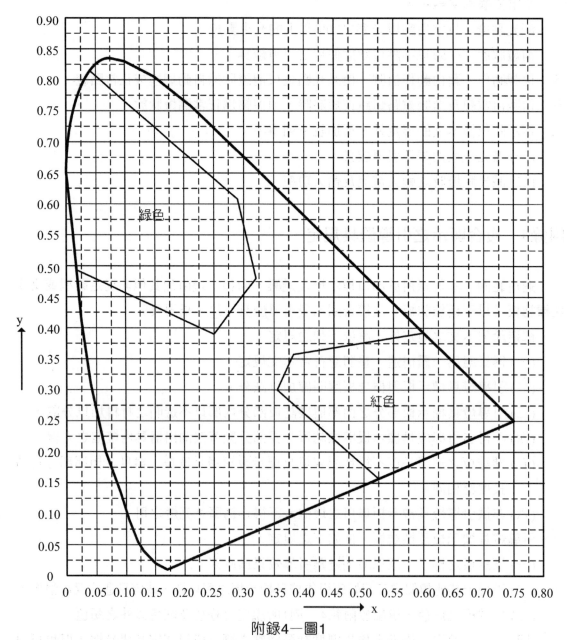

附錄4—圖1

備考:1.x、y係依CNS 9331(安全用色光通則)之XYZ表色系之色度座標。
　　　2.圖面直線圍成之綠色與紅色區域表示是禁用(禁止)範圍。

附錄5　引導燈具用信號裝置

一、適用範圍：本附錄在規定傳達動作信號之信號回路及與火警自動警報設備等連接
之回路相接而設之信號裝置之構造、性能及標示。

二、用語定意：除依本文有關用語之定義外，依如下之規定：

(一) 閃滅（音聲引導）信號回路

係指閃滅型引導燈具或閃滅裝置、音聲引導之引導燈具或音聲引導裝置，當
給予動作信號時，可以使其閃滅亮燈或發出音聲引導聲音之回路。

(二) 消燈（減光）信號回路

於將消燈（減光）動作信號送到消燈器具時可使器具亮燈之回路。

(三) 單回路用信號裝置

具有可以使防火對象（建築物）之引導燈具可以同時作動之信號回路的信號
裝置。

(四) 多回路用信號裝置

具有使防火對象（建築物）之引導燈具可以依據火災樓層之分類而作動之信
號回路的信號裝置。

三、種類：信號裝置之種類，依附錄5─表1區分。

附錄5─表1

連動方法	形狀	信號回路	緊急電源
自動火災報警設備 其他類似裝備	獨立型 組合型	單回路 多回路	有 無

四、構造

(一) 機械性構造

1. 以具有充分機械性強度之不燃材料構成，足夠堅固。

(二) 電氣性構造

1. 應設置可將電源電壓降至60V以下之絕緣變壓器。

2. 應可在平常以60V以下之電壓、0.5A以下之電流對火警自動警報設備之火
警受信總機或其他相關裝置通電。

3. 平常可以對閃滅（或音聲引導）信號回路及消燈（減光）信號回路施加

110V或60V以下之電壓。

4. 無電壓狀態視為火災信號。

5. 所設之檢查、閃滅亮燈用開關以及消燈及亮燈開關應可以由外部加以操作。

6. 應設有當閃滅（或音聲引導）信號回路、消燈（減光）信號回路及光電式偵煙探測器發生電源回路之線間短路時，可以對裝置加以保護之裝置。如果在保護裝置中使用保險絲，應有容易更換之構造。

7. 閃滅（或音聲引導）信號回路、消燈（減光）信號回路及光電式偵煙探測器如發生電源回路之線間短路時，應能使連接於該處以後之回路上之引導燈具，及時恢復為平常亮燈。

8. 若係具有停電補償功能之型式，該內設之蓄電池應於常用電源遮斷後，可以保持20分鐘以上信號電壓之容量。

(三) 開關及連接端子之標示

1. 在開關之附近標示如附錄5－表2所列之事項。

附錄5－表2

開關之種類	標示事項
檢查	檢查、切換開關
音聲引導及閃滅檢查	檢查開關
一齊亮燈	一齊開關
手動消燈（減燈）	手動開關
原狀態之重新設定	復歸開關

2. 在連接端子之附近標示如附錄5－表3所列之事項。

附錄5－表3

連接之配線	標示事項
電源配線（電源線）	電源
至音聲引導裝置及閃滅裝置用信號回路配線	聲音、閃滅信號或動作信號
至火警自動警報設備用配線	移報

連接之配線	標示事項
至器具之消燈（減燈）控制回路用配線	手動輸出
至光電探測器控制回路用配線	PC輸出
至光電探測器用配線	PC開關
至照明用配線	照明

　　3.動作之標示燈，依附錄5－表4之規定。

附錄5－表4

應設動作標示燈之情形	建議設動作標示燈之情形
	如閃滅亮燈、音聲引導
正常顯示：紅色燈 一齊亮燈標示： 綠色燈（以便作良好之判斷） 消燈（減燈）標示： 紅色燈（作為全部熄燈時之標示）	正常時之標示：紅色燈 閃滅亮燈、發送音聲引導之標示：綠色燈

(四) 基本回路：信號裝置之基本電氣回路例，如附錄5－圖1或附錄5－圖2所示。但火警自動報警設備之連接接點則依附錄5－表5。

附錄5－表5

單回路用信號裝置	多回路用信號裝置
無電壓常閉接點（b接點）	無電壓常開接點（a接點）

五、性能

　　(一) 構造，依本文之規定。

　　(二) 絕緣電阻試驗，依本文之規定辦理。

　　(三) 耐電壓試驗，依本文之規定辦理。

　　(四) 耐濕試驗，依本文之規定辦理。

　　(五) 信號動作，確認信號是否可以確實送出。

　　(六) 緊急電源容量測試：連接到可以連接之最大負載（得採近似負載），然後實

施放電試驗，應能維持20分鐘放電容量。在試驗前作應先進行12小時之放電，再以額定電壓在周圍溫度為5±2℃及30±2℃之環境下，作24小時之連續充電。

六、標示

應於信號裝置之明顯處，以不易消失之方法標示下列事項。

(一) 名稱（註明為引導燈具用信號裝置）

(二) 製造商名稱或代號

(三) 額定輸入電壓

(四) 製造年

(五) 型式認可號碼

(六) 蓄電池容量、製造廠商、製造年月或批號

3.8 緊急照明燈

中華民國96年11月9日內授消字第0960825727號令訂定
中華民國96年12月28日內授消字第0960826396號令修正

壹、技術規範及試驗方法

一、適用範圍

依各類場所消防安全設備設置標準規定設置之緊急照明燈,其構造、材質及性能等技術上之規範及試驗方法,應符合本基準之規定。

二、用語定義

(一) 緊急照明燈:係指裝設於各類場所中避難所須經過之走廊、樓梯間、通道等路徑及其他平時依賴人工照明之照明燈具,內具備交直流自動切換裝置,平時以常用電源對蓄電池進行充電,停電後切換至蓄電池供電,或切換至緊急電源供電,作為緊急照明之用。依其構造形式及動作功能區分如下:

    1. 內置電池型緊急照明燈:內藏緊急電源的照明燈具。

    2. 外置電源型緊急照明燈:由燈具外的緊急電源供電之照明燈具。

(二) 蓄電池裝置:組裝控制裝置及內藏蓄電池之裝置。

(三) 外置裝置:常用電源斷路時立刻自動地藉由器具外的緊急電源,使照明燈具點燈者,如變頻器或其他切換元件等。

(四) 檢查開關:檢查常用電源及緊急電源之切換動作,能暫時切斷常用電源之自動復歸型開關。

三、構造、材質及性能

(一) 外殼使用金屬或耐燃材料製成。金屬製者,須施予適當之防銹處理。

(二) 內置電池型緊急電源應為可充電式密閉型電池及容易保養、更換、維修之構造。

(三) 面板上應裝電源指示燈及檢查開關,不得有大燈開關。但大燈開關設計為內

藏式或須使用工具開啟者，不適用之。

(四) 線路應有過充電及過放電之保護裝置。

(五) 內置電池型緊急電源供電照明時間應維持1.5小時以上（供緊急照明燈總數）後，其蓄電池電壓不得小於蓄電池額定電壓87.5%。

(六) 正常使用狀態下，對於可能發生之振動、衝擊等，不得造成燈具接觸不良、脫落及各部鬆動破損等現象發生。

(七) 對於點燈20小時產生之溫升，不得造成燈具各部變色、劣化等異狀發生，且不可影響光源特性及壽命。

(八) 燈具外殼使用合成樹脂者，在正常使用狀況下，不因熱光等產生劣化或變形。

(九) 電源變壓器應符合中華民國國家標準（以下簡稱CNS）1264〔電訊用小型電源變壓器〕之規定。

(十) 電源變壓器一次側（初級圈）之兩根引接線導體截面積每根不得小於0.75mm^2。

(十一) 電池導線須用接線端子連接。

(十二) 電源電壓二次側（次級圈）之電壓應在50V以下（含燈座、電路）。但使用螢光燈具者，不適用之。

(十三) 燈具連續點燈100小時後不得故障。

(十四) 內藏緊急電源用之電池應採用可充電式密閉型蓄電池，容易保養、更換及維修，並應符合下列規定：

　　1. 有自動充電裝置及自動過充電防止裝置且能確實充電。但裝有不致產生過充電之電池或雖有過充電亦不致對其功能構造發生異常之電池，得不必設置防自動過充電裝置（過充電係指額定電壓之120%而言）。

　　2. 裝置過放電防止裝置。但裝有不致產生過放電之蓄電池或雖呈過放電狀態，亦不致對其功能構造產生異常者，不適用之。

四、點燈試驗

燈具安裝於正常狀態，以每分鐘20次之速度開閉電源40次。於切斷常用電源時，燈具即亮；於接通常用電源時，燈具即熄滅。

五、絕緣電阻試驗

使用直流500V高阻計，測量帶電部分與不帶電金屬間之絕緣電阻，均應為5 MΩ以上。

六、充電試驗

蓄電池電壓降達額定電壓20%以內時，應能自動充電。

七、耐電壓試驗

燈具之常用電源電壓未滿150V者，於壹、五之測試端施加交流電壓1000V或燈具之常用電源電壓為150V以上者，於壹、五之測試端施加交流電壓1500V，均應能承受1分鐘無異狀。

八、拉放試驗

燈具之電源線以16kg（156.8N）之拉力及電池導線以9kg（88.2N）之拉力，各實施1分鐘之測驗，該拉力不得傳動至端子接合處或內部電線。但嵌入式者，不適用之。

九、充放電試驗

(一) 鉛酸電池：本試驗應於常溫下，按下列規定依序進行，試驗中電池外觀不可有膨脹、漏液等異常現象。

　　1. 依照燈具標稱之充電時間充電之。

　　2. 全額負載放電1.5小時後，電池端電壓不得小於額定電壓之87.5%。

　　3. 再充電24小時。

　　4. 全額負載放電1小時後，電池端電壓不得小於額定電壓之87.5%。

　　5. 再充電24小時。

　　6. 全額負載放電24小時。

　　7. 再充電24小時。

　　8. 全額負載放電1.5小時後，電池端電壓不得小於額定電壓之87.5%。

(二) 鎳鎘或鎳氫電池：

　　1. 依照燈具標稱之充電時間進行充電，充足後具充電電流不得低於電池標稱

　　　容量之1/30C或高於1/10C。

　　2.放電標準：將充足電之燈具，連續放電1.5小時後，電池之端電壓不得小於標稱電壓之87.5%，而測此電壓時放電之作業不得停止。

十、熾熱線試驗

(一) 熾熱線試驗係應用在完成品或組件實施耐燃試驗時之相關規定。

(二) 引用標準：

　　1.CNS 14545-4〔火災危險性試驗—第2部：試驗方法—第1章／第0單元：熾熱線試驗方法—通則〕

　　2.CNS 14545-5〔火災危險性試驗—第2部：試驗方法—第1章／第1單元：完成品之熾熱線試驗及指引〕

(三) 試驗說明：

　　1.試驗裝置依CNS 14545-4之規定。

　　2.熾熱線試驗不適用於直線表面尺度小於20mm之小組件者，可參考其他方法（例如：針焰試驗）。

　　3.試驗前處理：將試驗品或薄層置於溫度15℃至35℃間，相對濕度在45%至75%間之1大氣壓中24小時。

　　4.試驗程序及注意事項：參照CNS 14545-4中之規定。

　　5.試驗溫度：

　　　(1)對非金屬材料組件如外殼、標示面及照射面所用絕緣材料，試驗溫度為550±10℃。

　　　(2)支撐承載電流超過0.2A之連接點的絕緣材料組件，試驗溫度為750±10℃；對其他連接點，試驗溫度為650±10℃。施加之持續時間（t_a）為30±1秒。

(四) 觀察及量測：熾熱線施加期間及往後之30秒期間，試驗品、試驗品周圍之零件及其位於試驗品下之薄層應注意觀察，並記錄下列事項：

　　1.自尖端施加開始至試驗品或放置於其下之薄層起火之時間（t_i）。

　　2.自尖端施加開始至火焰熄滅或施加期間之後，所持續之時間（t_e）。

　　3.目視著火開始大約1秒後，觀察及量測有無產生聚合最大高度接近5mm之火焰；火焰高度之量測係於微弱光線中觀察，當施加到試驗品上可看見到火焰之頂端與熾熱線上邊緣之垂直距離。

4.尖端穿透或試驗品變形之程度。

5.如使用白松木板則應記錄白松木板之任何燒焦情形。

(五) 試驗結果之評估：符合下列之一者為合格。

1.試驗品無產生火焰或熾熱者。

2.試驗品之周圍及其下方之薄層之火焰或熾熱在熾熱線移除後30秒內熄滅，換言之$t_e \leq t_a + 30$秒，且周圍之零件及其下方之薄層無繼續燃燒。當使用包裝棉紙層時，此包裝棉紙應無著火。

十一、耐濕試驗

所有燈具需能耐正常使用下之潮濕狀況，放置最不利的位置，在濕度箱內相對濕度91%至95%及溫度維持在20℃至30℃間之某溫度（t）的環境下放置48小時後，對於電性、機械性能及構造無使用上障礙。其試驗應符合下列各項規定：

(一) 溼度箱內部須穩定維持相對濕度91～95%，溫度在20～30℃間之某溫度（t），但需保持所設定之溫度（t）在±1℃以內之誤差。

(二) 試驗品若有電纜入口，則須打開；若有提供填涵洞（Knock-outs），則須打開其中之一。如電子零組件、蓋子、保護玻璃等可藉由手拆卸的零件需拆卸，並與主體部分一起做濕度處理。

(三) 試驗品在做濕度處理前，應放置在t至t + 4℃之室內至少4小時以上，以達到此指定的溫度。

(四) 試驗品放入濕度箱前，須先使其溫度達到t至t + 4℃之間，然後將試驗品放入溼度箱48小時。

(五) 經過前述處理後，立即於常溫常濕環境下，以正常狀態組裝試驗品，進行絕緣電阻、耐電壓規定之試驗。

十二、標示

於燈具明顯位置處，以不易磨滅之方法，標示下列各項：

(一) 產品名稱及型號。

(二) 額定電壓（V）、額定電流（A）、額定頻率（Hz）及充電時間（Hr）。

(三) 使用光源規格及電池規格。

(四) 維持照明時間。

(五) 製造廠商名稱、商標。

(六) 製造年、月。

(七) 型式認可號碼。

(八) 檢附操作說明書及符合下列項目：

　　1. 包裝緊急照明燈之容器應附有簡明清晰之安裝及操作說明書，並提供圖解
　　　輔助說明。說明書應包括產品安裝及操作之詳細指引及資料，同一容器裝
　　　有數個同型產品時，至少應有一份安裝及操作說明書。

　　2. 若作為緊急照明燈設備檢查及測試之用者，得詳述其檢查及測試之程序及
　　　步驟。

　　3. 其他特殊注意事項（特別是安全指引）。

貳、型式認可作業

一、型式試驗之樣品

　　需樣品6個；另熾熱線試驗應提供試驗片樣品5個。

二、型式試驗之方法

　　(一) 試驗項目及流程

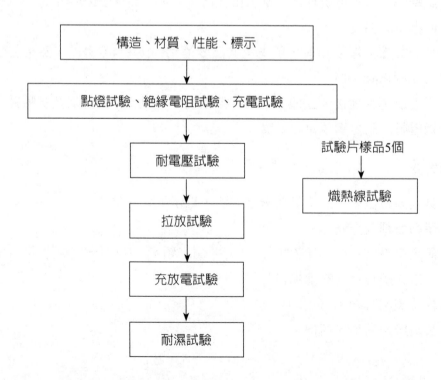

(二) 試驗方法

依照壹、技術規範及試驗方法進行之。

三、型式試驗結果之判定

(一) 符合本認可基準所規定之技術規範，該型式試驗結果為「合格」。

(二) 有四、補正試驗所定情形者，得進行補正試驗，並以一次為限。

(三) 依「缺點判定表」判定未符合本認可基準規範者，該型式試驗結果為「不合格」。

四、補正試驗

有下列情形之一者，得進行補正試驗：

(一) 型式試驗之不良事項為申請資料不完備（設計錯誤除外）、標示遺漏、零件安裝不良者。

(二) 試驗設備有不完備或缺點，致無法進行試驗者。

(三) 依「缺點判定表」判定為輕微缺點，且合計3項（含）以下者。

五、型式變更之試驗方法

型式變更試驗之樣品數、試驗流程等，應就型式變更之內容，依前述型式試驗之方法進行。

六、型式區分、型式變更及輕微變更之範圍

型式區分、型式變更及輕微變更之範圍，依規定。

七、試驗紀錄

有關上述型式試驗、補正試驗、型式變更試驗之結果，應詳細填載於型式試驗紀錄表。

參、個別認可作業

一、個別認可之方法

(一) 個別認可之抽樣試驗數量依抽樣表規定，抽樣方法依CNS 9042規定進行抽樣試驗。

(二) 抽樣試驗之嚴寬等級依程度分為最嚴格試驗、嚴格試驗、普通試驗、寬鬆試驗及免會同試驗五種。

(三) 試驗項目分為以通常樣品進行之試驗（以下稱為「一般試驗」）以及對於少數樣品進行之試驗（以下稱為「分項試驗」）兩類。

二、批次之判定基準

(一) 受試驗品按不同受驗廠商，依其試驗等級之區分列為同一批次。

(二) 新產品與已受試驗之型式不同項目僅有表3-44所示項目者，自第一次受驗開始即可列為同一批次；如其不同項目非下表3-44所示項目，惟經過連續10批次普通試驗，且均於第一次即合格者，得列入已受驗合格之批次。

表3-44　新產品與已受試驗之型式可視為同一批次之項目

項次	項目名稱
1	經型式變更者
2	變更之內容在型式變更範圍內，且經型式變更認可者
3	受驗品相同但申請者不同者

(三) 申請者不得指定將某部分產品列為同一批次。

三、個別認可之樣品及抽樣方法

(一) 個別認可之樣品數依相關試驗之嚴寬等級以及批次大小所定。另外，關於批次受驗數量少，進行普通試驗時，得依申請者事先提出之申請要求，使用適用生產數量少之普通試驗抽樣表進行認可作業。

(二) 樣品之抽取依下列規定：

1.抽樣試驗應以每一批次為單位。

2. 樣品之多寡，應視整批成品（受驗數量＋預備品）數量之多寡及試驗等級，按抽樣表之規定抽取，並在重新編號之全部製品（受驗批）中，依隨機抽樣法（CNS 9042）隨意抽取，抽出之樣品依抽出順序編排序號。但受驗批量如在500個以上時，應依下列規定分為二段抽樣。

(1) 計算每群應抽之數量：當受驗批次在五群（含箱子及集運架等）以上時，每一群之製品數量應在5個以上之定數，並事先編定每一群之編碼；但最後一群之數量，未滿該定數亦可。

(2) 抽出之產品賦予群碼號碼：同群製品須排列整齊，且排列號碼應能清楚辨識。

(3) 確定群數及抽出個群，再從個群中抽出樣品：確定從所有群產品中可抽出五群以上之樣品，以隨機取樣法抽取相當數量之群，再由抽出之各群製品作系統式循環抽樣（由各群中抽取同一編號之製品），將受驗之樣品抽出。

(4) 依上述方法取得之製品數量超過樣品所需數量時，重複進行隨機取樣去除超過部分至達到所要數量。

(三) 一般試驗和分項試驗以不同之樣品試驗之。

四、試驗項目

(一) 一般試驗以及分項試驗之項目如表3-45：

表3-45　個別認可試驗項目及樣品數

試驗區分	試驗項目	備註
一般試驗	1. 構造、材質檢查 2. 標示檢查	樣品數： 依規定抽取。
分項試驗	3. 點燈試驗 4. 絕緣電阻試驗 5. 充電試驗 6. 耐電壓試驗	

(二) 試驗流程

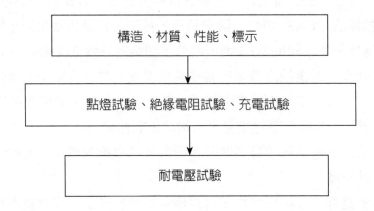

(三) 試驗方法

依本基準規定。

(四) 個別試驗之結果記載於個別認可試驗紀錄表。

五、缺點之等級及合格判定基準

(一) 試驗中發現之缺點，分爲致命缺點、嚴重缺點、一般缺點及輕微缺點等四級。

(二) 各試驗項目之缺點內容，依缺點判定表之規定，非屬該缺點判定表所列範圍之缺點者，則依消防機具器材及設備認可作業要點判定之。

六、批次合格之判定

抽樣表中，Ac表示合格判定個數（合格判定時不良品數之上限），Re表示不合格判定個數（不合格判定之不良品數之下限），具有二個等級以上缺點之製品，應分別計算其各不良品之數量。

(一) 抽樣試驗中各級不良品數均在合格判定個數以下時，應調整其試驗等級，且視該批爲合格。

(二) 抽樣試驗中任一級之不良品數在不合格判定個數以上時，視該批爲不合格。但該等不良品之缺點僅爲輕微缺點時，得進行補正試驗，並以一次爲限。

(三) 抽樣試驗中不良品出現致命缺點，縱然該抽樣試驗中不良品數在合格判定個數以下，該批仍視爲不合格。

七、個別認可結果之處置

(一) 合格批次之處置

1. 當批次雖經判定為合格，但受驗樣品中如發現有不良品時，應使用預備品替換或修復該等不良品數量後，方視整批為合格品。

2. 即使為非受驗之樣品，如於整批受驗樣品中發現有缺點者，準依前款之規定。

3. 即當批量雖經判定為合格，其不良品部分之個數，如無預備品替換或無法修復調整者，仍判定為不合格。

(二) 補正批次之處置

1. 接受補正試驗時，應提出初次試驗時所發現不良事項之改善說明書及不良品處理後之補正試驗合格紀錄表。

2. 補正試驗之受驗樣品數以初次試驗之受驗樣品數為準。但該批次樣品經補正試驗合格，依本基準參、七、(一)、1之處置後，仍未達受驗樣品數之個數時，則視為不合格。

(三) 不合格批次之處置

1. 不合格批次之產品接受再試驗時，應提出第一次試驗時所發現不良事項之改善說明書，及不良品處理之補正試驗合格紀錄表。

2. 不合格批次之產品接受再試驗時，不得加入初次試驗受驗製品以外之製品。

3. 不合格之批次不再試驗時，應向認可機構備文說明理由及其廢棄處理等方式。

八、試驗嚴寬度等級之調整

(一) 首次申請個別認可：試驗等級以普通試驗為之，其後之試驗等級調整，依表3-46之規定。

表3-46　試驗嚴寬度等級之調整

免會同試驗	寬鬆試驗	普通試驗	嚴格試驗	最嚴格試驗
第一次試驗，其不良品數在Ac以下或抽樣以外，但該批次為合格，自次一批起調整為寬鬆試驗。		符合下列所有條件者，則下次試驗得轉換成寬鬆試驗。 1. 最近連續10批次接受普通試驗，第一次試驗均合格者。但是使用附表6（只適用生產數量少之普通試驗抽樣表）者則為15批次。 2. 從最近連續10批次中（符合前項但書者為15批次）抽樣之不合格品總數在附表8之寬鬆試驗界限數以下者。此時之累計比較以一般檢查進行。 3. 生產穩定者。	嚴格試驗者，第一次試驗中不合格批次數累計達3批次時，應對申請者提出改善措施之勸導，並中止試驗。	
				勸導後，經確認申請者已有品質改善措施時，下批次之試驗以最嚴格試驗進行。
適用下列任一情形時，自次一批起調整為普通試驗： 1. 逾3個月未申請個別認可。 2. 認可品之構造及性能有不適用之情形時。 3. 第一次試驗之批次補正或不良品數在Ac以上Re以下時（附帶條件合格）。 4. 廠內試驗紀錄表經認定測試內容或數據有疑義時。	符合下列各條件之一者，則下次試驗應以普通試驗進行。 1. 一批次在初次檢查即不合格者。 2. 一批次在初次檢查為附帶條件合格者。 所謂附帶條件合格者為寬鬆檢查時，試品當中之不合格個數超過合格判定個數（Ac）未達不合格判定個數（Re）該批次判斷為合格者。 3. 生產不規則或是停滯（適用寬鬆試驗者受驗間隔約在六個月以上者）。	符合下列各條件之一者，則下次試驗應以嚴格試驗進行。 1. 第一次試驗時該批次為不合格，且將該批次連同前4批次連續共5批次之不合格品總數累計，如達附表7所示嚴格試驗之界限數以上者。 該累計樣品數，以一般試驗之缺點分級所得結果為之。當適用普通試驗之批次數未達5批次時，發生某批次第一次試驗即不合格之情形，將適用普通試驗之不合格品總數累計，達嚴格試驗之界限數值以上者。具有致命缺點之產品，則計入嚴重缺點不合格品之數量。 2. 第一次試驗時，因致命缺點而不合格者。	進行嚴格試驗者，連續五批次在第一次試驗即合格者，則下次試驗得轉換成普通試驗。	進行最嚴格試驗者，連續五批次之第一次試驗即合格，則下次試驗可以轉換成嚴格試驗。

(二) 補正試驗：初次試驗為寬鬆試驗者，以普通試驗為之；初次試驗為普通試驗者，以嚴格試驗為之；初次試驗為嚴格試驗者，以最嚴格試驗為之。

(三) 再受驗批次之試驗結果，不得計入試驗嚴寬分級轉換紀錄中。

九、免會同試驗

(一) 符合下列所有情形者，得免會同試驗：

1. 達寬鬆試驗後連續十批第一次試驗均合格者。

2. 累積受驗數量達2000個以上。

3. 取得ISO 9001認可登錄或國外第三公正檢驗單位通過者（產品具合格標識）。

(二) 實施免會同試驗時，基金會每半年至少派員會同實施抽驗一次，試驗項目依照個別認可試驗項目，若試驗不符合本基準規定時，該批次予以不合格處置，並次批恢復為普通試驗（會同試驗）。

(三) 符合免會同試驗資格者，如有下列情形之一時，該批樣品應即恢復為普通試驗（會同試驗）：

1. 所提廠內試驗紀錄表有疑義時。

2. 六個月內未申請個別認可者。

3. 經使用者反應認可樣品有構造與性能不合本基準規定，經查證確實有不符合者。

十、下一批次試驗之限制

對當批次個別認可之型式，於進行下次之個別認可時，係以該批之個別認可完成結果判定之處置後，始得施行下次之個別認可。

十一、試驗之特例

有下列情形之一時，得在受理個別認可申請前，逐依預定之試驗日程實施試驗。此情形下須在確認產品之個別認可申請書受理後，才能判斷是否合格。

(一) 初次試驗因嚴重缺點或一般缺點經判定不合格者。

(二) 不需更換全部產品或部分產品，可容易選取、去除申請數量中之不良品或修正者。

十二、試驗設備發生故障或無法試驗時之處置

試驗開始後因試驗設備發生故障或其他原因致無法立即修復，經確認當日無法完成試驗時，得中止該試驗。並俟接獲試驗設備完成改善之通知後，重新擇定時間，依下列規定對該批施行試驗：

(一) 試驗之抽樣標準與初次試驗時相同。

(二) 不得進行補正試驗。

十三、其他

個別認可發現製品有其他不良事項，經認定該產品之抽樣標準及個別認可方法不適當者，得由中央主管機關另定個別認可方法及抽樣標準。

肆、缺點判定方法

各項試驗所發現之不合格情形，其缺點判定如表3-47：

表3-47　缺點判定表

缺點區分 試驗項目	致命缺點	嚴重缺點	一般缺點	輕微缺點
1. 構造、性能、材質、標示		1. 申請之構造、材質與實際不符。 2. 零組件脫落。	1. 標示事項脫落。 2. 出現有影響性能之龜裂、變形或加工不良等情形。	標示事項有誤、缺漏或判讀困難。
2. 性能檢查		連續點燈檢查出現異常或故障。	連續點燈檢查燈具出現變色或劣化。	
3. 點燈試驗	無法點燈。	點燈試驗不合格。		
4. 絕緣電阻試驗	絕緣電阻未達規定值。			
5. 充電試驗		充電試驗不合格。		
6. 耐電壓試驗	耐電壓試驗不合格。			
7. 拉放試驗		拉放試驗不合格。		

缺點區分 試驗項目	致命缺點	嚴重缺點	一般缺點	輕微缺點
8. 充放電試驗		充放電試驗不合格。		
9. 熾熱線		熾熱線試驗不合格。		
10.耐濕性	絕緣電阻、耐電壓試驗任一項不合格。			

伍、主要試驗設備

各項試驗設備依表3-48規定。

表3-48　主要試驗設備一覽表

試驗設備名稱	內容	規格	數量
直流電源裝置	直流定電壓裝置	5A以上30V者	1
	直流定電壓裝置	2A以上150V者	1
	直流電壓計	0.5級以上	1
	直流電壓記錄計		1
	直流電流計	0.5級以上	1
交流電源裝置	交流定電壓裝置	1KVA以上	1
	電壓調整器	5A以上100V用	1
	電壓調整器	2A以上200V用	1
	交流電流計	0.5級以上	2
	交流電力計	0.5級以上	1
	交流電流計	0.5級以上	1
	頻率計	0.5級以上	1
	頻率變換裝置	0.5KVA以上（50⇔60Hz）	1
耐電壓試驗裝置	絕緣耐壓試驗機	變壓容量0.5KVA, 0～5000V，電壓計1.5級以上。	1
絕緣電阻試驗裝置	高絕緣阻抗計	500V用	1

試驗設備名稱	內容	規格	數量
耐濕試驗裝置	恆溫恆濕槽	適當容量大小 溫度計、濕度計	1
熾熱線試驗裝置	熾熱線試驗機		1
拉放試驗裝置	拉放試驗機	拉力裝置20kgf（200N）精密度±1 kgf（10N）。	1組

3.9　緊急廣播設備用揚聲器

壹、技術規範及試驗方法

一、適用範圍

　　供緊急廣播設備用揚聲器，其形狀、構造、材質及性能等技術規範及試驗方法，除依各類場所消防安設備設置標準第133條第3款規定採性能設計之緊急廣播設備揚聲器，需加測「十二、音響功率試驗」及「十三、指向特性區分試驗」外，應符合本基準之規定。

二、用語定義

(一) 揚聲器：指由增幅器以及操作之作動，發出必要音量播報警報音或其他聲音之裝置。

(二) 圓錐型揚聲器：外形為圓形、四方型、變形四方形或橢圓形等之揚聲器。

(三) 號角型揚聲器：外形為號角形之揚聲器。

(四) 音壓位準（Sound pressure level, L_p）：隨著音波存在所產生空氣中之音壓量之大小表示，又稱聲壓位準，單位為分貝（dB），其公式如下：

$$L_p = 20\log_{10}(P/P_0)$$

　　公式中L_p：音壓位準（單位dB）

　　　　　　P：音壓之實效值（單位Pa）

　　　　　　P_0：基準音壓（$= 2 \times 10^{-5}$Pa）

(五) 音響功率位準（Sound power level, L_w）：每單位時間內音源所產生之能量，相當於音源輸出之功率，又稱聲功率位準，單位為分貝（dB），其公式如下：

$$L_w = 10\log_{10}(W/W_0)$$

　　公式中L_w：音響功率位準（單位dB）

　　　　　　W：音源機械輸出聲功率（單位 W）

　　　　　　W_0：基準音響功率（$= 10^{-12}$W）

(六) 無響室（Anechoic room）：表面可吸收主要量測頻率範圍內所有入射之聲能，可在量測表面上保持自由聲場條件之測試空間。

(七) 半無響室（Semi-anechoic room）：有堅硬之反射地板，其餘表面可吸收主要量測頻率範圍內所有入射之聲能，可在一反射平面上保持自由聲場條件之測試空間。

(八) 第二信號音：本測試音源訊號產生之警報測試聲需符合下列條件（如附圖1）：

　　1. 訊號之基本波形為相對一個週期內上升時間之比率小於0.2以下之鋸齒波。

　　2. 訊號頻寬為300Hz～2000Hz±10%，單向掃瞄之時間為0.5秒。

　　3. 訊號圖形為矩形。

　　4. 訊號樣式為附圖1之週期訊號重複3次。每次週期之訊號包括訊號持續0.5秒、無訊號間斷0.5秒；有訊號持續0.5秒、無訊號間斷0.5秒；有訊號持續0.5秒、無訊號間斷1.5秒。每次週期計4秒，重複3次，共計12秒。

(九) 指向特性：揚聲器於正面軸上所測得之最高音壓位準，隨遠離正面軸而逐漸衰減，其極座標圖示（Polar diagram）之音壓位準曲線所顯示揚聲器之指向特徵。

(十) 指向係數：為該點方向之音壓強度與全方向平均值之音壓強度比值，公式如下：

$$Q = I_d/I_o$$

公式中Q：揚聲器之指向係數。

　　　I_d：距離揚聲器1m處，該方向之直接音壓強度。

　　　I_o：距離揚聲器1m處，全方向之直接音壓強度之平均值。

三、形狀及構造

揚聲器之形狀及構造等應與所提供之設計圖面及尺寸公差等相符。

四、音壓位準試驗

(一) 以額定功率之第二信號音為音源，揚聲器置於無響室內，以聲度表距離揚聲器1m處，量測其最大音壓位準。

(二) 上述量測最大音壓值應在下表規定值以上。

等級	S級	M級	L級
音壓位準	84～87dB	87～92dB	92dB以上

五、頻率特性試驗

(一) 揚聲器施加輸入電壓為輸入電力1W相當電壓，以額定電壓之正弦波掃瞄訊號為音源，揚聲器置於無響室或半無響室內，麥克風距離揚聲器1m處，量測其頻率特性。

(二) 圓錐型揚聲器之額定頻率範圍上限值需達8kHz以上，為功能正常。額定頻率範圍上限值之音壓位準不可低於特性感度音壓位準20dB以上。以額定電壓之粉紅色訊號為音源，揚聲器放置於無響室或半無響室內，以聲度表距離揚聲器1m處，量測其1/3倍頻音壓位準，計算揚聲器額定頻寬範圍內之總音壓位準，此總音壓位準即為特性感度音壓位準，計算公式如下：

$$L_t = 10\log_{10}\sum_{i=1}^{n}10^{0.1Li}$$

公式中

L_t：特性感度音壓位準（dB）

L_i：1/3倍頻每一個音壓位準（dB）

n：指定頻率中1/3倍頻中心頻率

(三) 號角型揚聲器頻率區域之最高頻率範圍上限值需達4kHz以上，為功能正常。判定額定頻率範圍上限值之音壓位準不可低於音壓位準算術平均值20dB以上。

　1.直徑大於200mm以上之揚聲器，平均音壓位準為500, 1000, 1500, 2000Hz之4點音壓位準算術平均值。

　2.直徑未滿200mm之揚聲器，平均音壓位準為1000, 1500, 2000, 3000Hz之4點音壓位準算術平均值。

$$L_r = 10\log_{10}(\sum_{i=1}^{4}10^{0.1Li})/4$$

公式中

L_r為音壓位準算術平均值（dB）

L_i為4個頻率之音壓位準（dB）

六、阻抗特性試驗

藉由電阻置換法等方式，量測阻抗曲線後，決定其標稱阻抗，與變壓器組合使用之揚聲器，應含變壓器一同測試。揚聲器之輸入電壓為音圈之施加電壓達1V時，依變壓器之變化比算出一定之輸入電壓，並符合下列要求：

(一) 圓錐型揚聲器之標稱阻抗為音圈之阻抗之絕對值在最低共振頻率以上之頻帶內之最低頻率時之阻抗值，其單位以（Ω）表示。其額定頻率範圍之最低阻抗值需達標稱阻抗之80%以上。

(二) 號角型揚聲器之標稱阻抗為頻率1000Hz時，輸入端子（附音圈及匹配變電壓器指接有音圈之一次側）之電氣阻抗絕對值，其單位以（Ω）表示。其單頻1kHz±15%之阻抗持性需達標稱額定阻抗特性之±15%範圍內。

七、耐熱性試驗

(一) 放置於80℃之環境中30分鐘，於第20分鐘起，以額定功率之第二信號音執行連續鳴動10分鐘。

(二) 立即取出進行測試，以額定功率之第二信號音執行鳴動測試1分鐘，音壓、音質等無異常音或雜音等情況，為功能正常。

八、環境溫度試驗

放置於–10℃及40℃之環境中各12小時，再置於常溫中，以額定功率之第二信號音執行鳴動測試1分鐘，音壓、音質等無異常音或雜音等情況，為功能正常。

九、連續鳴動試驗

以額定電壓之第二信號音執行連續鳴動測試8小時，音壓、音質等無異常音或雜音等情況，為功能正常。

十、絕緣阻抗試驗

下列之絕緣阻抗試驗，於直流500V之導通電路條件下，以絕緣電阻計測定，絕緣電阻值需大於10MΩ以上，為功能正常。

(一) 內藏變壓器之揚聲器：測試揚聲器端子和附著於揚聲器金屬間或與揚聲器框架間之絕緣電阻。

(二) 與變壓器組合使用之揚聲器：測試其變壓器之一次端子和附著於揚聲器金屬間或與揚聲器框架間之絕緣電阻。

(三) 上述以外揚聲器：測試揚聲器端子和附著於揚聲器金屬間或與揚聲器框架間之絕緣電阻。

十一、耐電壓試驗

下列之耐電壓試驗，於交流500V之導通電路條件下，以接近50Hz或60Hz之正弦波實效電壓500V之交流電壓加於其上，其耐電壓時間爲1分鐘。

(一) 內藏變壓器之揚聲器：測試揚聲器端子和附著於揚聲器金屬間或與揚聲器框架間之絕緣電阻。

(二) 與變壓器組合使用之揚聲器：測試其變壓器之一次端子和附著於揚聲器金屬間或與揚聲器框架間之絕緣電阻。

(三) 上述以外揚聲器：測試揚聲器端子和附著於揚聲器金屬間或與揚聲器框架間之絕緣電阻。

十二、音響功率試驗

(一) 以額定功率之第二信號音爲音源，揚聲器置於無響室或半無響室內，聲度表與揚聲器之量測距離依據國家標準（以下簡稱CNS） 14657（聲學-測定噪音源音響功率之精密級方法-用於無響室和半無響室）之規定，每點測試時間至少爲30秒。

(二) 由於上述音響功率試驗之測定，係以第二信號音爲音源，而該音源爲間歇音型態，故下列公式計算後需加4dB加以補正。

(三) 若量測之額定功率非1W，則需將其量測功率換算爲1W之功率，方能宣告1W之音響功率。其換算公式如下，計算至小數點第一位後四捨五入，取至整數。

$$L_1 = LW - 10\log_{10}P$$

公式中L_1：換算後1W之音響功率（dB）。

L_W：量測額定功率之音響功率（dB）。

P：揚聲器之額定輸入功率（與變壓器組合使用之揚聲器，為該變壓器之額定輸入電壓）。

十三、指向特性區分試驗

(一) 以額定功率之粉紅色噪音（Pink noise）為音源，揚聲器架設於方向轉盤上並置於無響室或半無響室內，麥克風距離揚聲器一定距離處，量測其360度方向之音壓位準，旋轉角度至少每5°量測1點。

(二) 指向特性區分，以下列方法換算指向係數Q後，將指向特性區分W, M, N或X。水平及垂直方向，其指向係數Q相同之揚聲器，僅測試水平方向之指向係數Q即可。

(三) 根據上述音響功率試驗之測定法，求得正面軸上以2k Hz為中心頻率之1/3倍頻之各角度之指向係數Q。

$$Q = 10^{0.1 \times DI}$$

公式中

DI：方向性指數（單位為dB）

Q：聲源之指向係數

1. 無響室之計算公式：

$$DI = L_{pi} - \overline{L}_p$$

公式中

L_{pi}：距離聲源r處在特定之方向量測音壓位準（單位為dB）

$\overline{L}_p$：在半徑r之測試球體上之表面音壓位準（單位為dB）

2. 半無響室之計算公式：

$$DI = L_{pi} - \overline{L}_p + 3$$

公式中

L_{pi}：距離聲源r處在特定之方向量測音壓位準（單位為dB）

$\overline{L}_p$：在半徑r之測試球體上之表面音壓位準（單位為dB）

(四) 依據揚聲器類別計算之指向係數Q、下表內Q值為所規範角度之最小值，選擇指向特性區分W, M, N, X。

揚聲器種類	指向特性區分	區分角度之指向係數Q限值			
		0°～15°	15°～30°	30°～60°	60°～90°
圓錐型揚聲器	W	5	5	3	0.8
號角型圓錐揚聲器、直徑200mm以下號角型揚聲器	M	10	3	1	0.5
直徑超過200mm號角型揚聲器	N	20	4	0.5	0.3
其他	X	採用上述角度或是申請其他用途之角度			

備考：1.開口非圓錐型之揚聲器，先換算成圓面積再區分設定。
　　　2.表格內之數值爲參考數值。

十四、標示

(一) 於揚聲器上應以不易抹滅之方法標示下列項目：

　　1. 廠牌或廠商名稱。

　　2. 型式及型號。

　　3. 製造編號（即序號Series Number）。

　　4. 製造年份。

　　5. 標稱阻抗（Ω）、額定輸出功率（W）、音壓位準等級。

　　6. 接線方式。

　　7. 依各類場所消防安設備設置標準第133條第3款規定採性能設計之緊急廣播設備揚聲器，須加註下列兩項：

　　　(1) 音響功率位準，例如：p=95dB（1W）。

　　　(2) 指向特性區分（W.M.N.X）。

(二) 檢附操作說明書並符合下列規定：

　　1. 包裝揚聲器之容器應附有簡明清晰之揚聲器安裝及操作說明書，並視需要提供圖解輔助說明。

　　2. 說明書應包括產品安裝及操作之詳細指引及資料。

　　3. 同一容器裝有數個同型揚聲器時，至少應有一份安裝及操作說明書。

　　4. 作爲揚聲器檢查及測試之用者，得詳述其檢查及測試之程序及步驟。

　　5. 其他注意事項。

貳、型式認可作業

一、試驗樣品數

所需樣品數為完成品3個，並檢附附表1及所需資料。

二、型式試驗之方法

(一)試驗項目及流程

(二)試驗方法

依照「壹、技術規範及試驗方法」第三～十三項進行。型式試驗結果，應填入附表2之型式試驗紀錄表。

三、型式試驗結果之判定

(一) 符合本認可基準所規定之技術規範者，其型式試驗結果為合格。

(二) 符合下述四、所定補正試驗規定者，得進行補正試驗，並以一次為限。

(三) 未符合本認可基準所定技術規範者，其型式試驗結果為不合格。

四、補正試驗

有下列情形之一者，得進行補正試驗：

(一) 型式試驗之不良事項為申請資料不完備（設計錯誤除外）、標示遺漏、零件裝置不良或符合肆、缺點判定表所列輕微缺點者。

(二) 試驗設備不完備或有缺點，致無法進行試驗者。

五、型式區分

有下列情形之一者，應重新申請型式認可：

(一) 圓錐型揚聲器、號角型揚聲器、複合型揚聲器之外型變更者。

(二) 揚聲器之喇叭單體（不含變壓器）變更者。

六、型式變更

有下列情形之一者，應申請型式變更：

1. 音壓位準之S,M,L級數變更、音響功率變更、額定入力功率變更者。

2. 外殼更動導致音壓位準、音響功率、頻率特性變更者。

3. 變壓器更新者。

　型式變更試驗之樣品數、試驗流程等，應就型式變更之內容，依前述型式試驗方法進行。

七、輕微變更

有下列情形之一者，應申請輕微變更：

(一) 外殼更動而不影響音壓位準、音響功率、頻率特性變更者。

(二) 既有核定變壓器之簡易變更者。

參、個別認可作業

一、方法

(一) 個別認可依照CNS 9042〔隨機抽樣法〕規定進行抽樣試驗。

(二) 抽樣試驗之嚴寬等級可分為寬鬆試驗、普通試驗、嚴格試驗及最嚴格試驗四種。

二、試驗項目、方法及結果紀錄

(一) 分為一般試驗及分項試驗，項目如下：

試驗區分	試驗項目
一般試驗	音壓位準
分項試驗	阻抗特性
	絕緣阻抗
	耐電壓
	形狀、構造及標示

(二) 試驗方法，依照壹、技術規範及試驗方法之規定。

(三) 試驗結果應填入個別試驗紀錄表。

三、抽樣

(一) 一般試驗：樣品數由相關試驗之嚴寬等級及批量大小所定。

(二) 分項試驗：先抽取一般試驗之樣品數，再由一般試驗之樣品數中抽取所需之樣品數。

四、結果判定

一般試驗及分項試驗，應分別計算其不良品之數量，合格與否，依抽樣表及下列規定判定之：

(一) 一般試驗及分項試驗之不良品數，均在合格判定個數以下時，該批為合格；且下一批可依六、所定「試驗嚴寬度等級之調整」規定，更換較寬鬆之試驗等級。

(二) 一般試驗及分項試驗，任一試驗之不良品數在不合格判定個數以上時，該批為不合格。並應依其六、所定「試驗嚴寬度等級之調整」規定，更換較嚴格之試驗等級。其不良品之缺點為輕微缺點者，得進行補正試驗，並以一次為限。

(三) 出現致命缺點之不良品時，即使不良品數在合格判定個數以下，該批仍為不合格。並應依六、所定「試驗嚴寬度等級之調整」規定，更換較嚴格之試驗等級。

五、結果之處置

(一) 合格批次之處置

1. 當批次雖經判定合格，但受驗樣品中如發現有不良品時，應使用預備品替換或於修復後，方視為合格品。

2. 即使為非受驗之樣品，若於整批受驗製品中發現有不良品者，準依前款之規定。

3. 上述1、2兩種情形，如無預備品替換或無法修復調整者，應就不良品之個數，判定為不合格。

(二) 補正批次之處置

1. 接受補正試驗時，應提出初次試驗時所發現不良事項之改善說明書及不良品處理後之補正試驗合格紀錄表。

2. 補正試驗之受驗樣品數以初次試驗之受驗樣品數爲準；但該批製品經補正試驗合格，在前述「五(一)、1」之處置後，仍未達受驗數之個數時，則視爲不合格。

(三) 不合格批次之處置

1. 不合格批次之產品接受再試驗時，應提出初次試驗時所發現不良事項之改善說明書，及不良品處理之補正試驗合格紀錄表。

2. 不合格批次之產品接受再試驗時，不得加入初次試驗受驗製品以外之製品。

3. 不合格之批次不再試驗時，應備文說明理由及其廢棄處理等方式。

六、個別認可試驗嚴寬度等級之調整

(一) 試驗等級以普通試驗爲標準，並依附表8規定進行轉換。

(二) 有關補正試驗及再受驗批次之試驗等級調整，第一次試驗爲寬鬆試驗者，以普通試驗爲之；第一次試驗爲普通試驗者，以嚴格試驗爲之；第一次試驗爲嚴格試驗者，以最嚴格試驗爲之。此再受驗批次之試驗結果，不得計入試驗嚴寬分級轉換紀錄中。

七、免會同試驗

(一) 符合下列規定者，得免會同試驗：
　　1. 達寬鬆試驗後連續十批第一次試驗均合格者。
　　2. 累積受驗數量達1000個以上。
　　3. 取得ISO 9001認可登錄或經中央主管機關同意國外之第三公正檢驗單位通過者（產品具合格標識）。

(二) 實施免會同試驗時，每半年至少派員會同實施抽驗一次，試驗項目依照個別認可試驗項目，若試驗不符合本基準規定時，該批次予以不合格處置，次批並恢復爲普通試驗（會同試驗）。

(三) 符合免會同試驗資格者，如有下列情形之一，該批樣品應即恢復爲普通試驗（會同試驗）：
　　4. 所提廠內試驗紀錄表有疑義時。
　　5. 六個月內未申請個別認可者。
　　6. 經使用者反應認可樣品有構造與性能不合本基準規定，經中央主管機關或委託機關（構）確認確實有不符合者。

八、個別認可試驗之限制

　　當批次完成個別認可試驗完整程序後，方能申請及執行下一批次之個別認可試驗。

九、個別認可試驗設備發生故障之處置

　　試驗開始後因試驗設備發生故障，經確認當日無法完成試驗時，則中止該試驗。並俟接獲試驗設備完成改善之通知後，重新擇定時間，依下列規定對該批施行試驗：

　　(一) 試驗之抽樣標準與初次試驗時相同。

　　(二) 該試驗不得進行補正試驗。

十、其他

　　個別認可時，若發現製品有其他不良事項，經認定該產品之抽樣標準及個別認可方法不適當時，得另定個別認可方法及抽樣標準。

肆、缺點判定表

　　各項試驗發現不合格情形，其缺點等級依下表規定判定：

缺點等級 試驗項目	致命缺點	嚴重缺點	一般缺點	輕微缺點
區分原則	會影響人體以及無法發揮揚聲器等基本機能。	未達到致命缺點，但機能會產生重大故障之虞者。	未達到致命缺點及嚴重缺點，但機能會產生故障之虞者。	未達到致命缺點、嚴重缺點、一般缺點之輕微故障者。
音壓位準	未滿50dB。	在50dB以上，且未滿容許下限值之80%。	容許下限值80%以上，且未滿容許下限值之95%。	容許下限值95%以上，且未滿容許下限值100%。
頻率範圍之上限值	未滿容許上限值之50%。	容許上限值之50%以上，且未滿容許上限值之80%。	容許之上限值80%以上，且未滿容許之上限值之95%。	容許上限值之95%以上，且未滿容許上限值100%。

缺點等級 試驗項目	致命缺點	嚴重缺點	一般缺點	輕微缺點
圓錐型 揚聲器 之阻抗特性	未滿容許下限值之50%。	容許下限值之50%以上，且未滿容許下限值之80%。	容許之下限值80%以上，且未滿容許下限值之95%。	容許下限值之95%以上，且未滿容許下限值100%。
號角型 揚聲器 之阻抗特性	超過容許上限值之200%。 或未滿容許下限值之50%。	超過容許上限值之120%，且未滿容許上限值之200%以下。或容許下限值之50%以上，且未滿容許下限值之80%。	超過容許上限值之105%以上，且未滿容許上限值之120%以下。或容許下限值之80%以上，且未滿容許下限值之95%。	超過容許上限值之100%以上，且未滿容許上限值之105%。或容許下限值之95%以上，且未滿容許下限值之100%。

伍、主要試驗設備

試驗項目依下表規定：

試驗項目	試驗裝備
音壓位準試驗	1. 無響室：符合CNS 14657〔聲學-測定噪音源音響功率的精密級方法-用於無響室和半無響室〕或相當標準之規定。 2. 訊號產生器：可產生正弦波（sine），粉紅色噪音（pink noise），白雜音（white noise），第二信號音等者。 3. 擴大器：符合CNS 14677-3〔聲音系統設備—第3部：擴大機〕或相當標準之規定。1Watt, 20～20k Hz頻率響應之準確度±0.5 dB。 4. 音壓位準量測之聲度表（俗稱噪音計）或分析儀：符合CNS 13583〔積分均值聲度表〕或相當標準之規定。Type 1等級噪音計，準確度±1 dB。
音響功率試驗	1. 無響室或半無響室：符合CNS 14657〔聲學-測定噪音源音響功率的精密級方法-用於無響室和半無響室〕或相當標準之規定。 2. 訊號產生器：可產生正弦波（sine），粉紅色噪音（pink noise），白雜音（white noise），第二信號音等者。 3. 擴大器：符合CNS 14677-3〔聲音系統設備—第3部：擴大機〕或相當標準之規定。1Watt, 20～20k Hz頻率響應之準確度±0.5 dB。 4. 音壓位準量測之聲度表（俗稱噪音計）或分析儀：符合CNS 13583〔積分均值聲度表〕或相當標準之規定。Type 1等級噪音計，準確度±1 dB。

試驗項目	試驗裝備
指向特性區分試驗	1. 無響室或半無響室：符合CNS 14657〔聲學-測定噪音源音響功率的精密級方法-用於無響室和半無響室〕或相當標準之規定。 2. 訊號產生器：可產生正弦波（sine），粉紅色噪音（pink noise），白雜音（white noise），第二信號音等者。 3. 擴大器：符合CNS 14677-3〔聲音系統設備—第3部：擴大機〕或相當標準之規定。1Watt, 20～20k Hz頻率響應之準確度±0.5 dB。 4. 音壓位準量測之聲度表（俗稱噪音計）或分析儀：符合CNS 13583或相當標準之規定。Type 1等級噪音計，準確度±1 dB。 5. 方向分度盤：角度最小調整刻度至少為5°。 　準確度±0.5°。
頻率特性試驗	1. 無響室或半無響室：符合CNS 14657〔聲學-測定噪音源音響功率的精密級方法-用於無響室和半無響室〕或相當標準之規定。 2. 訊號產生器：可產生正弦波（sine），粉紅色噪音（pink noise），白雜音（white noise），第二信號音等者。 3. 擴大器：符合CNS 14677-3〔聲音系統設備—第3部：擴大機〕或相當標準之規定。1Watt, 20～20k Hz頻率響應之準確度±0.5 dB。 4. 音壓位準量測之聲度表（俗稱噪音計）或分析儀：符合CNS 13583或相當標準之規定。Type 1等級噪音計，準確度±1 dB。
阻抗特性試驗	1. 訊號產生器：可產生正弦波（sine），粉紅色噪音（pink noise），白雜音（white noise），第二信號音等者。 2. 擴大器：符合CNS 14677-3〔聲音系統設備—第3部：擴大機〕或相當標準之規定。1Watt, 20～20k Hz頻率響應之準確度±0.5 dB。 3. 三用電表：符合CNS 5426〔三用表〕或相當標準之規定。準確度±0.5%。
耐熱性試驗	1. 溫度櫃：符合CNS 3634或相當標準之規定。準確度±2℃。 2. 訊號產生器：可產生正弦波（sine），粉紅色噪音（pink noise），白雜音（white noise）訊號等者。 3. 擴大器：符合CNS 14677-3〔聲音系統設備—第3部：擴大機〕或相當標準之規定。1Watt, 20～20k Hz頻率響應之準確度±0.5 dB。
環境溫度試驗	1. 溫度櫃：符合CNS 3634〔環境試驗方法（電氣、電子）–高溫（耐熱性）試驗方法〕或相當標準之規定。準確度±2℃。 2. 訊號產生器：可產生正弦波（sine），粉紅色噪音（pink noise），白雜音（white noise）訊號等者。 3. 擴大器：符合CNS 14677-3或相當標準之規定。1Watt, 20～20k Hz頻率響應之準確度±0.5 dB。
連續鳴動試驗	1. 訊號產生器：可產生正弦波（sine），粉紅色噪音（pink noise），白雜音（white noise）訊號者。失真度< 1%在10Hz～100KHz下。 2. 擴大器：符合CNS 14677-3〔聲音系統設備—第3部：擴大機〕或相當標準之規定。1Watt, 20～20k Hz頻率響應之準確度±0.5 dB。
絕緣阻抗試驗	1. 絕緣電阻計：符合CNS 5198〔高絕緣電阻計〕或相當標準之規定。準確度±10%。 2. 三用電表：符合CNS 5426〔三用表〕或相當標準之規定。準確度±0.5%。

試驗項目	試驗裝備
耐電壓試驗	1. 耐壓測試器：符合CNS 4785〔圓錐型揚聲器檢驗法〕，CNS 4788〔號角型揚聲器檢驗法〕相關章節或相當標準之規定。準確度±10%。 2. 三用電表：符合CNS 5426〔三用表〕或相當標準之規定。準確度±0.5%。
形狀及構造	1. 游標卡尺：符合CNS 4175〔游標卡尺〕或相當標準之規定。準確度±0.04mm。 2. 直尺：符合CNS 7548〔金屬直尺〕或相當標準之規定。準確度±0.1mm。

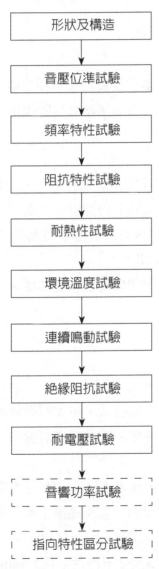

形狀及構造

音壓位準試驗

頻率特性試驗

阻抗特性試驗

耐熱性試驗

環境溫度試驗

連續鳴動試驗

絕緣阻抗試驗

耐電壓試驗

音響功率試驗

指向特性區分試驗

虛線部分為申請者自行提出
測試，非強制性試驗

型式試驗項目及流程圖

3.10　排煙設備用閘門

中華民國92年4月11日內授消字第0920092710號令發布
中華民國96年6月1日內授消字第0960823863令修正發布

壹、技術規範及試驗方法

一、適用範圍

　　各類場所設於排煙設備風管貫穿或終止於牆壁及樓地板等開口處之防火閘門，其構造、材質、性能等技術規範及試驗方法，應符合本基準之相關規定。

二、用語定義

(一) 防火閘門（Fire Dampers）：設置在排煙設備風管上，火災時風管內氣體溫度達到設定點時自動關閉，在額定防火時效內能阻火之閘門。

(二) 動態關閉（Dynamic Closure）：在熱氣流狀態下啓動熱感應裝置（Heat Responsive Device），使防火閘門關閉。

(三) 熱感應裝置：可因溫度改變啓動防火閘門關閉機構之裝置。

三、防火閘門

(一) 構造

1. 一般規定

(1) 防火閘門在關閉位置應能阻隔火焰蔓延。防火閘門應能在額定熱氣流狀態下關閉。防火閘門所設熱感應裝置之額定溫度不得大於閘門之額定溫度。

(2) 防火閘門動作餘隙之貫穿開口，在垂直面（如葉片與閘門框架間）不得超過9.5mm（3/8in），在水平面（如聯鎖簾之葉片與葉片鉸節處）不得超過0.8mm（1/32in）。

(3) 防火閘門與其套管間之貫穿開口尺寸不得使直徑3.5mm（1/8in）之測桿貫穿開口全深。多重閘門組件中兩框架接觸角落之貫穿開口尺寸不

得使直徑6.4mm（1/4in）之測桿貫穿開口全深。

(4) 上揭(2)、(3)規定之防火閘門貫穿開口，係由垂直於安裝面之視角觀察所見開口。

(5) 防火閘門曝露在熱氣流之非金屬或有機構件，如墊片、密封材料及極限開關等，應符合三、(二)、2.耐火及射水試驗之規定。

2. 熱感應裝置

(1) 防火閘門應設熱感應裝置。

(2) 防火閘門熱感應裝置之額定溫度應在121℃（250℉）至177℃（350℉）之間，且熱感應裝置應依其預定功能檢查及測試。但有特殊需求者，不在此限。

(3) 防火閘門熱感應裝置上之負載應在其設計負載限度內。

(4) 熱感應裝置應符合UL 33「火災防護設備用感熱元件標準」之規定。

3. 套管

(1) 設周邊角鋼之防火閘門應使用套管。但閘門框架寬度能直接與周邊角鋼接合者，不在此限。其未設套管者，閘門框架厚度應符合(4)有關套管厚度之規定。

(2) 套管或框架應依美國鈑金空調承包商協會（Sheet Metal and Air Conditioning Contractors National Association Inc.《SMACNA》）所定風管結構標準、加熱通風空調風管結構標準或玻璃纖維風管結構標準。

(3) 套管或框架超出牆壁或樓地板開口，在套管或框架及風管之間供做固定接頭及安全脫鉤接頭，超出長度應符合下列規定：

A. 套管未設驅動器或廠裝維修口者，每邊不超過152mm（6in）。

B. 一邊不超過152mm（6in），其設驅動器和／或廠裝維修口之相對邊不超過406mm（16in）。

C. 一邊設驅動器，另一邊設廠裝維修口者，每邊不超過406mm（16in）。

(4) 套管及風管間採固定接頭者，套管厚度應符合下列規定：

A. 鋼製套管最大厚度：

(A) 無電鍍層者，不得超過3.43mm（0.135in）。

(B)具電鍍層者，不得超過3.51mm（0.138in）。

　B.鋼製套管最小厚度：

(A)防火閘門高度未超過610mm（24in），寬度未超過914mm（36in）者：

a.　無電鍍層者，不得小於1.35mm（0.053in）。

b.　具電鍍層者，不得小於1.42mm（0.056in）。

(B)防火閘門高度大於610mm（24in），寬度大於914mm（36in）者：

a.　無電鍍層者，不得小於1.70mm（0.067in）。

b.　具電鍍層者，不得小於1.78mm（0.070in）。

但符合下列規定之一者，不在此限：

　A.套管及風管間之連接，採用一個或多個安全脫鉤接頭（如下圖所示）。

　B.安全脫鉤接頭符合三、(二)、6.風管衝擊試驗規定。

(5)下圖所示之安全脫鉤接頭，在風管、套管及滑動接頭袋中心底面不得釘上超過兩個10號（直徑4.8mm）金屬板螺釘，該螺釘應貫穿滑動接頭袋兩側。

(6)下圖所示之安全脫鉤接頭得使用在水平風管（垂直防火閘門）之頂端、底端或側端，或使用在頂端及底端，而在側端搭配使用下圖所示之平傳滑動接頭（長度不得超過508mm《20in》）。

(7)使用下圖所示之安全脫鉤接頭得設在垂直風管（水平防火閘門）之各端，或設在垂直風管之對應兩側，並在另兩對應側搭配使用下圖所示之平傳滑動接頭（長度不得超過508mm《20in》）。

(8)防火閘門套管具圓形或橢圓形軸環作為安全脫鉤接頭（如下圖所示）和圓形或扁橢圓形之螺旋風管連接者，所採10號（直徑4.8mm）金屬板螺釘應符合下列規定之一，並平均分佈在風管四周：

　A.風管直徑在559mm（22in）以下者，需3個螺釘。

　B.風管直徑大於559mm，在914mm（36in）以下者，需5個螺釘。

前項扁橢圓形風管之直徑，取徑向最大值。

風管-套管接頭

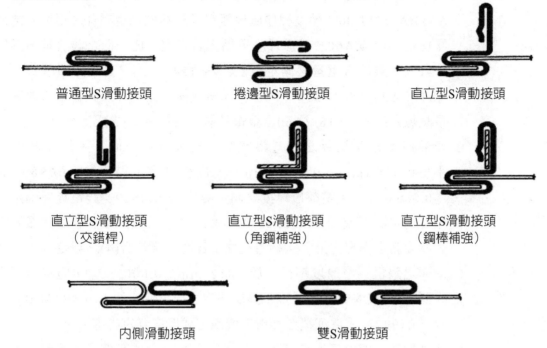

普通型S滑動接頭　　捲邊型S滑動接頭　　直立型S滑動接頭

直立型S滑動接頭
（交錯桿）

直立型S滑動接頭
（角鋼補強）

直立型S滑動接頭
（鋼棒補強）

內側滑動接頭　　　　雙S滑動接頭

平傳滑動接頭

用於圓形及扁橢圓形內管之具軸環防火閘門／套管組件

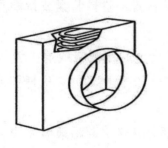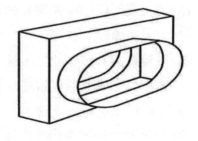

4.材質（抗腐蝕防護）

(1) 防火閘門組件採用之鐵金屬應為300系列不鏽鋼，或符合下列防蝕措施之一或具同等以上性能者：

A.熱浸軋鍍鋅鋼片之電鍍層應符合中華民國國家標準（以下簡稱CNS）

1244〔熱浸法鍍鋅鋼片及鋼捲〕電鍍層指定Z18或F18，或符合ASTM A653/A653M-00「熱浸程序處理鍍鋅或鍍鋅鐵合金鋼片之規格」電鍍層指定 G60或A60，基於最小單點測試規定，任一面之鋅含量不得低於40%。鍍鋅層重量之測定應依CNS 1247〔熱浸法鍍鋅檢驗法〕或ASTM A90/A90M-95a（1999）「鐵或鋼製品之鋅或鋅合金電鍍層重量試驗方法」。F18或A60合金電鍍層並應符合(4)之規定。

B. 非熱浸軋鍍鋅鋼片之鋅電鍍層應均勻被覆每一面，平均厚度不得小於0.0104mm（0.00041in），最小厚度不得小於0.00864mm（0.00034in）。電鍍層厚度之測定應依CNS 4829〔鋅電鍍層滴定式厚度測定法〕或ASTM B555-86（R1997）〔電沉積金屬電鍍層滴定式厚度測定指導方針〕。經退火之電鍍層並應符合(4)之規定。

C. 兩面之鎘電鍍層厚度不得小於0.0127mm（0.0005in），電鍍層厚度之測定應依CNS 4830〔鎘電鍍層滴定式厚度測定法〕或ASTM B555-86（R1997）「電沉積金屬電鍍層滴定式厚度測定指導方針」。

D. 使用環氧、醇酸樹脂或其他室外塗料在每一面作有機表面處理，可接受度應依CNS 1157〔醇酸樹脂瓷漆〕、CNS 4938〔環氧樹脂漆〕、CNS 12266〔醇酸樹脂系三聚磷酸鋁防銹底漆〕、CNS 12268〔環氧樹脂系三聚磷酸鋁防鏽底漆〕或UL 1332「室外用電器設備鋼質外殼有機塗料標準」之腐蝕試驗相關規定。

(2) 用於防火閘門組件之電鍍或未電鍍金屬，應具電流相容性。

(3) 防火閘門組件中彈簧及軸承所採材質，應具黃銅或青銅同等以上之抗大氣腐蝕性。

(4) 熱浸軋鍍鋅成型之F18或A60（合金）電鍍層或退火鍍鋅層，在彎曲或類似之成型過程如損及鍍鋅層（依(5)判別），則彎曲或成型區域需依(1)、D之規定上漆。

(5) 如放大25倍可看到彎曲及成型部分外緣之鋅電鍍層剝脫或紋裂，表示鋅電鍍層已遭破壞。單純之邊緣剪切及衝孔不屬成型製程。擠製及滾製邊及孔應符合(4)之規定。

5. **驅動器**

(1) 驅動器應具備所需強度與剛性，任何部分均不得鬆動、移位或形成其

他嚴重缺陷。

(2) 驅動器應在工廠與閘門配套裝妥。用以組裝驅動器之螺栓、螺釘等與用以固定驅動器於框架、底座或嵌板者，不得共用。

(3) 氣動驅動器應符合三、(二)、7.氣動驅動器之液體靜力強度試驗之規定。

(4) 電動驅動器及其他電氣構件，應符合UL 873「溫度指示及調節設備標準」之規定。

(二)性能

1.一般規定

(1) 防火閘門依其類型，應進行下表規定之試驗項目。

防火閘門試驗項目

試驗項目	項次或依據
1.耐火及射水試驗	三、(二)、2.
2.往復試驗	三、(二)、3.
3.鹽霧曝露試驗	三、(二)、4.
4.動態關閉試驗	三、(二)、5.

(2) 防火閘門進行動態關閉試驗前，應先經往復試驗合格。

(3) 進行鹽霧曝露試驗之防火閘門（包括驅動器）之總尺寸，垂直防火閘門不得超過1.07m高×1.15m寬（42in×46in），水平防火閘門不得超過1.15m長×0.71m寬（46in×28in）。

(4) 鹽霧曝露試驗係模擬建築物風管內閘門上之塵礫累積情形，並測試塵礫累積下閘門之性能。

(5) 風管衝擊試驗係模擬火災殘礫掉落在風管中之狀況，測試在殘礫衝擊下閘門之性能。

2.耐火及射水試驗

(1) 合格條件

A. 一般規定

(A)耐火試驗額定曝火期間及射水試驗期間，閘門組件應維持在原位。

(B)熱感應裝置啓動時，防火閘門應自動關閉，如設有搭扣並應扣緊。

(C)搭扣機構、葉片軸軸承處、聯鎖式閘門葉片及其導軌，在試驗過程應維持正常。

(D)曝火過程中，防火閘門組件之非曝露面不得有火焰。但符合下列條件之一者，不在此限：

a. 防火閘門組件之非金屬或有機構件在非曝露面之火焰長度，不超過152mm（6in）。

b. 閘門組件之非金屬或有機構件總曝露面積在161cm²（25in²）以下。

(E)驅動器應裝設在風管外。但對裝設於風管內，經本試驗合格者，不在此限。

B.防火閘門組件

(A)進行試驗時，閘門組件任何部分之位移或變形應符合下列規定：

a. 垂直面之貫穿開口不得超過9.5mm（3/8in），水平面之貫穿開口不得超過0.8mm（1/32in）。

b. 各部分間隙在耐火試驗期間或之後，不得超過19.1mm（3/4in）；在射水試驗期間或之後，不得超過25.4mm（1in）。

(2) 試驗組件

A.一般規定

(A)防火閘門應依預定位向及製造者安裝說明書裝設。如防火閘門預定設於牆壁或樓地板開口，則兩種裝設方式均應施測。

(B)運用周邊角鋼之防火閘門，角鋼應安裝在牆壁或樓地板，其周邊與牆壁或樓地板之一面或雙面之最小重疊尺寸，應依製造者安裝說明之指示。

(C)曝火之前，防火閘門應已安裝在預定之開口位置。需藉驅動器關閉之防火閘門，應配置預定配套使用之驅動器。

(D)事先防範驅動器曝露於高溫下之爆炸或起火風險。

(E)在耐火試驗起始階段，得在防火閘門上裝設護蓋，避免閘門開口處流入冷空氣。但在熱感應裝置啓動後，應立即移開護蓋。

B.水平防火閘門組件

(A)水平防火閘門組件應依製造者安裝說明，以具代表性之方式裝設於樓地板，並依預定之位向用加熱爐施測。

(B)如裝設在混凝土層板施測，在進行耐火試驗之前，混凝土層板至少要

固化28天，至混凝土之含水量在相對濕度75%以下（於23±3℃）。

C. 垂直防火閘門組件

(A)垂直防火閘門組件，應依製造者安裝說明，以具代表性之方式裝設於牆壁。

(B)垂直防火閘門組件應依下列方式裝設：

a. 單一防火閘門組件之試驗，應裝設二個樣品。一樣品以上游側面向加熱爐施測，另一樣品以下游側面向加熱爐施測。

b. 多重防火閘門組件之試驗，應裝設一套樣品。其中半數閘門以上游側面向加熱爐施測，另半數以下游側面向加熱爐施測。組件之閘門數量為奇數者，其多餘單件以上游側面向加熱爐施測。

c. 安裝在磚牆施測，進行1.5小時耐火試驗前，至少要固化3天，其進行3小時耐火試驗前，至少要固化5天。

(3) 試驗之控制及進行

A.閘門組件曝火，應依下圖「標準時間—溫度曲線」控制，該曲線之特徵值如下：

05分鐘—0538℃（1000℉）

10分鐘—0704℃（1300℉）

30分鐘—0843℃（1550℉）

01.0.小時—0927℃（1700℉）

01.5小時—0978℃（1792℉）

03.0小時—1052℃（1925℉）

有關標準時間—溫度曲線之詳細資料，如附錄所示。

B. 與「標準時間—溫度曲線」比較之量測溫度值是以9個以上熱電偶所測量出之平均溫度值。熱電偶係以對稱方式平均分布配置，量測樣品各部分之周圍溫度。

C.熱電偶應以外徑19mm（3/4in）、壁厚3.2mm（1/8in）之陶瓷管包覆，如為卑金屬熱電偶，應以外徑21mm（0.84in）之黑鍛鋼或黑鍛鐵管包覆，參見ANSI/ASME B36.10M-1996（焊接及無縫鍛鋼管標準）。熱電偶在加熱爐中曝露長度不得少於305mm（12in）。如在試驗條件下能達到加熱爐溫度量測準確度規定範圍內，其他種類包覆管或他種高溫計亦可使用。

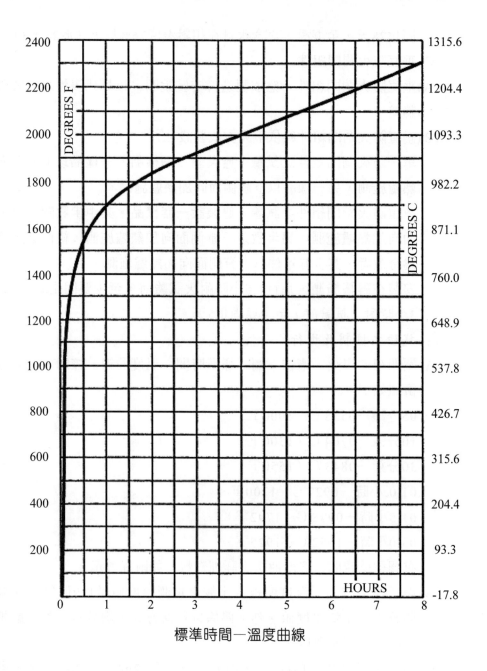

標準時間—溫度曲線

D. 從閘門組件或是裝置閘門組件之磚材或混凝土材之曝露面至熱電偶接
  點之距離應符合下列規定：

(A)垂直安裝式閘門：152mm（6in）

(B)水平安裝式閘門：305mm（12in）

E. 溫度量測，在開始後2個小時內，至少每5分鐘量測一次，其後至少每

10分鐘量測一次。

F. 加熱爐控制之準確度，應使依熱電偶量測之平均溫度值所得「時間─溫度曲線」下之面積與「標準時間─溫度曲線」下之面積偏差符合下列規定：

(A)曝火期間1小時以下者，偏差小於10%。

(B)曝火期間超過1小時，在2小時以下者，偏差小於7.5%。

(C)曝火期間超過2小時者，偏差小於5%。

G. 耐火試驗時，加熱爐內之壓力應盡量維持在大氣壓力。

H. 耐火試驗應持續進行至防火閘門額定曝露時間，或進行至閘門不符合(1)之規定為止。

I. 耐火試驗後，應立即進行具衝擊、腐蝕及冷卻效應之射水試驗，由閘門組件曝露面中央部分開始，慢慢改變射水方向，至流注整個表面。

J. 水流輸送應藉63mm（2-1/2in）之水帶，射水應使用消防瞄子，配備標準錐形、內緣平滑、孔口無鈍邊之29mm（1-1/8in）噴嘴。噴嘴底部之水壓，及閘門組件每單位曝露面積之施測時間，應符合下表之規定。

射水試驗

等級	噴嘴底部之水壓	每單位曝露面積[a]施測時間
	kPa（Psi）	s/m^2（s/ft^2）
3小時	310（45）	32（3.0）
1.5小時	207（30）	16（1.5）
1小時	207（30）	10（0.9）
未達1小時	207（30）	06（0.6）

[a]曝露面積係指測試樣品之外部面積，包括框架、吊架、軌道及組件之其他部分，不包括裝設樣品之壁面。但多重組件樣品裝設在同一壁面，則曝露面積係指包含全部樣品之矩形面積（即射水區域面積）。

K. 當噴嘴軸向與防火閘門之曝露表面呈垂直，噴嘴之孔口應距該表面中心6.1m（20ft）。如噴嘴軸向未垂直於曝露表面，則噴嘴軸線不得偏離表面中心法線超過30°（0.51radians），孔口與表面中心之距離

應小於6.1m（20ft），噴嘴軸線每偏離表面中心法線10°（0.17radians），孔口與表面中心之距離應減少0.3m（1ft）。

3. 往復試驗

(1) 使用驅動器（包括電動式、氣動式及液壓式）操作之單一或多重閘門組件，在20000次（關閉並重開為一次）之機械操作後，應能使用指定之驅動器在靜態狀況（無或幾無氣流）下正常操作。

(2) 未使用驅動器之閘門，在操作250次後，應能以手動方式啓閉。

(3) 本試驗中，防火閘門應依預定位向裝設，室溫應在10～40℃（50～104℉）

4. 鹽霧曝露試驗

(1) 依(2)至(3)進行鹽霧曝露試驗五天後，閘門應能完全關閉，如設有搭扣並應自動扣緊。

(2) 試驗前，所有油脂均應以有機溶劑去除；為避免產生過多氯化鋅妨礙性能，鍍鋅鋼板部分應先上漆。

(3) 將閘門依預定位向，以開啓狀態裝置於試驗箱，曝露在鹽霧中120小時。依CNS 8886〔鹽水噴霧試驗法〕或ASTM B117-97「鹽霧試驗裝置操作標準」規定之鹽霧試驗方法。但食鹽（氯化鈉）及蒸餾水配製之鹽水溶液重量百分比濃度應為20%。噴霧後收集之溶液pH值應在6.5-7.2，比重在35℃（95℉）時應為1.126～1.157。

(4) 鹽霧曝露試驗後，將閘門從試驗箱移出，在23.9±5.5℃（75±10℉）乾燥至少24小時。然後依預定位向裝設，測試其關閉及扣緊狀況（如設有搭扣）。

5. 動態關閉試驗

(1) 一般規定

A. 防火閘門應經動態關閉試驗合格。防火閘門（包括驅動器）實施動態關閉試驗，應先經往復試驗合格。

B. 在特定熱氣流狀態下，防火閘門應自動關閉，如設有搭扣並應扣緊，閘門及其構件應無損傷。

C. 防火閘門兩面均應施測。閘門以一位向進行試驗後，安裝另一閘門，使氣流由反向進行試驗。

D.防火閘門最小額定氣流速度及關閉壓力應為10.2m/s（2000fpm）及
1.0kPa（4in.wg）。額定氣流速度及壓力較最小值高者，應以5.1m/s
（1000fpm）及0.5kPa（2 in.wg）之遞增量建立。

(2) **方法**

A.防火閘門應依預定位向裝設於試驗箱之風管內。

B.設電動驅動器之閘門應連接預定使用之電源。試驗電壓應為電動馬達
驅動器標註之最低電壓。具氣動驅動器之閘門應連接預定之空氣供應
管線。供應壓力應為驅動器製造商在氣動裝置標註之最低壓力。

C.於熱氣導入系統前，氣流量測及試驗之進行應在10～40℃（50～
104℉）之室溫狀態。

D.本試驗之風管內試驗程序、氣流量測儀器、設備及配置應依AMCA
500-D-98之規定。

E.氣流產生設備應能形成規定之氣流及壓力狀態，且不得使用壓力釋放
裝置。

F.閘門在開啟位置時，氣流速度之建立應依下表之規定。在進行動態關
閉試驗前，防火閘門應依下表規定之氣流速度及壓力，在常溫下啟閉
三次。

動態關閉試驗氣流速度及壓力狀態

額定氣流速度及壓力		最低試驗氣流速度及壓力	
氣流速度， m/s（fpm）	壓力， kPa（in. wg）	氣流速度， m/s（fpm）	壓力， kPa（in. wg）
10.2（2000） 15.2（3000） 20.3（4000）	1.0（4） 1.0（4） 1.0（4）	12.2（2400） 17.3（3400） 22.3（4400）	1.12（4.5） 1.12（4.5） 1.12（4.5）
10.2（2000） 15.2（3000） 20.3（4000）	1.5（6） 1.5（6） 1.5（6）	12.2（2400） 17.3（3400） 22.3（4400）	1.62（6.5） 1.62（6.5） 1.62（6.5）
10.2（2000） 15.2（3000） 20.3（4000）	2.0（8） 2.0（8） 2.0（8）	12.2（2400） 17.3（3400） 22.3（4400）	2.12（8.5） 2.12（8.5） 2.12（8.5）

G.在室溫氣流預調節試驗中，得以手動方式釋放防火閘門。在閘門關閉

後，關掉氣流。然後再度開啓閘門，並重新建立氣流。本步驟應連續
進行三次。

H. 額定氣流速度及壓力值較上表所示值高者，試驗氣流速度應比額定氣
流速度高2.0m/s（400 fpm），試驗壓力應較額定壓力高0.12kPa（0.5
in. wg）。

I. 產生熱及氣流之實驗設備應爲開放回路構造，天然氣爲其熱源；如採
其他熱源應使通過防火閘門之總質量流率相當於以天然氣爲熱源者。

J. 設機械驅動器之防火閘門，應能藉機械驅動器之適當動作而關閉。

K. 在室溫下往復閉啓三次後，防火閘門回復全開位置，室溫氣流重新建
立。然後將熱導入系統，以每分鐘17至28℃（30至50℉）之平均溫度
上升率，至熱感應裝置啓動。從熱導入系統至熱感應裝置啓動之溫度
值，至少每隔10秒記錄一次。

L. 溫度量測值應爲九個以上熱電偶測得之平均值。該等熱電偶外徑1.0
至1.6mm（0.04至0.06in），採包覆連結、對稱分布配置。熱電偶
接點位於閘門上游，和關閉位置閘門葉片之距離不得超過305mm
（12in）。

6. 風管衝擊試驗

(1) 防火閘門或該閘門與套管組件（如三、(一)、3、(1)），其套管厚度
較三、(一)、3、(4)之規定爲小，且連接風管採用之安全脫鉤接頭非
圖所示型式者，應進行本試驗。

(2) 風管衝擊試驗後，防火閘門組件應保持在牆壁或分間牆內，且往復
閉啓三次應能完全關閉及開啓。試驗中防火閘門組件任何部分之移
動或扭曲，所造成閘門組件內部或周邊出現之貫穿開口，應符合三、
(一)、3、(2)至(4)之規定。

(3) 防火閘門組件應依製造者之安裝及操作說明，安裝於牆壁或分間牆
內。防火閘門或防火閘門與套管組件與風管部分之接合，使用待測之
安全脫鉤接頭，如下圖所示。

(4) 本試驗進行前，防火閘門應先往復閉啓三次，以確定該閘門操作正
常，然後將閘門設定在全開位置。衝擊用之圓筒，體積爲$0.21m^3$
（55gallon），充填方式如下：

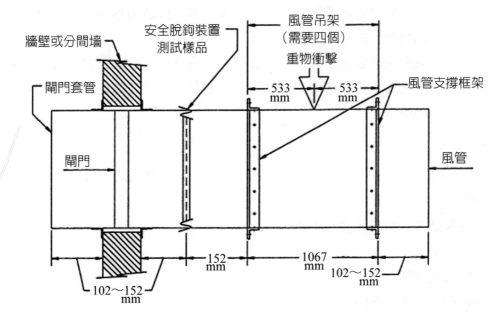

風管衝擊試驗裝置

風管支撐框架─40×40×3mm角鋼，框架在轉角處以M8×1.2鋼製螺栓及螺帽固定，以M8×1.2螺栓及螺帽將風管固定在框架上，中心處兩螺栓之間距不得超過300mm，轉角處不得超過75mm。

風管吊架─使用25mm寬、1.0mm厚鋼材，在風管頂部和底部各以一個M8×1.2螺栓及螺帽固定。

風管─以和閘門套管相同規格之材料製造，並且以匹茲堡鎖接方式或連續縱縫熔接方式接合。

A. 閘門尺寸為610×610mm（24×24in）或直徑610mm一以下者：充填質量125kg（275lb）之沙子。

B. 閘門尺寸超過610×610mm（24×24in）或直徑610mm者：充填質量181kg（400lb）之沙子。

將裝滿沙子之圓筒升高至距離風管頂部3.04m（10ft），如下圖所示位置，以自由落體方式衝擊風管，模擬建築物失火時，破瓦殘礫掉落之狀況。

(5) 遭受衝擊後，測試閘門是否符合(2)之規定。

7. 氣動驅動器之液體靜力強度試驗

(1) 依(2)進行試驗時，氣動驅動器樣品應能承受試驗壓力一分鐘，不得洩漏或裂損。

本試驗中墊片或配件不得有洩漏現象，但驅動器承受之壓力超過規定試驗壓力50%者，不在此限。

(2) 氣動驅動器之液體靜力試驗壓力，應為最大額定壓力之五倍。驅動器應充滿水俾排除空氣並連接至液壓幫浦。壓力應逐漸增加至規定之試驗壓力。

(三)標示

1. 防火閘門或工廠組裝之多重閘門組件，應以不易磨滅之方式詳實標示下列事項：

   (1) 製造者名稱、商號或商標。

   (2) 型號。

   (3) 製造日期。

   (4) 標示「防火閘門」。

   (5) 依三、(二)、2.耐火及射水試驗建立之額定防火時效。

   (6) 依三、(二)、5.動態關閉試驗建立之額定氣流速度及關閉壓力。

   (7) 預定位向（垂直、水平，或兩用）。

   (8) 閘門之頂端或底端，或兩者皆標示。

   (9) 「參見（製造者名稱）本型安裝及操作說明」字樣。

   (10) 防火閘門驅動器應由製造者標示，電動式應標示其額定電力；氣動式應標示其最大及最小額定壓力。

2. 所有標示應位於閘門內面。

3. 如製造者在超過一家工廠製造防火閘門，每一閘門應具識別標示用以區分不同工廠之產品。

4. 防火閘門或工廠組裝之多重閘門組件應附安裝及操作說明書，並符合下列事項：

   (1) 包裝防火閘門之容器內應附有簡明之閘門安裝及操作說明書，並視需要提供圖解輔助說明。同一個容器裝有數個同型閘門時，至少應有一份安裝及操作說明書。

   (2) 作為閘門檢查及測試時參考用者，得為基本之安裝及操作說明書。

   (3) 在說明書中應註明如下事項：

   A.適用之牆壁、分間牆（磚砌或石膏板）或樓地板。

B.防火閘門膨脹時所需之間隙。

C.套管為現場安裝者，應註明套管之型式及厚度。

D.用於將防火閘門框架扣接於套管（如使用套管並在現場安裝）或將周邊角鋼扣接於防火閘門框架或套管之扣件型式及尺寸，以及各扣件之間隔。

E.套管或框架超出牆壁或樓地板開口之長度（參見三、（一）、3、(3)）。

F.周邊角鋼之材料、尺寸、厚度、和牆壁或樓地板重疊之最小需求、在轉角處之接合方式（是否需焊接或藉其他方式固定）。

G.連接之風管不得連貫，其末端應安裝套管或框架。

H.套管之厚度小於AWG 16或14之鋼材（參見三、（一）、3、(4)），應註明風管與套管接頭之型式（參見圖和三、（二）、6.風管衝擊試驗）。

I.驅動器與動力源（電動或氣動）之接線資料。

J.其他安裝及操作所需特殊事項。

(4) 多重防火閘門組件之說明書並應註明下列事項：

A.連接各單件群之方法。

B.如用到多格框（mullions），其材質、大小、位向及與閘門連接之方法。

C.多重防火閘門組件組裝之最大尺寸。

D.單件群能附加之各種尺寸及最大尺寸。

(5) 閘門安裝及連接風管之方法應附說明。

(6) 套管係現場安裝者，則安裝說明中應包含現場安裝周邊角鋼將壁面套管（垂直安裝式閘門）或地面套管（水平安裝式閘門）固定於牆壁或樓地板開口兩邊之作法。但符合下列規定者，不在此限：

A.防火閘門之框架夠寬，可藉周邊角鋼固定於牆壁或樓地板開口處，且防火閘門框架厚度符合套管之規定（如三、（一）、3、(4)），則製造者之安裝說明無須說明套管之用法。

B.經測試證明具相當之結構強度，得不使用周邊角鋼，逕將套管固定於牆壁或樓地板之開口兩面。

貳、型式認可作業

一、型式認可試驗方式

型式認可試驗之試驗項目、樣品、試驗流程及試驗方法如下所示：

(一) 試驗項目及樣品：如下表所示。

防火閘門型式認可試驗項目及樣品

試驗項目	樣品數	說明
標示	受測閘門樣品總數	性能試驗所需之所有閘門樣品皆須實施標示檢驗。
構造	受測閘門樣品總數[a]	[a]材質試驗之樣品則由框架及葉片各取150mm寬、各三個試片，該等試片應由彎曲及成型部分取樣。
往復	2	樣品採最大及最小之閘門各一。
動態關閉		
耐火及射水	2	樣品採最大之閘門，如屬多重閘門組件，應備一套樣品。
鹽霧曝露	2	樣品採最大及最小之閘門各一，惟閘門總尺寸（含驅動器），垂直安裝者不得大於1070mm高×1150mm寬，水平安裝者不得大於1150mm長×710mm寬。
風管衝擊	1[b]	[b]連接風管採用之安全脫鉤接頭非圖1所示者，應進行本試驗。
氣動驅動器液體靜力強度	1[c]	[c]閘門驅動器為氣動式者，應進行本試驗。本試驗之樣品為氣動驅動器。

(二) 試驗流程

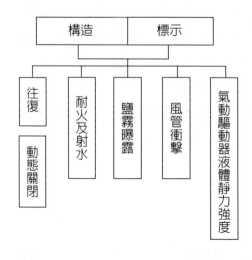

(三) 試驗方法

依「壹、技術規範及試驗方法」之規定。

二、型式認可試驗結果之判定

型式認可試驗結果之判定如下：

(一) 達到本認可基準所列之技術規範時，該試驗結果爲「合格」。

(二) 未達本認可基準所列之技術規範時，該試驗結果爲「不合格」。

三、型式變更認可試驗之方式

型式變更認可試驗之樣品、試驗流程等，應就型式變更之內容依前述型式認可試驗方法進行。

參、個別認可作業

一、批次之認定

個別認可中之受驗批次認定如下：

(一) 試驗結果應依批次分別填寫在個別認可試驗紀錄表中。

(二) 申請者不得指定將某部分產品列爲同一批。

（此部分省略）

肆、主要試驗設備

本基準各項試驗設備如下表所示，未列出之設備應經評鑑核可後准用。

試驗設備一覽表

試驗項目	試驗設備規格	數量
構造・標示	1. 游標卡尺：量測範圍0至150mm，準確度1/50mm，1級品。 2. 分厘卡：量測範圍0至25mm，最小刻度0.01mm，準確度±0.005mm。	一式
耐火及射水	1. 加溫之熱源可採用天然氣、液化石油氣或柴油等。 2. 加熱爐之加熱時間-溫度應依壹、三、(二)、2、(3)、F之規定。 3. 量測溫度用熱電偶（9個以上）溫度準確度應為±1℃。 4. 計時器準確度24小時應在2分鐘之內。	一套
往復	1. 設定閘門啓閉次數用計數器應為五位數型式。 2. 試驗環境應裝設溫度計以量測周圍溫度值，該溫度計準確度應為±1℃。	一套
鹽霧曝露	1. 依CNS 8886或ASTM B117-97之試驗設備，但鹽水溶液重量百分比濃度應為20%。 2. 比重計準確度應為±0.005。 3. 磅秤準確度應為±1g。 4. PH值檢測器準確度應為±0.1。 5. 試驗環境應裝設溫度計以量測周圍溫度值，該溫度計準確度應為±1℃。	一套
動態關閉	1. 量測溫度用熱電偶（9個以上）溫度準確度應為±1℃。 2. 流量量測及壓力量測設備依AMCA 500-D-98之規定。流量量測準確度應為±1.25%，壓力量測準確度為±2.5%。	一套
風管衝擊	1. 依圖5所示之試驗設備。 2. 使用磅秤準確度應為±0.5kg。 3. 高度量測用固定捲尺準確度應為±1mm/m。	一套

試驗項目	試驗設備規格	數量
洩漏	洩漏量量測與壓力量測設備依AMCA 500-D-98之規定。洩漏量量測準確度應為±1.25%，壓力量測準確度為±2.5%。	一套
氣動驅動器液體靜力強度	液壓幫浦及壓力計：最高壓力達試驗壓力之5倍者。	一套

第4章

消防安全設備測試報告書測試方法及判定要領

4.1　火警自動警報設備測試報告書測試方法及判定要領

甲、外觀試驗

測試項目			測試方法	判定要領
外觀試驗	火警分區	火警分區設定	以目視確認火警分區之狀況。	a 每一火警分區不得超過一樓層。但一個火警分區之面積在500m²以下，且該火警分區跨越二個樓層時，不在此限。 b 一個火警分區之面積應在600m²以下。如由主要出入口或直通樓梯出入口能直接觀察該樓層任一角落時，得增為1,000m²以下。 c 每一分區之任一邊長不得超過50m。但裝設光電式分離型探測器時，其邊長得在100m以下。
	受信總機	設置場所等	設置場所	以目視確認設置場所等之狀況。	a 應設置在防災中心等經常有人駐守之場所。 b 應設置在無因溫度、濕度、撞擊、振動等而影響機器性能之場所。 c 應設置在機器無受損傷之虞的場所。
			周圍狀況·操作性	以目視確認設置場所等之狀況。	a 應設在操作或檢修實施上不會造成妨礙之位置，且保有操作等所需空間。 b 應設置在不會因直射日光、外光、照明等而影響表示燈亮燈之位置。
			設置狀況	以目視確認設置場所等之狀況。	應牢固地設置，避免因地震等而傾倒。
		構造·性能		以目視確認機器之狀況。	a 應附有商品檢驗標識。 b 機器各部分應無變形、損傷等。 c 充電部如有被人從外部輕易觸摸之虞，應加以保護。 d 保險絲等之容量應適當正常，且其安裝不致輕易鬆脫。 e 如設有接地端子者，應予適當接地。
		操作部		以目視確認機器之狀況。	a 電源監視裝置應正常。 b 操作開關應設置在距離樓地板面高度0.8m（如採坐式操作者，則為0.6m）以上1.5m以下，可容易操作之處，無損傷、鬆脫等，停止點應明確。 c 各種表示燈之亮燈狀態應正常，且燈光應可從前面距離3m之位置明確識別。 d 表示裝置上應以不易磨滅方法標示，並適當表示火警分區之名稱。
		預備品		以目視確認備用品等之狀況。	a 應備有識別火警分區一覽圖、配線圖、備用品等。 b 如具自動試驗性能者，應備有系統控制圖。

火警自動警報設備

測試項目			測試方法	判定要領
外觀試驗	中繼器	設置場所	以目視確認設置場所等之狀況。	a 應設置在無因溫度、濕度、撞擊、振動等而影響機器性能之場所。 b 應在操作上或檢修實施上不會造成妨礙之位置，且確保操作等所需之空間。 c 應設置在機器無受損傷之虞的場所。
		構造·性能	以目視確認機器之狀況。	a 機器各部分應無變形、損傷等。 b 充電部如有被人從外部輕易觸摸之虞，應加以保護。 c 保險絲等之容量應適當正常，且其安裝不致輕易鬆脫。 d 如設有接地端子者，應予以適當接地。
		預備品	以目視確認備用品等之狀況。	a 應備有識別火警分區一覽圖、配線圖、備用品等。 b 如具自動試驗性能者，應備有系統控制圖。
	電源	常用電源	以目視確認電源之狀況。	a 應為專用回路。 b 電源容量應適當正常。
		緊急電源種類	確認緊急電源之種類。	應為蓄電池設備，其容量能使其有效動作十分鐘以上。
	探測器	警戒狀況·設置狀況·構造·性能	差動式局限型	以目視確認設置狀況。	a 探測器下端應設在裝置面下方三十公分範圍內。 b 應設置在距離牆上出風口1.5m以上之位置。 c 探測器之裝置不得傾斜成45度以上。 d 如具有定溫式之性能者，應裝設在平時之最高周圍溫度，比補償式局限型探測器之標稱定溫點或其他具有定溫式性能探測器之標稱動作溫度低攝氏二十度以上處。但具二種以上標稱動作溫度者，應設在平時之最高周圍溫度比最低標稱動作溫度低攝氏二十度以上處。

（續表依原頁呈現）

			定溫式局限型		
			補償式局限型		
			熱複合式局限型		
			熱類比式局限型		
			定溫式感知線型	以目視確認設置狀況。	a 感知線應設置在裝置面下方0.3m以內之位置。 b 應設置在周圍溫度低於標稱動作溫度20度以上之場所。 c 感知線之安裝在直線部分以每0.5m（如有下垂之虞時，則為0.35m）以內之間隔固定；在彎曲部分以每0.1m以內之間隔固定。 d 感知線之彎曲半徑應在0.05m以上。 e 感知線之接續，應使用端子接線。

火警自動警報設備

測試項目				測試方法	判定要領
外觀試驗	探測器	警戒狀況・設置狀況・構造・性能	差動式分布型（空氣管式）	以目視確認設置狀況。	a 空氣管應設在裝置面下方0.3m以內，距離裝置面之各邊1.5m以內之位置。 b 空氣管之相互間隔，如主要結構為防火構造者，應在9m（如為其他結構者，則為6m）以下。但感知區域之規模或形狀，可有效感知火災之發生時，不在此限。 c 任一感知區域之空氣管露出長度，應在20m以上。 d 任一接續於檢出部之空氣管長，應在100m以下。 e 檢出部不得前後傾斜5度以上。 f 不同檢出部之空氣管平行鄰接時，其相互間隔應在1.5m以內。 g 空氣管在直線部分以0.35m以內之間隔固定；在接續或彎曲部分以5cm以內之間隔固定。 h 空氣管之彎曲半徑應在5mm以上，且無破損等。 i 安裝於纖維板、耐火板上時，應能充分獲得熱效果而設置在外。 j 空氣管應使用接續管（sleeve）接續，並予焊接，且接續部分應施以防蝕之塗裝等。 k 如傾斜達3/10以上之天花板，空氣管之間隔，在其頂部應以密集方式，在下方則應以疏鬆方式設置。 l 空氣管貫穿牆壁之部分，應設置保護管、軸套（bushing）等。
			差動式分布型式（熱電偶式）	以目視確認設置狀況。	a 熱電偶部應設置在裝置面下方0.3m以內。 b 任一感知區域之熱電偶部的接續個數，應為4個以上。 c 接續在任一檢出部之熱電偶部的個數，應為20個以下。 d 檢出部不得傾斜5度以上。 e 熱電偶部和電線之接續，係在壓著接續後，以塑膠套管等被覆壓著部確實地接續。 f 對熱電偶部之極性應無誤接。 g 固定配線之固定，不得固定在熱電偶部。
			差動式分布型（熱半導體式）	以目視確認設置狀況。	a 感熱部下端應設置在裝置面下方0.3m以內。 b 任一感知區域之感熱部的接續個數，應為2個（裝置面高度未滿8m時，則為1個）以上。 c 接續在任一檢出部之感熱部的個數，應為2個以上15個以下。 d 檢出部不得傾斜5度以上。 e 感熱部和檢出部之接續應以直列接續。 f 對感熱部之極性應無誤接。

火警自動警報設備

			測試項目	測試方法	判定要領
外觀試驗	探測器	警戒狀況・設置狀況・構造・性能	偵煙式探測器（光電式分離型及類比式除外）離子類比式局限型 光電類比式局限型	以目視確認設置狀況。	a 探測器下端應設置在裝置面下方0.6m以內。 b 應設置在距離牆壁或樑0.6m以上之位置。但走廊等寬度未滿1.2m時，應設置在中心部。 c 如為天花板高度未滿2.3m之居室或未滿40m²之居室，應設置在入口附近。 d 如為天花板附近有排氣口或回風口之居室，應設置在該排氣口或回風口周圍1.0m範圍；如為有換氣口等出風口之居室，應設置在距離該出風口1.5m以上之位置。 e 不得傾斜45度以上。 f 除走廊、通道、樓梯及坡道以外，應在每一感知區域設置探測器。 g 設於走廊及通道時，步行距離應在30m（如為第三種探測器，則為20m）以下。但下列情形，得免設： 　(a)末和樓梯相接之10m以下的走廊或通道。 　(b)至樓梯之步行距離在10m以下的走廊或通道。 　(c)開放式的走廊或通道。 h 設於樓梯或坡道時，垂直距離每15m（如為第三種探測器，則為10m）應設置1個以上。但在開放式的樓梯上，得免設。 i 升降機坑道及管道間（管道截面積在1m²以上者），其最上部應設置1個以上。但下列情形，得免設： 　(a)在升降路頂部設有升降機機械室，且升降路與機械室間有開口時，應設於機械室，升降路頂部得免設。 　(b)通風管或其他類似場所，為二層樓以下，且有完整的水平區劃時。 　(c)和開放式走廊等相接之升降機升降路等。

火警自動警報設備

測試項目				測試方法	判定要領
外觀試觀	探測器	警戒狀況・設置狀況・構造・性能	熱煙複合式局限型	以目視確認設置狀況。	a 探測器下端應設置在裝置面下方0.3m以內。 b 應設置在距離牆壁或樑0.6m以上之位置。 c 如為天花板高度未滿2.3m之居室或未滿40m²之居室，應設置在入口附近。 d 如為天花板附近有排氣口或回風口之居室，應設置在該排氣口或回風口周圍1.0m範圍；如為有換氣口等出風口之居室，應設置在距離該出風口1.5m以上之位置。 e 不得傾斜45度以上。 f 除走廊、通道、樓梯及坡道以外，應在每一感知區域設置。此時應依安裝高度等之感知面積較大者之面積，核算探測器個數。 g 設於走廊及通道時，步行距離應在30m（如為第三種探測器，則為20m）以下。
			光電式分離型及光電類比式分離型	以目視確認設置狀況。	a 探測器之受光面應設在無日光照射之處。 b 應設在與探測器光軸平行牆壁距離六十公分以上之位置。 c 探測器之受光器及送光器，應設在距其背部牆壁一公尺範圍內。 d 應設在天花板等高度二十公尺以下之場所。 e 探測器之光軸高度，應在天花板等高度百分之八十以上之位置。 f 探測器之光軸長度，不得大於該探測器之標稱監視距離，且在100m以下。 g 探測器之光軸與警戒區任一點之水平距離，不得大於七公尺。
			火焰式探測器	以目視確認設置狀況。	a 探測器應設置在天花板等或牆壁上。 b 探測器應設置在依牆壁區劃之各區域，從距該區域之樓地板面高度在1.2m以下的空間各部分，至該探測器之距離在標稱監視距離的範圍內。 c 應防止因障礙物等而無法有效感知火災發生。 d 探測器應設置在不受日光照射之位置。但為防止發生感知障礙而設有遮光板等時，不在此限。

火警自動警報設備

測試項目			測試方法	判定要領
外觀試驗	手動報警機	設置場所	以目視確認設置狀況。	a 應設置於明顯易見且操作容易之場所。 b 按鈕開關之位置應設在距離地板面1.2m以上1.5m以下。 c 每一火警分區應設置一個。 d 應無妨礙操作之障礙物。 e 如設於有腐蝕性氣體滯留之虞的場所，應採取適當之防護措施。 f 裝置於屋外者，應具防水性能。
		構造‧性能	以目視確認機器之狀況。	a 應無變形、損傷、腐蝕等。 b 伴隨消防栓箱等箱門開關，可動配線等應採取防止因開關而妨礙性能之措施。
	標示燈	設置場所	以目視確認設置場所等之狀況。	a 應設置在手動報警機之附近。 b 應設置在人明顯易見之位置。 c 如設於有腐蝕性氣體滯留之虞的場所，應採取適當之防護措施。 d 裝置於屋外者，應具防水性能。 e 標示燈與裝置面成十五度角，在10m距離內須無遮視物且明顯易見。
		構造	以目視確認機器之狀況。	a 燈光應為紅色。 b 應無變形、損傷、腐蝕等。
	地區音響裝置	設置場所	以目視確認設置場所等之狀況。	a 應設置在無妨礙音響效果之位置。 b 從設置樓各部分至任一地區音響裝置之水平距離在25m以下的範圍內。 c 如設於有腐蝕性氣體滯留之虞的場所，應採取適當之防護措施。 d 如設於有可燃性氣體發生或滯留之虞的場所，應為防爆構造者。 e 如設於會受雨水等影響之場所，應採取適當之防護措施。
		構造	以目視確認機器之狀況。	應無變形、損傷、腐蝕等。

乙、性能試驗

測試項目			測試方法	判定要領
性能試驗	配線	公用線試驗	關於各個受信總機之公用線，拆下公用線，依受信總機回路斷線試驗，以試驗用測定器等確認斷線之火警分區數。	公用線供應之分區數不得超過七個。

火警自動警報設備

測試項目			測試方法	判定要領
性能試驗	配線	*串接配線試驗	關於依下表所規定火警分區數之任意試驗回路數，在確認該試驗回路之探測器為輸送配線後，拆下探測器之一線，使該回路末端之發信機動作。 火警分區 / 試驗回路數 10以下 / 1 11以上50以下 / 2 51以上 / 3	a 探測器之配線應為輸送配線。 b 受信總機之回路應無火災表示。
	受信總機	*火災表示試驗 / 火災表示狀況	依所規定操作方法操作火警表示試驗開關，就各回路進行（保持性能P型三級及GP型三級除外）。	火災表示、保持性能應正常。
		二信號式機能	①依所規定操作方法操作火警表示試驗開關，就各回路進行。 ②在接收第一信號時使發信機動作。	a 第一信號時，地區表示裝置及主音響裝置或副音響裝置應鳴動；第二信號時，火警燈應亮燈，地區音響裝置應鳴動。 b 使發信機動作時，應立即進行火警表示。
		蓄積式機能	①依所規定操作方法操作火警標示試驗開關，就各回路進行。 ②在蓄積時間中使發信機動作。	a 應在設定時間內進行火警表示。 b 使發信機動作時，應自動解除蓄積性能，進行火警表示。
		*注意表示試驗 / 注意表示狀況	依所規定操作方法操作注意標示試驗開關等，就各回路進行。	注意表示應正常。
		*回路斷線試驗	操作斷線試驗開關、回路選擇開關等，就各回路逐一測試。但如為自動監視回路斷線狀況者，得拆下任一探測回路等，使其在斷線狀態。	a 試驗用測定器等之指示值應適當正常。 b 應發出斷線警報。

火警自動警報設備

測試項目				測試方法	判定要領
性能試驗	受信總機	＊同時動作試驗	使用常用電源時	將任意5回路（如為不足5回路之受信總機，則為全部回路）設定在火警動作狀態。	受信總機、主音響裝置、地區音響裝置、附屬裝置等性能應無異常，適當地繼續火警動作狀態。
			使用預備電源時	將任意2回路（如為只有1回路之受信總機，則為1回路）設定在火警動作狀態。	
		＊預備電源試驗	電源自動切換機能	進行主電源之切斷及回復。	電源之自動切換性能應正常。
			端子電壓‧容量	操作備用電源試驗開關。	應有所規定之電壓值及容量。
		＊緊急電源試驗	電源自動切換機能	進行主電源之切斷及回復。	電源之自動切換性能應正常。
		附屬裝置試驗	火災表示狀況	使附屬裝置動作或在動作狀態下，依火警標示試驗及注意標示試驗之測試方法進行。	a 附屬裝置對受信總機之性能應不會造成有害之影響。 b 對接續綜合操作盤者，受信總機之信號應移報至綜合操作盤。
			二信號式		
			蓄積式		
		相互動作試驗（防護對象物設有2個以上受信總機者）	相互通話狀況	在設有受信總機之場所間，進行相互通話。	應可同時相互通話。
			地區音響裝置鳴動狀況	依所規定操作方法操作各受信總機之火警標示試驗開關。	不論從任何受信總機，地區音響裝置應正常地鳴動。
	中繼器	＊回路斷線試驗		操作斷線試驗開關、回路選擇開關等，就各回路進行。	試驗用測定器等之指示值應適當正常。
		＊預備電源試驗	電源自動切換機能	進行主電源之切斷及回復。	電源之自動切換性能應正常。
			端子電壓‧容量	操作備用電源試驗開關。	應有所規定之電壓值及容量。

火警自動警報設備

測試項目			測試方法	判定要領
性能試驗	差動式分布型（空氣管式）	＊火災動作試驗	將空氣注入試驗器（以下簡稱「測試幫浦」）接在檢出部之試驗孔上，再將試驗旋塞對合動作試驗位置，以測試幫浦注入相當於探測器動作空氣壓（空氣膨脹壓力）之空氣量，測定自該時點至接點閉合為止之時間。	空氣注入後至接點閉合為止之時間，應在該檢出部所標示之範圍內。
		動作持續試驗	測定在動作試驗中，探測器開始動作之後至接點開放為止之時間。	接點閉合後至接點開放為止之時間，應在該檢出部所標示之範圍內。
		流通試驗	將流體壓力表接在檢出部之試驗孔或空氣管之一端，再將試驗旋塞對合流通試驗位置，以接續在另端之測試幫浦注入空氣，使流體壓力表的水位上升至約100mm，然後停止水位。接著以試驗旋塞等打開送氣口，測定上升水位降至1/2為止之時間。另外如流體壓力表的水位不停止者，由於空氣管有外漏之虞，應中止試驗，進行檢修。	上升水位降至1/2為止之時間，應在依空氣管長度之數值的範圍內。

火警自動警報設備

測試項目			測試方法	判定要領
性能試驗	差動式分布型（空氣管式）	接點水高試驗	將流體壓力表及測試幫浦接在檢出部之試驗孔或空氣管之一端，再將試驗旋塞對合接點水高試驗位置，緩緩注入空氣，測定接點閉合時之水位。	接點閉合時之水位應在各檢出部所標示之值的範圍內。

	測試項目		測試方法	判定要領
性能試驗	差動式分布型（熱電偶式）	*動作試驗	將試驗器插頭插進檢出部，把電壓附加在檢出部，測定動作時之電壓。	動作時之電壓應在各檢出部所標示之值的範圍內。
		回路合成阻抗試驗	將試驗器插頭插進檢出部，測定熱電偶回路之合成阻抗值。	合成阻抗值應為各檢出部所標示之值以下。
	差動式分布型（熱半導體式）	*動作試驗	將試驗器插頭插進檢出部，把電壓附加在檢出部，測定動作時之電壓。但如安裝位置之高度未滿8m者，得依差動式局限型動作試驗之測試方法的規定。	動作時之電壓應在各檢出部所標示之值的範圍內。但依差動式局限型之試驗規定者，應依該判定基準之規定。
		回路合成阻抗試驗	將試驗器插頭插進檢出部，測定熱半導體回路之合成阻抗值。	合成阻抗值應在各檢出部所標示之值以下。
	定溫式感知線型	動作試驗	使回路末端之回路試驗器動作。	受信總機應為火警標示。
		回路合成阻抗試驗	測定探測器回路配線和感知線之合成阻抗值。	合成阻抗值應在探測器所標示之值以下。
	差動式局限型、補償式局限型、定溫式局限型（再用型）、熱類比式局限型	*動作試驗	以加熱試驗器加熱探測器，測定至探測器動作為止之時間。	探測器之動作時間應在下表所示之值以內。

探測器之動作時間應在下表所示之值以內。

動作時間　　探測器	探測器種類		
	特種	第一種	第二種
差動式局限型補償式局限型	－	30秒	30秒
定溫式局限型	40秒	60秒	120秒
熱類比式局限型	40秒	－	－

但關於定溫式局限型探測器或熱類比式局限型探測器，標稱動作溫度或有關火災標示之設定標示溫度和周圍溫度的差超過50度時，得將動作時間設定為2倍。

火警自動警報設備

測試項目		測試方法	判定要領
性能試驗	定溫式局限型（非再用型）	動作試驗	依所設置之探測器個數，就下表所抽取個數之探測器，以加熱試驗器加熱，測定至探測器動作為止之時間。	探測器之動作時間應在下表所示之值以內。

探測器設置個數	抽取個數
1以上10以下	1
11以上50以下	2
51以上100以下	4
101以上	7

動作時間　探測器	探器器種類		
	特種	第一種	第二種
定溫式局限型	40秒	60秒	120秒

但標稱動作溫度和周圍溫度的差超過50度時，得將動作時間設定為2倍之值。

測試項目		測試方法	判定要領
	離子式局限型、光電式局限型、離子化類比式局限型、光電類比式局限型	＊動作試驗	以加煙試驗器等對探測器加煙，測定至探測器動作為止之時間。	探測器之動作時間應在下表所示之值以內。

動作時間　探測器	探測器種類		
	特種	第一種	第二種
離子式局限型 光電式局限型 離子化類比式局限型 光電類比式局限型	30秒	60秒	90秒

但如為蓄積型探測器，動作時間應在表列時間加上標稱蓄積時間及5秒後之時間以內。

測試項目		測試方法	判定要領
	光電式分離型 光電類比式分離型	＊動作試驗	使用減光罩，測定至探測器動作為止之時間。	a 如為非蓄積型者，動作時間應在30秒以內。 b 如為蓄積型者，動作時間應在30秒加上標稱蓄積時間及5秒後之時間以內。

測試項目			測試方法	判定要領
性能試驗	火焰式探測器	*動作試驗	以適合探測器之試驗器，照射紅外線或紫外線，測定至探測器動作為止之時間。	探測器之動作時間應在下表所示之值以內。
	地區音響裝置	音響裝置試驗	使探測器或發信機動作。在距離音響裝置（已安裝之狀態）中心1m之位置，使用噪音計（A特性）測定音壓。	地區音響裝置應依鳴動方式正常地鳴動。音壓應在90dB以上。

判定要領欄內之表格：

動作時間　探測器	探測器種類		
	特種	第一種	第二種
火焰型探測器	30秒	30秒	30秒

註：具定期自動測試機能之受信總機，只要確認測試記錄紙有無異常記錄，得免除「＊」部分之試驗。

4.2 瓦斯漏氣火警自動警報設備測試報告書測試方法及判定要領

甲、外觀試驗

測試項目			測試方法	判定要領
外觀試驗	警報分區	警報分區設定	以目視確認火警分區之狀況。	a 火警分區不得跨及二個以上樓層。但一個火警分區之面積在500m²以下,且該火警分區跨及二個樓層時,不在此限。 b 一個火警分區之面積應在600m²以下。但如從該火警分區之通道中央可輕易看到標示燈時,得在1,000m²以下。
	受信總機	設置場所等	設置場所	以目視確認設置場所等之狀況。	a 應設置在防災中心等經常有人駐守之場所。 b 應設置在無因溫度、濕度、撞擊、振動等而影響機器性能之虞的場所。 c 應設置在機器無受損傷之虞的場所。
			周圍狀況·操作性		a 應在操作上或檢修實施上不會造成妨礙之位置,且保有操作等所需之空間。 b 應設置在不會因直射日光、外光、照明等而影響標示燈之亮燈的位置。
			設置狀況		應牢固地設置,避免因地震等而傾倒。
		構造·性能		以目視確認機器之狀況。	a 應附有商品檢驗標識。 b 在機器各部分應無變形、損傷等。 c 充電部有被人從外部輕易觸摸之虞,應加以保護。 d 保險絲等之容量應適當正常,且其安裝不致輕易鬆脫。 e 如設有接地端子者,應予以適當的接地。
		操作部		以目視確認機器之狀況。	a 電源監視裝置應正常。 b 操作開關應設置在距離樓地板面0.8m(如採坐式操作者,則為0.6m)以上1.5以下之高度,可容易操作之處,無損傷、鬆脫等,停止點應明確。 c 各種標示燈之亮燈狀態應正常,且燈光應從前面距離3m之位置即可明確識別。 d 在標示裝置上應以不易磨滅之方法且適當地標示火警分區的名稱。 e 應區別貫通部(係指供給瓦斯之導管貫通防護對象物外壁的部分)相關火警分區及其他火警分區並加以標示。
		預備品		以目視確認備用品等之狀況。	應備有備用品、配線圖等。

測試項目		測試方法	判定要領
中繼器	設置場所	以目視確認設置場所等之狀況。	a 應設置在無因溫度、濕度、撞擊、振動等而影響機器性能之虞的場所。 b 應在操作上或檢修實施上不會造成妨礙之位置，且保有操作等所需之空間。 c 應設置在機器無受損傷之虞的場所。

瓦斯漏氣火警自動警報設備

測試項目			測試方法	判定要領
外觀試驗	中繼器	構造・性能	以目視確認機器之狀況。	a 在機器各部分應無變形、損傷等。 b 充電部有被人從外部輕易觸摸之虞，應加以保護。 c 保險絲等之容量應適當正常，且其安裝不致輕易鬆脫。 d 如設有接地端子者，應予以適當的接地。
		預備品	以目視確認備用品等之狀況。	應備有備用品、配線圖等。
	電源	常用電源	以目視確認電源之狀況。	a 應為專用回路。 b 電源容量應適當正常。
		緊急電源	確認緊急電源之種類。	應為蓄電池設備，其容量應能使二回路有效動作十分鐘以上，其他回路能監視十分鐘以上。
	檢知器	警戒狀況	以目視確認設置狀況。	a 火警分區之設定應適當正常，且無未警戒之部分。 b 應設置在可進行檢修或其他維護管理之場所。 c 應設置在出入口附近外部氣流流通以外之場所，無妨礙瓦斯漏氣探測之障礙物，且能有效探測之位置。

測試項目				測試方法	判定要領
外觀試驗	檢知器	設置狀況	檢知之瓦斯對空氣比重未滿1者	以目視確認設置狀況。	a 檢知器下端應設置在天花板等下方0.3m以內之位置。 b 應設置在距離換氣口等出風口1.5m以上之位置。 c 應設置在距離燃燒器或貫通部之水平距離在8m以內的範圍。但天花板面等因突出0.6m以上之樑而被分隔時，由於該樑之故，應設於燃燒器側或貫通部側。 d 天花板面等設有吸氣口時，應設置在和燃燒器間之天花板面等未被突出0.6m以上之樑而被分隔的吸氣口中，距離該燃燒器最近者的附近。
			檢知之瓦斯對空氣比重大於1者	以目視確認設置狀況。	a 檢知器上端應設置在地板上方0.3m以內之位置。 b 應設置在距離燃燒器或貫通部之水平距離在4m以內的範圍。
		構造・性能		以目視確認機器之狀況。	a 應附有商品檢驗標識。 b 應無變形、損傷等。
	警報裝置	音聲警報裝置	擴音機 設置場所	以目視確認設置場所等之狀況。	應設置在受信總機之設置場所附近，且無妨礙操作之障礙物。
			擴音機 構造	以目視確認機器之狀況。	應無變形、損傷等。
			揚聲器 設置場所	以目視確認設置場所等之狀況。	a 應設置在無障礙物妨礙音響效果之位置。 b 應設置在各樓，從該樓各部分至任一揚聲器之水平距離在25m以下的範圍內。 c 應設置在無因通行、貨物運送等而受損傷之虞的位置。 d 如設置在會受雨水、腐蝕氣體等影響之場所，應採取適當之防護措施。
			揚聲器 構造	以目視確認機器之狀況。	應無變形、損傷等。

瓦斯漏氣火警自動警報設備

測試項目				測試方法	判定要領
外觀試驗	警報裝置	瓦斯漏氣表示燈	設置場所	以目視確認設置場所等之狀況。	a 距樓地板面之高度應在4.5m以下。 b 設有檢知器之居室面向通路時，應設於該面向通路部分之出入口附近。但在一警報分區僅一室時得免設。 c 應設置在無因通行、貨物運送等而受損傷之虞的位置。 d 如設置在會受雨水、腐蝕氣體等影響之場所，應採取適當之防護措施。 e 應為黃色燈。
			構造	以目視確認機器之狀況。	應無變形、損傷等。
		檢知區域警報裝置	設置場所	以目視確認設置場所等之狀況。	a 應設置在無妨礙音響效果之位置。 b 如設置在會受雨水、腐蝕氣體等影響之場所，應採取適當之防護措施。 c 檢知器所能檢知瓦斯漏氣之區域內，該檢知器動作時，該區域內之檢知區域警報裝置應能 發出警報音響，其音壓在距一公尺處應有七十分貝以上。但檢知器具有發出警報功能，且 設於機械室等常時無人場所及瓦斯導管貫穿牆壁處者，不在此限。 d 應設置在無因通行、貨物運送等而受損傷之虞的位置。
			構造	以目視確認機器之狀況。	應無變形、損傷等。

乙、性能試驗

測試項目			測試方法	判定要領
性能試驗	配線	串接配線試驗（以平常回路式之檢知器【1回路之接續個數有2個以上者】回路為限）	依下表規定火警分區數之任意試驗回路數，在確認該試驗回路檢知器之任一檢知器為輸送配線後，拆下檢知器之一線，使該回路末端之發信機、檢知器等動作。 表格如下： | 火警分區數	試驗回路數
---	---
10以下	1
11以上50以下	2
51以上	3		a 檢知器之配線應為輸送配線。 b 受信總機之回路應無瓦斯漏氣表示。

瓦斯漏氣火警自動警報設備

測試項目			測試方法	判定要領
性能試驗	受信總機	瓦斯漏氣表示試驗 / 瓦斯漏氣燈	依所規定操作方法操作瓦斯漏氣表示試驗開關，就各回路逐一測試。	瓦斯漏氣表示應正常。另外，如有保持性能及標準遲延時間者，這些性能應正常。
		地區表示裝置動作狀況		
		主音響裝置鳴動狀況		
		試驗中其他回路動作狀況	在瓦斯漏氣表示試驗中，使其他任意之回路動作。	試驗中之回路及任意之動作回路的瓦斯漏氣表示應正常。
		回路導通試驗 / 回路斷線狀況	操作斷線試驗開關、回路選擇開關等，就各回路進行。	試驗用測定器等之指示值應適當正常。
		試驗中其他回路動作狀況（以有試驗裝置者為限）	在回路斷線試驗中，使其他任意之回路動作。	任意動作回路之瓦斯漏氣表示應正常。
		同時動作試驗	將任意2回路之檢知器同時設定在瓦斯漏氣動作狀態。	瓦斯漏氣表示狀態應繼續。
		預備電源試驗 / 電源自動切換機能	進行主電源之切斷及回復。	電源之自動切換性能、電壓值及容量應正常。
		端子電壓‧容量	操作備用電源試驗開關。	應有所規定之電壓值及容量。
		緊急電源試驗 / 電源自動切換機能	進行主電源之切斷及回復。	電源之自動切換性能、電壓值及容量應正常。
		故障表示試驗 / 對中繼器之外部負荷電力供給回路之保險絲斷線狀況	拆下品或中斷斷路器（breaker）。	故障標示燈及音響裝置應自動地動作。
		由其他中繼器之主電源供給者，其電源中斷狀況	中斷主電源之斷路器等。	
		檢知器電源遮斷狀況（以具有電源中斷表示裝置者為限）	中斷檢知器之電源。	應能做檢知器電源中斷之標示等。

瓦斯漏氣火警自動警報設備

測試項目			測試方法	判定要領
性能試驗	受信總機	附屬裝置試驗	使附屬裝置動作或在動作狀態下，依瓦斯漏氣表示試驗之測試方法進行。	a 附屬裝置對受信總機之性能應不會造成有害之影響。 b 對接續綜合操作盤者，受信總機之信號應移報至綜合操作盤。
		相互動作試驗（防護對象物上設有2個以上受信總機者） 相互通話狀況	在設有受信總機之場所間進行相互通話。	應可同時相互通話。
		音響警報裝置鳴動狀況	將各受信總機之瓦斯漏氣表示試驗開關倒向試驗側，再操作回路選擇開關等而進行。	不論從任何受信總機，音響警報裝置應正常地鳴動。
	中繼器	回路斷線試驗	操作斷線試驗開關、回路選擇開關等，就各回路進行。	試驗用測定器等之指示值應適當正常。
	檢知器動作試驗		以加瓦斯試驗器將試驗瓦斯加進檢知器，測定至瓦斯漏氣表示為止之時間。	a 檢知器應正常地動作。 b 至瓦斯漏氣表示為止之時間應符合以下其中一項： 甲、依檢知器動作標示燈確認檢知器之瓦斯漏氣動作者，從動作確認燈亮燈至瓦斯漏氣燈亮燈之時間，應在60秒（如使用中繼器者，則為65秒）以內。 乙、依中繼器之確認燈或檢知區域警報裝置之動作，確認檢知器之瓦斯漏氣動作者，從檢知區域警報裝置之動作或中繼器之動作確認燈亮燈至瓦斯漏氣燈亮燈之時間，應在60秒（如使用中繼器者，則為65秒）以內。 丙、如為上述以外者，至瓦斯漏氣表示之時間，應在80秒（如使用繼器者，則為85秒）以內。

		測試項目	測試方法	判定要領
性能試驗	警報裝置	音聲警報裝置	依所規定之方法使其動作。	應可明確地和其他警報音或噪音區分，同時如設有二個以上受信總機時，不論從任何場所均能動作。
		瓦斯漏氣表示燈	進行檢知器之動作試驗而確認。	應可確認檢知器動作之場所，其亮度應在表示燈前方3m處能明確識別，並於附近標明「瓦斯漏氣表示燈」字樣。
		檢知區域警報裝置（dB）	在距離警報裝置中心1m之位置，使用噪音計（A特性）測定音壓。	音壓應在70dB以上。

4.3 緊急廣播設備測試報告書測試方法及判定要領

甲、外觀試驗

測試項目			測試方法	判定要領
外觀試驗	擴音機・操作裝置・遠隔操作器	設置場所	以目視確認設置場所等之狀況。	a 操作裝置或遠隔操作裝置其中之一，應設置在值日室（防災中心）等經常有人駐守之場所。但和啟動裝置形成一體之操作裝置，依啟動裝置之設置規定設置。 b 應設置在無因溫度、濕度、撞擊、振動等而影響機器性能之場所。 c 應設置在機器無受損傷之虞的場所。
		周圍狀況・操作性	以目視確認設置場所等之狀況。	a 應設在操作上或檢修實施上不會造成妨礙之位置，且確保操作等所需之空間。 b 應設置在不會因直射日光、外光、照明等而影響表示燈之位置。
		設置狀況	以目視確認設置狀況。	應牢固地設置，避免因地震等而傾倒。
		構造・性能	以目視確認機器之狀況。	a 應為認可品。 b 應無變形、損傷等。 c 充電部有被人從外部輕易觸摸之虞，應加以保護。 d 保險絲等的容量應適當正常，且其安裝不致輕易鬆脫。
		操作部	以目視確認機器之設置狀況。	a 電源監視裝置應適當正常。 b 操作開關應設在距離樓地板面高度0.8m（如採坐式操作者，則為0.6m）與1.5m之間且可容易操作之處，無磨損、搖晃等，停止點應明確。 c 各種表示燈之亮燈狀態應正常，可從前面距離3m之位置，明確辨識其亮燈狀態。 d 在表示裝置上應以不易磨滅之方法適當標示警報區域之名稱。
		預備品	以目視確認備用品等之狀況。	應備有備用品、線路圖等。

測試項目			測試方法	判定要領
外觀試驗	電源	常用電源	以目視確認電源之狀況。	a 應為專用回路。 b 電源容量應適當正常。
		緊急電源種類	以目視確認緊急電源之種類。	應為蓄電池設備,其容量應使其有效動作十分鐘以上。
	啓動裝置‧緊急電話	設置場所	以目視確認設置場所等之狀況。	a 應設置在明顯易見,且操作容易之場所。 b 應設置在各樓層,從各樓層任一點之啓動裝置之步行距離應在50m以下。 c 如設於有受雨水、腐蝕性氣體等影響之虞的場所,應採取適當之防護措施。 d 如設於有可燃性氣體、可燃性粉塵等滯留之虞的場所,應使用具防爆構造者。 e 應設在距離樓地板面0.8m以上1.5m以範圍內,且無妨礙操作之障礙物。

緊急廣播設備

測試項目			測試方法	判定要領
外觀試驗	啓動裝置‧緊急電話	構造‧性能	以目視確認機器之設置狀況。	a 應為認可品。 b 設置在按鈕開關前面之保護板不得妨礙操作。 c 消防栓箱等附隨箱門開關之可動部分,應採取防止因其開關而對性能造成妨礙之措施。 d 應無變形、損傷、腐蝕等。
	揚聲器	設置場所	以目視確認設置場所等之狀況。	a 應設置在無障礙物妨礙音響效果之場所。 b 揚聲器設置在樓梯或斜坡通道以外之場所時,如設於超過100m²之廣播區域者,應為L級;如設於50m²以上100m²以下之廣播區域者,應為L級或M級;如設於50m²以下之廣播區域者,應為L級、M級或S級。 c 揚聲器設置在樓梯或斜坡通道以外之場所時,應設置在各廣播區域,且從該廣播區域任一點至揚聲器之水平距離在10m以內範圍。

測試項目			測試方法	判定要領
外觀試驗				但居室樓樓地板面積在六平方公尺或由居室通往樓地板面之主要走廊及通道樓地板面積在六平方公尺以下，其他非居室部分樓地板面積在三十平方公尺以下，且該區域與相鄰接區域揚聲器之水平距離相距八公尺以下時，得免設。 d 揚聲器設置在樓梯或斜坡通道時，至少每15m之垂直距離，應設一個以上L級者。 e 應設置在不會因通行、貨物搬運等而受損傷之位置。 f 如設置於有受雨水、腐蝕氣體等影響之場所，應採取適當之防護措施。
		構造	以目視確認機器之狀況。	a 應為認可品。 b 應無變形、損傷、腐蝕等。

乙、性能試驗

測試項目			測試方法	判定要領
性能試驗	擴音機‧操作裝置‧遠隔操作裝置及複合裝置	回路選擇試驗	操作選擇開關等，使啟動裝置動作。	a 應在選擇之樓層（系統），使警報音鳴動（包括音聲警報之廣播）。另操作一齊動作開關時，應全棟鳴動。 b 如為廣播設備，探測器發報廣播、火災廣播及非火災警報廣播等應可由簡單操作即能廣播。
		啟動裝置試驗	廣播設備：使各啟動裝置（包括火警自動警報設備）依各樓層（系統）動作。	廣播設備： a 操作後10秒以內自動地根據鳴動區分，進行探測器發報廣播，同時火警燈、發信處所之樓別動作表示燈、火警樓表示燈及監視擴音器等應正常地動作。 進行探測器發報廣播後，依以下操作進行火警廣播： 從發信機或緊急電話之啟動。 如為依各探測器可區分火警信號之火警自動警報設備，第一個發報探測器以外之探測器動作。 緊急啟動開關或火警廣播開關之啟動。 廣播設備設定時間之經過。 b 只要未以手動回復啟動裝置及廣播設備，動作狀態即應繼續。 c 同時使2個以上任意不同樓層之啟動裝置動作時，性能應無異常。 d 以麥克風進行廣播時，應能自動停止音聲警報音。

測試項目		測試方法	判定要領
性能試驗	擴音機·操作裝置·遠隔操作裝置及複合裝置	啟動裝置試驗	緊急電話（以廣播設備為限）：藉由火警自動警報設備之發信機或緊急電話啟動，同時如為緊急電話，應確認和操作部之通話狀態。	緊急電話（以廣播設備為限）： a 操作後10秒以內自動根據鳴動區分，進行探測器發報廣播，同時火警燈、發信處所之樓別動作表示燈、火警樓層表示燈及監視揚聲器等應正常地動作。另外，進行探測器發報廣播後，應自動進行火警廣播。 b 只要未以手動回復啟動裝置及廣播設備，動作狀態即應繼續。 c 同時使2個以上任意不同樓層之啟動裝置動作時，性能應無異常。 d 緊急電話和操作部相互之間應能同時通話。另即使操作有二回路以上之緊急電話，在操作部應可做選擇，同時在回路中斷之緊急電話，應有語音播放。

緊急廣播設備

測試項目			測試方法	判定要領
性能試驗	擴音機·操作裝置·遠隔操作裝置及複合裝置	音響裝置試驗（dB）	揚聲器	在依額定輸出使音聲警報音之第二信號鳴動的狀態下，於距離音響裝置中心1m之位置，使用噪音計（A特性）測定音壓。	揚聲器之音壓，L級應為92dB以上，M級應為87dB以上，S級應為84dB以上。
		回路短路試驗		在依額定輸出使音聲警報音之第二信號鳴動的狀態下，使任意輸出回路短路時，確認不會對其他回路產生性能障礙。	短路輸出回路以外的輸出回路廣播應正常，同時確認係哪一個輸出回路發生短路。
		緊急電源試驗（以內藏者為限）	電源自動切換機能	進行主電源之切斷及回復。	電源自動切換性能應正常。
			端子電壓·容量	依電池試驗所規定之操作進行。	應具有所規定之電壓值及容量。
		一般廣播停止試驗（以廣播設備為限）		緊急廣播設備與其他廣播設備共用時，對於需要廣播之樓層或全部樓層，中斷其他一般廣播，並確認緊急廣播是否可有效播放。	進行緊急廣播時，除了於需要廣播之樓層或全部樓層以外所使用之廣播，應在進行緊急廣播之區域自動中斷。

4.4 避難器具測試報告書測試方法及判定要領

甲、外觀試驗

測試項目			測試方法	判定要領
外觀試驗	設置場所等	避難器具種類	以目視確認設置場所等之狀況。	a 關於樓梯、出入口或其他相關避難設施之關連，應在適當之位置。 b 應設置在容易接近，且無礙避難器具使用之空間，有安全構造之開口部。 c 應與設置在其他樓層之避難器具間相互無妨礙。 d 至樓地板面或其他著地點之下降空間，應無妨礙避難之障礙物。 e 避難器具之著地點附近，應確保無礙著地之下降空地空間，且通向安全的道路或廣場。
		開口部大小 長×寬×腰高 （cm）		
		設置狀況		
		有無障礙物		
		下降空間確保		
		著地點狀況		
	構造・性能		以目視確認機器之狀況。	a 避難器具本體應無變形、損傷、生鏽、腐蝕等。 b 金屬製避難梯或緩降機，應為認可品。 c 避難層、緩降機或避難繩索應具有因應防護對象物設置樓層所需之長度。 d 避難橋應有充分的掛架長度。 e 直降式救助袋下部出口部分距離樓地板面之高度，應配合器具之種類及長度。 f 斜降式救助袋伸展時對水平樓地板面，應有大約45度之長度，且在著地點設有固定環。
	裝置部		以目視確認設置狀況。	應為柱、地板、樑或其他結構上堅固之部分，或者經堅固補強之部分。
	裝置器具		以目視確認設置場所等之狀況。	a 應無對結構造成龜裂、糾結、彎曲等情形。 b 接合部分使用之螺帽應無鬆脫或有鬆脫之虞。 c 應施以防鏽、防蝕等措施。 d 應無危害使用者之虞。

避難器具

測試項目		測試方法	判定要領
外觀試驗	固定部材料	以目視確認設置狀況。	a 螺栓等固定部的材料應適合建築物固定部分之結構,且牢固地安裝。 b 如設有固定基座者,應依避難器具之尺寸、形狀及重量等設置。
	收納	以目視確認設置狀況。	a 應確保容易使用之狀態。 b 收納方法應配合設置場所,並確保器具通風性。 c 如為纖維製器具,不得直接接觸樓地板面,且無受雨水、鼠類等侵入之虞。
	標識	以目視確認設置狀況。	應於避難器具附近明顯易見處,標示避難器具之設置位置、使用方法及設置指標。

乙、性能試驗

測試項目		測試方法	判定要領
性能性驗	荷重試驗	支固器具(須完全伸展並於架設完成之狀態)應依以下方法施加荷重,確認支固器具及固定部分的狀況。 a 對支固器具和避難器具的連結部分應以垂直方向施加荷重。但如為斜降式救助袋,則應對下降方向予以施加荷重。 b 關於載重之大小,如為救助袋,應為300kg以上;如為緩降機(多人數用以外者),為195kg以上;如為其他種類,則應有合適之載重。	a 支固器具之固定部分應不會產生龜裂、固定螺栓之損傷、拉出等。 b 支固器具應不會產生破斷、龜裂、妨礙耐力之鬆弛等。 c 支固器具構造上重要部分的繩索、鏈條等,應不會產生妨礙耐力之鬆弛等。

避難器具

	測試項目	測試方法	判定要領
性能性驗	拉拔強度試驗	固定架或支固器具使用螺栓固定時，使用測定螺栓等拉出力之器具，對該螺栓等施加相當於設計拉拔荷重之試驗荷重（一個螺栓之荷重），以確認該螺栓對拉出之耐力。 如使用扭力扳手作為測定拉拔荷重之器具時，鎖緊扭力和設計拉拔荷重（試驗荷重）之關係如下： $T = 0.24DN$ T：鎖緊扭力（kgf · cm） D：螺栓直徑（cm） N：試驗荷重（設計拉拔荷重）（kgf）	螺栓等之固定部分應不會產生龜裂、螺栓之損傷、拉出等。

4.5　標示設備測試報告書測試方法及判定要領

甲、外觀試驗

測試項目			測試方法	判定要領
外觀試驗	出口標示燈	設置場所等	以目視確認設置場所等之狀況。	a 應設置在通往戶外之防火門、通往安全梯及排煙室之防火門、通往另一防火區劃之防火門、居室通往走廊或通道之出入口等。但自居室任一點能直接觀察識別其主要出入口，且與主要出入口之步行距離，在避難層（無開口樓層除外）為20m以下者；在避難層以外之樓層（地下層、無開口樓層除外）為10m以下者，得免設。 b 應設置在出入口上方，距離樓地板面高度在1.5m以上。 c 應設置在不會妨礙避難及通行之場所。 d 應正常且牢固地安裝。
		外形尺寸	以目視確認機器之狀況。	a 設置在通往戶外之防火門、通往安全梯及排煙室之防火門上方之出口標示燈，供各類場所消防安全設備設置標準第十二條第二款第一目、第五款第三目場使用者，應為大型。供設置標準第十二條第一款及五款第一目場所使用，總樓地板面積1,000m^{2}以上者，應使用大型；總樓地板面積未滿1,000m^{2}者，應使用中型或大型。 b 設置在通往另一防火區劃之防火門、居室通往走廊或通道出入口上方之出口標示燈，供設置標準第十二條第二款第一目及五款第三目場所使用者，應使用中型或大型。供設置標準第十二條第一款及五款第一目場所使用，總樓地板面積1,000m^{2}以上者，應使用中型或大型。 c 前述以外場所之出口標示燈，應就大型、中型或小型擇一設置。
		標示面	以目視確認機器之狀況。	a 以綠色為底用白色表示「緊急出口」字樣。 b 但設在避難路徑途中者則用白色為底，綠色文字。 c 標示面應無器具內部配線的陰影。

標示設備

測試項目			測試方法	判定要領
外觀試驗	避難方向指示燈	室內指示燈 設置場所等	以目視確認設置場所等之狀況。	a 從居室通道各部分至任一通道指示燈之步行距離，須在10m以下。但自居室任一點能直接觀察識別其主要出入口，且與主要出入口之步行距離在20m以下者（供設置標準第十二條第一款及第五款第一目使用場所），或步行距離在三十公尺以下者（供前述以外使用場所），得免設（地下層、無開口樓層除外）。 b 須設置在不會妨礙通行之場所。 c 須正常且牢固地安裝。 d 設置在樓地板面之物品須不致因載重而破損。
		外形尺寸	以目視確認機器之狀況。	a 設置在供設置標準第十二條第二款第一目及第五款弟三目或第十二條第一款及第五款第一目場所該層樓地板面積在1,000m²以上者，應為中型或大型。 b 前述以外場所之室內指示燈，應就大型、中型或小型擇一設置。
		標示面	以目視確認機器之狀況。	a 標示面之底色應為白色。 b 標示面之符號、圖型及文字顏色應為綠色，且易於識別。 c 標示面應無器具內部配線的陰影。
		走廊指示燈 設置場所	以目視確認設置場所等之狀況。	a 應設置在距離樓地板面高度1m以下之處所。 b 從走廊任一點至指示燈之步行距離，應在10m以下。 c 應設置在不會妨礙通行之場所。 d 安裝在牆面之指示燈，從牆壁面至指示燈標示面之距離，大型應在3cm以上10cm以下，中型應在2cm以上8cm以下，小型應在2cm以上6cm以下。 e 應正常且牢固地安裝。
		外形尺寸	以目視確認機器之狀況。	a 設置在供設置標準第十二條第二款第一目及第五款第三目或第十二條第一款及第五款第一目場所該層樓地板面積在1,000m²以上者，應為大型或中型。 b 設置在其他場所之走廊指示燈，應為大型、中型或小型。
		標示面	以目視確認機器之狀況。	a 標示面之底色應為白色。 b 標示面之圖形、符號及文字顏色應為綠色，且易於識別。 c 標示面應無器具內部配線的陰影。
		樓梯指示燈 設置場所	以目視確認設置場所等之狀況。	a 應設置在面向階梯之室內部分或牆壁等。 b 應設置在不會妨礙通行之場所。 c 應能有效照明階梯通路及樓梯平台。
		客席指示燈 設置場所	以目視確認設置場所等之狀況。	a 應設置在劇場等座位之部分。 b 應能有效地照明通路部分。

標示設備

測試項目				測試方法	判定要領
外觀試驗	避難指標	設在避難出口	設置場所	以目視確認設置場所等之狀況。	a 設於出入口時,裝設高度應距樓地板面1.5m以下。 b 各類場所自居室任一點能直接觀察識別其主要出入口,且與主要出入口之步行距離在30m以下者,得免設(地下層及無開口樓層除外)。 c 應設於易見且採光良好處。 d 應正常且牢固地安裝。 e 周圍不得設有影響其視線之裝潢及廣告招排等。
			外形尺寸	以目視確認機器之狀況。	標示面之大小,長邊應在36cm以上,短邊應在12cm以上。
			標示面	以目視確認機器之狀況。	a 標示面之底色應為綠色。 b 標示面之圖形、符號及文字顏色應為白色,且易於識別。
		設在通路	設置場所	以目視確認設置場所等之狀況。	a 設於走廊或通道時,自走廊或通道任一點至指標之步行距離不得大於7.5m。 b 應優先設於走廊或通道之轉彎處。 c 應正常且牢固地安裝。 d 周圍不得設置影響其視線之裝潢及廣告招排等。
			外形尺寸	以目視確認機器之狀況。	標示面之大小,長邊應在30cm以上,短邊應在10cm以上。
			標示面	以目視確認機器之狀況。	a 標示面之底色應為白色。 b 標示面之圖形、符號及文字顏色應為綠色,且易於識別。
	電源	常用電源		以目視確認電源之狀況。	a 應為專用回路。 b 電源容量應適當正常。
		緊急電源	種類	以目視確認緊急電源之種類。	應為蓄電池設備,其容量應能使其有效動作二十分鐘以上。
			設置狀況(限內藏型)	以目視確認設置狀況。	a 配線應確實。 b 蓄電池本體應無變形、損傷等。

乙、性能試驗

測試項目				測試方法	判定要領
性能試驗	電源自動切換試驗			由器具之開關切斷常用電源。	應能切換為緊急點亮燈。
	切換動作試驗	減光型	減光機能	由出口標示燈及避難方向指示燈用信號設置，進行以下之切換動作。 ①由點檢切換開關輸送減光信號。 ②進行火警自動警報設備之火警表示試驗。 註：本試驗之點檢結束後，必須由回復開關重新設定信號裝置。	a 應能減光點燈切換。 b 信號裝置應連動，應能從減光點燈切換成正常點燈。
		消燈方式	消燈機能	由出口標示燈及避難方向指示燈用信號設置，進行以下之動作。 ①由手動開關輸送熄燈信號。 ②依和照明器具及上鎖連動閃爍器、光電管閃爍器之連動而進行熄燈。 ③在熄燈狀態下，插入合併開關。 ④進行火警自動警報設備之火警表試驗。 註：本試驗之點檢結束後，必須由回復開關重新設定信號裝置。	a 應熄燈。 b 連動應確實地熄燈。 c 應一齊亮燈。 d 信號裝置應連動，從熄燈切換成正常亮燈。

標示設備

測試項目				測試方法	判定要領
性能試驗	切換動作試驗	點滅型	點滅機能	①依信號裝置檢修開關之閃爍信號，使其做閃爍動作。 ②在火警自動警報設備之火警表示試驗，使信號裝置連動而做閃爍動作。 ③有點檢開關時，個別依點檢開關進行閃爍動作的切換。但未在每個器具設置閃爍點檢開關時，僅依　進行試驗。 註：本試驗之檢修結束後，必須由回復開關重新設定信號裝置。	a 應確實開始閃爍動作。 b 應確實地切換。
		內照點滅型	點滅機能	①依點檢開關切換成緊急亮燈，在此狀態下，依閃爍點檢開關使其閃爍亮燈。 ②在常用亮燈狀態下，依閃爍點檢開關使常用電源閃爍亮燈。 ③在火警自動警報設備之火警表示試驗，使信號裝置連動而做閃爍亮燈。 註：本試驗之點檢結束後，必須由回復開關重新設定信號裝置。	a 應確實開始閃爍動作。 b 應確實地切換。

標示設備

測試項目				測試方法	判定要領
性能試驗	切換動作試驗	附誘導音裝置	誘導音機能	①依信號裝置點檢開關之音聲·閃爍信號，使其做誘導音及閃爍動作。 ②進行火警自動警報設備之火警表示試驗。 ③器具有點檢開關時，個別依點檢開關進行誘導音動作的切換。但未在每個器具設置點檢開關時，僅依　進行試驗。 註：本試驗之點檢修結束後，必須由回復開關重新設定信號裝置。	a 應確實地開始誘導音及閃爍動作。 b 信號裝置應連動，開始誘導音之動作。 c 應確實地切換。
	連動停止試驗	附誘導音裝置	與火警自動警報設備之連動停止	依動作試驗使誘導音動作後，從設於樓梯間之停止專用偵煙式探測器或樓梯間之警報區域進行火警表示，使誘導音停止。	誘導音應停止。
			與緊急廣播之連動停止	如為具有和緊急廣播設備連動停止性能之設備，在使誘導音動作的狀態下，按下緊急廣播設備之麥克風開關，而使誘導音連動停止。	誘導音應停止。

4.6　緊急照明設備測試報告書測試方法及判定要領

甲、外觀試驗

		測試項目	測試方法	判定要領
外觀試驗	白熾燈型	設置場所	以目視確認設置場所等之狀況。	a 應無設置數量不足之情形。 b 應無因建築物內部裝修，致設置位置不適當，而產生照明障礙。 c 燈具周圍如有隔間牆、風管、導管等時，應無造成照明上之障礙。 d 燈具周圍應無雜亂物品、廣告板或告示板等遮蔽物。
		表示面	以目視確認機器之狀況。	應無變形、損傷、脫落或顯著污損之情形，且於正常之裝置狀態。
	日光燈型	設置場所	以目視確認設置場所等之狀況。	a 應無設置數量不足之情形。 b 應無因建築物內部裝修，致設置位置不適當，而產生照明障礙。 c 燈具周圍如有隔間牆、風管、導管等時，應無造成照明上之障礙。 d 燈具周圍應無雜亂物品、廣告板或告示板等遮蔽物。
		表示面	以目視確認機器之狀況。	應無變形、損傷、脫落或顯著污損之情形，且於正常之裝置狀態。
	水銀燈型	設置場所	以目視確認設置場所等之狀況。	a 應無設置數量不足之情形。 b 應無因建築物內部裝修，致設置位置不適當，而產生照明障礙。 c 燈具周圍如有隔間牆、風管、導管等時，應無造成照明上之障礙。 d 燈具周圍應無雜亂物品、廣告板或告示板等遮蔽物。
		表示面	以目視確認機器之狀況。	應無變形、損傷、脫落或顯著污損之情形，且於正常之裝置狀態。
	光源	白熾燈型	以目視確認光源之狀況。	a 應能正常亮燈。 b 應無熄燈或閃爍之現象。
		日光燈型		
		水銀燈型		

測試項目			測試方法	判定要領
外觀試驗	電源	常用電源	以目視確認電源之狀況。	a 應為專用回路。 b 電源容量應適當正常。
		緊急電源 種類	以目視確認緊急電源之種類。	應為蓄電池設備，其容量應能使其持續動作三十分鐘以上。
		設置狀況（限內藏型）	以目視確認設置狀況。	a 配線應確實。 b 蓄電池本體應無變形、損傷等。

乙、性能試驗

測試項目			測試方法	判定要領
性能試驗	水平面照度測試	白熾燈型	切換為緊急電源狀態亮燈，經過三十分鐘後，使用低照度測定用光電管照度計測試，確認緊急照明燈之照度有無達到法規所規定之值。	於地下建築物之地下通道，緊急照明燈在樓地板面之水平面照度應達十勒克斯（lux）以上；其他場所應達到一勒克斯（lux）以上（日光燈型應達二勒克斯以上）。但在走廊曲折處，應增設緊急照明設備。
		日光燈型		
		水銀燈型		
	電源自動切換試驗		由器具之開關切斷常用電源。	應能切換為緊急亮燈。

4.7　排煙設備測試報告書測試方法及判定要領

甲、外觀試驗

測試項目				測試方法	判定要領
外觀試驗	排煙機	設置場所		以目視確認設置場所之狀況。	應設置在檢修便利，不受火災等災害損害之虞的場所。
		設置方法		以目視確認設置方法之狀況。	應確實固定在建築物之堅固部分。
		構造・材質		以目視確認機器之狀況。	排煙機之構造及材質應具有耐熱性。
		性能		以目視確認機器之狀況。	排煙機應具有適合排煙區劃及風管容積之排煙量。
		電動機與排煙機之連結		以目視確認機器之狀況。	電動機等和排煙機之連結應為排煙機性能無降低之虞的構造。
	啓動裝置	自動啓動裝置	探測器 設置場所	以目視確認設置場所等之狀況。	應設置在檢修便利，能有效探測煙或熱之場所。
			探測器 構造・性能		應無變形、損傷等。
			探測器 配線		探測器端子之接續或結線之接續應確實。
			自動控制盤或自動啓動盤		自動控制盤或自動啓動盤應能使排煙機有效動作。
		手動啓動裝置	設置場所	以目視確認設置場所等之狀況。	應設置在火災時易於操作之場所。
			構造		應為可確實操作之構造。
			遠隔操作方式		應具有從防災中心等也可操作之裝置。
			標示		應在明顯易見之處所標示其為排煙設備手動啓動裝置。
	排煙口等	排煙區劃	區劃構成	以目視確認設置狀況。	應依規定設計。
			構造		
			規模		
			可動式防煙壁		周圍應無障礙物，且設在適當之位置。

排煙設備

測試項目				測試方法	判定要領
外觀試驗	排煙口等	排煙口	設置位置	以目視確認設置狀況。	應設置在可有效將排煙區劃內之煙排出的位置。
			周圍狀況		周圍應無障礙物。
			開口面積		應具可有效將排煙區劃內之煙排出的開口面積。
			與風管接續		應與風管確實接續。
			構造‧材質		a 應以不燃材料製成。 b 應無變形、損傷等。
	排煙口			以目視確認設置狀況。	a 如為自然排煙，在室內上方應設有適當大小的排煙口。 b 排煙口應以不燃材料製成，對避難及滅火活動不會造成妨礙，且設置在無延燒危險性之位置。 c 應無妨礙排煙上之障礙物。
	風管	設置場所等		以目視確認設置場所等之狀況。	a 應設置在火災時無延燒之虞的位置，且未接觸可燃物。 b 應牢固地安裝在天花板、地板等。
		設置方法		以目視確認設置方法之狀況。	應以不燃材料製成，接續部應確實地固定。
		斷面積		以目視確認設置狀況。	斷面積應根據排煙量。
		防火區劃貫通部分		以目視確認設置狀況。	貫穿防火構造牆壁或地板之處所，應以不燃材料確實填塞。
		閘門		以目視確認設置狀況。	a 檢修口應設置在容易檢修之位置。 b 閘門應以不燃材料製成。
	電源	常用電源		以目視確認電源之狀況。	a 應為專用回路。 b 電源之容量應適當正常。
		緊急電源種類		以目視確認緊急電源之種類。	應為發電機設備或蓄電池設備。

乙、性能試驗

測試項目		測試方法	判定要領
性能試驗	排煙區劃	——————	——————
	自動啓動裝置動作試驗：探測器動作狀況	使和各排煙區劃排煙口連動之探測器動作，以確認排煙機之動作及排煙口之狀態是否適當正常。	a 探測器之動作應確實。 b 排煙機應與排煙口之開放連動而自動動作。 c 排煙機回轉扇之回轉方向應適當正常，回轉應順利。 d 排煙機應無異常聲音。 e 至排煙口為止之部分（包括接續部）應無空氣外漏，並具有充分的風量。
	自動啓動裝置動作試驗：排煙機動作狀況		
	自動啓動裝置動作試驗：排煙口狀態		
	手動啓動裝置動作試驗：啓動裝置動作狀況	操作手動啓動箱內之操作桿，打開排煙口，確認排煙機是否動作；使用遠隔操作方式時，應檢視防災中心等之操作及運轉進行之情形。	a 應依手動操作確實動作。 b 排煙機應與排煙口之開放連動而自動動作。 c 應依遠隔操作確實動作。

丙、綜合試驗

測試項目		測試方法	判定要領
綜合試驗	排煙風量測試：室內排煙	防煙區劃為一區時，該區內各排煙口排煙量之合計，不得小於該防煙區劃面積每平方公尺每分鐘一立方公尺，且不得小於每分鐘一百二十立方公尺。防煙區劃為二區以上時，應開啓最大防煙區劃及其前後防煙區劃之排煙口，合計其排煙量，不得小於該最大防煙區劃面積每平方公尺每分鐘二立方公尺。	a 排煙口之開口面積不得小於防煙區劃面積之百分之二，且應以自然方式直接排至戶外。排煙口無法以自然方式直接排至戶外時，應設排煙機。 b 排煙機應能隨任一排煙口之開啓而動作，其排煙量不得小於每分鐘一百二十立方公尺，且在一防煙區劃時，不得小於該防煙區劃面積每平方公尺每分鐘一立方公尺，在二區 以上之防煙區劃時，應不得小於最大防煙區劃面積每平方公尺每分鐘二立方公尺。但地下建築物之地下通道，其總排煙量不得小於每分鐘六百立方公尺。

測試項目			測試方法	判定要領
綜合試驗	排煙風量測試	特別安全梯或緊急昇降機間排煙	設置直接開向戶外之窗戶時。	a 在排煙時窗戶與煙接觸部分應使用不燃材料。 b 窗戶有效開口面積應位於天花板高度二分之一以上之範圍內。 c 窗戶之有效開口面積不得小於二平方公尺。但特別安全梯排煙室與緊急升降機間兼用時（以下簡稱兼用），不得小於三平方公尺。 d 前目平時關閉之窗戶應設手動開關裝置，其操作部分應設於距離樓地板面八十公分以上一百五十公分以下之牆面，並標示簡易之操作方式。
			設置排煙、進風管道時。	a 排煙設備之排煙口、排煙管道、進風口、進風管道及其他與煙接觸之部分均應以不燃材料建造。 b 排煙口應設於天花板高度二分之一以上之範圍內，開口面積不得小於四平方公尺（兼用時，應為六平方公尺），並直接連通排煙管道。 c 排煙管道內部斷面積不得小於六平方公尺（兼用時，應為九平方公尺），且其頂部應直接通向戶外。 d 設有排煙量在每秒四立方公尺（兼用時，每秒六立方公尺）以上，且可隨排煙口開啓而自動啓動之排煙機者，得不受前二項之限制。 e 進風口應設於天花板高度二分之一以下之範圍內，開口面積不得小於一平方公尺（兼用時，應為一點五平方公尺），並直接連通進風管道，管道斷面積不得小於二平方公尺（兼用時， 應為三平方公尺），且直接連通戶外。 f 進風口、排煙口應依前款第四目設置手動開關裝置及偵煙式探測器連動開關裝置，且平時保持關閉狀態，開口葉片之構造應不受開啓時所生氣流之影響而關閉。

4.8　緊急電源插座測試報告書測試方法及判定要領

甲、外觀試驗

目項試測		測試方法	判定要領
外觀試驗	設置場所	以目視確認設置場所等之狀況。	a 應設置在樓梯間、緊急用昇降機等（含各該處五公尺以內之場所）消防人員易於施行救火處。 b 每一層任何一處至插座之水平距離應在50m以下。
	設置數　11層以上 地下建築物 設在一個樓層之最大個數 設在一個專用幹線之最大個數	以目視確認設置狀況。	設置在每一回路之緊急電源插座數量應在10以下。
	專用幹線	以目視確認專用幹線之狀況。	a 應從主配電盤設專用回路，各樓層至少應設二個回路以上之供電線路。 b 各樓層之緊急電源插座數量為一個以上時，應為一回路。 c 專用幹線應可供給單相交流110V之15A以上的電力。
	過電流遮斷器　設置場所 種類	以目視確認設置及機器之狀況。	a 在專用幹線之電源側電路，應設置過電流遮斷器，其容量應適當正常。 b 從專用幹線至各樓緊急電源插座為止之分歧回路上，應設置開閉器及過電流遮斷器，如為單相交流110V者，應設置15A者（如係配線用遮斷器，則為20A）。
	保護箱　設置場所	以目視確認設置場所等之狀況。	a 應設置在距離樓地板面或樓梯面之高度在1m以上1.5m以下的位置。 b 周圍應無妨礙消防隊活動的障礙物。
	構造	以目視確認機器之狀況。	a 應為嵌入式，施予防鏽加工，以厚度1.6mm以上之鋼板製成者。 b 保護箱上應設置容易開關之箱門，且內部設有防止插頭脫落之護鉤。 c 保護箱蓋應標示「緊急電源插座」字樣，每字不得小於二平方公分。
	接地	以目視確認設置狀況。	在保護箱及緊急電源插座插口之接地極，應依屋內線路裝置規則等相關規定，施以接地工事。

緊急電源插座

測試項目			測試方法	判定要領
外觀試驗	電源	常用電源	以目視確認電源之狀況。	a 應為專用回路。 b 電源容量應適當正常。
		緊急電源種類	以目視確認緊急電源之種類。	應為發電機設備或蓄電池設備。
	表示燈		以目視確認設置狀況。	a 保護箱上方應設置紅色表示燈。 b 紅色表示燈應牢固地固定在牆壁等。

乙、性能試驗

測試項目			測試方法	判定要領
性能試驗	端子電壓試驗	最大	使用電壓計測定電壓。	電壓測定值應為額定110V。
		最小		

4.9 無線電通信輔助設備測試報告書測試方法及判定要領

甲、外觀試驗

<table>
<tr><th colspan="3">測試項目</th><th>測試方法</th><th>判定要領</th></tr>
<tr><td rowspan="13">外觀試驗</td><td colspan="2">使用區分・設備方式</td><td>以目視確認使用區分及方式之狀況。</td><td>a 應為洩波同軸電纜、與洩波同軸電纜接續之天線或與同軸電纜接續之天線。
b 應為消防隊專用，但和警用無線電通信或其他用途共用時，應採取防止妨礙消防隊相互間無線電連絡之措施。
c 頻率域帶應為150MHz或消防機關指定之頻率域帶。</td></tr>
<tr><td rowspan="4">無線電接頭</td><td>設置場所</td><td>以目視確認設置場所等之狀況。</td><td>a 應設置在樓地板面層，消防人員可方便取用處及值日室或防災中心等平時有人之處所。
b 應設置於距樓地板面或基地地面高度在0.8m以上1.5m以下的位置。</td></tr>
<tr><td>保護箱</td><td>以目視確認機器之狀況。</td><td>a 設置之保護箱，應為堅固無法任意開關之構造，並採取防塵及防水措施。
b 應施以防鏽處理，厚度在1.6mm以上之鋼板製或具有同等以上強度者。
c 保護箱內應收納2m以上具可撓性之接續用射頻電纜。
d 在保護箱內明顯易見之位置，應標示有最大容許輸入功率、可使用之頻率域帶及注意事項。
e 保護箱箱面應漆紅色，並標明「消防隊專用無線電接頭」字樣。</td></tr>
<tr><td>接頭</td><td>以目視確認機器之狀況。</td><td>a 應設置適當之連接器接頭。
b 端子上應設有無反射終端電阻器及護蓋。</td></tr>
<tr><td colspan="2" rowspan="2"></td></tr>
<tr></tr>
<tr><td rowspan="2">增幅器</td><td colspan="2">設置場所</td><td>以目視確認設置場所等之狀況。</td><td>應設置在具防火區劃之防災中心或具防火性能之管道間內。</td></tr>
<tr><td colspan="2">構造・性能</td><td>以目視確認機器之狀況。</td><td>應適當正常。</td></tr>
<tr><td rowspan="3">混合分配器・混合器・分配器・分波器或其他類似器具</td><td rowspan="3">混合分配器</td><td>設置場所</td><td>以目視確認設置場所等之狀況。</td><td>a 應設置在不會妨礙檢修之位置。
b 應設置在以鋼材等不燃材料製造，具有耐熱效果之箱內或場所。</td></tr>
<tr><td>插入損失</td><td>以目視確認機器之狀況。</td><td>應使用插入損失較少者。</td></tr>
<tr><td>構造・性能</td><td>以目視確認機器之狀況。</td><td>在使用頻率域帶內，應設置電壓駐波比為1.5以下者。</td></tr>
</table>

無線電通信輔助設備

測試項目			測試方法	判定要領
外觀試驗	混合分配器·混合器·分配器·分波器或其他類似器具	混合器 設置場所	以目視確認設置場所等之狀況。	a 應設置在不會妨礙檢修之位置。 b 應設置在以鋼材等不燃材料製造，具有耐熱效果之箱內或場所。
		插入損失	以目視確認機器之狀況。	應使用插入損失較少者。
		構造·性能	以目視確認機器之狀況。	在使用頻率域帶內，應設置電壓駐波比為1.5以下者。
		分配器 設置場所	以目視確認設置場所等之狀況。	a 應設置在不會妨礙檢修之位置。 b 應設置在以鋼材等不燃材料製造，具有耐熱效果之箱內或場所。
		插入損失	以目視確認機器之狀況。	應使用插入損失較少者。
		構造·性能	以目視確認機器之狀況。	在使用頻率域帶內，應設置電壓駐波比為1.5以下者。
		分波器 設置場所	以目視確認設置場所等之狀況。	a 應設置在不會妨礙檢修之位置。 b 應設置在以鋼材等不燃材料製造，具有耐熱效果之箱內或場所。
		插入損失	以目視確認機器之狀況。	應使用插入損失較少者。
		構造·性能	以目視確認機器之狀況。	在使用頻率域帶內，應設置電壓駐波比為1.5以下者。
	天線·洩波同軸電纜·同軸電纜	電纜	以目視確認機器之狀況。	a 應具難燃性，且不會因溫度而致電氣特性劣化者。 b 天線應具有耐蝕性。 c 連接用之同軸電纜應具有可撓性。
		接續	以目視確認機器之狀況。	接續部分應使用接栓牢固地加以固定，且採取防濕措施。
		天線 利得	＿＿＿＿＿＿	＿＿＿＿＿＿＿
		設置個數	＿＿＿＿＿＿	＿＿＿＿＿＿＿

無線電通信輔助設備

測試項目				測試方法	判定要領
外觀試驗	天線‧洩波同軸電纜‧同軸電纜	洩波同軸電纜	結合損失	＿＿＿＿＿	＿＿＿＿＿
			使用長	＿＿＿＿＿	＿＿＿＿＿
			傳送損失	＿＿＿＿＿	＿＿＿＿＿
		同軸電纜	使用長	＿＿＿＿＿	＿＿＿＿＿
			傳送損失	＿＿＿＿＿	＿＿＿＿＿
	工程方法	設置位置		以目視確認設置位置之狀況。	應不會妨礙運行、搬運及避難。
		設置方法		以目視確認設置狀況。	應以支架接頭等而牢固地加以固定。
		接線		以目視確認設置接線之狀況。	接線之方法應適當正常。
		接續部之防水措施		以目視確認防水措施之狀況。	分配器、混合器、分波器或其他類似之器具及洩波同軸電纜等之接續部，應採取適當之防水措施。
		耐熱措施		以目視確認耐熱措施之狀況。	應採取適當之耐熱措施或具有耐熱性的洩波同軸電纜等。
		金屬板等影響之有無		以目視確認設置狀況。	應不會因金屬板等而使電波輻射特性降低置。

乙、性能試驗

測試項目		測試方法	判定要領
性能試驗	電壓駐波比之測定	將電壓駐波比計及信號發信機接續在無線電機接續端子上，測定電壓駐波比。	在使用頻率域帶內，電壓駐波比應為1.5以下。

4.10 緊急電源（發電機設備）測試報告書測試方法及判定要領

甲、外觀試驗

	測試項目			測試方法	判定要領
外觀試驗	設置場所等	設置場所		以目視確認設置場所之狀況。	a 應設置在檢修（查）便利，且無受火災等災害損害之虞的處所。 b 應依下列規定設置： 　①應設置在以不燃材料區劃之牆壁、柱子、地板及天花板（無天花板之場所，為屋頂），且窗戶及出入口設置甲種或乙種防火門之專用室（以下簡稱「不燃專用室」）。 　②經認可之整套式發電機設備應設置在以不燃材料區劃之變電設備室、發電設備室、機械室、幫浦室或其他類似之場所（以下簡稱「機械室等」）或室外、建築物的屋頂。 　③如設置在室外或主要結構為防火構造之建築物屋頂時，應距離相鄰建築物或工作物（以下簡稱「建築物等」）3m以上，或者距離該受電設備在3m以下之相鄰建築物等的部分應以不燃材料建造，且於該建築物等之開口部應設置防火門或其他防火設備。
		專用室‧機械室等	換氣設備	以目視確認構造及機器之狀況。	a 應設置通往室外之有效換氣設備。 b 排氣風管與散熱器之間應加裝防震設備以吸收機組之震動。
			有效之防火區劃		配線、空調用通風管等貫穿區劃處之孔隙，應以不燃材料做防火上有效的填塞。
			防水措施		應無水浸入或浸透之虞的構造。
			防止起火‧防止擴大延燒		a 不得放置有火災發生之虞的設備或有成為火災擴大要因之虞的可燃物等。 b 應無可燃性或腐蝕性蒸氣、氣體或粉塵等發生或滯留之虞。
			有無照明設備		應設置檢修（查）及操作上所需之照明設備。
			標示		應設置其為發電機設備之標示。
	構造‧性能			以目視確認機器之狀況。	應為認可品。

發電機設備

	測試項目	測試方法	判定要領
外觀試驗	保有距離	以目視確認設置狀況。	設置發電機設備之場所，應依下表所列數值以上確保必要之保有距離。（單位：m） 註：(1)未滿3m範圍之建築物等以不燃材料，開口部為防火門時，保有距離得在3m以下。 (2)如為預熱方式之原動機，應為0.2m。但燃料槽和原動機之間設置以不燃材料製成之防火上有效遮蔽物時，不在此限。 備註：欄中之／表示不適用保有距離之規定者。
	設置方法　分岐方法	以目視確認分歧等之狀況。	依附圖所示供給電壓之方法接線，其施工應避免因其他電力回路之開關器或遮斷器而遭切斷。
	結線・接續	以目視確認接線・接續之狀況。	配線・附屬機器等應確實且無鬆脫地接續。
	標示	以目視確認標示之狀況。	a 電源切換裝置以後之緊急用配電盤部分上應有回路標示。 b 開關器上應有其為消防安全設備等用之標示。
	耐震措施	以目視確認耐震措施之狀況。	應採取防止因地震而產生變形、損傷等之措施。
	發電裝置・控制裝置（高水溫、低油壓、超轉速保護裝置）	以目視確認機器等之狀況。	發電裝置・控制裝置應包括有高水溫、低油壓、超轉速保護等裝置。
	配線	以目視確認機器等之狀況。	應符合屋內線路裝置規則等相關法令之設置規定。
	引擎排氣管與固定設備連接處有無裝設防震軟管	以目視確認機器等之狀況。	a 引擎排氣管與固定設備連接處應裝設防震軟管，並加裝消音器。 b 排氣管應施以隔熱裝置。

發電機設備

測試項目			測試方法	判定要領
外觀試驗	設置方法	引擎運轉部有無安全護網裝置	以目視確認機器之狀況。	引擎運轉部應設有安全護網裝置，四周不得有影響通風之遮蔽物。
		控制盤（電壓、電流、頻率表）	以目視確認機器之狀況。	a 控制盤上應有電壓、電流、頻率表、冷卻水溫度計、潤滑油壓力計及其他必要儀器等。 b 應有自動手動啓動裝置及自動停機之保護裝置。
		油箱	以目視確認機器之狀況。	a 容量應可供滿載運轉二小時之油量。 b 應使用不鏽鋼材、標示油箱容量、附裝油面計、進油閥、回油閥

乙、性能試驗

測試項目			測試方法	判定要領
性能試驗	啓動方式	蓄電池設備系統啓動	以蓄電池設備系統測試啓動性能。	應可連續供發電機組重複啓動六次以上，每次運轉15秒以上。
		空壓系統啓動	以空壓系統測試啓動性能。	應可連續供發電機組重複啓動六次以上，每次運轉15秒以上。
	通風換氣試驗		於發電機運轉時，即啓動通風換氣設備。	通風換氣設備之進風、排風管應為專用管道，並能供給發電機持續運轉等所須之空氣量。
	*絕緣阻抗試驗	電樞捲線・主回路 高壓	就發電機至變壓器一次側、至切換裝置一次側，或至配電盤主開閉器一次側之電路，以所規定之絕緣阻抗計測定大地間及配線相互間之絕緣阻抗值。	測定值應為下表所列之數值：
		電樞捲線・主回路 低壓		
		激磁繞組		
		控制回路		
		控制回路（自動盤）		
		充電裝置 交流側端子		
		充電裝置 直流側端子		

測定值應為下表所列之數值：

測定處所		絕緣阻抗值	測定器之種類
電樞捲線及主回路高壓	低壓	3MΩ以上	500V絕緣阻抗計
	5MΩ以上	1,000V絕緣阻抗計	
激磁繞組		3MΩ以上	500V絕緣阻抗計
控制回路		1MΩ以上	500V絕緣阻抗計
控制回路（自動盤）		2MΩ以上	500V絕緣阻抗計
充電裝置	交流側端子	3MΩ以上	500V絕緣阻抗計
	直流側端子		

測試項目			測試方法	判定要領
性能試驗	接地阻抗試驗		關於接地極等之接地工事，以接地阻抗計測定接地阻抗值。	測定值應符合屋內線路裝置規則等相關規定之數值。
	＊絕緣耐力試驗		對高壓電路及接續於該電路之機器，施加最大使用電壓1.5倍之電壓10分鐘。	應可連續承受10分鐘。
	＊動作試驗	保護裝置動作試驗	過電流遮斷器 超速停止裝置 斷水或水溫上升停止裝置（水冷式）	依模擬試驗裝置或回路確認性能。應正常地動作，在設定值應發出警報。	應正常地動作，遮斷器開放標示、警報及機械自動停止（過電流除外）之動作應依設定值正常地執行。
			氣體溫度上升停止裝置（氣渦輪機） 減液警報裝置（電氣啓動式）		

			測試項目	測試方法	判定要領
性能試驗	*動作試驗	保護裝置動作試驗	啓動空氣壓下降警報裝置（空氣啓動式）	降低啓動空氣槽之壓力，確認自動啓動、自動停止之情形。	應正常地動作，依設定值發出警報，空氣壓縮機自動啓動‧自動停止。
			啓動空氣壓自動充氣裝置（空氣啓動式）		
			手動停止裝置	以手動停止裝置使運轉中之引擎停止。	應確實地停止，不會再啓動。
		切換試驗	啓動試驗	在切換裝置之一次側切斷常用電源，或由做同等動作之回路試驗。	a 在40秒以內電源切換裝置應切換或送出切換信號。 b 在運轉中應無異常聲音或異常振動。
			自動切換試驗（ATS）		a 應正常地動作，在40秒以內電壓確立。 b 在運轉中應無異常聲音或異常振動。

註：消防用發電機設備如係經內政部審核認可通過之認可品者，得免除「＊」部分之試驗。

4.11 緊急電源（蓄電池設備）測試報告書測試方法及判定要領

甲、外觀試驗

測試項目			測試方法	判定要領
外觀試驗	設置場所等	設置場所	以目視確認設置場所之狀況。	a 應設置在檢修便利，且無受火災災害損害之虞的處所。 b 應依下列規定設置： ①應設置在以不燃材料區劃之牆壁、柱子、地板及天花板（無天花板之場所，為屋頂），且窗戶及出入口設置甲種或乙種防火門之專用室（以下簡稱「不燃專用室」）。 ②經認可之整套式蓄電池設備應設置在以不燃材料區劃之變電設備室、發電設備室、機房、幫浦室或其他類似之場所（以下簡稱「機房等」）或室外、建築物的屋頂。 ③如設置在室外或主要結構部為防火構造之建築物屋頂時，應距離相鄰建築物或工作物（以下簡稱「建築物等」）3m以上，或者距離該受電設備在3m以下之相鄰建築物等的部分應以不燃材料建造，且於該建築物等之開口部應設置防火門或其他防火設備。
		專用室·機械室等		
		換氣設備	以目視確認構造及機器之狀況。	應設置通往室外之有效換氣設備。
		有效之防火區劃	以目視確認構造及機器之狀況。	配線、空調用通風管等貫穿區劃處之孔隙，應以不燃材料做防火上有效的填塞。
		防水措施	以目視確認構造及機器之狀況。	應無水浸入或浸透之虞的構造。
		防止起火·防止擴大延燒	以目視確認構造及機器之狀況。	a 不得放置有火災發生之虞的設備或有成為火災擴大要因之虞的可燃物等。 b 應無可燃性或腐蝕性蒸氣、氣體或粉塵等發生或滯留之虞。
		有無照明設備	以目視確認構造及機器之狀況。	應設置檢修（查）及操作上所需之照明設備。
		標示	以目視確認構造及機器之狀況。	應設置其為蓄電池設備之標示。
	構造·性能		以目視確認機器之狀況。	應為認可品。

蓄電池設備

測試項目			測試方法	判定要領
外觀試驗	保有距離		以目視確認設置狀況。	設置蓄電池設備之場所，應依下表所列數值以上確保必要之保有距離。 （單位：m） 備註：欄中之☆號表示如因設置架台等使高度超過1.6m時，應相距1.0m以上。欄中之／表示不適用保有距離之規定者。
	設置方法	分歧方法	以目視確認分歧等之狀況。	依附圖所示之方法接線，其施工應避免因其他電力回路之開關器或遮斷器而遭切斷。
		結線・接續	以目視確認接線・接續之狀況。	配線・附屬機器等應確實且無鬆脫地接續。
		標示	以目視確認標示之狀況。	開關器上應有其為消防安全設備等用之標示。
		耐震措施	以目視確認耐震措施之狀況。	應採取防止因地震而產生變形、損傷等之措施。
		蓄電池設備・充電裝置	以目視確認機器等之狀況。	應符合屋內線路裝置規則等相關法令之設置規定。
		配線	以目視確認機器等之狀況。	應符合屋內線路裝置規則等相關法令之設置規定。

乙、性能試驗

測試項目			測試方法	判定要領
性能試驗	接地阻抗試驗		關於接地極等之接地工事，以接地阻抗計測定接地阻抗值。	測定值應符合屋內線路裝置規則等相關規定之數值。
	＊絕緣阻抗試驗	充電裝置之交流側端子與大地間	以500V絕緣阻抗計，測定充電裝置及逆變換裝置等之交流側端子和大地間（A和E），以及直流側端子和大地間（D和E）的絕緣阻抗值。 絕緣阻抗測定位置之範例： 輸入功率	測定值應為3MΩ以上。
		變流（逆）裝置之交流側端子與大地間		
		直流側端子與大地間		

蓄電池設備

測試項目			試驗方法	判定要領
性能試驗	動作試驗	減液警報裝置	依下列方法確認減液警報之性能： (1)降低蓄電池之電解液面。 (2)由液面取放電解液面降低探測電極。 (3)使探測之中繼端子短路或開放。	應正常地動作，發出音響，紅色標示燈應亮燈。
		切換裝置	切斷常用電源，確認切換性能。	遮斷器、電磁接觸器、繼電器、標示燈、測定器等應正常地動作。

註：蓄電池設備如係經內政部審核認可通過之認可品者，得免除「＊」部分之試驗。

4.12　耐燃耐熱配線測試報告書測試方法及判定要領

甲、外觀試驗

測試項目		測試方法	判定要領
外觀試驗	電源回路的開關器‧遮斷器等 設置場所	以目視確認設置場所等之狀況。	a 應依屋內線路裝置規則規定收納在配電盤、分電盤或設置在不燃專用室。 b 電動機之手動開閉器（電磁開閉器、金屬箱開閉器、配線用遮斷器等）應設置在從該電動機之設置位置，容易看見之位置。
	開關器	以目視確認機器之狀況。	a 應為專用。 b 開關器上應附有其為消防安全設備等用（如為分歧開關器，則為各消防安全設備等用）之標示。
	遮斷器	以目視確認機器之狀況。	a 電源回路應未設置接地切斷裝置（漏電遮斷器）。 b 分歧用電流遮斷器應為專用。 c 超過電流遮斷器之額定電流值，應為接續於該超過電流遮斷器之二次側的電線容許電流值以下。
	耐燃耐熱保護配線 保護配線之線路	以目視確認設置狀況。	耐燃、耐熱保護配線之區分應符合各類場所消防安全設備設置標準第一百九十五條之規定。
	電線的種類‧大小	以目視確認電線之種類‧粗細。	a 使用於耐燃‧耐熱保護配線之電線種類，應依下表施工方法所列之電線。 b 使用於消防安全設備等之回路的電線粗細，應能通過接續於該回路之機器額定電流合計值以上的容許電流。
	配線方法	以目視確認配線之狀況。	a 應依屋內線路裝置規則等相關法令規定確實施工。 b 瓦斯漏氣檢知器電源和電源回路之接續如使用電源插座者（以能使受信總機確認檢知器之電力供給停止者為限），應為不易脫落之構造。 c 廣播設備之擴音機設有音量調整器時，應為三線式配線。
	接續	以目視確認接續之狀況。	a 和端子之接續應無鬆脫且確實。 b 電線相互間之接續，應以焊接、螺栓、壓附端子等確實地接續。 c 應採取所需之保護措施。

耐燃耐熱配線

測試項目			測試方法	判定要領
外觀試驗	耐燃耐熱保護配線	工事方法	以目視確認設置狀況。	耐燃保護配線之施工方法：

區分	電線種類	施工方法
耐燃配線	·六○○V耐熱聚氯乙烯絕緣電線（HIV）（CNS8379） ·聚四氟乙烯（特夫綸）絕緣電線（CNS10612） ·聚乙烯（交連聚乙烯）絕緣聚氯乙烯（氯乙烯）被覆耐火電纜（CNS11359） ·六○○Ｖ聚乙烯絕緣電線（IE）（CNS10314） ·六○○Ｖ乙丙烯橡膠（ＥＰＲ）絕緣電纜（CNS10599） ·鋼帶鎧裝電纜 ·鉛皮覆電纜（CNS2146） ·矽橡膠絕緣電線 ·匯流排槽	a 電線應裝於金屬導線管槽內，並埋設於防火構造物之混凝土內，混凝土保護厚度應為二十公厘以上。但使用不燃材料建造，且符合建築技術規則防火區劃規定之管道間，得免埋設。 b 其他經中央消防機關指定之耐燃保護裝置。
耐燃電線 MI電纜		得按電纜裝設法，直接敷設。

耐燃耐熱配線

測試項目			測試方法	判定要領		
外觀試驗	耐燃耐熱保護配線	工事方法	以目視確認設置狀況。	耐熱保護配線之施工方法：		

區分	電線種類	施工方法
耐熱配線	・六○○V耐熱聚氯乙烯絕緣電線（ＨＩＶ）（CNS8379） ・聚四氟乙烯（特夫綸）絕緣電線（CNS10612） ・聚乙烯（交連聚乙烯）絕緣聚氯乙烯(氯乙烯)被覆耐火電纜（CNS11359） ・六○○v聚乙烯絕緣電線(IE)(CNS10314) ・六○○Ｖ乙丙烯橡膠（ＥＰＲ）絕緣電纜（CNS10599） ・鋼帶鎧裝電纜 ・鉛皮覆電纜（CNS2146） ・矽橡膠絕緣電線 ・匯流排槽	a 電線應裝於金屬導線管槽內裝置。 b 其他經中央消防機關指定之耐燃保護裝置。
	耐熱電線 耐燃電線 MI電纜	得按電纜裝設法，直接敷設。

耐燃耐熱配線

測試項目			測試方法	判定要領
外觀試驗外觀試驗	配線（耐燃耐熱保護配線除外）（火警自動警報設備‧瓦斯漏氣火警自動警報設備）	電線的種類‧大小	確認電線之種類‧粗細。	電線之種類及粗細應符合屋內線路裝置規則等相關法令規定。
		配線方法	以目視確認配線之狀況。	a 依屋內線路裝置規則等相關法令規定確實施工。 b 除接續於未滿60V之弱電流回路的電線以外，使用於配線之電線和其他電線不得設於同一導管（以具絕緣效力之物區劃時，該區劃之部分視為個別的導管）或分線盒中。 c 如為經常開放方式之電路，為能容易明瞭是否斷線，應在回路末端設置終端器等，同時應為輸送配線。 d 應未使用下列之回路方式： 　(a)在接地電極經常流動直流電流之回路方式。 　(b)如為火警自動警報設備，其探測器、發信機或中繼器之回路和其他設備之回路，共用同一配線之回路方式（不會影響火警信號傳達者除外）。 　(c)如為瓦斯漏氣火警自動警報設備，共用檢知器所接續之外部配線和往其他設備（不會因接續該設備而影響瓦斯漏氣信號傳達者除外）之外部配線的回路方式。
		接續	以目視確認接續之狀況。	a 和端子之接續應無鬆脫且確實。 b 電線相互間之接續，應以焊接、螺栓、壓附端子等確實地接續。
	耐震措施		以目視確認耐震措施之狀況。	應採取防止因地震而產生變形、損傷等之措施。

乙、性能試驗

測試項目			測試方法	判定要領
性能試驗	接地阻抗試驗	接地阻抗值	關於接續於電路之機械器具，以接地阻抗計測定接地阻抗值。 但依屋內線路裝置規則等有關法令規定不需接地工事者，或機械器具之金屬體和大地之間為電力性及機械性確實的連絡者，得不測定接地阻抗值。	測定值應符合屋內線路裝置規則等相關規定之數值。

耐燃耐熱配線

測試項目			測試方法	判定要領	
性能試驗	絕緣抵抗試驗【低壓回路（如係交流，為600V以下；如係直流，為750V以下）】	電源回路	關於電源回路、操作回路、表示燈回路、警報回路等之電壓電路，使用絕緣阻抗計測定大地間及配線相互間之絕緣阻抗值。但使用因試驗會有妨礙之虞的電子零件之回路，及配線相互間難以測定之回路，得省略之。	測定值應為下表所列之數值以上：	
		操作回路			
		表示燈回路		區分	絕緣阻抗值
		警報回路		300V以下 · 對地電壓（在接地式電路，指電線和大地間之電壓；在非接地式電路，指電線間之電壓，以下均同）應為150V以下。	0.1MΩ
		探測器回路			
		附屬裝置回路等		其他情形	0.2MΩ
				超過300V者	0.4MΩ
	絕緣耐力試驗【高壓回路（超過低壓之電壓）】		依屋內線路裝置規則等有關法令規定之試驗電壓，連續10分鐘施加於電路和大地之間（複芯電纜為芯線相互間及芯線和大地間）。	高壓回路應可連續承受10分鐘。	

第 **5** 章

其他應考法規

5.1 消防機關辦理建築物消防安全設備審查及查驗作業基準

（91/07/08公發布，本處圖表均省略）

一、為利消防機關執行消防法第十條所定建築物消防安全設備圖說（以下簡稱消防圖說）之審查及建築法第七十二條、第七十六條所定建築物之竣工查驗工作，特訂定本作業基準。

二、建築物消防安全設備圖說審查作業程序如下：

(一) 起造人填具申請書（如表一），檢附建築、消防圖說、建造執照申請書、消防安全設備概要表（如表一之一至表一之二十一）、相關證明文件資料等，向當地消防機關提出。其中消防圖說由消防安全設備設計人依滅火設備、警報設備、避難逃生設備、消防搶救上之必要設備等之順序依序繪製並簽章，圖說內所用標示記號，依消防圖說圖示範例（如表二）註記。

(二) 消防機關受理申請案於掛號分案後，即排定審查日期，通知該件建築物起造人及消防安全設備設計人，並由消防安全設備設計人攜帶其資格證件及當地建築主管機關審訖建築圖說，配合審查（申請案如係分別向建築及消防機關申請者，其送消防機關部分，得免檢附審訖建築圖說），消防安全設備設計人無正當理由未會同審查者，得予退件。但變更設計或變更用途，非系統式設備僅變動滅火器、緊急照明燈等簡易設備者，設計人得免配合審查。

(三) 消防圖說審查不合規定者，消防機關應製作審查紀錄表（如表三），依第六點規定之期限，將不合規定項目詳為列舉一次告知起造人，起造人於修正後應將消防圖說送回消防機關複審，複審程序準用前款之規定，其經複審仍不符合規定者，消防機關得將該申請案函退。

(四) 消防機關審訖消防圖說後，其有修正者，交消防安全設備設計人攜回清圖修正藍晒。消防圖說經審訖修改完成，送消防機關加蓋驗訖章後，消防機關留存一份，餘交起造人（即申請人）留存。

(五) 消防圖說審查作業流程如圖一。

三、有關依各類場所消防安全設備設置標準規定設置之耐燃保護、耐熱保護措施，室內消防栓、室外消防栓、自動撒水、水霧、泡沫、乾粉、二氧化碳滅火設備、連結送水管設備等之配管，於實施施工、加壓試驗及配合建築物樓地板、樑、柱、

牆施工須預埋消防管線時，消防安全設備監造人應一併拍照建檔存證以供消防機關查核，消防機關並得視需要隨時派員前往查驗。

四、建築物消防安全設備竣工查驗程序如下：

(一) 起造人填具申請書（如表四），檢附消防安全設備測試報告書（應由消防安全設備裝置人於各項設備施工完成後依報告書內項目實際測試其性能，並填寫其測試結果；如表四之一）、安裝施工測試照片（如表四之二）、證明文件（含審核認可書等）、使用執照申請書、原審訖之消防圖說等，向當地消防機關提出，資料不齊全者，消防機關通知限期補正。

(二) 消防機關受理申請案於掛號分案後，即排定查驗日期，通知該件建築物之起造人及消防安全設備裝置人，並由消防安全設備裝置人攜帶其資格證件至竣工現場配合查驗，消防安全設備裝置人無正當理由未會同查驗者，得予退件。

(三) 竣工現場消防安全設備查驗不合規定者，消防機關應製作查驗紀錄表（如表五），依第六點規定之期限，將不合規定項目詳為列舉一次告知起造人，起造人於完成改善後應通知消防機關複查，複查程序準用前款之規定，其經複查仍不符合規定者，消防機關得將該申請案函退。

(四) 竣工現場設置之消防安全設備與原審訖消防圖說之設備數量或位置有異動時，於不影響設備功能及性能之情形下，得直接修改竣工圖（另有關建築部分之立面、門窗、開口等位置之變更如不涉面積增減時，經建築師簽證後，亦得一併直接修改竣工圖），並於申請查驗時，備具完整竣工消防圖說，一次報驗。

(五) 消防機關完成建築物消防安全設備竣工查驗後，其須修正消防圖說者，消防安全設備設計人、監造人應將原審訖之消防圖說清圖修正製作竣工圖。完成竣工查驗者，其消防圖說應標明「竣工圖」字樣，送消防機關加蓋驗訖章後，消防機關留存二份列管檢查，餘交起造人（即申請人）留存。

(六) 建築物消防安全設備竣工查驗作業流程如圖二。

五、申請消防圖說審查及竣工查驗，各項圖紙均須摺疊成A4尺寸規格，並裝訂成冊俾利審查及查驗。圖紙摺疊時，圖說之標題欄須摺疊於封面，圖紙摺疊方式依圖示範例如圖三。

六、消防安全設備圖說審查及竣工查驗之期限，以受理案件後七至十日內結案為原則。但供公眾使用建築物或構造複雜者，得視需要延長，並通知申請人，最長不得超過二十日。

消防機關辦理建築物消防安全設備審查及查驗作業基準補充規定

（91/10/04公發布）

一、自九十一年十月一日起向消防機關申請掛號之審查案件，其審查及竣工查驗依「消防機關辦理建築物消防安全設備審查及查驗作業基準」（以下簡稱本基準）辦理。

二、九十一年十二月三十一日前向消防機關申請掛號之竣工查驗案件，其屬本基準實施前已取得建照之案件時，有關竣工查驗之作業得不受本基準第三點及第四點規定之限制。

三、申請建築物修建、室內裝修等涉及消防安全設備變更之審查及查驗案件，其消防安全設備有關變更部分，僅為探測器、撒水頭、蜂鳴器、水帶等系統部分配件之增減及位置之變動者，申請審查時，應檢附變更部分之設備概要表及平面圖等相關必要文件；申請查驗時，應檢附變更部分之設備測試報告書、設備器材等相關必要證明文件；其涉及緊急電源、加壓送水裝置、受信總機、廣播主機等系統主要構件變動或計算時，變動部分依本基準及本補充規定辦理。

四、舊有建築物辦理變更使用，仍應依本基準規定，就變更使用部分檢附圖說、文件等資料。無法檢附原核准消防安全設備圖說時，得由消防設備師依使用執照核准圖面之面積或現場實際勘查認定繪製之。

五、依「各類場所消防安全設備設置標準」第二條但書規定，取得內政部核發之審核認可書，經認可其具同等以上效能之海龍替代品滅火設備等，其查驗比照本基準規定辦理，至測試報告書得就所替代設備（如二氧化碳滅火設備）之測試報告書項目內容，由消防安全設備裝置人直接增刪修改使用。

六、消防設備師核算避難器具支固器具及固定部之結構強度等之結果資料，應以書面知會結構技師供納入建築結構整合設計考量。

七、消防設備師依「緊急電源容量計算基準」核算供消防安全設備所須之緊急電源容量後，應以書面知會電機技師供納入整合緊急發電系統設計容量考量，電機技師於接獲前揭消防用緊急電源容量計算結果資料，應於七日內確認有無影響建築整體緊急發電設備設計之虞，並以書面通知知會之消防設備師，逾七日未通知時視為無意見。

八、本部八十九年十一月三十日台（八九）內消字第八九八七二○四號函頒「消防機
　　具器材及設備認可作業要點」，自九十年三月六日起陸續公告密閉式撒水頭、泡
　　沫噴頭、緩降機及一齊開放閥等為應施認可品目，消防機關於竣工查驗時，如為
　　經型式認可附有認可標示者，應查核其認可有關文件；其為依各類場所消防安全
　　設備設置標準第三條規定，經內政部審議領有審核認可書者，除應查核該審核認
　　可書影本及安裝完成證明文件（工地進出貨文件等）外，並注意應於審核認可書
　　記載有效期限屆滿前安裝完成，至於在審核認可書有效期限內已製造出廠或進口
　　尚未安裝完成者，應查核其審可認可書影本、出廠或進口證明與出貨、交易或完
　　稅證明文件，從嚴從實查證，以防造假蒙混之情事。

建築物消防安全設備圖說審查作業流程

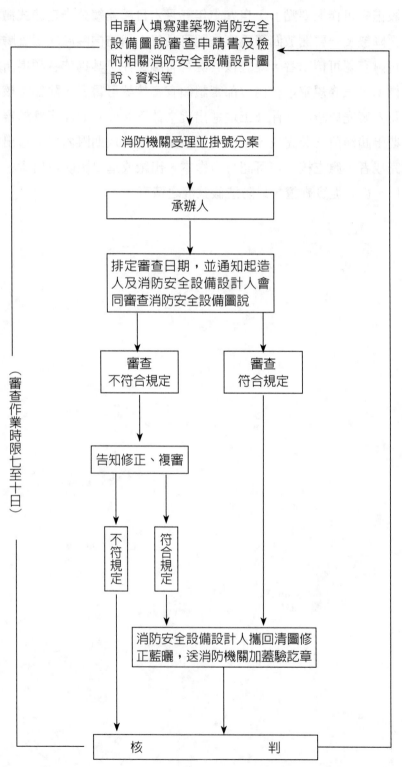

建築物消防安全設備竣工查驗作業流程

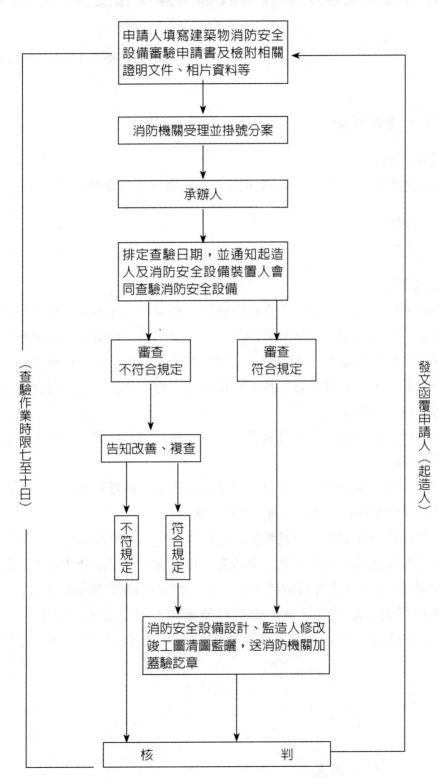

5.2　消防機關受理消防安全設備檢修申報及複查注意事項

（92/09/24公發布，本處附件均省略）

一、檢修申報受理作業

(一)受理方式

受理申報之方式及地點，由各消防機關視轄區狀況自行規劃。

(二)作業流程

如附件一流程圖。

(三)注意事項

1. 受理申報時，應查核消防安全設備檢修申報書、表等相關文件（管理權人如委託他人辦理申報時，應檢附委託書），並填具「消防安全設備檢修申報受理單」（如附件二）一式二份，蓋章受理後，一份自存，一份交付管理權人或受委託人。經查核申報資料不合規定者，應將不合規定項目詳為列舉，一次告知補正或改善。

2. 未申領使用執照或未依使用執照用途之違規使用（營業）場所，應依實際用途辦理申報。

3. 受理申報時，應一併查核前次檢修申報之日期，確認是否每半年辦理一次外觀檢查及性能檢查，每年辦理一次綜合檢查。

4. 經消防機關會勘通過且依建築法規定取得使用執照或其他相關法規取得目的事業主管機關證明文件，並經消防安全檢查符合規定之合法場所，自取得使用執照或合法證明文件日期起計算，免辦理當次每半年應檢查項目。

5. 受理申報情形應填具「消防安全設備檢修申報公務統計報表」（如附件三），於每年一月及七月底前函報內政部消防署（以下簡稱本署）彙整統計。

二、複查作業

(一)對象

1. 各消防機關對應辦理檢修申報場所,應建立列管清冊,並依轄區特性及列管場所危險程度訂定年度複查計畫,每月依預定時程表複查,對於未依規定檢修、申報及申報消防安全設備不符合規定之場所應優先排定複查。

2. 對於每年六月前僅辦理檢修,無須辦理申報之甲類以外場所,亦應列入複查對象。

(二)次數

1. 確認性複查:對轄內消防安全設備應檢修申報之場所,於每年七月至八月及一月至二月各複查乙次,查核是否依法檢修或申報。

2. 專業性複查:對轄內消防安全設備應檢修申報之甲類場所每年至少複查一次以上,甲類以外場所每二年至少複查一次以上,查核消防專技人員是否落實檢修,及消防安全設備是否維持正常功能使用狀態。

(三)人力

由各消防機關依轄區特性及列管場所派員複查。

(四)複查方式及項目

進行複查作業應依「消防機關辦理消防安全檢查注意事項」辦理。

專業性複查時,應以查閱檢修報告書、詢問及實地測試等方式,執行下列事項,以瞭解消防設備師(士)有無不實檢修情事,並製作消防安全設備檢修申報複查紀錄表,複查結果列入管制。

1. 依「檢修申報複查查詢事項」(如附件四),詢問管理權人或防火管理人辦理檢修申報之過程,及其所委託消防設備師(士)辦理該場所消防安全設備檢修之執行情形。

2. 依「各類場所消防安全設備檢修及申報作業基準」視轄區狀況,進行重點抽測,其必要抽測項目如下:

(1) 滅火器:蓄壓式滅火器之壓力表(每層至少抽查二支以上)。

(2) 室內消防栓設備:於一處室內消防栓箱進行放水試驗。

(3) 室外消防栓設備:於一處室外消防栓進行放水試驗。

(4) 自動撒水設備:屬密閉式撒水設備者,於一處末端查驗閥進行測試;屬開

　　放式撒水設備者，於一區進行放水試驗。

(5) 水霧滅火設備：於一區進行放水試驗。

(6) 泡沫滅火設備：選擇一區進行放水試驗，必要時得測試檢修時泡沫原液之發泡倍率及還原時間。

(7) 火警自動警報設備：對火警受信總機進行測試，於一處測試警鈴音響音壓及用加煙（或加熱）試驗器對探測器進行動作試驗（每層至少測試一個）。

(8) 瓦斯漏氣火警自動警報設備：對瓦斯漏氣火警自動警報設備之受信總機進行測試，並用加瓦斯試驗器測試檢知器三個以上。

(9) 緊急廣播設備：使用噪音計對每一層樓之一處揚聲器進行音壓測試。

(10) 排煙設備：使用風速計於最高樓層及最低樓層之機械排煙進行測試。

3. 複查後應將所進行測試之項目、地點等詳載於消防安全設備檢修申報複查紀錄表，如無法依前項項目進行測試時，應於備註欄載明原因。

(五) 結果處置

1. 發現管理權人未依規定辦理檢修或申報者，應依消防法第三十八條第二項規定開具限期改善通知單，並予追蹤管制。

2. 消防安全設備有不符合規定之情事者，應依消防法第三十七條第一項規定開具限期改善通知單，並予追蹤管制。

3. 消防設備師（士）有不實檢修之情事者，應依消防法第三十八條第三項規定逕行舉發；另發現未由具消防設備師（士）資格人員執行消防安全設備檢修者，應依消防法第三十八條第一項規定逕行舉發。

4. 複查後應將消防安全設備檢修申報複查紀錄表併同檢修申報相關書、表妥為保存歸檔。

(六) 注意事項

1. 執行專業性複查，應排定複查時間，並事先通知管理權人（得同時通知負責檢修之消防設備師（士）或檢修專業機構到場並攜帶檢修器材會同測試）派員配合複查。

2. 執行複查以在日出後，日沒前為原則。但受檢對象於夜間營業或經其同意者，不在此限。

3. 服裝整齊，並佩戴證件。

4. 注意服勤態度，不得涉入相關法律糾紛。

5. 儘量避免影響該場所之工作或營業，如需拆開或移動設備時，應請管理權人派員配合。

6. 特殊設施場所，應請管理權人派相關技術人員配合。

7. 複查結果應記載於複查紀錄表，其不符合規定者，開具限期改善通知單，並依規定程序處理。

8. 消防機關應隨時督導複查工作。

三、宣導工作

(一) 檢修申報制度宣導資料，應送至各應辦理檢修申報場所。

(二) 說明檢修申報之程序、期限，其採郵寄申報者，應以雙掛號寄至當地消防機關。

(三) 建請管理權人，委託消防設備師（士）檢修消防安全設備時，應派員會同檢查。

(四) 利用當地有線廣播電視系統等大眾傳播媒體，播放宣導短片及刊登宣導資料。

四、督導考核

(一) 消防機關應訂定檢修申報督導計畫並加強實施督導。

(二) 本署對消防機關執行檢修申報之情形進行定期、不定期評比考核，成績卓著者從優獎勵，執行不力者依規定懲處。

5.3 消防機關辦理公共危險物品位置構造設備審查及查驗作業基準

（本處圖表均省略）

一、為利消防機關執行公共危險物品及可燃性高壓氣體設置標準暨安全管理辦法（下稱辦法）第十條所定公共危險物品及可燃性高壓氣體製造、儲存或處理場所（下稱公共危險物品等場所）位置、構造及設備圖說之審查及竣工查驗工作，特訂定本作業基準。

二、公共危險物品等場所位置、構造及設備圖說審查作業程序如下：

(一) 起造人填具申請書（如表一），檢附建築圖說、位置、構造及設備圖說、建造執照申請書、公共危險物品等場所概要表（如表一之一至表一之二十三）、相關證明文件資料等，向當地消防機關提出。其中位置、構造及設備圖說由位置、構造及設備設計人依序繪製並簽章，圖說內所用標示記號，應於圖說上註記說明。

(二) 消防機關受理申請案於掛號分案後，即排定審查日期，通知起造人與位置、構造及設備設計人，並由位置、構造及設備設計人攜帶其資格證件及當地建築主管機關審訖建築圖說，配合審查（申請案如係分別向建築及消防機關申請者，其送消防機關部分，得免檢附審訖建築圖說），位置、構造及設備設計人無正當理由未會同審查者，得予退件。但新建、增建、改建、修建、變更用途、室內裝修或變更設計等，申請全案未涉及場所位置或構造變更者，設計人得免配合審查。

(三) 位置、構造及設備圖說審查不合規定者，消防機關應製作審查紀錄表（如表二），依第六點規定之期限，將不合規定項目詳為列舉，一次告知起造人，起造人於修正後應將位置、構造及設備圖說送回消防機關複審，複審程序準用前款之規定，其經複審仍不符合規定者，消防機關得將該申請案函退。

(四) 消防機關審訖位置、構造及設備圖說後，其有修正者，交位置、構造及設備設計人攜回清圖修正藍晒。位置、構造及設備圖說經審訖修改完成，送消防機關加蓋驗訖章後，消防機關至少留存一份，餘交起造人留存。

(五) 位置、構造及設備圖說審查作業流程如圖一。

三、依辦法設置之位置、構造及設備，於實施施工、加壓試驗及配合建築物樓地板、樑、柱、牆施工須預埋管線時，位置、構造及設備監造人應一併拍照建檔存證以供消防機關查核，消防機關並得視需要隨時派員前往查驗。

四、公共危險物品等場所位置、構造及設備竣工查驗程序如下：

(一) 起造人填具申請書（如表三），檢附公共危險物品等場所查驗表（如表三之一至表三之二十三）、儲槽完工檢查合格證明文件（儲槽以外場所免附）、安裝施工測試照片、使用執照申請書、原審訖之位置、構造及設備圖說、相關證明文件資料等，向當地消防機關提出，資料不齊全者，消防機關通知限期補正。

(二) 消防機關受理申請案於掛號分案後，即排定查驗日期，通知起造人與位置、構造及設備裝置人，並由位置、構造及設備裝置人攜帶其資格證件至竣工現場配合查驗，位置、構造及設備裝置人無正當理由未會同查驗者，得予退件。

(三) 竣工現場位置、構造及設備查驗不合規定者，消防機關應製作查驗紀錄表（如表四），依第六點規定之期限，將不合規定項目詳為列舉，一次告知起造人，起造人於完成改善後應通知消防機關複查，複查程序準用前款之規定，其經複查仍不符合規定者，消防機關得將該申請案函退。

(四) 竣工現場設置之位置、構造及設備與原審訖位置、構造及設備圖說有異者，於不影響其功能之情形下，得直接修改竣工圖（另有關建築部分之立面、門窗、開口等位置之變更如不涉面積增減時，經建築師簽證後，亦得一併直接修改竣工圖），並於申請查驗時，備具完整竣工位置、構造及設備圖說，一次報驗。

(五) 消防機關完成位置、構造及設備竣工查驗後，其須修正位置、構造及設備圖說者，位置、構造及設備設計人、監造人應將原審訖之位置、構造及設備圖說清圖修正製作竣工圖。完成竣工查驗者，其位置、構造及設備圖說應標明「竣工圖」字樣，送消防機關加蓋驗訖章後，消防機關至少留存二份列管檢查，餘交起造人留存。

(六) 位置、構造及設備竣工查驗作業流程如圖二。

五、申請位置、構造及設備圖說審查及竣工查驗，各項圖紙均須摺疊成A4尺寸規格，並裝訂成冊俾利審查及查驗。圖紙摺疊時，圖說之標題欄須摺疊於封面，圖紙摺疊範例如圖三。

六、位置、構造及設備圖說審查及竣工查驗之期限，以受理案件次日起十日內結案為
　　原則。但供公眾使用建築物或構造複雜者，得視需要延長，並通知起造人，延長
　　以一次為限，最長不得逾二十日。

七、公共危險物品製造、儲存或處理場所定義及最大儲存或處理數量計算方式如表
　　五；位置構造設備判定要領如表六。

八、可燃性高壓氣體製造、儲存或處理場所定義及儲存或處理能力計算方式如表七；
　　位置構造設備判定要領如表八。

5.4　各類場所消防安全設備檢修及申報作業基準

（105/11/22修正）

第一篇　總則

一、本基準依據消防法施行細則第六條第三項規定訂定之。

二、各類場所消防安全設備之檢修項目如下：

(一) 滅火器。

(二) 室內消防栓設備。

(三) 室外消防栓設備。

(四) 自動撒水設備。

(五) 水霧滅火設備。

(六) 泡沫滅火設備。

(七) 二氧化碳滅火設備。

(八) 乾粉滅火設備。

(九) 海龍滅火設備。

(十) 火警自動警報設備。

(十一) 瓦斯漏氣火警自動警報設備。

(十二) 緊急廣播設備。

(十三) 標示設備。

(十四) 避難器具。

(十五) 緊急照明設備。

(十六) 連結送水管。

(十七) 消防專用蓄水池。

(十八) 排煙設備（緊急升降機間、特別安全梯間排煙設備、室內排煙設備）。

(十九) 無線電通信輔助設備。

(二十) 緊急電源插座。

(二十一) 鹵化烴滅火設備

(二十二) 惰性氣體滅火設備

(二十三) 冷卻撒水設備

(二十四) 射水設備

(二十五) 簡易自動滅火設備

(二十六) 耐燃耐熱配線。

(二十七) 其他經中央主管機關認定之消防安全設備。

三、各類場所消防安全設備之檢查方式如下：

(一) 外觀檢查。

(二) 性能檢查。

(三) 綜合檢查。

四、辦理消防安全設備檢修工作之消防設備師（士）或檢修專業機構，應製作消防安全設備檢修報告書交付管理權人。檢查結果發現有缺失時，應立即通知管理權人改善。

五、管理權人申報其檢修結果之期限，其為各類場所消防安全設備設置標準規定之甲類場所者，每半年一次，即每年六月三十日及十二月三十一日前申報；甲類以外場所，每年一次，即每年十二月三十一日前申報。至檢修之期限仍依消防法施行細則第六條第二項規定，甲類場所，每半年一次，甲類以外場所，每年一次。

前項每次檢修時間之間隔，甲類場所不得少於五個月，甲類以外之場所不得少於十一個月。

管理權人未依限辦理檢修申報，經主管機關限期改善後辦理完畢者，仍應依第一項規定之期限辦理檢修申報，不受前項檢修時間間隔之限制。

六、（刪除）

七、各類場所之管理權人應委託檢修專業機構或消防法第七條規定之人員辦理檢修，並於檢修完成後十五日內，分別填具消防安全設備檢修申報表及檢附消防安全設備檢修報告書，向當地消防機關申報。

八、建築物依其用途及管理情形，採整棟申報方式申報檢修結果者，應依下列規定辦理：

(一) 有供甲類用途使用者，視同甲類場所辦理。

(二) 未供甲類用途使用者，視同甲類以外場所辦理。

九、建築物內之場所採個別申報方式者，其申報書除該場所內之消防安全設備檢查表外，並應檢附防護該場所範圍內之共用消防安全設備檢查表。

十、未申領使用執照或未依使用執照用途之違規使用場所，應以其實際用途，辦理檢

修申報。

消防機關會勘通過之合法場所，應依據審查通過之圖說進行檢修，於違規場所應就該場所現有之消防安全設備進行檢修。消防安全設備檢修報告書內檢附之場所平面圖應標註面積尺寸。

十一、經消防機關會勘通過且依建築法規定取得使用執照、室內裝修許可之合法場所，自取得使用執照或審查合格證明日期起計算，甲類場所距申報截止日期在六個月以內者，當次免辦理檢修申報，甲類以外場所距申報截止日期在一年以內者，當次免辦理檢修申報。

十二、（刪除）

十三、場所設置之消防安全設備，無消防安全設備檢修基準及檢查表可資適用時，得依該設備審核認可之檢查規範及表格進行檢修與申報。

十四、檢修報告書上有記載消防安全設備不符合規定項目時，管理權人應加填消防安全設備改善計畫書，併消防安全設備檢修申報表向當地消防機關申報。

十五、消防安全設備檢修申報表、消防安全設備檢修報告書及消防安全設備改善計畫書格式如附表一、二、三。

附表一　消防安全設備檢修申報表

<table>
<tr><td rowspan="6">管理權人</td><td>姓　　　名</td><td></td><td>身 分 證 字 號</td><td colspan="2"></td></tr>
<tr><td>出　生　地</td><td></td><td>出　　生　　日</td><td colspan="2">年　月　日</td></tr>
<tr><td>通　訊　處</td><td colspan="4"></td></tr>
<tr><td>戶　籍　地</td><td colspan="4"></td></tr>
<tr><td>電　　　話</td><td colspan="4">(O)：　　　　　(H)：</td></tr>
<tr><td rowspan="6">申　報
場所概要</td><td>樓　層　別</td><td></td><td>樓 地 板 面 積</td><td colspan="2"></td></tr>
<tr><td>使用執照用途</td><td></td><td>實　際　用　途</td><td colspan="2"></td></tr>
<tr><td>使用執照字號</td><td></td><td>營利事業登記證字號</td><td colspan="2"></td></tr>
<tr><td>場　所　名　稱</td><td></td><td>構　　　　造</td><td colspan="2"></td></tr>
<tr><td>地　　　址</td><td colspan="4"></td></tr>
<tr><td rowspan="16">檢
修
機
構
或
人
員</td><td rowspan="5">檢修機構</td><td>名　　　稱</td><td></td><td>合 格 證 書 字 號</td><td></td></tr>
<tr><td>通　訊　處</td><td colspan="3"></td></tr>
<tr><td>負　責　人</td><td></td><td>身 分 證 字 號</td><td></td></tr>
<tr><td>戶　籍　地</td><td colspan="3"></td></tr>
<tr><td>出　生　日</td><td></td><td>電　　　話</td><td></td></tr>
<tr><td rowspan="5">設備師或設備士</td><td>姓　　　名</td><td></td><td>證　書　字　號</td><td></td></tr>
<tr><td>出　生　日</td><td></td><td>身 分 證 字 號</td><td></td></tr>
<tr><td>出　生　地</td><td></td><td>電　　　話</td><td></td></tr>
<tr><td>戶　籍　地</td><td colspan="3"></td></tr>
<tr><td>通　訊　處</td><td colspan="3"></td></tr>
<tr><td rowspan="5">設備師或設備士</td><td>姓　　　名</td><td></td><td>證　書　字　號</td><td></td></tr>
<tr><td>出　生　日</td><td></td><td>身 分 證 字 號</td><td></td></tr>
<tr><td>出　生　地</td><td></td><td>電　　　話</td><td></td></tr>
<tr><td>戶　籍　地</td><td colspan="3"></td></tr>
<tr><td>通　訊　地</td><td colspan="3"></td></tr>
<tr><td colspan="2">本 次 檢 查 日 期</td><td colspan="4">自　　年　　月　　日至　　年　　月　　日</td></tr>
<tr><td colspan="2">前 次 檢 查 日 期</td><td colspan="4">自　　年　　月　　日至　　年　　月　　日</td></tr>
<tr><td colspan="2">申　報　日　期</td><td colspan="4">民國　　　年　　　月　　　日</td></tr>
<tr><td colspan="2">管理權人
（簽章）</td><td colspan="4"></td></tr>
</table>

附表二 消防安全設備檢修報告書

<table>
<tr><td rowspan="6">場所概要</td><td>樓 層 別</td><td></td><td>樓地板面積</td><td></td></tr>
<tr><td>使用執照
用 途</td><td></td><td>實 際 用 途</td><td></td></tr>
<tr><td>場所名稱</td><td></td><td>構 造</td><td></td></tr>
<tr><td>地 址</td><td colspan="3"></td></tr>
<tr><td>使用執照
字 號</td><td></td><td>營利事業登記
證 字 號</td><td></td></tr>
<tr><td rowspan="5">管理權人</td><td>姓 名</td><td></td><td>身分證字號</td><td></td></tr>
<tr><td>出 生 地</td><td></td><td>出 生 日 期</td><td></td></tr>
<tr><td>通 訊 處</td><td colspan="3"></td></tr>
<tr><td>戶 籍 地</td><td colspan="3"></td></tr>
<tr><td>電 話</td><td colspan="3">(O)： (H)：</td></tr>
</table>

<table>
<tr><td rowspan="15">檢修機構或人員</td><td rowspan="5">檢修機構</td><td>名 稱</td><td></td><td>合格證書字號</td><td></td></tr>
<tr><td>通 訊 處</td><td colspan="3"></td></tr>
<tr><td>負 責 人</td><td></td><td>身分證字號</td><td></td></tr>
<tr><td>戶 籍 地</td><td colspan="3"></td></tr>
<tr><td>出 生 日</td><td></td><td>電 話</td><td></td></tr>
<tr><td rowspan="5">設備師或設備士</td><td>姓 名</td><td></td><td>證書字號</td><td></td></tr>
<tr><td>出 生 日</td><td></td><td>身分證字號</td><td></td></tr>
<tr><td>出 生 地</td><td></td><td>電 話</td><td></td></tr>
<tr><td>戶 籍 地</td><td colspan="3"></td></tr>
<tr><td>通 訊 處</td><td colspan="3"></td></tr>
<tr><td rowspan="5">設備師或設備士</td><td>姓 名</td><td></td><td>證 書 字 號</td><td></td></tr>
<tr><td>出 生 日</td><td></td><td>身分證字號</td><td></td></tr>
<tr><td>出 生 地</td><td></td><td>電 話</td><td></td></tr>
<tr><td>戶 籍 地</td><td colspan="3"></td></tr>
<tr><td>通 訊 地</td><td colspan="3"></td></tr>
</table>

<table>
<tr><td rowspan="9">檢修項目</td><td>□滅火器</td><td>□室內消防栓設備</td><td>□室外消防栓設備</td></tr>
<tr><td>□自動撒水設備</td><td>□水霧滅火設備</td><td>□泡沫滅火設備</td></tr>
<tr><td>□二氧化碳滅火設備</td><td>□乾粉滅火設備</td><td>□海龍滅火設備</td></tr>
<tr><td>□火警自動警報設備</td><td>□瓦斯漏氣火警自動警報設備</td><td>□緊急廣播設備</td></tr>
<tr><td>□標示設備</td><td>□避難器具</td><td>□緊急照明設備</td></tr>
<tr><td>□連結送水管</td><td>□消防專用蓄水池</td><td>□排煙設備</td></tr>
<tr><td>□無線電通信輔助設備</td><td>□緊急電源插座</td><td>□其他</td></tr>
<tr><td colspan="3">前項設備檢查表共 頁。（如附件，不含本頁）</td></tr>
</table>

<table>
<tr><td>檢 查 日 期</td><td>自 年 月 日至 年 月 日</td></tr>
<tr><td>檢修機構或檢修人員簽章</td><td>（簽章）</td></tr>
</table>

附表三 消防安全設備改善計畫書

場所概要	樓　層　別		樓 地 板 面 積	
	使用執照用途		實　際　用　途	
	場　所　名　稱		構　　　　造	
	地　　　址			
	使用執照字號		營利事業登記證字號	
管理權人	姓　　　名		身 分 證 字 號	
	出　生　地		出　生　日　期	
	通　訊　處			
	戶　籍　地			
	電　　　話	(O)：	(H)：	

一、消防安全設備不符規定之項目及內容：

二、採行改善措施：

三、預定完成期限：

管理權人簽章	（簽章）

第 **6** 章

歷屆考題

6.1　消防設備士歷屆考題

105年警報與避難系統消防安全設備概要

類　　科：消防設備士

考試時間：1小時30分

※注意：禁止使用電子計算器。

甲、申論題部分：（50分）

一、請依據「各類場所消防安全設備設置標準」，試述標示設備光度與照度的規定？並依據「出口標示燈及避難方向指示燈認可基準」，試述平均亮度與亮度比的規定？（25分）

解：

(一) 標示設備光度：

第146-1條

出口標示燈及非設於樓梯或坡道之避難方向指示燈，其標示面光度依等級區分如下：

區分		標示面光度（cd）
出口標示燈	A級	50以上
	B級	10以上
	C級	1.5以上
避難方向指示燈	A級	60以上
	B級	13以上
	C級	5以上

第146-5條

出口標示燈及非設於樓梯或坡道之避難方向指示燈，設於下列場所時，應使

用A級或B級；出口標示燈標示面光度應在二十燭光（cd）以上，
或具閃滅功能；避難方向指示燈標示面光度應在二十五燭光（cd）以上。

(二) 標示設備照度：

第146-5條

避難方向指示燈設於樓梯或坡道者，在樓梯級面或坡道表面之照度，應在一
勒克司（Lux）以上。

第146-6條

觀眾席引導燈之照度，在觀眾席通道地面之水平面上測得之值，在零點二勒
克司（Lux）以上。

第178條

緊急照明燈在地面之水平面照度，使用低照度測定用光電管照度計測得之
值，在地下建築物之地下通道，其地板面應在十勒克司（Lux）以上，其他
場所應在二勒克司（Lux）以上。但在走廊曲折點處，應增設緊急照明燈。

(三) 平均亮度

平均亮度：燈具標示面之平均亮度應符合表規定。具有調光性能之器具，則
測定其必須作調光之各階段的平均亮度。

表　標示面之平均亮度

種類	平均亮度（cd/m^2）	
	常用電源	緊急電源
出口標示燈	150以上	100以上400未滿
避難方向指示燈	150以上	100以上400未滿

平均亮度試驗

1.使用CNS 5119〔照度計〕中AA級者照度計測試平均亮度。

2.測試環境：測試時環境之照度在0.05 Lux以下之暗房。

3.測試面：整個標示面。

4.測試步驟：標示板與受光器之距離為標示面長邊之4倍以上，量測其平均
照度E_θ，平均亮度L_θ計算式如下：

$$平均亮度L_\theta = \frac{K_1 \times E_\theta \times S^2}{A\cos\theta}$$

其中L_θ：角度θ之平均亮度（單位：cd/m^2）

K_1：基準光束/試驗使用燈管之全光束（一般K_1趨近於1）

E_θ：角度θ之平均照度測定值（單位：Lux）

S：標示面板量測點與照度計間之距離（單位：m）

A：標示面之面積（單位：m^2）

θ：照度計與標示面量測點法線方向之角度（單位：。）

基準光束：標準燈管之全光束（單位：流明lm）

5. 測試時間：常用電源之測試於試驗品施以額定電源並使燈管經枯化點燈100小時後測試。

6. 緊急電源試驗，於執行常用電源之測試後，再依產品標示額定充電時間完成後即予斷電，並於斷電後45分鐘即實施試驗，並於10分鐘內測試完畢。（外置型引導燈具僅針對額定緊急電源電壓施予測試）

(四) 亮度比試驗

亮度比係就標示面之綠色部分、白色部分分別逐點加以測定，求出其最大亮度（cd/m^2）與最小亮度。逐點測定係分別測定3處以上。正方型引導燈具標示面之亮度比係在常時電源時所規定之測定點之最大亮度與最小亮度之比，應符合表之值。本項測試使用之輝度計，應符合CNS 5064之規定。

表標示面之亮度比

	綠色部分	白色部分
避難出口標示燈	9以下	7以下
避難方向指示燈	7以下	9以下

如係標示面為長方形之引導燈具，其最小輝度與平均亮度之比，應在1/7以上。

$$亮度比 = Lmax/Lmin$$

式中，Lmax：在白色部分或綠色部分之最大亮度

Lmin：在白色部分或綠色部分之最小亮度

二、請依據「各類場所消防安全設備設置標準」，試述擴音機及操作裝置設置的規定？並依據「緊急廣播設備檢修及申報作業基準」，試述綜合檢查之檢查方法與判定方法？（25分）

解：

(一) 擴音機及操作裝置設置

第138條

擴音機及操作裝置，應符合CNS一〇五二二之規定，並依下列規定設置：

一、操作裝置與啓動裝置或火警自動警報設備動作連動，並標示該啓動裝置或火警自動警報設備所動作之樓層或區域。

二、具有選擇必要樓層或區域廣播之性能。

三、各廣播分區配線有短路時，應有短路信號之標示。

四、操作裝置之操作開關距樓地板面之高度，在零點八公尺以上（座式操作者，爲零點六公尺）一點五公尺以下。

五、操作裝置設於值日室等經常有人之處所。但設有防災中心時，設於該中心。

(二) 綜合檢查

1.檢查方法

切換成緊急電源供電狀態，操作任一啓動裝置或操作裝置之緊急廣播開關，或受信由火警自動警報設備啓動之信號，確認是否進行火災表示及正常廣播。

2.判定方法

火災表示及揚聲器之鳴動應正常。

乙、測驗題部分：（50分）

共40題，每題1.25分，須用2B鉛筆在試卡上依題號清楚劃記，於本試題或申論試卷上作答者，不予計分。

(B)　1. 依據各類場所消防安全設備設置標準，有關免設探測器處所的規定，下列敘述何者錯誤？

(A) 室內游泳池之水面或溜冰場之冰面上方

(B) 主要構造爲防火構造，且開口設有具半小時以上防火時效防火門之金庫

(C) 冷藏庫等設有能早期發現火災之溫度自動調整裝置者

(D) 不燃性石材或金屬等加工場，未儲存或未處理可燃性物品處

(C)　2. 依據各類場所消防安全設備設置標準，有關空氣管式差動式分布型探測器設置時的規定，下列敘述何者錯誤？

(A) 每一探測區域內之空氣管長度，露出部分在20公尺以上

(B) 裝接於一個檢出器之空氣管長度，在100公尺以下

(C) 空氣管裝置在裝置面下方40公分範圍內

(D) 空氣管裝置在自裝置面任一邊起1.5公尺以內之位置，其間距，在防火構造建築物，在9公尺以下，其他建築物在6公尺以下

(D)　3. 依據各類場所消防安全設備設置標準，有關光電式分離型探測器設置時的規定，下列敘述何者錯誤？

(A) 設在與探測器光軸平行牆壁距離60公分以上之位置

(B) 探測器之受光器及送光器，設在距其背部牆壁1公尺範圍內

(C) 設在天花板等高度20公尺以下之場所

(D) 探測器之光軸與警戒區任一點之水平距離，在10公尺以下

(B)　4. 依據各類場所消防安全設備設置標準，有關火警受信總機之位置設置時的規定，下列敘述何者錯誤？

(A) 裝置於值日室等經常有人之處所。但設有防災中心時，設於該中心

(B) 壁掛型總機操作開關距離樓地板面之高度，在0.6公尺以上1.5公尺以下

(C) 裝置於日光不直接照射之位置

(D) 避免傾斜裝置，其外殼應接地

(C)　5. 依據各類場所消防安全設備設置標準，有關火警發信機設置的規定，下列敘述何者錯誤？

(A) 附設緊急電話插座

(B) 裝置於屋外之火警發信機，具防水之性能

(C) 樓梯或管道間之火警分區，應分別設置

(D) 二樓層共用一火警分區者，應分別設置

(D)　6. 依據各類場所消防安全設備設置標準，有關緊急廣播設備的規定，下列敘述何者錯誤？

(A) 緊急廣播設備之音響警報應以語音方式播放

(B) 緊急廣播設備與其他設備共用者，在火災時應能遮斷緊急廣播設備以外

之廣播

(C) 廣播區域超過50平方公尺100平方公尺以下時，設L級或M級揚聲器

(D) 導線間及導線對大地間之絕緣電阻值，以直流250伏特額定之絕緣電阻計測定，對地電壓超過150伏特者，在0.1MΩ以上

（ A ）　7. 某一地下建築物總樓地板面積超過500平方公尺未達1,000平方公尺，不符合免設條件，依據各類場所消防安全設備設置標準，下列哪一種消防安全設備依法應設置？

(A) 排煙設備　　　　　　　　　(B) 緊急電源插座

(C) 無線電通信輔助設備　　　　(D) 瓦斯漏氣火警自動警報設備

（ B ）　8. 依據各類場所消防安全設備設置標準，出口標示燈應設於下列出入口上方或其緊鄰之有效引導避難處，下列敘述何者錯誤？

(A) 通往戶外之出入口；設有排煙室者，爲該室之出入口

(B) 通往第一款及第二款出入口，走廊或通道上所設跨防火區劃之出入口

(C) 通往直通樓梯之出入口；設有排煙室者，爲該室之出入口

(D) 通往前二款出入口，由室內往走廊或通道之出入口

（ D ）　9. 依據各類場所消防安全設備設置標準，下列哪一場所使用之樓層，主要構造爲防火構造且設有二座以上安全梯，且該樓層各部分均有二個以上不同避難逃生路徑能通達安全梯，符合避難器具免設之規定？

(A) 金融機構　　　　　　　　　(B) 活動中心

(C) 室內溜冰場　　　　　　　　(D) 電影攝影場

（ B ）　10. 依據各類場所消防安全設備設置標準，有關緩降機設置及其支固器具之裝置規定，下列敘述何者錯誤？

(A) 緩降機之設置，在下降時，所使用繩子應避免與使用場所牆面或突出物接觸

(B) 支固器具設在使用場所之磚牆或其他構造上較堅固及容易裝設場所

(C) 緩降機所使用繩子之長度，以其裝置位置至地面或其他下降地點之等距離長度爲準

(D) 支固器具以螺栓、熔接或其他堅固方法裝置

（ C ）　11. 依據各類場所消防安全設備設置標準，有關緊急照明燈之構造規定，下列敘述何者錯誤？

(A) 白熾燈爲雙重繞燈絲燈泡，其燈座爲瓷製或與瓷質同等以上之耐熱絕緣

材料製成者

(B) 日光燈為瞬時起動型，其燈座為耐熱絕緣樹脂製成者

(C) 放電燈之安定器，裝設於一般性外箱

(D) 水銀燈為高壓瞬時點燈型，其燈座為瓷製或與瓷質同等以上之耐熱絕緣材料製成者

(D) 12. 依據各類場所消防安全設備設置標準，特別安全梯或緊急昇降機間排煙室之排煙設備設置於直接面向戶外之窗戶時，下列規定及敘述何者錯誤？

(A) 在排煙時窗戶與煙接觸部分使用不燃材料

(B) 窗戶有效開口面積位於天花板高度二分之一以上之範圍內

(C) 窗戶之有效開口面積在2平方公尺以上。但特別安全梯排煙室與緊急昇降機間兼用時，應在3平方公尺以上

(D) 平時關閉之窗戶設手動開關裝置，其操作部分設於距離樓地板180公分之位置，並標示簡易之操作方式

(A) 13. 依據各類場所消防安全設備設置標準，有關緊急供電系統之配線除依屋內線路裝置規則外，下列規定及敘述何者錯誤？

(A) 電源回路之配線，施予耐熱保護

(B) 標示燈回路及控制回路之配線，施予耐熱保護

(C) 電氣配線應設專用回路，不得與一般電路相接，且開關有消防安全設備別之明顯標示

(D) 緊急用電源回路及操作回路，使用600伏特耐熱絕緣電線，或同等耐熱效果以上之電線

(B) 14. 依據火警探測器認可基準規定，有關火警自動警報設備所使用火警探測器之構造，下列敘述何者錯誤？

(A) 不得因氣流方向改變而影響探測功能

(B) 探測器的底座視為探測器的一部位，且與本體連結試驗100次後，內部接觸彈片不得發生異狀及功能失效

(C) 應有排除水分侵入之功能

(D) 探測器之接點不得露出在外

(D) 15. 依據住宅用火災警報器認可基準，有關住宅用火災警報器構造與功能的規定，下列敘述何者錯誤？

(A) 應能確實動作且易於操作、附屬零件易於更換

(B) 應具有易於安裝及更換之構造

(C) 正常使用狀態下，不得因溫度變化導致外殼變形

(D) 外部配線應能承受任何方向之100N拉力達1分鐘，且拉力不會傳遞到導線和電池端子連接器之接頭上

(A) 16. 依據火警自動警報設備測試報告書測試方法及判定要領，有關定溫式感知線型探測器之外觀試驗的規定，下列敘述何者錯誤？

(A) 感知線應設置在裝置面下方0.1m以內之位置

(B) 感知線之安裝在直線部分以每0.5m以內之間隔固定

(C) 感知線之彎曲半徑應在0.05m以上

(D) 感知線之接續，應使用端子接線

(C) 17. 依據火警自動警報設備檢修及申報作業基準，探測器外觀檢查警戒狀況之判定方法的規定，有關性能障礙下列敘述何者錯誤？

(A) 應無被塗漆

(B) 火焰探測器應無日光直射等影響性能之顧慮

(C) 光電式型探測器之受光部，應無日光直射等影響性能之顧慮

(D) 應無因裝修造成妨礙熱氣流、煙流動之障礙

(C) 18. 依據緊急廣播設備檢修及申報作業基準，有關標示燈外觀檢查規定，標示燈與裝置面成P度角，在Q公尺距離內應均能明顯易見。試問P與Q分別為何？

(A) P = 10，Q = 15

(B) P = 10，Q = 7.5

(C) P = 15，Q = 10

(D) P = 15，Q = 7.5

(D) 19. 依據排煙設備檢修及申報作業基準，有關綜合檢查之判定方法的規定，下列敘述何者錯誤？

(A) 運轉電流在所規定的範圍內

(B) 排煙機在運轉中應無異常聲音及振動，風道應無異常振動

(C) 排煙機回轉葉片的回轉方向應正常

(D) 排煙口及吸煙閘門打開後，能連動自動排煙機啓動

(B) 20. 依據避難器具檢修及申報作業基準，有關外觀檢查之判定方法的規定，下列敘述何者錯誤？

(A) 在操作面積內，除了輕量而容易移動之物品外，不得放置會妨礙之大型

椅子、桌子、書架及其他物品等

(B) 由地板面至開口部下端之高度應在80 cm以下

(C) 下降空地應有寬1公尺以上之避難上有效通路，通往廣場、道路等

(D) 有電線時，應距離下降空間1.2m以上

(A) 21. 依據避難器具測試報告書測試方法及判定要領，有關避難器具設置場所等外觀試驗之判定要領的規定，下列敘述何者錯誤？

(A) 應設置在容易接近，且無妨礙避難器具使用之空間，有安全構造之操作部

(B) 應與設置在其他樓層之避難器具間相互無妨礙

(C) 關於樓梯、出入口或其他相關避難設施之關連，應在適當之位置

(D) 至樓地板面或其他著地點之下降空間，應無妨礙避難之障礙物

(C) 22. 緊急廣播設備之規定，下列何者錯誤？

(A) 啟動裝置於各樓層任一點至啟動裝置之步行距離應在50公尺以下

(B) 特別安全梯應垂直距離每45公尺單獨設定一廣播分區

(C) 樓梯至少垂直距離每20公尺應設1個L級揚聲器

(D) 擴音機及操作裝置應具有選擇必要樓層或區域廣播之性能

(B) 23. 若一緊急昇降機間（未兼用）之排煙設備排煙閘門面積為6m^2，請問機械排煙時風速應為多少，方能符合法令規定？

(A) 20m/min　　　(B) 40m/min　　　(C) 60m/min　　　(D) 80m/min

(B) 24. 某一場所第六層需設置排煙設備，並區分為三個排煙區劃，面積各自為450m^2、400m^2、400m^2，試問其排煙風量應至少為多少m^3/min？

(A) 800　　　　　(B) 900　　　　　(C) 1000　　　　(D) 1200

(D) 25. 有一高度為3.9公尺，樓地板面積為490平方公尺之探測區域，探測器如為偵煙式三種，其設置數量至少為多少個？

(A) 4　　　　　　(B) 7　　　　　　(C) 8　　　　　(D) 10

(B) 26. 某須設火警自動警報設備之場所，其中一層之長為100公尺，寬為14公尺，且任一點無法見到全部區域，則該樓層之火警分區數至少須多少區？

(A) 2　　　　　　(C) 3　　　　　　(C) 4　　　　　(D) 5

(A) 27. 一地下二層地上六層之建築物，總樓地板面積超過3,000平方公尺，若起火樓層位於三樓時，下列哪一樓層不需鳴動？

(A) 一樓　　　　　(B) 二樓　　　　　(C) 三樓　　　　(D) 五樓

（ C ） 28. 瓦斯對空氣之比重大於1時，則下列瓦斯漏氣檢知器裝設之規定何者正確？

(A) 應設於距瓦斯燃燒器具或瓦斯導管貫穿牆壁處水平距離8公尺以內

(B) 應設於距瓦斯燃燒器具或瓦斯導管貫穿牆壁處水平距離4公尺以外

(C) 檢知器上端應裝設在距樓地板面30公分範圍內

(D) 檢知器下端應裝設在天花板下方30公分範圍內

（ A ） 29. 差動式侷限型、差動式分布型（空氣管式）及補償式侷限型等探測器的構造中，非共通構件為下列哪一個？

(A) 感熱室 　　　　(B) 洩漏孔 　　　　(C) 模片 　　　　(D) 接點

（ D ） 30. 有關瓦斯漏氣火警自動警報設備之警報裝置，下列何者錯誤？

(A) 瓦斯漏氣表示燈在一警報分區僅一室時，免設之

(B) 瓦斯漏氣表示燈距離樓地板面之高度為4.5 m以下

(C) 瓦斯漏氣表示燈其亮度應在表示燈前方3 m能明確識別

(D) 警報音響，其音壓在距1 m處，應有90分貝以上

（ A ） 31. 下列何者探測器，未利用空氣膨脹原理而作動？

(A) 定溫式侷限型探測器 　　　　(B) 差動式侷限型探測器

(C) 差動式分布型探測器 　　　　(D) 補償式侷限型探測器

（ B ） 32. 下列新建一棟四層的建築物的第三層樓層當中，何者應設置火警自動警報設備？

(A) 樓地板面積在250 m^2 之旅館 　　　　(B) 樓地板面積在350m^2之餐廳

(C) 樓地板面積在200 m^2 之舞廳 　　　　(D) 樓地板面積在450m^2之辦公室

（ D ） 33. 某飯店其第五層之收容人數合計為650人，則該層在未有符合減設或免設條件時，其應設避難器具多少具？ 　　　　(A) 4　(B) 5　(C) 6　(D) 7

（ C ） 34. 依據各類場所消防安全設備設置標準，出口標示燈及避難方向指示燈，應保持不熄滅，但出口標示燈及非設於樓梯或坡道之避難方向指示燈，與火警自動警報設備之探測器連動亮燈，且配合其設置場所使用型態採取適當亮燈方式，符合規定之一者，得予減光或消燈，有關減光或消燈的規定，下列敘述何者錯誤？

(A) 設置場所無人期間

(B) 設置在因其使用型態而特別需要較暗處所，於使用上較暗期間

(C) 設置位置可利用燈具辨識出入口或避難方向期間

(D) 設置在主要供設置場所管理權人、其雇用之人或其他固定使用之人使用

之處所

（ C ） 35. 各類場所中有關體育館收容人數之計算，於觀眾席部分如為連續式席位，應為該座椅正面寬度除多少公尺所得之數？

(A) 0.2　　　　　　(B) 0.3　　　　　　(C) 0.4　　　　　　(D) 0.5

（ C ） 36. 避難梯之規定，下列何者錯誤？

(A) 懸吊梯橫桿在使用時，應與使用場所牆面保持10公分以上之距離

(B) 第四層以上之樓層設置避難梯時，應設固定梯

(C) 固定梯設於陽台處，其樓地板面積至少3平方公尺

(D) 固定梯設於陽台處，應附設能內接直徑60公分以上之逃生孔

（ C ） 37. 有關應設置無線電通信輔助設備之場所，依規定為何？

(A) 樓高在31公尺以上建築物之各樓層，或樓地板面積在1,000平方公尺以上之建築物

(B) 樓高在31公尺以上建築物之各樓層，或樓地板面積在2,000平方公尺以上之建築物

(C) 樓高在100公尺以上建築物之地下層，或總樓地板面積在1,000平方公尺以上之地下建築物

(D) 樓高在100公尺以上建築物之各樓層，或總樓地板面積在2,000平方公尺以上之建築物

（ A ） 38. 設置避難橋之屋頂平台，其直下層減設避難器具條件之一為屋頂平台之淨空間面積需為多少平方公尺以上？

(A) 100　　　　　　(B) 200　　　　　　(C) 300　　　　　　(D) 400

（ D ） 39. 居室空間設置排煙設備時，排煙機風量之規定何者錯誤？

(A) 排煙機應能隨任一排煙口之開啟而動作，其排煙量不得小於120m³/min

(B) 在一防煙區劃時，其排煙量不得小於該防煙區劃面積每平方公尺每分鐘1立方公尺

(C) 在二區以上之防煙區劃時，其排煙量應不得小於最大防煙區劃面積每平方公尺每分鐘2立方公尺

(D) 地下建築物之地下通道，其總排煙量不得小於500 m³/min

（ A ） 40. 某一醫療機構病房內有150床病床、有50名從業員工，各候診室之樓地板面積合計為1,200平方公尺，則其避難收容人數為何？

(A) 600人　　　　　(B) 700人　　　　　(C) 800人　　　　　(D) 900人

104年警報與避難系統消防安全設備概要

類　　科：消防設備士

考試時間：1小時30分

※注意：禁止使用電子計算器。

甲、申論題部分：（50分）

不必抄題，作答時請將試題題號及答案依照順序寫在申論試卷上，於本試題上作答者，不予計分。請以黑色鋼筆或原子筆在申論試卷上作答。

一、火警自動警報設備之受信總機可分為P型及R型，請回答下列問題：

(一) 請敘述P型及R型受信總機原理之差異。（12分）

(二) 請比較P型及R型受信總機於建築物回路規模、定址、配線量、維修成本之優缺點。（13分）

解：

(一) P型及R型受信總機原理之差異

傳統式一般為受信總機送出電流，提供偵測迴路及探測器所需工作電源，當探測器偵測到煙霧或熱源而動作將接點閉合產生動作警報，因以1個迴路為1偵測單元，當受信總機只知道該探測迴路警報，無法確認哪個探測器動作。

P型與R型差異較大處，R型是採兩線式通信傳輸技術，除了具有DC24V工作電壓外，另外載有各廠商自訂之數位信號，因此R型透過此兩線傳輸之通信機制與回路線上之所有定址型探測器下達指令，並減少許多傳統回路配線。R型之探測器作動時，能知哪一迴路之哪一感測器動作（探測器編號），再告知發報原因。

(二) P型及R型受信總機於建築物回路規模、定址、配線量、維修成本之優缺點

P型火警受信總機與探測器回路在配線上，每一探測器回路需配接2C電線（L、C），並在回路的末端接上終端電阻（一般為10KΩ）， 在回路配線上可採共線方式配線，最多可七個回路共用一條共線方式配置。

但P型的優點是配線容易，設備材料成本也較便宜。以5～100回路居多，擴

充性以每5回路為一個單位，受限於箱體大小。但多線式施作，須要投資更大的管路施工、線材及配線接線成本；且線材迴路及配線多，失誤率提高，偵錯成本亦較高。因技術性不高，一般消防維護廠商均有能力對外線進行查修與維護。

而R型每一探測器上都有一組獨立編碼，有些廠家是以軟體設定，系統規模可隨時增減，並可就鄰近管路接新設備，因採二線式多重傳輸架構，可節省大量管路施工、佈線及接線工程費用。但配線及設備成本較高，維修技術性會較高。在維護上需熟悉每套系統之配線與架構設備更換與程式修改，需有原廠專人到場服務

二、地下建築物或地下層因其特殊之建築環境，在避難逃生設備設置有其特殊之處，請依「各類場所消防安全設備設置標準」，試回答地下建築物或地下層避難逃生設備設置之特殊規定：出口標示燈及避難方向指示燈之有效範圍？出口標示燈及避難方向指示燈之緊急電源應使用蓄電池設備之容量？避難器具選擇？收容人數？避難器具於開口部保有必要開口面積？避難器具於開口部與地面之間保有下降空間？避難器具標示尺寸、顏色？緊急照明燈在地面之水平面照度？（25分）

解：

(一) 出口標示燈及避難方向指示燈之有效範圍

供第十二條第二款第一目、第三款第三目或第五款第三目使用者，其出口標示燈及非設於樓梯或坡道之避難方向指示燈，設於下列場所時，應使用A級或B級；出口標示燈標示面光度應在二十燭光（cd）以上，或具閃滅功能；避難方向指示燈標示面光度應在二十五燭光（cd）以上。

(二) 出口標示燈及避難方向指示燈之緊急電源應使用蓄電池設備之容量

地下建築物，其總樓地板面積在一千平方公尺以上，其出口標示燈及避難方向指示燈之緊急電源應使用蓄電池設備，其容量應能使其有效動作二十分鐘以上。但設於下列場所之主要避難路徑者，該容量應在六十分鐘以上，並得採蓄電池設備及緊急發電機併設方式。

(三) 避難器具選擇

避難器具選擇僅有避難梯。

(四) 收容人數

其他場所如地下建築物收容人數爲從業員工數與供從業員以外者所使用部分之樓地板面積和除三平方公尺所得之數，合計之。

(五) 避難器具於開口部保有必要開口面積

避難梯於開口部保有必要開口面積爲高八十公分以上，寬五十公分以上或高一百公分以上，寬四十五公分以上。

(六) 避難器具於開口部與地面之間保有下降空間

避難梯於開口部與地面之間保有下降空間，自避難梯二側豎桿中心線向外二十公分以上及其前方六十五公分以上之範圍內。

(七) 避難器具標示尺寸、顏色

避難梯標示尺寸爲長三十六公分以上、寬十二公分以上；而顏色爲白底黑字。

(八) 緊急照明燈在地面之水平面照度

緊急照明燈在地面之水平面照度依第178條，使用低照度測定用光電管照度計測得之值，在地下建築物之地下通道，其地板面應在十勒克司（Lux）以上。但在走廊曲折點處，應增設緊急照明燈。

乙、測驗題部分：（50分）

本測驗試題爲單一選擇題，請選出一個正確或最適當的答案，複選作答者，該題不予計分。共40題，每題1.25分，須用2B鉛筆在試卡上依題號清楚劃記，於本試題或申論試卷上作答者，不予計分。

(B)　1. 會散發腐蝕性氣體之場所，設置下列何種探測器爲佳？

(A) 差動式局限型　　　　　　　(B) 差動式分布型

(C) 熱煙複合式局限型　　　　　(D) 火焰式

(A)　2. 針對瓦斯漏氣火警自動警報設備，進行天然氣檢知器加瓦斯測試性能檢查，應使用何種加瓦斯試驗器？

(A) 甲烷　　　　(B) 乙烷　　　　(C) 異丙烷　　　　(D) 異丁烷

(B)　3. 火警自動警報設備與瓦斯漏氣火警自動警報設備，所使用緊急電源採蓄電池設備，其容量應能使所規定回路有效動作，分別要求爲M及N分鐘以上。則M、N值，下列何者正確？

(A) M = 10、N = 20　　　　　　　(B) M = 10、N = 10

(C) M = 20、N = 20　　　　　　　(D) M = 20、N = 10

(C) 4. 依各類場所消防安全設備檢修及申報作業基準之規定，消防專技人員發現某既有場所設有局限型定溫式感熱型探測器80個，由於屬於非再用型，依規定應選取多少做為檢查數量？

(A) 1個　　　　(B) 2個　　　　(C) 4個　　　　(D) 8個

(B) 5. 住宅火災往往因延遲偵知、通報及避難造成住戶傷亡，設置住宅用火災警報器可及早偵知火災發生，以利住戶採取滅火、避難及通報等應變作為，依住宅用火災警報器設置辦法之規定，住宅用火災警報器之安裝方式，下列何者錯誤？

(A) 裝置於天花板者，警報器距離天花板60公分以內

(B) 不得裝置於牆面

(C) 距離出風口1.5公尺以上

(D) 以裝置於居室中心為原則

(D) 6. 某貨運公司貨物處理所有經常性車輛進出，因所排放廢氣會大量滯留，不適合設置下列何種探測器？

(A) 差動式　　　　　　　　　(B) 火焰式

(C) 補償式局限型　　　　　　(D) 熱煙複合式

(A) 7. 偵煙式局限型探測器裝設於高度6公尺之裝置面時，為確保有效探測，其每一探測器之有效探測範圍應以多少計算？

(A) 75平方公尺　(B) 50平方公尺　(C) 150平方公尺　(D) 65平方公尺

(B) 8. 使用性能設計之揚聲器音壓，在廣播區域內距樓地板面1公尺處，依各類場所消防安全設備設置標準之公式，求得之音壓至少應在75分貝以上，其計算公式不會用到下列何項參數？

(A) 揚聲器音響功率

(B) 廣播區域空間大小（單位：立方公尺）

(C) 廣播區域之平均吸音率

(D) 揚聲器指向係數

(C) 9. 某室內立體停車場檢測火警分布型空氣管式探測器，發現與前次檢查之測定值相差幅度大時，除應即確認空氣管與旋塞台之連接部位是否栓緊，亦應進行何種測試？

(A) 流通試驗及回路斷線試驗　　　　　(B) 加熱試驗及接點水高試驗

(C) 流通試驗及接點水高試驗　　　　　(D) 回路合成阻抗試驗及接點水高試驗

（ D ）10. 某場所使用非蓄積型偵煙探測器，若其所使用之中繼器有10秒之蓄積時間，則其受信總機之蓄積時間，最多可為多少？

(A) 20秒　　　　　(B) 30秒　　　　　(C) 40秒　　　　　(D) 50秒

（ D ）11. 室內裝修常常會影響步行距離，為期在火災發生時，能迅速傳遞警示，室內裝修完後，各樓層任一點至緊急廣播設備啟動裝置之步距，依相關規定仍應確保在多少公尺以下？

(A) 20公尺　　　　(B) 30公尺　　　　C) 40公尺　　　　(D) 50公尺

（ A ）12. 火警分區目的在於火災時能顯示火警發生的範圍，快速地找到起火點，進行撲滅，因此，有關火警自動警報設備之火警分區劃定規定，下列何者正確？

(A) 每一火警分區不得超過一樓層，並不得超過樓地板面積600平方公尺。但上下兩層樓地板面積之和不超過500平方公尺者，得二層共用一分區

(B) 每一分區之任一邊長不得超過50公尺。但裝設光電式分離型探測器時，其邊長得在150公尺以下

(C) 由主要出入口或直通樓梯出入口能直接觀察該樓層任一角落時，火警分區得增為1,500平方公尺

(D) 樓梯、斜坡通道、昇降機之昇降路及管道間等場所，在水平距離50公尺範圍內，且其頂層相差在二層以下時，得與建築物各層之走廊、通道及居室等場所共同設置火警分區

（ D ）13. 某體育館規劃提供820平方公尺搖滾區（即在觀眾席設立位部分）供流行音樂演唱會使用，為計算裝設避難器具數量，該區域收容人數以多少計算？

(A) 1,640人　　　　(B) 2,460人　　　　(C) 3,280人　　　　(D) 4,100人

（ A ）14. 為確保避難器具緊急狀況時之有效性，有關緩降機、避難梯、避難繩索，於開口部保有必要開口面積之規定，下列何者正確？

(A) 高80公分以上，寬50公分以上或高100公分以上，寬45公分以上

(B) 高60公分以上，寬50公分以上或高80公分以上，寬45公分以上

(C) 高80公分以上，寬45公分以上或高120公分以上，寬40公分以上

(D) 高60公分以上，寬50公分以上或高100公分以上，寬40公分以上

（ B ）15. 依規定，第四層以上之樓層設固定避難梯，設於陽臺等具安全且容易避難逃生構造處，裝設時應確認其樓地板面積最小必須多少平方公尺，以確保該避

難器具之有效性？

(A) 1平方公尺 　　(B) 2平方公尺 　　(C) 3平方公尺 　　(D) 4平方公尺

（D）16. 醫院之第四樓層不適合設置下列何種避難器具？

(A) 避難橋 　　　(B) 救助袋 　　　(C) 滑臺 　　　(D) 緩降機

（B）17. 某醫院在面臨室外空地病房裝設救助袋，除病床所需空間外，依相關規定最少還要預留多少操作淨空間？

(A) $2m^2$ 　　(B) $2.25m^2$ 　　(C) $4m^2$ 　　(D) $4.25m^2$

（B）18. 瓦斯漏氣火警自動警報設備性能檢查，由受信機內部遮斷常用電源開關確認其動作，係檢查其何種項目？

(A) 端子電壓 　　(B) 切換裝置 　　(C) 充電裝置 　　(D) 結線接續

（B）19. 緊急廣播設備用揚聲器音源訊號產生之警報測試聲訊號頻寬A，與音聲引導功能之引導燈具所使用之揚聲器頻寬B，下列何者正確？

(A) A含括B 　　　　　　　(B) B含括A

(C) A、B完全重疊 　　　　(D) A、B部分重疊

（A）20. 使用桶裝（液化石油氣）瓦斯餐廳需要裝設瓦斯漏氣檢知器時，依規定應設於距瓦斯燃燒器具或瓦斯導管貫穿牆壁處之水平距離為多少公尺以內？

(A) 4 　　(B) 5 　　(C) 6 　　(D) 7

（B）21. 瓦斯漏氣火警自動警報設備測試方法及判定要領之性能檢查，其串接式配線試驗，若警報分區數為11以上50以下，試驗回路數應為多少？

(A) 1 　　(B) 2 　　(C) 3 　　(D) 4

（A）22. 火警自動警報設備有關預備電源與緊急電源之檢查方法，下列何者錯誤？

(A) 端子電壓：操作一般電源試驗開關，由電壓表確認

(B) 切換裝置：由受信總機內部之電源開關動作確認

(C) 充電裝置：以目視確認有無變形、腐蝕、發熱等

(D) 結線接續：以目視或螺絲起子確認有無斷線、端子鬆動等

（C）23. 依規定火焰式探測器設置在距樓地板面X公尺範圍內之空間，應在探測器標稱監視距離範圍內。而使用火焰式探測器用動作試驗器，確認探測器之動作，探測器之動作時間應在Y秒內。則X、Y值，下列何者正確？

(A) X = 2、Y = 10 　　　　(B) X = 1.5、Y = 20

(C) X = 1.2、Y = 30 　　　(D) X = 1、Y = 40

（B）24. 各類場所消防安全設備設置標準，有關手動報警設備中火警警鈴之規定，下

列何者錯誤？

(A) 電壓到達規定電壓之80%時，能即刻發出音響

(B) 設有緊急廣播設備時，仍應設火警警鈴

(C) 電鈴絕緣電阻以直流250伏特額定之絕緣電阻計測定，在20 MΩ以上

(D) 警鈴音響應有別於建築物其他音響，並除報警外不得兼作他用

(A) 25. 手動報警設備中有關標示燈設置之規定，下列何者錯誤？

(A) 距離地板面之高度，在1.2公尺以上1.5公尺以下

(B) 標示燈與裝置面成15度角

(C) 在10公尺距離內須無遮視物且明顯易見

(D) 平時應保持明亮

(B) 26. 建築物裝設緊急廣播設備，有關廣播分區劃定，下列何者錯誤？

(A) 每一廣播分區不得超過一樓層

(B) 室內安全梯或特別安全梯應垂直距離每15公尺單獨設定一廣播分區

(C) 安全梯或特別安全梯之地下層部分，另設定一廣播分區

(D) 挑空構造部分，所設揚聲器音壓符合規定時，得為一廣播分區

(C) 27. 緊急廣播設備之配線設置，下列何者錯誤？

(A) 依屋內線路裝置規則

(B) 不得與其他電線共用管槽

(C) 設有音量調整器時，應為二線式配線

(D) 導線間及導線對大地間之絕緣電阻值，以直流250伏特額定之絕緣電阻計測定

(A) 28. 有關緊急廣播設備之啓動裝置及操作裝置的設置規定，下列何者錯誤？

(A) 各樓層任一點至啓動裝置之步行距離在30公尺以下

(B) 操作裝置之操作開關距樓地板面之高度，在0.8公尺以上（座式操作者，為0.6公尺）1.5公尺以下

(C) 操作裝置設於值日室等經常有人之處所

(D) 啓動裝置設在距樓地板高度0.8公尺以上1.5公尺以下

(B) 29. 有關倚靠型梯的敘述，依金屬製避難梯認可基準規定，下列何者錯誤？

(A) 在上方支撐點處，應裝設防止打滑及跌倒之安全裝置

(B) 下端支撐點，應設置防止跌倒裝置

(C) 如為可伸縮構造者，應裝設能防止使用時自動縮梯之安全裝置

(D) 如為可折疊構造者，應裝設能防止使用時自動折疊之安全裝置

(D) 30. 下列何者不是緊急電源插座檢查基準有關外觀檢查之檢查對象？

    (A) 表示燈   (B) 插座   (C) 開關器   (D) 端子電壓

(B) 31. 緊急電源插座檢查基準中，有關保護箱外觀檢查之判定方法，下列何者錯誤？

    (A) 應無檢查上及使用上之障礙物

    (B) 保護箱面應有「緊急電源」之字樣，且字體應無污損、不鮮明部分

    (C) 應無變形、損傷、顯著腐蝕

    (D) 箱門可確實正常開、關

(C) 32. 依特別安全梯或緊急昇降機間排煙風量測試之綜合試驗，其判定要領，下列何者錯誤？

    (A) 在排煙時窗戶與煙接觸部分應使用不燃材料

    (B) 窗戶之有效開口面積不得小於2平方公尺

    (C) 平時開啟之窗戶應設手動開關裝置，設於距離樓地板面80公分以上150公分以下之牆面

    (D) 窗戶有效開口面積應位於天花板高度二分之一以上之範圍內

(C) 33. 有關排煙設備之手動啓動裝置動作性能試驗，下列何者不是判定要領所敘述之項目？

    (A) 應依手動操作確實動作

    (B) 排煙機應與排煙口之開放連動而自動動作

    (C) 探測器之動作應確實

    (D) 應依遠隔操作確實動作

(D) 34. 風管外觀試驗的判定要領中，下列何者錯誤？

    (A) 閘門應以不燃材料製成

    (B) 應以不燃材料製成，接續部應確實地固定

    (C) 貫穿防火構造牆壁或地板之處所，應以不燃材料確實填塞

    (D) 應設置在火災時無延燒之虞的位置，且未接觸不燃材料

(D) 35. 依出口標示燈及避難方向指示燈認可基準規定，內藏蓄電池作為緊急電源之引導燈具，緊急電源時間應維持幾分鐘以上？

    (A) 15   (B) 30   (C) 60   (D) 90

(D) 36. 某一場所應設置出口標示燈與避難方向指示燈，而其步行距離之有效範圍，

下列何者錯誤？

(A) 有不易看清或識別該燈情形者，該有效範圍為10公尺

(B) C級出口標示燈，該有效範圍為15公尺

(C) A級避難方向指示燈，該有效範圍為20公尺

(D) B級避難方向指示燈，該有效範圍為10公尺

(A) 37. 出口標示燈及非設於樓梯或坡道之避難方向指示燈，其光度（cd）依等級區分，下列何者錯誤？

(A) A級避難方向指示燈在50 cd以上

(B) B級出口標示燈在10 cd以上

(C) A級出口標示燈在50 cd以上

(D) C級避難方向指示燈在5 cd以上

(B) 38. 各類場所均應設置避難指標，但設有避難方向指示燈或出口標示燈時，在其有效範圍內，得免設置避難指標。有關避難指標的設置方式，下列何者錯誤？

(A) 設於出入口時，裝設高度距樓地板面1.5公尺以下

(B) 設於走廊或通道時，自走廊或通道任一點至指標之步行距離在5公尺以下

(C) 周圍不得設有影響視線之裝潢及廣告招牌

(D) 設於易見且採光良好處

(C) 39. 下列何者不是免設緊急照明設備處所？

(A) 集合住宅之居室

(B) 工作場所中，設有固定機械或裝置之部分

(C) 保齡球館球道

(D) 洗手間、浴室、盥洗室、儲藏室或機械室

(D) 40. 依各類場所消防安全設備設置標準，對於裝設出口標示燈具閃滅或音響引導功能，下列何者錯誤？

(A) 護理之家機構及身心障礙福利機構必須強制裝設

(B) 設於排煙室或進入直通樓梯防火門處

(C) 與火警自動警報設備連動

(D) 接到來自信號裝置之動作信號，立即自動閃滅動作

103年警報與避難系統消防安全設備概要

類　　科：消防設備士

考試時間：1小時30分

※注意：禁止使用電子計算器。

甲、申論題部分：（50分）

不必抄題，作答時請將試題題號及答案依照順序寫在申論試卷上，於本試題上作答者，不予計分。請以黑色鋼筆或原子筆在申論試卷上作答。

一、某一公眾使用建築物之地下一層供餐廳、商場、超級市場用途使用時，其使用瓦斯之場所的樓地板面積達多少平方公尺以上者，應設置瓦斯漏氣火警自動警報設備？若其美食街的瓦斯燃燒器具使用的是天然氣，其瓦斯漏氣檢知器依規定應如何裝置？依「各類場所消防安全設備檢修及申報作業基準」規定，請詳述瓦斯漏氣火警自動警報設備之受信機及中繼器性能檢查之檢查及判定方法？（25分）

解：

(一) 使用瓦斯之場所的樓地板面積及應設置瓦斯漏氣火警自動警報設備

第21條

下列使用瓦斯之場所應設置瓦斯漏氣火警自動警報設備：

一、地下層供第十二條第一款所列場所使用，樓地板面積合計一千平方公尺以上者。

二、供第十二條第五款第一目使用之地下層，樓地板面積合計一千平方公尺以上，且其中甲類場所樓地板面積合計五百平方公尺以上者。

三、總樓地板面積在一千平方公尺以上之地下建築物。

(二) 天然氣瓦斯漏氣檢知器裝置

第141條

瓦斯漏氣檢知器，依瓦斯特性裝設於天花板或牆面等便於檢修處，並符合下列規定：

一、瓦斯對空氣之比重未滿一時，依下列規定：

　　(一) 設於距瓦斯燃燒器具或瓦斯導管貫穿牆壁處水平距離八公尺以內。

　　　　　　但樓板有淨高六十公分以上之樑或類似構造體時，設於近瓦斯燃燒
　　　　　　器具或瓦斯導管貫穿牆壁處。

　　　(二) 瓦斯燃燒器具室內之天花板附近設有吸氣口時，設在距瓦斯燃燒器
　　　　　　具或瓦斯導管貫穿牆壁處與天花板間，無淨高六十公分以上之樑或
　　　　　　類似構造體區隔之吸氣口一點五公尺範圍內。

　　　(三) 檢知器下端，裝設在天花板下方三十公分範圍內。

(三) 受信機及中繼器性能檢查之檢查及判定方法

　　1.開關類

　　　(1) 檢查方法

　　　　　以螺絲起子及開、關操作確認端子有無鬆動、開關性能是否正常。

　　　(2) 判定方法

　　　　　A.應無端子鬆動、發熱。

　　　　　B.開關操作正常。

　　2.保險絲類

　　　(1) 檢查方法

　　　　　確認有無損傷、熔斷等，及是否為規定之種類、容量。

　　　(2) 判定方法

　　　　　A.應無損傷、熔斷等。

　　　　　B.應使用回路圖所示之種類及容量。

　　3.繼電器

　　　(1) 檢查方法

　　　　　確認有無脫落、端子鬆動、接點燒損、灰塵附著，及由試驗裝置使繼
　　　　　電器動作確認其性能。

　　　(2) 判定方法

　　　　　A.應無脫落、端子鬆動、接點燒損、灰塵附著。

　　　　　B.動作應正常。

　　4.表示燈

　　　(1) 檢查方法

　　　　　由開關之操作確認有無亮燈。

　　　(2) 判定方法

　　　　　應無明顯劣化，且應正常亮燈。

5.通話裝置

(1)檢查方法

設二台以上受信總機時,由操作相互間之送受話器,確認能否同時通話。

(2)判定方法

應能同時通話。

(3)注意事項

A.設受信總機處相互間,設有對講機時,得以對講機取代電話機。

B.同一居室設二台以上受信總機時,得免設通話裝置。

6.結線接續

(1)檢查方法

以目視或螺絲起子確認有無斷線、端子鬆動、脫落、損傷等。

(2)判定方法

應無斷線、端子鬆動、脫落、損傷等。

7.接地

(1)檢查方法

以目視或回路計確認有無明顯腐蝕、斷線等。

(2)判定方法

應無明顯腐蝕、斷線等之損傷等。

8.附屬裝置

(1)檢查方法

在受信機作瓦斯漏氣表示試驗,確認瓦斯漏氣信號是否能自動地移報到表示機(副受信機),及有無性能障礙。

(2)判定方法

表示機之移報應正常進行。

(3)注意事項

有連動瓦斯遮斷機構者,檢查時應特別注意。

9.瓦斯漏氣表示

(1)檢查方法

按下列步驟,進行瓦斯漏氣表示試驗確認之。

A. 設有回路選擇開關者

(A) 將瓦斯漏氣表示試驗開關開到試驗側。

(B) 按下列步驟操作回路選擇開關：

　　a. 有延遲時間者，應每一回路依次確認其瓦斯漏氣表示。

　　b. 有保持機能者，應每一回路邊確認其保持機能邊操作復舊開
　　關，如此確認完後再依次進行下一回路之確認。

(2) 判定方法

A. 各回路之表示窗與動作回路編號相符合。

B. 瓦斯漏氣表示燈及警報分區之表示裝置亮燈與音響裝置之鳴動（以
下簡稱「瓦斯漏氣表示」）應正常。

C. 受信總機之延遲時間，應在60秒以內。

D. 保持機能應正常。

10. 回路導通（斷線試驗）

(1) 檢查方法

依下列步驟進行回路導通試驗，確認之。

A. 將斷線試驗開關開到斷線試驗側。

B. 依序旋轉回路撰擇開關。

C. 確認各回路之試驗用計器測定值是否在規定範圍，或由斷線表示燈
確認之。

(2) 判定方法

試驗用計器之指示值應在所定範圍，或斷線表示燈應亮燈。

(3) 注意事項

有斷線表示燈者，斷線時亮燈，應特別留意。

11. 故障表示

(1) 檢查方法

依下列步驟進行模擬故障試驗，並確認之。

A. 對於由受信機、中繼器、或檢知器供給電力方式之中繼器，拆下對
外部負載供給電力回路之保險絲，或遮斷其斷路器。

B. 對於不由受信機、中繼器、或檢知器供給電力方式之中繼器，遮斷
其主電源，或者拆下由該中斷器對外部負載供給電力回路之保險絲
或遮斷其斷路器。

　　　　C.有檢知器之電源停止表示機能者，由開關器遮斷該檢知器之主電源。

　　(2)判定方法

　　　　A.對於中繼器、受信總機之音響裝置及故障表示燈應能自動地動作。

　　　　B.對於檢知器，在受信總機側應能確認電源之停止。

二、火焰式探測器具有獨特的性能，其設置規範亦有特殊考量，請依「各類場所消防安全設備設置標準」規定，申論有關火焰式探測器之高度限制及裝置位置應考慮因素為何？均請詳述之。（25分）

解：

　　火焰式探測器係指當火焰放射出來之紫外線或紅外線之變化在定量以上時會發出火災信號之型式中，利用某一局部處所之紫外線或紅外線引起光電元件受光量之變化而動作。可分為紫外線式、紅外線式、紫外線紅外線併用式、複合式。

　　火焰探測器優點為反應速度快、探測距離遠、環境適應性好，但其價格高。

1. 火焰式能安裝在該保護區域內最高的目標高度兩倍處，不能受到阻礙物的阻擋，其中包括玻璃等透明的材料和其他的隔離物，同時能夠涵蓋所有目標和需要保護的地區，而且方便定期維護。

2. 安裝時一般向下傾斜30°～45°角，即能向下看又能向前看，同時又減低鏡面受到的污染的可能。應該對保護區內各可能發生的火災均保持直線入射，避免間接入射和反射。

3. 為避免錐形探測範圍內探測盲區，一般在對面的角落安裝另一火焰探測器，同時也能在其中一火焰探測器發生故障時提供備用。

　　第124條　火焰式探測器，依下列規定設置：

一、裝設於天花板、樓板或牆壁。

二、距樓地板面一點二公尺範圍內之空間，應在探測器標稱監視距離範圍內。

三、探測器不得設在有障礙物妨礙探測火災發生處。

四、探測器設在無日光照射之處。但設有遮光功能可避免探測障礙者，不在此限。

　　火焰式探測器不得設於下列處所：

1. 會散發腐蝕性氣體之場所。
2. 廚房及其他平時煙會滯留之場所。
3. 顯著高溫之場所。
4. 煙會大量流入之場所。
5. 會結露之場所。
6. 前項第二款至第四款、第六款、第七款所列之處所。
7. 水蒸氣會大量滯留之處所。
8. 用火設備火焰外露之處所。
9. 其他對探測器機能會造成障礙之處所。

乙、測驗題部分：（50分）

本測驗試題為單一選擇題，請選出一個正確或最適當的答案，複選作答者，該題不予計分。

共40題，每題1.25分，須用2B鉛筆在試卡上依題號清楚劃記，於本試題或申論試卷上作答者，不予計分。

(D) 1. 火警自動警報設備預備電源及緊急電源（內藏型）性能檢查及判定方法，下列何者錯誤？
　　(A) 預備電源之容量超過緊急電源時，得取代緊急電源
　　(B) 電壓表指示不正常時，充電不足可能為原因之一
　　(C) 切換裝置，自動切換成緊急電源；常用電源恢復時，可自動切換成常用電源
　　(D) 充電回路使用抵抗器者，如有發熱現象，即可判定為異常

(A) 2. 火焰式探測器設置之處所，下列何者正確？
　　(A) 塵埃、粉末會大量滯留之場所　　(B) 會散發腐蝕性氣體之場所
　　(C) 煙會大量流入之場所　　　　　　(D) 會結露之場所

(D) 3. 探測器性能障礙之判定方法下列何者錯誤？
　　(A) 光電式分離型探測器之受光面應設在無日光照射之處
　　(B) 應無因裝修造成妨礙熱氣流、煙流動之障礙
　　(C) 火焰式探測器應設在無日光照射之處
　　(D) 光電式分離型探測器之光軸與警戒區任一點之水平距離，應在10公尺以下

（D）4. 緊急照明燈在地面之水平面照度，使用低照度測定用光電管照度計測得之值，在地下建築物之地下通道，其地板面應在M勒克司（Lux）以上，其他場所應在N勒克司（Lux）以上。則M、N值，下列何者正確？

(A) M = 30　N = 15
(B) M = 20　N = 10
(C) M = 10　N = 5
(D) M = 10　N = 2

（C）5. 塵埃、粉末及水蒸氣會大量滯留之場所應設置下列何種探測器較適當？

(A) 差動式局限型1種
(B) 差動式局限型2種
(C) 定溫式特種
(D) 定溫式1種

（C）6. 竣工測試及確認場所火警發信機的設置狀況，下列何者正確？

(A) 每一火警分區應設置1個，但上下2層，樓地板面積之和在500平方公尺以下者，得2層共用1個
(B) 在規定電壓下，離開火警警鈴1m處所測得之音壓應在70分貝以上
(C) 按鈕開關之位置應設在距離地板面1.2m以上1.5m以下
(D) 從設置樓層各部分至裝置位置步行距離應在30m以下之範圍內

（C）7. 探測器之動作時間敘述下列何者錯誤？

(A) 差動式局限型30秒
(B) 光電式分離型30秒
(C) 定溫式局限型2種90秒
(D) 定溫式局限型當其標稱動作溫度與周圍溫度之差超過攝氏50度時，其動作時間加倍計算

（D）8. 揚聲器之音壓檢查及判定方法，下列何者錯誤？

(A) L級揚聲器音壓應在92分貝以上
(B) 廣播區域在50平方公尺以下時，設L級、M級或S級揚聲器
(C) 揚聲器音壓S級應在84分貝以上87分貝未滿
(D) 設於樓梯或斜坡通道時，至少垂直距離每15公尺設一個S級揚聲器

（C）9. 有關緊急電源插座之設置，下列敘述何者錯誤？

(A) 緊急電源插座之電流供應容量為交流單相110伏特（或120伏特）15安培，其容量約為1.5瓩以上
(B) 緊急電源插座為接地型，裝設高度距離樓地板應在1公尺以上1.5公尺以下
(C) 緊急電源插座之保護箱蓋應標示緊急電源插座字樣，每字在5平方公分以上

(D) 每一層任何一處至插座之水平距離應在50公尺以下

（ B ） 10. 設置避難器具時，須標示其設置位置、使用方法及設置指標，下列何者錯誤？

(A) 「避難器具」字樣大小爲每字5平方公分以上

(B) 設置指標所使用之顏色爲白底綠字

(C) 使用方法標示，其尺寸爲長60公分以上、寬30公分以上

(D) 使用方法標示字大小，其尺寸爲每字1平方公分以上

（ C ） 11. 瓦斯漏氣火警自動警報設備一回路之檢知器數量在21～25個時，選取之檢查數量，下列敘述何者正確？

(A) 3個　　　　　(B) 4個　　　　　(C) 5個　　　　　(D) 6個

（ A ） 12. 偵煙式探測器之檢修判定方法，下列何者錯誤？

(A) 探測器裝設於距離牆壁或樑50公分以上之位置，光電式分離型除外

(B) 分離型插入減光罩後到動作之時間，應在30秒內

(C) 蓄積型之動作時間，應在30秒加其標稱蓄積時間及5秒之時間內動作

(D) 檢查時，對於連接蓄積性能之回路，可先行解除其蓄積性能

（ A ） 13. 體育館等大空間且天花板高，熱、煙易擴散之場所，下列探測器何者不適用？

(A) 離子式偵煙探測器　　　　　　(B) 火焰式探測器

(C) 光電式分離型偵煙探測器　　　　(D) 差動式分布型感熱探測器

（ C ） 14. 地區音響裝置之音壓檢修判定方法，下列敘述何者錯誤？

(A) 在距音響裝置設置位置中心1公尺處測量音壓

(B) 音壓使用普通或簡易噪音計測定

(C) 音壓應在70分貝以上

(D) 警鈴於收藏箱內者，應維持原狀測定其音壓

（ A ） 15. 有關瓦斯漏氣檢知器之檢修作業，下列敘述何者錯誤？

(A) 瓦斯對空氣之比重未滿1時，檢知器上端，裝設在天花板下方30公分範圍內

(B) 瓦斯對空氣之比重未滿1時，設於距瓦斯燃燒器具或瓦斯導管貫穿牆壁處水平距離8公尺以內

(C) 瓦斯對空氣之比重大於1時，設於距瓦斯燃燒器具或瓦斯導管貫穿牆壁處水平距離4公尺以內

(D) 水平距離之起算，以瓦斯燃燒器具爲燃燒器中心點

(D) 16. 避難器具開口部開口面積大小，下列何者錯誤？

(A) 緩降機高80公分以上，寬50公分以上或高100公分以上，寬45公分以上

(B) 滑臺高80公分以上，寬爲滑臺最大寬度以上

(C) 救助袋高60公分以上，寬60公分以上

(D) 避難橋高160公分以上，寬爲避難橋最大寬度以上

(B) 17. 緊急照明設備性能檢查檢修判定，下列敘述何者錯誤？

(A) 緊急電源使用蓄電池設備時，確認其容量應能持續動作30分鐘以上

(B) 採蓄電池設備與緊急發電機併設方式時，其容量應能使其持續動作分別爲20分鐘及30分鐘以上

(C) 在地下建築物之地下通道，其地板面水平面照度應在10勒克司（Lux）以上

(D) 建築物總樓地板面積在1000平方公尺以下，緊急電源容量能否持續動作30分鐘之檢查數量爲5個以上

(A) 18. 緊急廣播設備M級揚聲器，距揚聲器1公尺處，以噪音計量測所測得之音壓，下列敘述何者正確？

(A) 87分貝以上92分貝未滿　　　　(B) 84分貝以上87分貝未滿

(C) 80分貝以上84分貝未滿　　　　(D) 76分貝以上79分貝未滿

(A) 19. 避難器具之固定架使用螺栓固定時，若使用螺栓之螺紋標稱爲M10×1.5，其規定之栓緊強度轉矩值（kgf-cm）爲多少？

(A) 50至250　　　(B) 300至450　　　(C) 450至600　　　(D) 600至850

(B) 20. 某三溫暖每天24小時經營，員工分日班、夜班、大夜班3班上班。每班員工人數最多50名，扣除走廊、樓梯及廁所面積，樓地板面積爲1500平方公尺，則其收容人數下列何者正確？

(A) 450　　　　(B) 550　　　　(C) 650　　　　(D) 700

(D) 21. 第一種或第二種偵煙式探測器在走廊及通道，步行距離每幾公尺至少設置1個？

(A) 10　　　　(B) 15　　　　(C) 20　　　　(D) 30

(B) 22. 建築物總樓地板面積在3000平方公尺以下，對於檢查緊急照明設備緊急電源容量能否持續動作30分鐘之檢查數量應爲：

(A) 5個以上　　　(B) 10個以上　　　(C) 15個以上　　　(D) 20個以上

（C）23. 某地上7樓層、地下2樓層之建築物，其總樓地板面積為5000平方公尺，當地下一層發生火災時，火警自動警報設備應鳴動樓層為何？

(A) 限地面層與地下一層

(B) 限地面層、地上二層與地下一、二層

(C) 限地面層與地下一、二層

(D) 各樓層一齊鳴動

（C）24. 某供公眾使用場所應設緊急廣播設備揚聲器，其廣播區域超過200平方公尺時，對揚聲器設置之敘述，下列何者正確？

(A) 設S級

(B) 設M級

(C) 設L級

(D) 設L級、M級或S級均可

（B）25. 於緩降機之綜合檢查時，測量下降距離及下降時間，計算出下降速度，其平均的降落速度範圍為M及最大下降速度為N。M、N應在每秒多少公分範圍內？

(A) 80至160，160

(B) 80至100，150

(C) 60至160，160

(D) 60至100，100

（A）26. 樓梯間應裝設何種探測器？

(A) 偵煙式

(B) 差動式

(C) 定溫式

(D) 補償式

（B）27. 從各廣播區域內任一點至揚聲器之水平距離最遠在幾公尺以下？

(A) 5

(B) 10

(C) 15

(D) 20

（D）28. 火警自動警報設備之配線，除依屋內線路裝置規則外，P型受信總機採用數個分區共用一公用線方式配線時，該公用線供應之分區數，不得超過幾個？

(A) 1

(B) 3

(C) 5

(D) 7

（A）29. 緊急廣播設備之配線，除依屋內線路裝置規則外，導線間及導線對大地間之絕緣電阻值，以直流250伏特額定之絕緣電阻計測定，對地電壓在150伏特以下者，應在多少MΩ以上？

(A) 0.1

(B) 0.2

(C) 0.3

(D) 0.4

（C）30. 避難指標設於出入口時，裝設高度距樓地板面幾公尺以下？

(A) 0.5

(B) 1

(C) 1.5

(D) 2

（B）31. 觀眾席引導燈之照度，在觀眾席通道地面之水平面上測得之值，在多少勒克司（Lux）以上？

(A) 0.1

(B) 0.2

(C) 1

(D) 2

（ B ）32. 火警警鈴與受信總機間之配線應採用何種保護？

(A) 耐燃保護 　　(B) 耐熱保護 　　(C) 同軸電纜 　　(D) 一般配線

（ C ）33. 建築物11層以上之樓層，具可內切直徑50公分以上圓孔之開口，合計面積未達該樓地板面積多少以上者，稱為無開口樓層？

(A) 1/10 　　(B) 1/20 　　(C) 1/30 　　(D) 1/40

（ C ）34. 防煙區劃之範圍內，任一位置至排煙口之水平距離應在多少公尺以下？

(A) 10 　　(B) 20 　　(C) 30 　　(D) 40

（ D ）35. 依消防機關辦理建築物消防安全設備審查及查驗作業基準，救助袋載重大小之性能測試為多少公斤以上？

(A) 100 　　(B) 195 　　(C) 250 　　(D) 300

（ A ）36. 固定架或支固器具使用螺栓固定時，如使用扭力扳手作為測定拉拔荷重之器具時，鎖緊扭力和試驗荷重之關係為以下何者？

(A) 鎖緊扭力（kgf · cm）＝ 0.24試驗荷重（kgf）×螺栓直徑（cm）

(B) 鎖緊扭力（kgf · cm）＝ 0.36試驗荷重（kgf）×螺栓直徑（cm）

(C) 鎖緊扭力（kgf · cm）＝ 24試驗荷重（kgf）×螺栓直徑（cm）

(D) 鎖緊扭力（kgf · cm）＝ 36試驗荷重（kgf）×螺栓直徑（cm）

（ A ）37. 瓦斯漏氣火警自動警報設備檢知區域警報裝置，在距離警報裝置中心1m之位置，使用噪音計（A特性）測定音壓，應在多少分貝以上？

(A) 70 　　(B) 84 　　(C) 87 　　(D) 92

（ B ）38. 建物內任何地點至B級避難方向指示燈之有效範圍，係指至該燈之步行距離為幾公尺？

(A) 10 　　(B) 15 　　(C) 20 　　(D) 30

（ C ）39. 非再用型定溫式局限型探測器之設置數量為51～100，選取檢查數量應為多少個？

(A) 1 　　(B) 2 　　(C) 4 　　(D) 7

（ C ）40. P型受信總機之探測器回路電阻應在多少歐姆以下？

(A) 0.1 　　(B) 0.2 　　(C) 50 　　(D) 100

102年警報與避難系統消防安全設備概要

類　　科：消防設備士

考試時間：1小時30分

※注意：禁止使用電子計算器。

甲、申論題部分：（50分）

不必抄題，作答時請將試題題號及答案依照順序寫在申論試卷上，於本試題上作答者，不予計分。請以藍、黑色鋼筆或原子筆在申論試卷上作答。

一、依據「各類場所消防安全設備檢修及申報作業基準」規定，某觀光飯店裝設有P型一級火警受信總機，試問該受信總機之火災表示試驗之檢查方法及判定方法為何？（10分）飯店的一般商務客房，高度約3.5公尺，應裝設何種探測器？其動作時間及性能檢查規定為何？（15分）

解：

(一) 火災表示試驗之檢查方法及判定方法

　　1.檢查方法：依下列步驟進行火災表示試驗確認。此時，試驗每一回路確認其保持性能後操作復舊開關，再進行下一回路之測試。

　　　A.蓄積式

　　　　將火災試驗開關開到試驗側，再操作回路選擇開關，進行每一回路之測試，確認下列事項。

　　　　(A)主音響裝置及地區音響裝置是否鳴動，且火災燈及地區表示裝置之亮燈是否正常。

　　　　(B)蓄積時間是否正常。

　　　B.二信號式

　　　　將火災試驗開關開到試驗側，再操作回路選擇開關，依正確之方法進行，確認於第一信號時主音響裝置或副音響裝置是否鳴動及地區表示裝置之亮燈是否正常，於第二信號時主音響裝置、地區音響裝置之鳴動及火災燈、地區表示裝置之亮燈是否正常。

C. 其他

將火災試驗開關開到試驗側，再操作迴路選擇開關，依正確之方法進行，確認主音響裝置、地區音響裝置之鳴動及火災燈、地區表示裝置之亮燈是否正常。

2.判定方法

A. 各迴路之表示窗與編號應對照符合，火災燈、地區表示裝置之亮燈及音響裝置之鳴動、應保持性能正常。

B. 對於蓄積式受信機除前項A外，其蓄積之測定時間，應在受信機設定之時間加五秒以內。

(二) 高度約3.5公尺應裝設何種探測器及其動作時間及性能檢查

客房使用，因夜間人員就寢時段，宜選用偵煙探測器。對偵煙式探測器加煙測試時，應於下列時間內動作：

A. 非蓄積型：

下表所示之時間加蓄積式中繼器或受信總機設定之蓄積時間之合計時間（最大60秒）。

動作時間	探 測 器 之 種 別		
探測器	1種	2種	3種
離子式局限型 光電式局限型	30秒	60秒	90秒

B. 蓄積型

上表所示之時間加蓄積型之標稱蓄積時間與蓄積式中繼器或受信機設定之蓄積時間之合計時間（最大60秒）再加上5秒。

二、依據「各類場所消防安全設備設置標準」規定，某棟設有特別安全梯之建築物，其居室及排煙室均設有機械式排煙設備，試問該居室及排煙室之排煙設備，各自風量規定為何？（10分）上述建築物如由機械排煙改為自然排煙，請問應符合規定為何？（15分）

解：

(一) 風量規定

　　1.居室排煙機應隨任一排煙口之開啓而動作。排煙機之排煙量在每分鐘一百二十立方公尺以上；且在一防煙區劃時，在該防煙區劃面積每平方公尺每分鐘一立方公尺以上；在二區以上之防煙區劃時，在最大防煙區劃面積每平方公尺每分鐘二立方公尺以上。但地下建築物之地下通道，其總排煙量應在每分鐘六百立方公尺以上。

　　2.特別安全梯或緊急升降機間排煙室之排煙設備，排煙機、進風機之排煙量、進風量在每秒四立方公尺（兼用時，每秒六立方公尺）以上，且可隨排煙口、進風口開啓而自動啓動。

(二) 自然排煙規定

　　1.居室自然排煙口設手動開關裝置及探測器連動自動開關裝置；以該等裝置或遠隔操作開關裝置開啓，平時保持關閉狀態，開口葉片之構造應不受開啓時所生氣流之影響而關閉。手動開關裝置用手操作部分應設於距離樓地板面八十公分以上一百五十公分以下之牆面，裝置於天花板時，應設操作垂鍊或垂桿在距離樓地板一百八十公分之位置，並標示簡易之操作方式。排煙口之開口面積在防煙區劃面積之百分之二以上，且以自然方式直接排至戶外。

　　2.特別安全梯或緊急升降機間排煙室之自然排煙設備，依下列規定選擇設置：

　　設置直接面向戶外之窗戶時，應符合下列規定：

　　A. 在排煙時窗戶與煙接觸部分使用不燃材料。

　　B. 窗戶有效開口面積位於天花板高度二分之一以上之範圍內。

　　C. 窗戶之有效開口面積在二平方公尺以上。但特別安全梯排煙室與緊急昇降機間兼用時（以下簡稱兼用），應在三平方公尺以上。

　　D. 前目平時關閉之窗戶設手動開關裝置，其操作部分設於距離樓地板面八十公分以上一百五十公分以下之牆面，並標示簡易之操作方式。

乙、測驗題部分：（50分）

本測驗試題為單一選擇題，請選出一個正確或最適當的答案，複選作答者，該題不予計分。共40題，每題1.25分，須用2B鉛筆在試卡上依題號清楚劃記，於本試題或申論試卷上作答者，不予計分。

（A） 1. 下列何場所依規定應設置火警自動警報設備？
(A) 養護型長期照顧機構
(B) 地下層供課後托育中心使用，樓地板面積在一百平方公尺以上者
(C) 複合用途建築物中，有供俱 部使用之建築物，總樓地板面積在三百平方公尺以上，且其中甲類場所樓地板面積合計在一百平方公尺以上者
(D) 六層以上十層以下之建築物，任何一層樓地板面積在二百平方公尺以上者

（A） 2. 下列探測器何者不適合裝置於高度在15 m以上20 m以下之場所？
(A) 離子式局限型二種   (B) 光電式分離型一種
(C) 光電式局限型一種   (D) 火焰式

（B） 3. 天花板設有出風口時，除火焰式、差動式分布型及光電式分離型探測器外，設置之探測器應距離出風口至少幾公尺以上？
(A) 1.0公尺   (B) 1.5公尺   (C) 2.0公尺   (D) 2.5公尺

（D） 4. 某地下停車場常有排放廢氣大量滯留，下列哪一種探測器不適合裝設？
(A) 補償式局限型二種   (B) 差動式局限型一種
(C) 火焰式探測器   (D) 定溫式局限型二種

（C） 5. 依照各類場所消防安全設備設置標準之規定，探測器之探測區域，指探測器裝置面之四周以淨高X公分以上之樑或類似構造體區劃包圍者；但若為差動式分布型及偵煙式探測器時，其探測區域，係指裝置面之四周淨高應為Y公分以上，請問前述X，Y為何？
(A) X = 20，Y = 40   (B) X = 30，Y = 50
(C) X = 40，Y = 60   (D) X = 50，Y = 70

（D） 6. 有關緊急電源插座之規定，下列敘述何者不正確？
(A) 每一樓層任一處至插座水平距離應在50公尺以下
(B) 緊急電源插座為接地型，裝設高度距離樓地板1公尺以上1.5公尺以下
(C) 緊急電源插座在保護箱上方設紅色表示燈
(D) 保護箱長邊及短邊分別為20公分及15公分以上

（C）　7. 偵煙式探測器除光電式分離型外，設置在樓梯、斜坡通道及電扶梯時，垂直距離為每X公尺至少設置一個；使用第三種探測器時，垂直距離為每Y公尺至少設置一個，試問X、Y分別為何？

（A) X = 5、Y = 25　　　　　　　　　　（B) X = 10、Y = 20

（C) X = 15、Y = 10　　　　　　　　　　（D) X = 25、Y = 8

（A）　8. 火警受信總機、中繼器及偵煙式探測器，如有設定蓄積時間時，其蓄積時間之合計，每一火警分區在X秒以下，使用其他探測器時，在Y秒以下，試問X、Y分別為何？

（A) X = 60、Y = 20　　　　　　　　　　（B) X = 100、Y = 30

（C) X = 120、Y = 60　　　　　　　　　　（D) X = 240、Y = 120

（D）　9. 某5層樓的複合用途甲類場所之建築物，無地下層且沒有無開口樓層，其中1至3層供觀光旅館用途使用，4至5層供辦公室用途使用，各樓層樓地板面積皆為180平方公尺，請依照各類場所消防安全設備設置標準之規定，判斷本案火警自動警報設備之設置情形，下列何者為正確？

（A) 全棟均不須設置　　　　　　　　　（B) 觀光旅館用途場所設置

（C) 辦公室用途場所設置　　　　　　　（D) 全棟均必須設置

（B）　10. 依各類場所消防安全設備設置標準，有關火警自動警報設備之配線規定，下列敘述何者有誤？

（A) P型受信總機採用數個分區共用一公用線方式配線時，該公用線供應之分區數，不得超過七個

（B) 電源回路導線間及導線與大地間之絕緣電阻值，以直流二百五十伏特額定之絕緣電阻計測定，對地電壓在一百五十伏特以下者，在零點五MΩ以上，對地電壓超過一百五十伏特者，在零點一MΩ以上

（C) 探測器回路導線間及導線與大地間之絕緣電阻值，以直流二百五十伏特額定之絕緣電阻計測定，每一火警分區在零點一MΩ以上

（D) P型受信總機之探測器回路電阻，在五十Ω以下

（D）　11. 火警發信機的設置場所之竣工測試，標示燈在X公尺距離內須無遮視物且明顯易見；在規定電壓下，離開火警警鈴100公分處，所測得之音壓，應在Y分貝以上，請問前述X，Y為何？

（A) X = 5，Y = 70　　　　　　　　　　（B) X = 10，Y = 80

（C) X = 5，Y = 85　　　　　　　　　　（D) X = 10，Y = 90

（ A ）12. 某廣播區域面積為125平方公尺的餐廳，進行竣工測試時，該場所在距離揚聲器1公尺處所測得之音壓，至少應為多少分貝以上，方能符合規定？

(A) 92分貝　　　　(B) 87分貝　　　　(C) 84分貝　　　　(D) 75分貝

（ C ）13. 設於供公共使用場所樓梯或斜坡通道之緊急廣播設備，每十五公尺垂直距離至少應設一個何種級別之揚聲器？

(A) S級　　　　(B) M級　　　　(C) L級　　　　(D) XL級

（ A ）14. 室內安全梯或特別安全梯之垂直距離每多少公尺應單獨設定一廣播分區？

(A) 四十五　　　　(B) 五十　　　　(C) 五十五　　　　(D) 六十

（ B ）15. 某餐廳廚房之瓦斯燃燒器具使用液化石油氣為燃料時，依法應於距瓦斯燃燒器具或瓦斯導管貫穿牆壁處水平距離X公尺以內、便於檢修處設有瓦斯漏氣檢知器，檢知器上端，裝設在距樓地板面Y公分範圍內，試問X、Y分別為何？

(A) X = 3、Y = 60　　　　　　　　(B) X = 4、Y = 30

(C) X = 5、Y = 20　　　　　　　　(D) X = 8、Y = 10

（ C ）16. 某位於避難層的居室，其任一點皆能容易觀察識別其主要出入口，且與主要出入口最大步行距離為35公尺，依照各類場所消防安全設備設置標準之規定，得以免設的標示設備之種類為何？

(A) 出口標示燈　　　　　　　　　(B) 避難指標

(C) 避難方向指示燈　　　　　　　(D) 均不能免設標示設備

（ B ）17. 依照各類場所消防安全設備設置標準之規定，瓦斯漏氣表示燈距樓地板面之高度，應在X公尺以下，其亮度在表示燈前方Y公尺處能明確識別，請問前述X，Y為何？

(A) X = 3，Y = 2　　　　　　　　(B) X = 4.5，Y = 3

(C) X = 6，Y = 4　　　　　　　　(D) X = 7.5，Y = 5

（ C ）18. 依照各類場所消防安全設備設置標準之規定，A級的避難方向指示燈，標示面之縱向尺度應在X公尺（m）以上，標示面光度應在Y燭光（cd）以上，請問前述X，Y為何？

(A) X = 0.2，Y = 10　　　　　　　(B) X = 0.3，Y = 13

(C) X = 0.35，Y = 50　　　　　　(D) X = 0.4，Y = 60

（ A ）19. 依照各類場所消防安全設備設置標準，有關標示設備之設置規定，下列敘述何者不正確？

(A) 車站的出口標示燈，應為A級或B級，標示面光度應在15燭光（cd）以上或具閃滅功能

(B) 地下建築物的避難方向指示燈，應為A級或B級，標示面光度應在25燭光（cd）以上

(C) 出口標示燈具閃滅或音聲引導功能者，應設於主要出入口

(D) 觀眾席引導燈之照度，在通道地面之水平面上測得之值，在0.2勒克司（Lux）以上

（C）20. 依各類場所消防安全設備設置標準第155條規定，下列何場所之主要避難路徑，出口標示燈及避難方向指示燈之緊急電源容量應在六十分鐘以上，並得採蓄電池設備及緊急發電機併設方式？

(A) 總樓地板面積在三萬平方公尺以上

(B) 觀光旅館總樓地板面積在一萬平方公尺以上

(C) 高層建築物，其總樓地板面積在三萬平方公尺以上

(D) 地下建築物，其總樓地板面積在五百平方公尺以上

（D）21. 某療養院位於8樓，依照各類場所消防安全設備設置標準之規定，選擇該場所適用的避難器具，下列何者為正確？

(A) 緩降機　　　(B) 避難梯　　　(C) 滑桿　　　(D) 救助袋

（B）22. 某療養院有五十名從業員工、病房內有二百床病床、各候診室之樓地板面積合計為一千二百平方公尺，則其收容人數為何？

(A) 五百五十　　(B) 六百五十　　(C) 七百　　(D) 九百五十

（B）23. 避難梯竣工測試時，其下降空間應在避難梯二側豎桿中心線向外X公分以上，避難梯前方Y公分以上之範圍內，方能符合規定，請問前述X，Y為何？

(A) X = 15，Y = 50　　　　(B) X = 20，Y = 65

(C) X = 25，Y = 80　　　　(D) X = 30，Y = 95

（A）24. 有關避難梯設置之規定，下列敘述何者不正確？

(A) 4樓以上樓層應設固定梯，設於陽臺等具安全且容易避難逃生構造處，其樓地板面積至少4平方公尺以上

(B) 固定梯的橫桿與使用場所牆面保持10公分以上之距離

(C) 固定梯設於陽臺時，應附設能內接直徑60公分以上之逃生孔

(D) 固定梯之逃生孔應上下層交錯配置，不得在同一直線上

（D）25. 依各類場所消防安全設備設置標準第188條之規定，地下建築物之地下通道每

多少平方公尺應以防煙壁區劃？

(A) 一千　　　　　(B) 五百　　　　　(C) 四百　　　　　(D) 三百

(A) 26. 依各類場所消防安全設備設置標準第179條之規定，下列何處所不得免設緊急照明設備？

(A) 在避難層，由居室任一點至通往屋外出口之步行距離在四十公尺以下之居室

(B) 集合住宅之居室

(C) 儲藏室

(D) 機械室

(C) 27. 依各類場所消防安全設備設置標準第190條之規定，下列處所何者不得免設排煙設備？

(A) 設有二氧化碳或乾粉等自動滅火設備之場所

(B) 集合住宅、學校教室、學校活動中心、體育館、室內 冰場、室內游泳池

(C) 建築物在第十層以下之地下層，其非居室部分，樓地板面積每一百平方公尺以下，以防煙壁區劃者

(D) 機器製造工廠、儲放不燃性物品倉庫及其他類似用途建築物，且主要構造為不燃材料建造者

(A) 28. 依各類場所消防安全設備設置標準有關緊急電源插座設置之規定，下列敘述何者有誤？

(A) 總樓地板面積在五百平方公尺以上之地下建築物應設置緊急電源插座

(B) 每回路電線容量在二個插座同時使用之容量以上

(C) 緊急電源插座為接地型，裝設高度距離樓地板一公尺以上一點五公尺以下

(D) 各插座設容量一百一十伏特、十五安培以上之無熔絲斷路器

(D) 29. 依各類場所消防安全設備設置標準有關無線電通信輔助設備之規定，無線電之接頭設於地面之接頭數量，在任一出入口與其他出入口之步行距離大於X公尺時，設置二個以上。其裝設於保護箱內，箱內應設長度Y公尺以上之射頻電纜，試問X、Y分別為何？

(A) X = 100、Y = 1　　　　　　(B) X = 150、Y = 1

(C) X = 250、Y = 2　　　　　　(D) X = 300、Y = 2

(C) 30. 有關出口標示燈及避難方向指示燈的構造與機能之規定，下列敘述何者不正

確？

(A) 常用電源時，出口標示燈標示面平均亮度（cd/m²），每平方公尺應在150燭光以上

(B) 緊急電源時，避難方向指示燈標示面平均亮度（cd/m²），每平方公尺應在100燭光以上，300燭光未滿

(C) 燈具附有啟動器者，應在20秒內點燈

(D) 以直流500伏特（V）高阻計，測量帶電部分與不帶電金屬間之絕緣電阻，均應為5百萬歐姆（MΩ）以上

（ D ）31. 某場所的瓦斯漏氣火警自動警報設備一回路的檢知器數量有18個，依照各類場所消防安全設備檢修及申報作業基準之規定，請問進行性能檢查時，應至少選取檢知器的檢查數量為何？

(A) 1個　　　　(B) 2個　　　　(C) 3個　　　　(D) 4個

（ B ）32. 依照各類場所消防安全設備檢修及申報作業基準之規定，走廊、樓梯、通道等煙須經長時間移動方能到達探測器之場所，其適用的探測器，下列何者為正確？

(A) 差動式局限型　　　　　　(B) 光電式非蓄積型

(C) 光電式蓄積型　　　　　　(D) 火焰式探測器

（ D ）33. 某一層樓高度3.6公尺供辦公室使用為非防火構造建築物，其探測區域為200平方公尺，若裝設補償式局限型二種探測器，設置探測器最少數量應為多少個？

(A) 2　　　　(B) 3　　　　(C) 4　　　　(D) 5

（ C ）34. 依照各類場所消防安全設備檢修及申報作業基準之規定，電鍍工廠適用的探測器，下列何者為正確？

(A) 差動式局限型一種　　　　(B) 差動式局限型二種

(C) 定溫式探測器特種　　　　(D) 火焰式探測器

（ A ）35. 依照各類場所消防安全設備檢修及申報作業基準之規定，某光電式局限型三種蓄積型探測器，其標稱蓄積時間合計為25秒，進行性能檢查時，其動作時間最長在多久範圍以內，方能符合規定？

(A) 120秒　　　(B) 90秒　　　(C) 85秒　　　(D) 60秒

（ D ）36. 火災自動警報及防災連動控制設備用火警受信總機，其構造、材質、性能等技術上之規範及試驗方法，下列敘述何者正確？

(A) 受信總機之外箱（殼）應為 導體，使用不燃性或耐燃性材料，其厚度應在0.8mm以上，並設置接地端子，端子必須能固定線徑1.2mm以上之電線，且須有接地標示及不得有不必要之開口

(B) 供電源變壓器初級輸入側使用時，非束線之配線導體斷面積最低為0.2 mm²以上，且不可與其他配線結成束線

(C) 束線之配線時電流密度，絞線應在5A/mm²以下，單線應在6.2A/mm²以下

(D) 焊錫以紮接配線為原則，使用繞線時應在6圈以上

（A）37. 住宅用火災警報器裝置於天花板或樓板者，應距離出風口多少公尺以上？

(A) 一點五　　　　(B) 一　　　　(C) 零點六　　　　(D) 零點五

（C）38. 有關緊急照明燈的緊急電源之規定，下列敘述何者不正確？

(A) 使用蓄電池設備時，其容量應能使其持續動作30分鐘以上

(B) 採蓄電池設備與緊急發電機併設方式時，其容量應能使其持續動作分別為10分鐘及30分鐘以上

(C) 天花板及底材使用不燃材料者，緊急電源供電系統之配線，得採一般配線

(D) 緊急照明燈內置蓄電池者，緊急電源供電系統之配線，得採一般配線

（D）39. 有關緩降機的構造與機能之規定，下列敘述何者不正確？

(A) 緩降機之最大使用載重，應在最大使用人數乘以1,000 nt所得數值以上

(B) 緩降機常溫試驗時，下降速度（m/s）應在每秒16公分以上150公分以下之範圍內

(C) 緩降機繩索芯線直徑應在0.3公分以上

(D) 移動式緩降機的調速器之重量在12公斤以下

（A）40. 某探測器其裝置場所高度為9公尺，依照各類場所消防安全設備設置標準之規定，可以選擇探測器的種類，下列何者為正確？

(A) 光電式局限型二種　　　　(B) 光電式局限型三種

(C) 補償式局限型一種　　　　(D) 定溫式特種

101年警報與避難系統消防安全設備概要

類　　科：消防設備士

考試時間：1小時30分

※注意：禁止使用電子計算器。

甲、申論題部分：（50分）

不必抄題，作答時請將試題題號及答案依照順序寫在申論試卷上，於本試題上作答者，不予計分。請以藍、黑色鋼筆或原子筆在申論試卷上作答。

一、空氣管式分布型探測器因隱蔽性佳，常使用於古蹟或 史性建築物，在進行該型探測器之性能檢查時，試問空氣管之檢查方法有何試驗？請說明試驗之內容。（25分）

解：

性能檢查空氣管之檢查方法

1. 火災動作試驗：測試探測器的功能是否正當。
2. 持續動作時間：測試探測器的排氣功能是否正常。
3. 流通試驗：測試空氣管是否正常，有無阻塞或破洞情形。
4. 接點水高：測試探測器動作時的膜片與接點的距離是否正常，如果太靈敏就表示動作的膜片與接點的距離過近，但如果不動作或太慢時，就表示距離過多。

其檢查方法如次：

a. 火災動作試驗（空氣注入試驗）

依下列方式，將相當於探測器動作空氣壓之空氣量，使用空氣注入試驗器（5cc用）（以下稱「空氣注入器」）送入，確認其至動作之時間及火警分區之表示是否正常。

(a) 依圖將空氣注入器接在檢知器之試驗孔上，再將試驗旋塞配合調整至動作試驗位置。

(b) 注入檢出器所標示之空氣量。

(c) 測定注入空氣後至動作之時間。

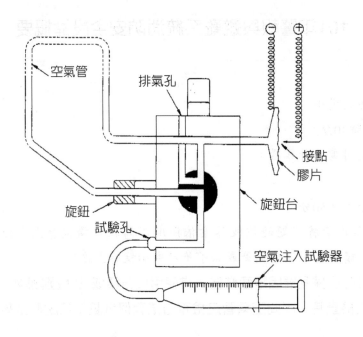

b. 動作持續試驗

作火災動作試驗，測定探測器動作之後，至復舊之時間，確認探測器之動作持續是否正常。

(B)判定方法

a. 動作時間及動作持續時間，應在檢出器貼附之範圍表所示值內。

b. 火警分區之表示應正常。

(C)注意事項

a. 火災動作試驗注入之空氣量，因探測器感度種別或空氣管長度不一，如注入規定量以上之空氣，恐有損壞膜片之虞，應特別注意。

b. 具有注入之空氣不通過逃氣孔之構造者，注入規定量之空氣後，應立即將試驗旋塞歸定位。

c. 於空氣管式之火災動作或動作持續試驗，不動作或測定之時間超過範圍時，或與前次檢查之測定值相差幅度大時，應即確認空氣管與旋塞台之連接部位是否栓緊，且應進行流通試驗及接點水高試驗。

(a) 流通試驗

I.檢查方法

將空氣注入空氣管，並依下列事項確認空氣管有無洩漏、堵塞、凹陷及空氣管長度。

(Ⅰ)在檢出器之試驗孔或空氣管之一端連接流體壓力計，將試驗旋塞配合調整至動作試驗位置，並在另一端連接空氣注入器。

(Ⅱ)以空氣注入器注入空氣，使流體壓力計之水位由零上升至約100mm即停止水位。如水位不停止時，有可能由連接處洩漏，應即中止試驗予以檢查。

(Ⅲ)由試驗旋塞，測定開啓送氣口使上升水位下降至1/2之時間。
（流通時間）

(Ⅳ)有關流體壓力計之處置如下：

①測定流通時間使用之流體壓力計（U型玻璃管），內徑約3mm如圖之形狀，通常是由底部加水至100mm左右，對準0之刻度。刻度約達130mm左右，標示於玻璃管上。

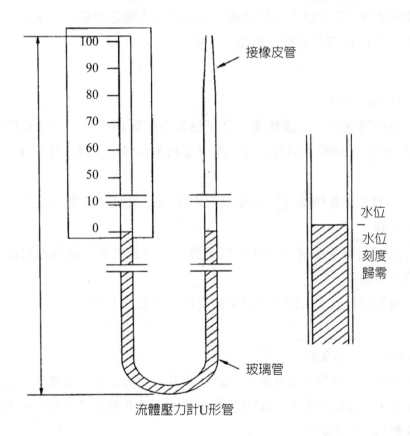

流體壓力計U形管

②使用流體壓力計時，玻璃管內之水因表面張力成圓形，但可於底部觀察調整至歸零。又水位上升與下降時，會有0.1至

　　　　　　　　0.3mm之差，故以上升時作為標準。

　　Ⅱ.判定方法

　　　　對空氣管長之流通時間，應在流通曲線標示之範圍內。

(b) 接點水高試驗

　Ⅰ.檢查方法

　　　將空氣管由旋塞台取下，連接流體壓力計及空氣注入器，並將試驗旋塞調整至接點水高試驗位置，再緩緩注入空氣，確認接點閉合時之水位（接點水位高）。

　Ⅱ.判定方法

　　　接點水高值，應在檢出器標示值之範圍內。

二、「各類場所消防安全設備設置標準」為強化老人長期照顧機構，以及避難弱者場所之安全，在101年有何修正重點？（25分）

解：

　　101年有何修正重點

　　將「長期照護機構、養護機構」修正為長期照顧機構，並分為長期照護型、養護型、失智照顧型三種類；另將「身心障礙福利服務機構」修正為「身心障礙福利機構」。

1. 增訂長期照顧等機構達一定樓地板面積以上應設自動撒水設備。（修正條文第十七條）

2. 增訂長期照顧等機構不論樓地板面積大小應設火警自動警報設備。（修正條文第十九條）

3. 修正避難器具收容人數。（修正條文第一百五十七條）

乙、測驗題部分：（50分）

本測驗試題為單一選擇題，請選出一個正確或最適當的答案，複選作答者，該題不予計分。共40題，每題1.25分，須用2B鉛筆在試卡上依題號清楚劃記，於本試題或申論試卷上作答者，不予計分。

（D）　1. 火警自動警報設備之定溫式局限型探測器（2種感度），以加熱試驗器檢查其動作時間，下列何者為合格？

(A) 30秒　　　　(B) 40秒　　　　(C) 60秒　　　　(D) 120秒

(B) 2. 火警自動警報設備之檢修作業中，下列何種火警探測器可允許最長之動作時間？

(A) 差動式局限型　　　　　　　　(B) 定溫式局限型

(C) 離子式局限型　　　　　　　　(D) 光電式分離型

(A) 3. 裝置探測器時需依裝置場所之高度選擇探測器，當同一室內天花板高度不同時，高度之計算方式為何？

(A) 依平均高度

(B) 以最嚴格之方式依最高高度

(C) 以距人員最近之方式依最低高度

(D) 以最嚴重之火災情境計算

(A) 4. 下列何種火警探測器於認可測試時不須進行粉塵試驗？

(A) 差動式局限型探測器　　　　　(B) 離子式探測器

(C) 光電式探測器　　　　　　　　(D) 火焰式探測器

(B) 5. 某防火構造建築物之內部空間，高度未滿四公尺，面積為一百平方公尺，若裝置定溫式局限型特種探測器需裝置之數量為？

(A) 一個　　　　(B) 二個　　　　(C) 三個　　　　(D) 四個

(C) 6. 下列何項探測器並未在「各類場所消防安全設備設置標準」中所規定之警報設備中？

(A) 火焰式探測器　　　　　　　　(B) 光電式探測器

(C) 一氧化碳探測器　　　　　　　(D) 差動式探測器

(A) 7. 下列何項非瓦斯漏氣火警自動警報設備性能檢查之項目？

(A) 結線接續電壓　　(B)切換裝置　　(C) 充電裝置　　(D) 端子電壓

(C) 8. 某醫療院所有一百名從業員工、三百床病床、樓地板面積為一千五百平方公尺，則其收容人數下列何者正確？

(A) 七百　　　　(B) 八百　　　　(C) 九百　　　　(D) 一千

(C) 9. 下列有關緩降機之規定何者有誤？

(A) 操作面積為零點五平方公尺以上（不含避難器具所占面積），但邊長應為六十公分以上

(B) 開口面積為高八十公分以上，寬五十公分以上或高一百公分以上，寬四十五公分以上

(C) 必要下降空間為下方及側面，在上端二十五度，下端三十五度方向所圍範圍內。但沿牆面使用時，牆面側不在此限

(D) 必要下降空地為下降空間之投影面積

(D) 10. 洗手間、浴室、盥洗室、儲藏室或機械室緊急照明設備之規定，下列何者正確？

(A) 地板面照度應在十勒克司（Lux）以上，其他面應在二勒克司（Lux）以上

(B) 地板面照度應在二勒克司（Lux）以上，其他面應在二十勒克司（Lux）以上

(C) 地板面照度應在二十勒克司（Lux）以上，其他面應在十勒克司（Lux）以上

(D) 不須設置

(D) 11. 某樓高10層之百貨商場大樓，其戶外安全梯或特別安全梯所通達之屋頂避難平臺規定不包含下列何項？

(A) 屋頂避難平臺之樓地板防火時效

(B) 與屋頂避難平臺連接之外牆防火時效

(C) 屋頂避難平臺面積

(D) 通達特別安全梯之最大寬度

(A) 12. 設置避難器具時，須標示其設置位置、使用方法並設置指標，其所使用之顏色為何？

(A) 白底黑字　　　(B) 黑底白字　　　(C) 綠底白字　　　(D) 白底綠字

(C) 13. 下列何項不符合避難器具固定架或支固器具使用螺栓固定時之規定？

(A) 使用錨定螺栓　　　　　　　(B) 螺栓埋入深度

(C) 混凝土強度　　　　　　　　(D) 轉矩值

(B) 14. 建築物於第四層以上之樓層設避難梯時，應設固定梯，並設於陽臺等具安全且容易避難逃生構造處；則其樓地板面積及附設逃生孔之規定為何？

(A) 樓地板面積至少一平方公尺，並附設能內接直徑三十公分以上之逃生孔

(B) 樓地板面積至少二平方公尺，並附設能內接直徑六十公分以上之逃生孔

(C) 樓地板面積至少一平方公尺，並附設能內接直徑六十公分以上之逃生孔

(D) 樓地板面積至少二平方公尺，並附設能內接直徑三十公分以上之逃生孔

(A) 15. 殘響時間是指音源訊號自聲源（揚聲器）播送，聲源停止時，廣播區域中聲

音音壓強度自然衰減至多少分貝之時間？

(A) 60dB　　　　(B) 65dB　　　　(C) 75dB　　　　(D) 80dB

(A)　16. 樓梯或坡道，設有緊急照明設備及供確認避難方向之樓層標示者，出口標示燈、避難方向指示燈或避難指標之規定為何？

(A) 得免設避難方向指示燈

(B) 步行距離在避難層為二十公尺以下，在避難層以外之樓層為十公尺以下者，可免設出口標示燈

(C) 設有探測器連動自動關閉裝置之防火門時得免設避難指標

(D) 設有避難指標及緊急照明設備確保該指標明顯易見者，得免設出口標示燈

(D)　17. 在進行竣工測試火警受信總機之操作部外觀試驗，以下判定要領何者為錯誤？

(A) 電源監視裝置應正常

(B) 各種表示燈亮燈應正常且距3m處能明確識別

(C) 表示裝置以不易磨滅方法標示及適當火警分區名稱

(D) 壁掛式操作開關應設置在距離樓地板面高度0.6m以上1.5m以下處

(D)　18. 火警分區每一分區之任一邊長不得超過50m，但是下列何種型式火警探測器設置時，分區邊長得增為100m以下？

(A) 火焰式紫外光波型　　　　　　(B) 偵煙式離子局限型

(C) 差動式分布型　　　　　　　　(D) 偵煙式光電分離型

(B)　19. BH級避難方向指示燈（非地面嵌入型）之標示面光度應達多少以上？

(A) 50cd　　　　(B) 25cd　　　　(C) 20cd　　　　(D) 5cd

(C)　20. 已設置高感度密閉式撒水頭自動撒水設備之場所，得免設火警自動警報設備，依各類場所消防安全設備設置標準規定，下列何種場所適用？

(A) 地下建築物　　　　　　　　　(B) 甲類場所

(C) 乙類場所　　　　　　　　　　(D) 應設偵煙式探測器場所

(A)　21. 下列何種燈源目前非屬我國法規標準所認可之緊急照明燈使用燈源？

(A) 鈉氣燈　　　　(B) 白熾燈　　　　(C) LED燈　　　　(D) 螢光燈

(B)　22. 排煙設備排煙機設置之規定，下列敘述何者為錯誤？

(A) 排煙機應能隨任一排煙口之開啟而動作，其排煙量不得小於120m³/min

(B) 地下建築物之地下通道，其總排煙量不得小於500m³/min

（C）在任一防煙區劃時，其排煙量不得小於該防煙區劃面積乘以1m³/min.m²所得數值

（D）在二區以上之防煙區劃時，其風機排煙量應不得小於最大防煙區劃面積2 m³/min.m²

（A）23.各類場所中如有不易看清或識別出口標示燈環境情形者，則該出口標示燈之有效範圍為何？

（A）10m　　　　（B）15m　　　　（C）20m　　　　（D）40m

（D）24.圓錐型揚聲器應用於火警緊急廣播設備時應有之性能，下列何者為錯誤？

（A）額定頻率範圍上限值需達到8kHz以上者為正常功能

（B）額定頻率範圍上限值之音壓位準不可低於特性感度音壓位準20dB以上

（C）額定頻率範圍之最低阻抗值需達標稱阻抗之80%以上

（D）指向特性為W者，區分角在30至60度時指向係數為5

（D）25.機械式排煙設備風管若貫穿防火區劃牆壁時，風管外部除防火填塞處理外，風管內部應設置以下何種閘門？

（A）排煙閘門　　　（B）防煙閘門　　　（C）防火排煙閘門　　　（D）防火閘門

（D）26.下列有關手動報警設備火警發信機設置之規定，何者錯誤？

（A）按鈕按下時，能立即發出火警音響

（B）按鈕前有防止隨意撥弄之保護板

（C）附設緊急電話插座

（D）裝置於屋外之火警發信機，具防火之性能

（B）27.進行火警自動警報設備綜合檢查，操作P型1級受信總機火災試驗開關及迴路選擇開關，不要復舊使任意多少迴路進行火災同時動作表示試驗？

（A）二迴路　　　（B）五迴路　　　（C）十迴路　　　（D）全部迴路

（D）28.有關瓦斯漏氣檢知器之檢修作業之敘述，下列何者為誤？

（A）瓦斯對空氣比重大於一時，檢知器上端裝設在距樓地板面三十公分範圍內

（B）瓦斯對空氣比重大於一時，檢知器裝設在距瓦斯燃燒器具水平距離四公尺以內

（C）瓦斯對空氣比重小於一時，檢知器裝設在距瓦斯燃燒器具水平距離八公尺以內

（D）水平距離之計算以瓦斯導管貫穿牆壁處起算

（ A ）29. 使用加瓦斯試驗器進行瓦斯漏氣火警警報設備之檢知器測試性能檢查時，若檢測對象之瓦斯對空氣之比重小於1者，應使用何種瓦斯氣體來檢測？

(A) 甲烷　　　　　(B) 乙烷　　　　　(C) 丙烷　　　　　(D) 異丁烷

（ D ）30. 有關避難器具緩降機構造性能檢查時，目視及操作確認有無損傷，下列敘述何者為不正確？

(A) 調速器外觀有異常，但動作部分仍能順暢動作時，應判定為有使內部發生異常原因

(B) 調速器連結部應無明顯損傷及生鏽

(C) 繩索無法行走順暢，且有不穩定之阻力感時應判定性能及強度上有缺陷

(D) 應有符合最少使用者人數之安全帶緊結在繩索末端

（ C ）31. 檢查具有閃滅裝置及音聲引導裝置之出口標示燈構造性能正常與否，下列敘述何者不正確？

(A) 閃滅裝置及音聲引導裝置電源得與主燈具電源共用

(B) 內置型緊急電源時間應維持90分鐘以上

(C) 音聲引導裝置之警報聲應採人為語音及內容「緊急出口在這裡！」

(D) 接到信號裝置信號後應於3秒鐘內自動閃滅動作開始

（ C ）32. 進行緊急廣播設備M級揚聲器之音壓檢測時，距離揚聲器1公尺處，以噪音計量測其音壓至少應在多少分貝以上為合格判定？

(A) 92分貝　　　　(B) 90分貝　　　　(C) 87分貝　　　　(D) 84分貝

（ B ）33. 竣工查驗定溫式感知線型火警探測器設置之狀況，下列何者為錯誤？

(A) 感知線設置在裝置面下方30 cm以內位置

(B) 感知線之彎曲半徑在10 cm以上

(C) 感知線安裝直線部分以每50 cm以內間隔固定，彎曲部分以每10 cm以內間隔固定

(D) 設置在周圍溫度低於探測器標稱動作溫度20℃以上處所

（ C ）34. 竣工測試及確認場所火警警報設備地區音響裝置的設置狀況，下列何者為正確？

(A) 從設置樓層各部分至任一地區音響裝置步行距離在25 m以下之範圍內

(B) 距離地板面之高度應在1.2 m以上1.5 m以下，但與發信機合併裝設時不在此限

(C) 如設於有可燃性氣體發生或滯留之虞場所應採防爆構造者

(D) 在規定電壓下，離開地區音響裝置1 m處所測得之音壓應在80分貝以上

(C) 35. 受信總機竣工後試驗二信號式機能，測試其火災表示，依規定操作火警表示試驗開關，就各回路進行，下列步驟何者為錯誤？

(A) 第一信號時，地區表示裝置應亮燈及主音響裝置應鳴動

(B) 第二信號時，火警燈應即亮燈、地區表示裝置亮燈及主、地區音響裝置應鳴動

(C) 使發信機動作應在接收第二信號時操作

(D) 使發信機動作時火警及地區表示亮燈、主音響及地區音響裝置鳴動

(A) 36. 某飯店之餐廳廚房處所設有定溫式局限型探測器（非再用型），竣工測試以加熱試驗器加熱測定其動作時間，已知現場配置數量為21個，請問應抽取個數為何？

(A) 2個　　　　　(B) 4個　　　　　(C) 6個　　　　　(D) 8個

(C) 37. 某供公共使用場所緊急廣播設備揚聲器之音壓為85分貝時，屬於以下那一級別之揚聲器？

(A) L級　　　　　(B) M級　　　　　(C) S級　　　　　(D) XL級

(D) 38. 有關無線電通信輔助設備之竣工查驗作業規定，下列敘述何者正確？

(A) 洩波同軸電纜應使用耐熱電纜

(B) 洩波同軸電纜標稱阻抗應為60歐姆

(C) 無線電接頭設於保護箱中，箱內設有長度3公尺以上之射頻電纜

(D) 在使用頻率帶內，電壓駐波比測定應在1.5以下

(B) 39. 進行有關緊急電源插座竣工查驗作業時，各項構件機能的需求，下列何者不正確？

(A) 專用幹線應可供給單相交流110V, 15A以上之電力

(B) 在專用幹線之電源側電路應設置漏電斷路器

(C) 主配電盤設專用回路，各樓層至少設2回路以上之供電線路

(D) 專用回路每一回路之緊急電源插座數量10個以下

(D) 40. 日光燈型緊急照明燈，在地下建築物地下通道其地板面，以光電照度計測量值應在M勒克司（Lux）以上，其他場所應在N勒克司（Lux）以上。此M，N為下列何者？

(A) 5，1　　　　　(B) 8，2　　　　　(C) 10，1　　　　　(D) 10，2

100年警報與避難系統消防安全設備概要

類　　科：消防設備士

考試時間：1小時30分

※注意：禁止使用電子計算器。

甲、申論題部分：（50分）

不必抄題，作答時請將試題題號及答案依照順序寫在申論試卷上，於本試題上作答者，不予計分。請以藍、黑色鋼筆或原子筆在申論試卷上作答。

一、試依「各類場所消防安全設備設置標準」規定，說明出口標示燈之設置處所為何？又設置具有閃滅或音聲引導功能之出口標示燈時，其動作及停止時機為何？試詳述之。（**25分**）

解：

(一) 出口標示燈之設置處所

第23條

下列場所應設置標示設備：供第十二條第一款、第二款第十二目、第五款第一目、第三目使用之場所，或地下層、無開口樓層、十一層以上之樓層供同條其他各款目所列場所使用，應設置出口標示燈。

(二) 動作及停止時機

第146-5條

出口標示燈及非設於樓梯或坡道之避難方向指示燈，設於下列場所時，應使用A級或B級；出口標示燈標示面光度應在二十燭光（cd）以上，或具閃滅功能；避難方向指示燈標示面光度應在二十五燭光（cd）以上。

但設於走廊，其有效範圍內各部分容易識別該燈者，不在此限：

一、供第十二條第二款第一目、第三款第三目或第五款第三目使用者。

二、供第十二條第一款第一目至第五目、第七目或第五款第一目使用，該層樓地板面積在一千平方公尺以上者。

三、供第十二條第一款第六目使用者。其出口標示燈並應採具閃滅功能，或兼具音聲引導功能者。

前項出口標示燈具閃滅或音聲引導功能者，應符合下列規定：

一、設於主要出入口。

二、與火警自動警報設備連動。

三、由主要出入口往避難方向所設探測器動作時，該出入口之出口標示燈應停止閃滅及音聲引導。

二、試依下列條件繪製一套火警升位圖，並計算其主管管路之線數。（25分）（備註：以法定最簡化線數計之）

(1)使用用途：老人安養中心。

(2)樓層數：地下二層；地上六層。

(3)樓層高度：3 m。

(4)樓梯數：1座。

(5)各層樓地板面積：1200m²。

(6)开標示燈回路、警鈴回路等配線：採線徑1.6mm。

(7)電話回路配線：採線徑1.2mm。

(8)探測回路配線：採線徑1.2mm。

(9)受信總機：採P型1級，設置於1F。

(10)火警探測器：採偵煙式局限型。

	P	L	B	T	S		
室內樓梯間		L	B	T	S	6F 樓地板面積600 m²為一區，每層	B：1.6×2條 L：1.6×2條
						樓地板面積600 m²為一區	T：1.2×2條 S：1.2×4條（2區＋樓梯＋共線）
		L	B	T	S	5F	B：1.6×3條 L：1.6×2條
							T：1.2×2條 S：1.2×6條
		L	B	T	S	4F	B：1.6×4條 L：1.6×2條
							T：1.2×2條 S：1.2×8條
		L	B	T	S	3F	B：1.6×5條 L：1.6×2條

室內樓梯間							T：1.2×2條 S：1.2×11條（7區＋1條共線）
	L	B	T	S	2F		B：1.6×6條 L：1.6×2條
							T：1.2×2條 S：1.2×13條
	L	B	T	S	1F		B：1.6×4條 L：1.6×2條
						P型1級	T：1.2×2條 S：1.2×8條
	L	B	T	S	B1F		B：1.6×3條 L：1.6×2條
							T：1.2×2條 S：1.2×6條
	L	B	T	S	B2F		B：1.6×2條 L：1.6×2條
							T：1.2×2條 S：1.2×4條（2區＋BF樓梯＋共線）

1.6mm警鈴回路B：每層樓一共線＋1條。

1.6mm標示燈回路L：全部2條

1.2mm電話回路T：全部2條

1.2mm探測回路S：每層樓2區，一共線＋1條。

計35條電線，將檢維修或擴增之用，多配1條，共計36條。

解：

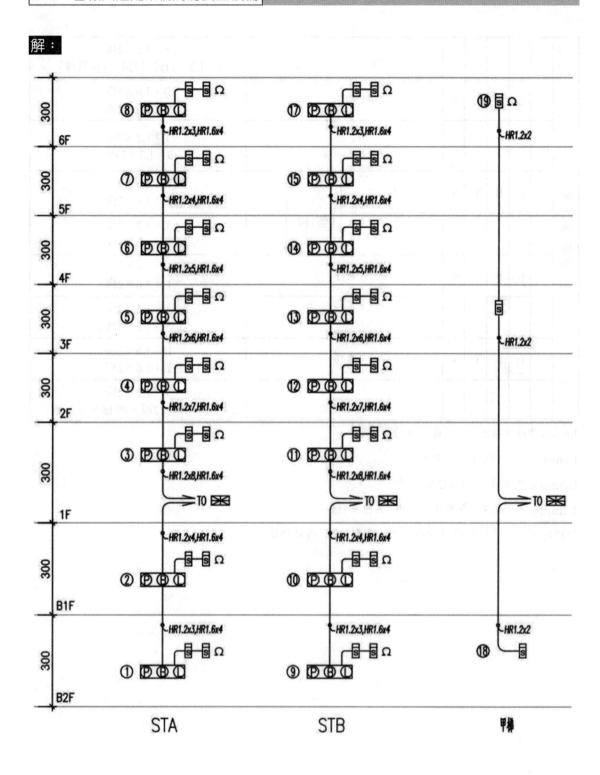

乙、測驗題部分：（50分）代號：3902

本測驗試題為單一選擇題，請選出一個正確或最適當的答案，複選作答者，該題不予計分。共40題，每題1.25分，須用2B鉛筆在試卡上依題號清楚劃記，於本試題或申論試卷上作答者，不予計分。

（ A ） 1. 某地上六樓層、地下三樓層之建築物，其總樓地板面積為五千平方公尺，當地面層發生火災時，火警自動警報設備應鳴動樓層為何？
   (A) 限地面層、地上二層與地下一、二、三層
   (B) 限地面層、地上二、三層與地下一、二、三層
   (C) 限地面層、地上二層與地下一、二層
   (D) 各樓層一齊鳴動

（ C ） 2. 下列火警自動警報設備探測器之動作時間敘述，何者錯誤？
   (A) 差動式局限型一種探測器為三十秒
   (B) 火焰式探測器為三十秒
   (C) 定溫式局限型一種探測器為三十秒
   (D) 光電式分離型探測器為三十秒

（ D ） 3. 有關於緊急廣播設備之敘述，下列何者錯誤？
   (A) 地下四樓的啟動裝置要使用緊急電話方式
   (B) 緊急電話啟動裝置係拿起電話既可以啟動緊急廣播設備，並具有與廣播主機對講之功能
   (C) 緊急廣播設備啟動裝置應採分層分梯間設置為原則
   (D) 緊急電源使用蓄電池設備，其容量能使其二回路有效動作十分鐘以上

（ C ） 4. 下列何者不是無線電通信輔助設備的組成元件？
   (A) 洩波同軸電纜　　　　　　　　　(B) 無線電接頭之射頻電纜
   (C) 訊號並排器　　　　　　　　　　(D) 訊號增輻器

（ A ） 5. 「消防機關受理消防安全設備檢修申報及複查注意事項」中，消防機關視轄區狀況進行重點抽測，其必要抽測項目，下列敘述何者錯誤？
   (A) 火警自動警報設備：用加煙（或加熱）試驗器對探測器進行動作試驗（每層至少測試三個）
   (B) 瓦斯漏氣火警自動警報設備：用加瓦斯試驗器測試檢知器三個以上
   (C) 緊急廣播設備：使用噪音計對每一層樓之一處揚聲器進行音壓測試
   (D) 排煙設備：使用風速計於最高樓層及最低樓層之機械排煙進行測試

（B） 6. 下列何者不是差動分布型空氣管式探測器檢修的實驗？
(A) 空氣注入試驗 　　　　　　　　(B) 流氣隔絕試驗
(C) 接點水高試驗 　　　　　　　　(D) 流通試驗

（C） 7. 特別安全梯與緊急昇降機之排煙設備採用機械排煙，下列何者不用連接緊急電源？
(A) 排煙口 　　　　　　　　　　　(B) 進風機
(C) 手動開關裝置 　　　　　　　　(D) 進風口

（B） 8. 下列火警自動警報設備有關探測器設置場所，所述何者錯誤？
(A) 在地下室的電話機械室設置光電式局限型的偵煙式探測器
(B) 鍋爐室設置差動式局限型探測器
(C) 木材加工場所設置火焰式探測器
(D) 餐廳的廚房設置定溫式探測器

（A） 9. 有一酒吧二樓設有避難梯，依各類消防安全設備設置標準第一百六十二條規定，其開口面積下列何者合格？
(A) 高90公分，寬50公分 　　　　　(B) 高60公分，寬60公分
(C) 高100公分，寬40公分 　　　　(D) 高70公分，寬60公分

（B） 10. 百貨公司內的排煙設備採機械排煙，某層樓防煙區劃內任何一點至其天花板排煙口的水平距離為何？
(A) 二十公尺 　　(B) 三十公尺 　　(C) 四十公尺 　　(D) 五十公尺

（D） 11. 出口標示燈及避難方向指示燈之有效範圍，指至該燈之步行距離，在有不易看清或識別該燈情形者，該有效範圍為幾公尺？
(A) 三十公尺 　　(B) 二十公尺 　　(C) 十五公尺 　　(D) 十公尺

（D） 12. 下列火警自動警報設備探測器的設置場所，所述何者錯誤？
(A) 位於第十樓的辦公室內的走廊要設偵煙式探測器
(B) 位於第十二樓的餐廳內要設偵煙式探測器
(C) 位於第十二樓的辦公室內要設偵煙式探測器
(D) 位於第十二樓的集合住宅的住家內要設偵煙式探測器

（B） 13. 瓦斯漏氣火警自動警報設備檢知器之性能檢查時，檢知器有動作確認燈者，測定由確認燈亮至受信總機之瓦斯漏氣燈亮之時間要在幾秒內？
(A) 八十五秒 　　(B) 六十秒 　　(C) 四十五秒 　　(D) 三十秒

（A） 14. 依各類消防安全設備設置標準第一百六十條規定，有位於二樓的酒吧場所之

條件：①從業員工十人　②固定吧檯個人座位二十個　③固定連續式沙發座位長五公尺的四座　④其他未設座位部分面積三十平方公尺。試問收容人數為何？　　(A) 80人　(B) 70人　(C) 60人　(D) 50人

(D) 15. 有一設於無開口樓層之飲食店，當其面積達多少平方公尺時，該樓層要設置火警自動警報設備？

(A) 三百平方公尺　　　　　　　　(B) 五百平方公尺

(C) 一百五十平方公尺　　　　　　(D) 一百平方公尺

(C) 16. 有一辦公室面積四百平方公尺（長20公尺×寬20公尺），天花板高度為三公尺，但有一下垂四十五公分的樑從中間隔開，試問該辦公室裝置光電式局限型一種的偵煙式探測器要幾個？

(A) 1　　　　　　(B) 2　　　　　　(C) 3　　　　　　(D) 4

(B) 17. 下列有關各類消防安全設備設置標準第二百三十八條規定，防災中心的設置敘述何者錯誤？

(A) 冷暖、換氣等空調系統為專用

(B) 出入口至屋外任一出入口之步行距離在五十公尺以下

(C) 監控或操作緊急發電機

(D) 監控或操作常開式防火門之偵煙式探測器

(C) 18. 有一大樓共有十六個火警分區，依各類場所消防安全設備設置標準第一百二十七條規定，其火警自動警報設備則須選擇至少有幾個共線端點的P型受信總機？　　(A) 1　(B) 2　(C) 3　(D) 4

(D) 19. 依建築技術規則建築設計施工編第97條有關安全梯之規定，下列何者正確？

(A) 室內安全梯：出入口應裝設符合甲種防火門或鑲嵌鐵絲網玻璃之乙種防火門，並設置門檻

(B) 戶外安全梯：以室外走廊連接安全梯者，其出入口需裝設符合甲種防火門或鑲嵌鐵絲網玻璃之乙種防火門規定之安全門

(C) 戶外安全梯：對外開口面積（非屬開設窗戶部分）應在3平方公尺以上

(D) 特別安全梯：自室內至安全梯，應經由陽台或排煙室，始得進入

(C) 20. 緊急廣播設備之裝置規定，下列何者正確？

(A) L級揚聲器：距揚聲器100公分處所測得之音壓，在90分貝以上

(B) 設於樓梯或斜坡通道時，至少水平距離每15公尺設一個L級揚聲器

(C) 廣播區域在50平方公尺以下時，設L級、M級或S級揚聲器

(D) 從各廣播區域內任一點至揚聲器之水平距離在8公尺以下

(A) 21. 依各類場所消防安全設備檢修及申報作業基準，偵煙分離型探測器（多信號探測器除外）使用減光罩確認動作是否正常時，當插入減光罩後到動作之時間，應在幾秒內才判定合格？

(A) 30　　　　　(B) 40　　　　　(C) 50　　　　　(D) 60

(D) 22. 自居室任一點易於觀察識別該居室出入口，下列何種用途與樓地板面積之居室，免設出口標示燈、避難方向指示燈或避難指標？

(A) 觀光飯店之居室，150平方公尺

(B) 餐廳之居室，250平方公尺

(C) 醫院之居室，450平方公尺

(D) 供集合住宅使用之居室，550平方公尺

(B) 23. 依各類場所消防安全設備檢修及申報作業基準，緩降機之收藏狀況判定方法，下列何者錯誤？

(A) 保管箱應放在所定之位置

(B) 繩子應以未扭曲狀態，直線排列在保管箱收藏

(C) 保管箱應無明顯變形、破損等，及內部應無灰塵、溼氣等

(D) 支固器具應以使用時無障礙之狀態收藏

(D) 24. 依各類場所消防安全設備檢修及申報作業基準，定溫式局限型探測器當其標稱動作溫度與周圍溫度之差超過幾度時，其動作時間得加倍計算？

(A) 20　　　　　(B) 30　　　　　(C) 40　　　　　(D) 50

(A) 25. 依瓦斯漏氣檢知器之裝置規定，若測漏之瓦斯為LPG（液化石油氣），則下列規定何者正確？

(A) 檢知器上端，裝設在距樓地板面30公分範圍內

(B) 設於距瓦斯燃燒器具或瓦斯導管貫穿牆壁處水平距離8公尺以內

(C) 樓板有淨高60公分以上之樑或類似構造體時，設於近瓦斯燃燒器具或瓦斯導管貫穿牆壁處

(D) 無須設置瓦斯漏氣檢知器

(B) 26. 依各類場所消防安全設備檢修及申報作業基準，下列何者無進行性能檢查？

(A) 出口標示燈　　　　　　　　(B) 避難指標

(C) 避難方向指示燈　　　　　　(D) 緊急照明燈

(D) 27. 依各類場所消防安全設備檢修及申報作業基準，火警自動警報設備之受信總

機前應確保多少公尺以上之空間才判定合格？

(A) 0.5 　　(B) 0.6 　　(C) 0.8 　　(D) 1.0

(C) 28. 某防火構造建築物，其探測器裝置面高度為六公尺，若採差動式局限型二種探測器其有效探測範圍為多少平方公尺？

(A) 25 　　(B) 30 　　(C) 35 　　(D) 40

(D) 29. 某高層建築物，其總樓地板面積在三萬平方公尺以上。其主要避難路徑上之出口標示燈及避難方向指示燈之緊急電源容量，應能使其有效動作多少分鐘以上？　　(A) 10 　(B) 20 　(C) 40 　(D) 60

(C) 30. 火焰式探測器得設於下列何處所？

(A) 顯著高溫之場所　　　　　　(B) 煙會大量流入之場所

(C) 排放廢氣會大量滯留之場所　(D) 會結露之場所

(B) 31. 裝設火警自動警報設備之建築物，火警分區之劃定，下列規定何者錯誤？

(A) 每一火警分區不得超過一樓層，並在樓地板面積六百平方公尺以下

(B) 裝設光電式局限型探測器時，火警分區邊長得在100公尺以下

(C) 樓梯或斜坡通道，垂直距離每45公尺以下為一火警分區

(D) 樓梯、斜坡通道應與建築物各層之走廊、通道及居室等場所分別設置火警分區

(B) 32. 火警受信總機之裝置規定，下列何者正確？

(A) 壁掛型火警受信總機操作開關距離樓地板面之高度，在0.3公尺以上1.5公尺以下

(B) P型受信總機之探測器回路電阻，在50Ω以下

(C) 緊急電源，應使用蓄電池設備，其容量能使其有效動作20分鐘以上

(D) R型受信總機採用數個分區共用一公用線方式配線時，該公用線供應之分區數，不得超過7個

(D) 33. 依據音壓的衰減特性，當距離每增加一倍，音壓衰減幾分貝（dB）？

(A) 1 　　(B) 2 　　(C) 4 　　(D) 6

(D) 34. 火警發信機之裝置規定，下列何者錯誤？

(A) 二樓層共用一火警分區者，火警發信機應分別設置

(B) 標示燈與裝置面成15度角，在10公尺距離內須無遮視物且明顯易見

(C) 若設有緊急廣播設備時，得免設火警發信機之火警警鈴

(D) 火警警鈴在規定電壓下，離開火警警鈴100公分處，所測得之音壓，在70

分貝以上

(C) 35. 有關於緊急電源插座的設置，下列何者錯誤？

(A) 設於樓梯間或緊急昇降機間等

(B) 每一層任何一處至插座之水平距離在五十公尺以下

(C) 為接地型，裝設高度距離樓地板零點八公尺以上一點五公尺以下

(D) 每一回路之連接插座數在十個以下

(A) 36. 無線電通信輔助設備，下列何者錯誤？

(A) 洩波同軸電纜之標稱阻抗為100歐姆

(B) 洩波同軸電纜經耐燃處理

(C) 設增輻器時，該增輻器之緊急電源，應使用蓄電池設備

(D) 分配器、混合器、分波器，應使用介入衰耗少，且接頭部分有適當防水措施者

(B) 37. 攜帶加熱試驗棒或加煙試驗棒至現場測試探測器，從事火警自動警報設備性能綜合檢查時，下列敘述何者錯誤？

(A) 必須先切換成緊急電源狀態或預備電源狀態

(B) 測試結果火警自動警報未動作，一定是火警受信總機故障

(C) 測試結果緊急廣播及警鈴一定要自動動作

(D) 測試結果火警受信總機火警分區燈及探測器LED燈一定要會亮起

(B) 38. 避難梯之設置規定，下列何者錯誤？

(A) 固定梯之橫桿與使用場所牆面保持10公分以上之距離

(B) 第三層以上之樓層設避難梯時，應設固定梯

(C) 懸吊型固定梯能直接懸掛於堅固之窗臺等處所時，得免設固定架

(D) 懸吊型梯之橫桿在使用時，與使用場所牆面保持10公分以上之距離

(D) 39. 水蒸氣會大量滯留之場所，可設置下列何種探測器？

(A) 差動式局限型一種　　　　　　(B) 差動式局限型二種

(C) 差動式分布型一種　　　　　　(D) 差動式分布型二種

(C) 40. 緊急電源插座之設置規定，下列何者正確？

(A) 每一層任何一處至插座之水平距離在25公尺以下

(B) 緊急電源插座之電流供應容量為直流110伏特（或120伏特）、15安培

(C) 緊急電源插座在保護箱上方設紅色表示燈

(D) 緊急用電源插座不得連接至緊急供電系統

99年警報與避難系統消防安全設備概要

類　　科：消防設備士

考試時間：1小時30分

※注意：禁止使用電子計算器。

甲、申論題部分：（50分）

不必抄題，作答時請將試題題號及答案依照順序寫在申論試卷上，於本試題作答者，不予計分。請以藍、黑色鋼筆或原子筆在申論試卷上作答。

一、何謂「防煙壁」？其設置之目的為何？又請依「各類場所消防安全設備設置標準」說明「防煙區劃」之設置規定為何？（25分）

解：

(一)「防煙壁」

防煙壁係指以氣密性不燃材料建造，自天花板下垂五十公分以上之垂壁或具有同等以上阻止煙流動構造者。但地下建築物之地下通道，防煙壁應自天花板下垂八十公分以上。

(二) 設置之目的

利用建築體本身防火區劃所形成的耐燃空間，將火災煙流擴散局限在該空間內，並設置防煙垂壁配合負壓排煙機使用，在火災初期有效排出火災生成煙流至室外，以達到延緩火災煙流水平擴散，增進內部使用人員避難逃生安全之目的。

(三) 防煙區劃之設置規定：

第188條

一、每層樓地板面積每五百平方公尺內，以防煙壁區劃。但戲院、電影院、歌廳、集會堂等場所觀眾席，及工廠等類似建築物，其天花板高度在五公尺以上，且天花板及室內牆面以耐燃一級材料裝修者，不在此限。

二、地下建築物之地下通道每三百平方公尺應以防煙壁區劃。

三、依第一款、第二款區劃（以下稱為防煙區劃）之範圍內，任一位置至排煙口之水平距離在三十公尺以下，排煙口設於天花板或其下方八十公分

範圍內，除直接面向戶外，應與排煙風管連接。但排煙口設在天花板下方，防煙壁下垂高度未達八十公分時，排煙口應設在該防煙壁之下垂高度內。

二、試說明下列場所收容人員之計算方式為何？（25分）

(1)療養院

(2)觀光旅館

解：

醫療機構（醫院、診所）、療養院	其收容人員人數，為下列各款合計之數額： 一、從業員工數。 二、病房內病床數。 三、各候診室之樓地板面積和除三平方公尺所得之數。 四、醫院等場所育嬰室之嬰兒，應列為收容人員計算。
觀光飯店、飯店、旅館、招待所（限有寢室客房者）	其收容人員人數，為下列各款合計之數額： 一、從業員工數。 二、各客房部分，以下列數額合計： 　(一)西式客房之床位數。 　(二)日式客房以該房間之樓地板面積除六平方公尺（以團體為主之宿所，應為三平方公尺）所得之數。 三、供集會、飲食或休息用部分，以下列數額合計： 　(一)設固定席位部分，以該座椅數計之。如為連續式席位，為該座椅正面寬度除零點五公尺所得之數（未滿一之零數不計）。 　(二)其他部分以該部分樓地板面積除三平方公尺所得之數。

乙、測驗題部分：（50分）

本試題為單一選擇題，請選出一個正確或最適當的答案，複選作答者，該題不予計分。共40題，每題1.25分，須用2B鉛筆在試卡上依題號清楚劃記，於本試題或申論試卷上作答者，不予計分。

(D)　1. 進行瓦斯漏氣火警自動警報設備檢查時，下列何者錯誤？

(A) 受信總機之延遲時間，應在60秒以內

(B) 檢知器數目30個以上時，檢知器選取檢查數量為總數之20%

(C) 在選取之檢知器中，發現有不 品時，該回路之全部檢知器均應實施檢查

(D) 確認檢知區域警報裝置之音壓是否在九十分貝以上

（A）　2. 進行避難器具開口部外觀檢查時，下列敘述何者錯誤？

(A) 開口部應加設固定板、木條等

(B) 由地板面至開口部下端之高度應在150 cm以下

(C) 緩降機之開口部高80 cm以上，寬50 cm以上或高100 cm以上，寬45 cm以上

(D) 開口部太高可能形成避難上之障礙時，應設有固定式或半固定式之踏台

（B）　3. 下列有關差動式探測器之敘述何者爲錯誤？

(A) 差動式局限型探測器下端，裝設在裝置面下方三十公分範圍內

(B) 對於未滿四公尺防火構造建築物，差動式局限型一種探測器之有效探測範圍爲45平方公尺

(C) 差動式分布型探測器爲空氣管式時，每一探測區域內之空氣管長度，露出部分在二十公尺以上

(D) 差動式分布型探測器爲空氣管式時，裝接於一個檢出器之空氣管長度，在一百公尺以下

（A）　4. 下列有關火警受信總機之敘述何者爲錯誤？

(A) 受信總機、中繼器及偵煙式探測器，有設定蓄積時間時，其蓄積時間之合計，每一火警分區在二十秒以下

(B) 裝置蓄積式探測器或中繼器之火警分區，該分區在受信總機，不得有雙信號功能

(C) 壁掛型總機操作開關距離樓地板面之高度，在零點八公尺以上一點五公尺以下

(D) P型受信總機採用數個分區共用一公用線方式配線時，該公用線供應之分區數，不得超過七個

（B）　5. 下列有關緊急廣播設備之敘述，何者爲錯誤？

(A) 各樓層任一點至啓動裝置之步行距離在五十公尺以下

(B) 每一廣播分區不得超過一樓層，惟上下兩樓層面積合計小於六百平方公尺，可設爲同一廣播分區

(C) 各類場所第十一層以上之各樓層、地下第三層以下之各樓層或地下建築物，應使用緊急電話方式啓動

(D) 廣播區域超過一百平方公尺時，設L級揚聲器

（C）　6. 下列有關進行緊急廣播設備檢查，下列敘述何者錯誤？

(A) 與一般廣播兼用時，於一般廣播狀態，進行緊急廣播時，應確實切換成緊急廣播

(B) 與火警自動警報設備之連動時，於受信火災信號後，自動地啟動廣播設備，其火災音響信號或音響裝置應鳴動

(C) 距揚聲器一公尺處，使用噪音計（A特性），確認揚聲器之音壓，L級90分貝以上

(D) 若採分區鳴動，起火層為地面層時，限該樓層與其直上層及地下層各層鳴動

(A)　7. 下列有關手動報警設備之敘述，何者錯誤？

(A) 火警發信機之按鈕按下時，能有二十秒蓄積時間才發出火警音響，避免誤動作的產生

(B) 二樓層共用一火警分區者，火警發信機應分別設置

(C) 其標示燈與裝置面成十五度角，在十公尺距離內須無遮視物且明顯易見

(D) 建築物內裝有消防立管之消防栓箱時，火警發信機、標示燈及火警警鈴裝設在消防栓箱上方牆上

(C)　8. 探測器之裝置場所高度為10公尺時，下列哪一種探測器不適合安裝？

(A) 差動式分布型　　　　　　　　(B) 火焰式

(C) 補償式局限型　　　　　　　　(D) 光電式分離型

(C)　9. 偵煙式探測器之探測區域，指探測器裝置面之四周以淨高多少公分以上之樑或類似構造體區劃包圍者？

(A) 30　　　　　(B) 40　　　　　(C) 60　　　　　(D) 80

(D)　10. 下列有關緊急照明燈之規定何者錯誤？

(A) 在避難層，由居室任一點至通往屋外出口之步行距離在三十公尺以下之居室得免設緊急照明燈

(B) 緊急照明設備應連接緊急電源使用蓄電池設備，其容量應能使其持續動作三十分鐘以上

(C) 日光燈為瞬時起動型，其燈座為耐熱絕緣樹脂製成者

(D) 緊急照明燈在地面之水平面照度，在地下建築物之地下通道，其地板面應在二勒克司（Lux）以上

(C)　11. 差動式分布型探測器為空氣管式時，其間距，在防火構造建築物，在多少公尺以下？

(A) 3　　　　　(B) 6　　　　　(C) 9　　　　　(D) 12

(B) 12. 下列有關緊急進口規定，何者錯誤？

(A) 進口之間隔不得大於四十公尺

(B) 進口外應設置陽台，其寬度應爲一公尺以上，長度二公尺以上

(C) 進口應設地面臨道路或寬度在四公尺以上通路之各層外牆面

(D) 進口之寬度應在七十五公分以上，高度應在一‧二公尺以上。其開口之下端應距離樓地板面八十公分範圍以內

(C) 13. 緊急用升降機之昇降速度每分鐘不得小於多少公尺？

(A) 40　　　　　(B) 50　　　　　(C) 60　　　　　(D) 70

(B) 14. 未顯示避難方向符號之B級出口標示燈其有效距離係指至該燈多少公尺之步行距離？

(A) 20　　　　　(B) 30　　　　　(C) 40　　　　　(D) 50

(C) 15. 有效採光面積未達該居室樓地板面積百分之多少者，應設置緊急照明設備？

(A) 2　　　　　(B) 3　　　　　(C) 5　　　　　(D) 10

(D) 16. 探測器應依裝置場所高度，於同一室內之天花板或屋頂板高度不同時，以何種高度計算？

(A) 最低　　　　(B) 最高　　　　(C) 加權　　　　(D) 平均

(B) 17. 依各類場所消防安全設備設置標準，下列哪些場所得免設探測器？

(A) 探測器除火焰式外，裝置面高度超過15公尺者

(B) 外氣流通無法有效探測火災之場所

(C) 冷藏庫等設有能早期發現火災之溫度手動調整裝置者

(D) 主要構造爲防火構造，且開口設有具半小時以上防火時效防火門之金庫

(B) 18. 具有定溫式性能之探測器，應裝設在平時之最高周圍溫度，比補償式局限型探測器之標稱定溫點或其他具有定溫式性能探測器之標稱動作溫度低攝氏多少度以上處？

(A) 10　　　　　(B) 20　　　　　(C) 30　　　　　(D) 40

(B) 19. 光電式分離型探測器，下列規定設置何者正確？

(A) 設在與探測器光軸平行牆壁距離60公分以下之位置

(B) 探測器之受光器及送光器，設在距其背部牆壁1公尺範圍內

(C) 設在天花板等高度20公尺以上之場所

(D) 探測器之光軸高度，在天花板等高度百分之80以下之位置

（ D ） 20. 天花板上設有出風口時，下列哪種探測器應距離該出風口1.5公尺以上？
(A) 火焰式   (B) 差動式分布型
(C) 光電式分離型   (D) 差動式局限型

（ B ） 21. 無線電通信輔助設備使用洩波同軸電纜，除中央消防主管機關指定之周波數外，適合傳送或輻射多少百萬赫（MHz）？
(A) 100   (B) 150   (C) 200   (D) 300

（ B ） 22. 緊急廣播設備之配線，除依屋內線路裝置規則外，不得與其他電線共用管槽。但電線管槽內之電線用於多少伏特以下之弱電回路者，不在此限？
(A) 24   (B) 60   (C) 110   (D) 220

（ A ） 23. 火警自動警報設備之緊急電源，應使用蓄電池設備，其容量能使其有效動作多少分鐘以上？
(A) 10   (B) 20   (C) 30   (D) 40

（ C ） 24. 收容人員之計算規定中，有關從業員工數之計算何者錯誤？
(A) 從業員工，不分正式或臨時，以平時最多服勤人數計算
(B) 勤務制度採輪班制時，以服勤人員最多時段之從業員工數計算
(C) 輪班交班時，不同時段從業員工重複在勤時，該重複時段之從業員工數應列入計算
(D) 外勤員工有固定桌椅者，應計入從業員工數

（ A ） 25. 瓦斯漏氣表示燈之設置規定，何者正確？
(A) 設有檢知器之居室面向通路時，設於該面向通路部分之出入口附近
(B) 距樓地板面之高度，在2.5公尺以下
(C) 其亮度在表示燈前方10公尺處能明確識別，並於附近標明瓦斯漏氣表示燈字樣
(D) 在一警報分區僅一室時，仍應設之

（ A ） 26. 防火構造建築物，其探測區域樓地板面積為100平方公尺，採差動式分布型探測器為熱電偶式時，應設探測器數為多少個？
(A) 5   (B) 6   (C) 7   (D) 8

（ D ） 27. 瓦斯漏氣火警自動警報設備檢修作業中，一回路之檢知器設置數量為42個，則選取檢查數量應為多少個？
(A) 4   (B) 6   (C) 7   (D) 9

（ D ） 28. 緊急電源插座之電流供應容量為交流單相110伏特（或120伏特）多少安培以

上？

(A) 8 　　　　　　(B) 10 　　　　　　(C) 12 　　　　　　(D) 15

(D) 29. 緊急廣播設備檢修作業中，揚聲器性能檢查時，其檢查項目不包括下列哪一項？

(A) 音量 　　　　　　　　　　　　(B) 鳴動方式

(C) 音量調整器 　　　　　　　　　(D) 開關裝置

(A) 30. 無線電通信輔助設備，洩波同軸電纜之標稱阻抗為多少歐姆？

(A) 50 　　　　　　(B) 100 　　　　　(C) 150 　　　　　(D) 200

(A) 31. 下列有關排煙設備之規定，何者錯誤？

(A) 排煙機之排煙量在每分鐘一百立方公尺以上

(B) 連接緊急電源，其供電容量應供其有效動作三十分鐘以上

(C) 防煙區劃之範圍內，任一位置至排煙口之水平距離在三十公尺以下

(D) 以自然方式直接排至戶外之排煙口其開口面積在防煙區劃面積之百分之二以上

(A) 32. 下列有關偵煙式探測器之敘述何者為錯誤？

(A) 居室樓地板面積在六十平方公尺以下時，應設在其出入口附近

(B) 探測器裝設於距離牆壁或樑六十公分以上之位置

(C) 探測器在走廊及通道，步行距離每三十公尺至少設置一個

(D) 光電式分離型探測器之光軸高度，在天花板等高度百分之八十以上之位置

(A) 33. 火警自動警報設備檢修作業中，蓄積式受信機性能檢查時，其蓄積之測定時間之判定，應在受信機設定之時間加多少秒以內？

(A) 5 　　　　　　(B) 10 　　　　　(C) 15 　　　　　(D) 20

(B) 34. 有關標示設備之設置，下列敘述何者錯誤？

(A) 自居室任一點易於觀察識別其主要出入口，且與主要出入口之步行距離在避難層以外之樓層為十公尺以下者，得免設出口標示燈

(B) 自居室任一點易於觀察識別其主要出入口，且與主要出入口之步行距離在避難層為十公尺以下，得免設避難方向指示燈

(C) 供集合住宅使用之居室得免設標示設備

(D) 樓梯或坡道，設有緊急照明設備及供確認避難方向之樓層標示者，得免設避難方向指示燈

（ C ） 35. 固定架或支固器具使用螺栓固定時，若螺紋標稱為M16×2，轉矩值應為多少 kgf-cm？

(A) 150～250　　　(B) 300～450　　　(C) 600～850　　　(D) 850～950

（ B ） 36. 避難指標設於走廊或通道時，自走廊或通道任一點至指標之步行距離在多少 公尺以下？

(A) 5　　　　　　(B) 7.5　　　　　　(C) 10　　　　　　(D) 15

（ B ） 37. 下列有關火警分區之規定，何者為正確？

(A) 每一火警分區不得超過一樓層，並在樓地板面積五百平方公尺以下

(B) 樓梯或斜坡通道，垂直距離每四十五公尺以下為一火警分區

(C) 每一分區之任一邊長在六十公尺以下

(D) 上下二層樓地板面積之和在六百平方公尺以下者，得二層共用一分區

（ B ） 38. 進行火警自動警報設備性能檢查時，光電式局限型1種之動作時間應在多少秒 以內？

(A) 20　　　　　　(B) 30　　　　　　(C) 60　　　　　　(D) 90

（ B ） 39. 配管配線管道間可選擇下列何種探測器設置？

(A) 火燄式　　　　(B) 偵煙式　　　　(C) 熱煙複合式　　(D) 差動式

（ B ） 40. 醫院大樓的第三層不能設置下列何項避難器具？

(A) 避難橋　　　　(B) 緩降機　　　　(C) 救助袋　　　　(D) 滑臺

98-1年警報與避難系統消防安全設備概要

類　　科：消防設備士

考試時間：1小時30分

※注意：禁止使用電子計算器。

甲、申論題部分：（50分）

　　不必抄題，作答時請將試題題號及答案依照順序寫在申論試卷上，於本試題上作答者，不予計分。請以藍、黑色鋼筆或原子筆在申論試卷上作答。

一、緊急廣播設備之性能檢查中，啓動裝置之檢查方法為何？（25分）

解：

　　啓動裝置之檢查方法

　　　1.檢查方法

　　　　(1)手動按鈕開關

　　　　　操作手動按鈕開關，確認是否動作。

　　　　(2)火警自動警報設備之手動報警機。

　　　　　A.操作火警自動警報設備之手動報警機，確認廣播設備是否確實啓動，自動進行火災廣播。

　　　　　B.操作緊急電話（分機），於操作部（主機）呼出鳴動之同時，確認能否相互通話。

　　　　　C.操作二具以上之緊急電話（分機），確認於操作部是否可任意選擇通話，且此時被遮斷之緊急電話是否能聽到講話音。

　　　　(3)與火警自動警報設備之連動

　　　　　使火警自動警報設備動作，確認是否能確實連動。

　　　2.判定方法

　　　　(1)手動按鈕開關

　　　　　在操作部應發出音響警報及火災音響信號。

　　　　(2)火警自動警報設備之手動報警機

　　　　　A.應能自動地進行火災廣播。

B.操作部（主機）呼出鳴動，且應能明確相互通話。

C.應能任意選擇通話，且此時被遮斷之緊急電話亦應能聽到講話音。

(3) 與火警自動警報設備之連動

A.於受信火災信號後，自動地啓動廣播設備，其火災音響信號或音響裝置應鳴動。

B.起火層表示燈應亮燈。

C.起火層表示燈至火災信號復舊前，應保持亮燈。

二、火警自動警報設備在綜合檢查中，其同時動作試驗與受信總機性能檢查中之火災表示（火災動作試驗）有何不同？其理由何在？（25分）

解：

(一) 同時動作試驗與受信總機性能檢查中之火災表示（火災動作試驗）

同時動作試驗（任意五回路）

1.檢查方法

操作火災試驗開關及回路選擇開關，不要復舊使任意五回路（不滿五回路者，全部回路），進行火災動作表示試驗。

2.判定方法

受信機（含副機）應正常動作，主音響及地區音響裝置之全部或接續該五回路之地區音響裝置應鳴動。

受信總機性能檢查中火災表示檢查方法：（一次一回路）

將火災試驗開關開到試驗側，再操作回路選擇開關，進行每一回路之測試，進行火災表示試驗確認。此時，試驗每一回路確認其保持性能後操作復舊開關，再進行下一回路之測試。主音響裝置及地區音響裝置是否鳴動，且火災燈及地區表示裝置之亮燈是否正常。

(二) 理由

兩者試驗方式不同，主要在確保每一回路個別動作及有二回路以上同時動作都能確保其表示及警報功能。

乙、測驗題部分：（50分）

本試題爲單一選擇題，請選出一個正確或最適當的答案，複選作答者，該題不予計分。

共40題，每題1.25分，須用2B鉛筆在試卡上依題號清楚劃記，於本試題或申論試卷上作答者，不予計分。

（A） 1. 天然氣漏氣檢知器檢知瓦斯洩漏之濃度設定值爲多少？

    (A) 1.25%　　　(B) 2.5%　　　(C) 5%　　　(D) 10%

（B） 2. 依各類場所消防安全設備設置標準之規定，飯店多少人之間要設置一具避難器具？

    (A) 20～100　　(B) 30～100　　(C) 50～200　　(D) 100～300

（B） 3. 緊急廣播設備其防護面積內之性能化設計的最低音壓爲多少分貝？

    (A) 70　　　(B) 75　　　(C) 80　　　(D) 85

（B） 4. 定溫式探測器一種其以125%之額定溫度的熱風進行測試時應於多少秒內作動？

    (A) 40　　　(B) 120　　　(C) 300　　　(D) 400

（C） 5. 火警警報系統探測回路採用公用線配線時，每一條公用線最多可供應幾區？

    (A) 3　　　(B) 5　　　(C) 7　　　(D) 9

（B） 6. B級出口標示燈其標示面光度爲多少燭光（cd）？

    (A) 1.5　　　(B) 10　　　(C) 50　　　(D) 60

（C） 7. C級避難方向指示燈的標示面縱向尺度爲0.15公尺，試問其步行距離爲多少公尺？

    (A) 2.5　　　(B) 5　　　(C) 7.5　　　(D) 10

（D） 8. 下列緩降機之使用何者爲錯？

    (A) 十樓以下才被要求設置　　　(B) 掛勾應掛在堅固之固定點
    (C) 緩降機之束帶應束緊　　　(D) 緩降機可拿至任何一層使用

（D） 9. 下列何者非影響定溫式探測器作動之因子？

    (A) 反應時間指數（RTI）　　　(B) 熱氣溫度
    (C) 熱氣速度　　　(D) 熱氣煙濃度

（C） 10. 所謂補償式探測器係指下列那兩種探測器之組合？

    (A) 離子式+光電式　　　(B) 離子式+定溫式
    (C) 定溫式+差動式　　　(D) 光電式+差動式

（ C ）11. 於樓梯裝設光電式二種探測器請問每多少公尺要裝設一顆探測器？

(A) 5公尺　　　　(B) 10公尺　　　　(C) 15公尺　　　　(D) 20公尺

（ B ）12. 地下建築物之地下通道每多少平方公尺應以防煙壁區劃？

(A) 200　　　　(B) 300　　　　(C) 400　　　　(D) 500

（ B ）13. 自然排煙其排煙口之開口面積應在防煙區劃面積的百分之多少以上？

(A) 1　　　　(B) 2　　　　(C) 4　　　　(D) 以上皆非

（ A ）14. 機械排煙口之位置應在天花板或天花板下方多少公分內？

(A) 80　　　　(B) 100　　　　(C) 120　　　　(D) 150

（ B ）15. 依各類場所消防安全設備設置標準之規定，防災中心樓地板面積不得小於多少平方公尺？

(A) 20　　　　(B) 40　　　　(C) 60　　　　(D) 80

（ B ）16. 依各類場所消防安全設備設置標準之規定，排煙機排煙風量至少應達每分鐘多少立方公尺以上？

(A) 100　　　　(B) 120　　　　(C) 150　　　　(D) 240

（ A ）17. 某一室內立體停車場所裝置火警探測器為差動式分布型（空氣管式）於流通試驗時，以測試幫浦注入空氣，應使流體壓力計的水位上升至約多少mm，然後停止水位？

(A) 100　　　　(B) 150　　　　(C) 200　　　　(D) 250

（ B ）18. 某一飲食店設有定溫式局限型（非再用型）探測器共有63個，於動作試驗，以加熱試驗器加熱測定至探測器動作為止，應抽取幾個測試？

(A) 2　　　　(B) 4　　　　(C) 6　　　　(D) 8

（ D ）19. 火警探測器回路加設終端電阻之目的為何？

(A) 短路測試　　　(B) 音壓測試　　　(C) 電量測量　　　(D) 斷線測試

（ C ）20. 查驗未具定期自動測試機能之受信總機時，應施行之性能試驗項目，下列何者有誤？

(A) 火災表示試驗　　　　　　　　(B) 回路斷線試驗

(C) 回路合成阻抗試驗　　　　　　(D) 緊急電源試驗

（ D ）21. 以適當之試驗器對下列探測器施以性能檢查，其動作時間何者合格（各探測器皆非蓄積型，且標稱動作溫度與周圍溫度之差皆在50℃以下）？

(A) 一種光電式局限型，32秒　　　(B) 二種光電式分離型，32秒

(C) 二種差動式局限型，32秒　　　(D) 特種定溫式局限型，32秒

（A）22. 下列何者不是差動式局限型探測器的構造？

（A）雙金屬片 （B）排氣孔（洩氣孔）

（C）感壓室（空氣室） （D）膜片

（C）23. 若有一棟防火構造建築物，其探測區域樓地板面積為180平方公尺，若其差動式分布型探測器採用熱電偶式，至少應設探測器數目為幾個？

（A）7 （B）8 （C）9 （D）10

（A）24. 進行感熱型分布型空氣管式探測器接點水高試驗時，應將空氣管由旋塞台取下，連接H計及空氣注入器，並將試驗旋塞調整至接點水高試驗位置，請問H計所指為何？

（A）流體壓力計 （B）感度試驗計

（C）空氣流量計 （D）接點電壓計

（D）25. 依各類場所消防安全設備設置標準規定，一防火構造建築物裝置差動式分布型（熱電偶式）時，每一檢出器所能保護之最大面積為多少平方公尺？

（A）88 （B）72 （C）360 （D）440

（D）26. 依「火警發信機」作動原理得知，當火警發信機被按壓作動時，若以三用電錶量測該探測回路時，其電壓值應為多少伏特（V）？

（A）24 （B）16 （C）12 （D）0

（B）27. 差動式探測器，其動作原理為感應下列何種變數？

（A）定溫度 （B）溫升率 （C）煙濃度 （D）遮光度

（D）28. 依據各類場所消防安全設備設置標準之規定，避難器具開口部面積以下何者為錯？

（A）緩降機為80cm×50cm以上 （B）救助袋60cm×60cm以上

（C）滑台80cm×滑台寬度以上 （D）避難橋80cm×避難橋寬度以上

（A）29. 受信總機、中繼器及偵煙式探測器設蓄積時間時，其蓄積時間合計不得大於幾秒？

（A）60 （B）70 （C）90 （D）120

（C）30. 依各類場所消防安全設備設置標準之規定，局限型探測器之裝置不得傾斜幾度以上？

（A）15 （B）30 （C）45 （D）60

（A）31. 以加煙試驗器對偵煙式探測器二種進行測試，應於多少秒內作動為合格？

（A）60 （B）80 （C）100 （D）120

（A） 32. P型受信總機之探測器回路電阻應在多少歐姆以下？

　　　　(A) 50　　　　　　(B) 100　　　　　(C) 150　　　　　(D) 200

（A） 33. 天花板設有回風口時其偵煙式探測器應於回風口多少距離以內？

　　　　(A) 1公尺　　　　(B) 1.5公尺　　　(C) 2公尺　　　　(D) 2.5公尺

（C） 34. 依據各類場所消防安全設備設置標準之規定，未滿四公尺高之防火構造建築物使用差動式局限型二種其保護面積最多為多少平方公尺？

　　　　(A) 20　　　　　　(B) 60　　　　　　(C) 70　　　　　　(D) 90

（D） 35. 電腦室有成為燻燒火災之虞的場所應裝設哪一種探測器？

　　　　(A) 定溫式探測器　　　　　　　　　(B) 差動式探測器

　　　　(C) 離子式探測器　　　　　　　　　(D) 光電式探測器

（D） 36. 火警自動警報設備之鳴動方式，建築物在五樓以上，且總樓地板面積在多少平方公尺以上者應採分層鳴動？

　　　　(A) 1500　　　　　(B) 2000　　　　　(C) 2500　　　　　(D) 3000

（C） 37. 依各類場所消防安全設備設置標準之規定，地下建築物之地下通道地板面之緊急照明水平面之照度不得小於多少勒克斯？

　　　　(A) 2　　　　　　　(B) 5　　　　　　　(C) 10　　　　　　(D) 15

（D） 38. 有一樓層，因用途區劃之故，以防煙壁區劃為三區，分別為100、200、300平方公尺。若設置一台排煙機進行機械排煙時，其排煙量每分鐘不得小於多少立方公尺？

　　　　(A) 300　　　　　　(B) 400　　　　　(C) 500　　　　　(D) 600

（B） 39. 緊急照明設備採蓄電池設備與緊急發電機併設方式時，其緊急電源種類及容量之設置規定，下列敘述何者正確？

　　　　(A) 蓄電池設備與緊急發電機，持續動作十分鐘以上

　　　　(B) 蓄電池設備，持續動作十分鐘以上及緊急發電機，持續動作三十分鐘以上

　　　　(C) 蓄電池設備，持續動作三十分鐘以上及緊急發電機，持續動作十分鐘以上

　　　　(D) 以上皆非

（B） 40. 位於八樓之辦公室，其收容人數為790人，在無減（免）設之條件下，至少應設多少具避難器具？

　　　　(A) 2　　　　　　　(B) 3　　　　　　　(C) 4　　　　　　　(D) 5

98-2年警報與避難系統消防安全設備概要

類　　科：消防設備士

考試時間：1小時30分

※注意：禁止使用電子計算器。

甲、申論題部分：（50分）

不必抄題，作答時請將試題題號及答案依照順序寫在申論試卷上，於本試題上作答者，不予計分。請以藍、黑色鋼筆或原子筆在申論試卷上作答。

一、各類場所進行火警自動警報設備性能檢查時，以白金懷爐式加熱試驗器檢測何種型式火警探測器？其檢測程序與試驗結果在性能上判定如何？（25分）

解：

(一) 白金懷爐式加熱試驗器檢測

加熱試驗器係利用溫度調節板調整白金火口大小的白金懷爐式或以類似吹風機構造加熱線圈的電熱式，進行定溫式、差動式、補償式局限型探測器之加熱試驗。

1.感熱型探測器（多信號探測器除外。以下相同）

(1)局限型

A.檢查方法

(A)定溫式及差動式（再用型）

使用加熱試驗器對探測器加熱，確認到動作之時間及警戒區域之表示是否正常。

(B)定溫式（非再用型）

按下表選取檢查數量，依再用型探測器進行加熱試驗。

探測器選取檢查數量表

探測器之設置數量	選取檢查數量
1以上10以下	1
11以上50以下	2

探測器之設置數量	選取檢查數量
51以上100以下	4
101以上	7

B.判定方法

(A)動作時間應在下表時間以內。

探測器之動作時間表　　　　　　　　　　　單位：秒

動作時間	探測器之種別			
探測器	特種	1種	2種	3種
差動式局限型	—	30	30	—
定溫式局限型	40	60	120	—
離子式局限型光電式局限型	—	30	60	90
光電式分離型	—	30	30	—
備　　　註	定溫式局限型當其標稱動作溫度與周圍溫度之差超過五十度時，其動作時間得加倍計算			

(B)火警分區之表示應正常。

二、排煙設備中排煙機的排煙風量如何檢查測知？並請說明其測試程序及性能之判定標準為何？（25分）

解：

(一) 風量檢查

以風速計在排煙口進行對角線上五點進行風速測量計算，

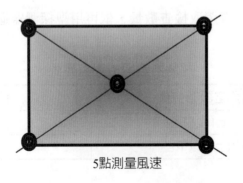

5點測量風速

$$Q（風量\frac{m^3}{min}）= 60×A（排煙口面積m^2）×V（平均風速\frac{m}{sec}）$$

(二) 測試程序：

　　A. 依上述進行排煙口5點測量。

　　B. 求取上述平均風速（V）。

　　C. 依Q（風量$\frac{m^3}{min}$）= 60×A（排煙口面積m^2）×V（平均風速$\frac{m}{sec}$）

　　D. 是否符合法定排煙量。

(三) 性能判定：

　　A. 需排煙能力，在每秒4m^3（兼用時，每秒六立方公尺）以上。

　　B. 排煙口之開口面積不得小於防煙區劃面積之百分之二，且應以自然方式直接排至戶外。排煙口無法以自然方式直接排至戶外時，應設排煙機。

　　C. 排煙機應能隨任一排煙口之開啓而動作，其排煙量不得小於每分鐘一百二十立方公尺，且在一防煙區劃時，不得小於該防煙區劃面積每平方公尺每分鐘一立方公尺，在二區 以上之防煙區劃時，應不得小於最大防煙區劃面積每平方公尺每分鐘二立方公尺。但地下建築物之地下通道，其總排煙量不得小於每分鐘六百立方公尺。

乙、測驗題部分：（50分）

本試題為單一選擇題，請選出一個正確或最適當的答案，複選作答者，該題不予計分。共40題，每題1.25分，須用2B鉛筆在試卡上依題號清楚劃記，於本試題或申論試卷上作答者，不予計分。

（A）　1. 依「各類場所消防安全設備設置標準」第153條規定，下列何者非避難指標之設置規定？

　　　(A) 設於出入口時，裝設高度距樓地板面一點五公尺以上

　　　(B) 設於走廊或通道時，自走廊或通道任一點至指標之步行距離在七點五公尺以下

　　　(C) 周圍不得設有影響視線之裝潢及廣告招牌

　　　(D) 設於易見且採光 好處

（D）　2. 依「各類場所消防安全設備設置標準」第166條規定，設置避難器具標示使用方法時，下列何者非其規定？

(A) 長六十公分以上、寬三十公分以上　　(B) 標示易懂之使用方法

(C) 每字一平方公分以上　　　　　　　　(D) 應具備中英文對照

(B)　3. 依「各類場所消防安全設備設置標準」第155條規定，出口標示燈及避難方向指示燈之緊急電源應使用蓄電池設備，其容量應能使其有效動作多少時間以上？

(A) 十分鐘　　　　(B) 二十分鐘　　　　(C) 三十分鐘　　　　(D) 四十分鐘

(C)　4. 依「各類場所消防安全設備設置標準」第163條規定，緩降機於設置周圍無操作障礙，並保有之必要操作面積規定為何？

(A) 寬一百五十公分以上，長一百五十公分以上（含器具所占面積）

(B) 依避難器具大小及形狀留置之

(C) 零點五平方公尺以上（不含避難器具所占面積），但邊長應為六十公分以上

(D) 高六十公分以上，寬六十公分以上

(D)　5. 依「各類場所消防安全設備設置標準」第170條規定，何者並非救助袋設置規定？

(A) 救助袋之長度應無避難上之障礙，且保持一定之安全下滑速度

(B) 裝置在使用場所之柱、地板、樑或其他構造上堅固或加強部分

(C) 救助袋支固器具以螺栓、熔接或其他堅固方法裝置

(D) 構造、材質、強度及標示符合CNS、一三二三一之規定

(A)　6. 進入安全梯之出入口，應符合下列何者之規定？

(A) 裝設具有一小時以上防火時效，且具有半小時以上阻熱性之防火門，並不得設置門檻；其寬度不得小於九十公分

(B) 具有一小時以上防火時效，天花板及牆面之裝修材料採用耐燃一級材料

(C) 有緊急電源之照明設備

(D) 開設採光用之向外窗戶或開口者，應與同幢建築物之其他窗戶或開口相距九十公分以上

(D)　7. 自室內經由陽臺或排煙室始得進入之安全梯稱為？

(A) 直通樓梯　　　(B) 室內安全梯　　　(C) 戶外安全梯　　　(D) 特別安全梯

(C)　8. 某建築物樓層高度超過十層樓，其以上部分之樓層最大樓地板面積為五〇〇〇平方公尺，緊急用升降機應設置幾座？

(A) 五座　　　　　(B) 二座　　　　　(C) 三座　　　　　(D) 四座

（ B ）　9. 電影院直通樓梯於避難層開向屋外之其他出入口，其寬度及高度之規定為
何？

(A) 寬度不得小於一‧三公尺，高度不得小於一‧八公尺

(B) 寬度不得小於一‧二公尺，高度不得小於一‧八公尺

(C) 寬度不得小於一‧二公尺，高度不得小於一‧九公尺

(D) 寬度不得小於一‧三公尺，高度不得小於一‧九公尺

（ C ）　10. 多年前大囍市社區火災，多人使用緩降機但仍不幸罹難，其主要原因為何？

(A) 緩降機過於老舊

(B) 未將安全帶上之束環束緊

(C) 自家之緩降機已拆除，僅抓住較高樓層緩降機之繩索

(D) 下落時撞擊異物

（ C ）　11. 下列何者非屬於避難設備？

(A) 避難器具　　　(B) 標示設備　　　(C) 警報設備　　　(D) 緊急照明設備

（ B ）　12. 標示設備之設置在步行距離多少公尺以下者，得免設避難指標？

(A) 二十公尺　　　(B) 三十公尺　　　(C) 四十公尺　　　(D) 五十公尺

（ A ）　13. 建築物地下層可選擇設置之避難器具為何？

(A) 避難梯　　　　(B) 緩降機　　　　(C) 救助袋　　　　(D) 滑臺

（ A ）　14. 圖書館、博物館、美術館、紀念館、史蹟資料館及其他類似場所之收容人員
計算方式以樓地板面積和除多少平方公尺計算之？

(A) 三平方公尺　　(B) 四平方公尺　　(C) 五平方公尺　　(D)　二平方公尺

（ C ）　15. 走廊、樓梯及廁所計算收容人員之樓地板面積方式為？

(A) 折半計算

(B) 兩倍計算

(C) 原則上不列入計算收容人員之樓地板面積

(D) 以連接場所之收容人數計算

（ D ）　16. 某建築物樓層具有不得供避難、通行及搬運以外之用途之架空走廊二座，則
該樓層可減設多少具避難器具？

(A) 二具　　　　　(B) 三具　　　　　(C) 一具　　　　　(D) 四具

（ A ）　17. 免設緊急照明設備之處所，下列何者錯誤？

(A) 工作場所中以防煙區劃之部分

(B) 在避難層，由居室任一點至通往屋外出口之步行距離在三十公尺以下之

居室

(C) 集合住宅之居室

(D) 具有效採光，且直接面向室外之通道或走廊

(D) 18. 避難方向指示燈及出口標示燈保險絲正確之性能檢查，以下列何種方式進行？

(A) 由檢查開關進行常用電源之切斷及復歸之操作，確認其切換功能是否正常

(B) 確認於緊急電源切換狀態時，有無正常瞬時亮燈

(C) 以目視或螺絲起子確認其有無斷線、端子鬆動等現象

(D) 確認有無損傷、熔斷之現象，及是否為所定種類及容量

(C) 19. 避難器具在完成外觀檢查及性能檢查之後，檢查避難器具之使用狀態及確認其性能是否正常之檢查為？

(A) 管理檢查　　　(B) 實地檢查　　　(C) 綜合檢查　　　(D) 性能複查

(B) 20. 緩降機下降檢查方法分四步驟：①把附在短邊繩子之安全帶從頭部套入，將胸部以束環栓緊　②握住兩條繩索（有制動器者操作制動器），走出外牆壁把體重加在繩子垂下去　③面向壁面，等身體穩定後把手從繩子處放開而下降　④下降完畢後，解開安全帶，其順序為？

(A) ①③②④　　(B) ①②③④　　(C) ③②①④　　(D) ②③①④

(A) 21. 斜降式救助袋上部檢查者之程序：①打開收藏箱　②等候地上檢查者之信號，使袋本體下降　③解開固定袋本體之皮帶　④解開引導繩之束結，拿起砂袋投下　⑤袋本體完成下降後，拉起入口零件，其順序為？

(A) ①④③②⑤　　(B) ①②③④⑤　　(C) ①③②④⑤　　(D) ①②④③⑤

(A) 22. 緩降機調速器動作時，阻力感受應為下列何者？

(A) 有適當阻力感　　　　　　(B) 不穩定的阻力感

(C) 完全無阻力感　　　　　　(D) 依氣溫而異

(B) 23. 火警自動警報設備之探測器信號回路配線，若是碳素電阻的終端電阻，值為10kΩ誤差±10%其電阻色碼辨識順序為何？（由左至右，第一位色：第二位色：指數：容許誤差）

(A) 棕：黑：黑：銀　　　　　　(B) 棕：黑：橙：銀

(C) 棕：黑：黑：金　　　　　　(D) 棕：黑：橙：金

（ C ） 24. 下列敘述何者錯誤？

(A) 緊急廣播設備操作裝置之操作開關距樓地板面之高度，須在零點八公尺以上一點五公尺以下

(B) 火警受信總機之壁掛型總機操作開關距離樓地板面之高度，須在零點八公尺以上一點五公尺以下

(C) 消防栓箱上方牆上火警發信機離地板面之高度，須在零點八公尺以上一點五公尺以下

(D) 瓦斯漏氣受信總機操作開關距樓地板面之高度，須在零點八公尺以上一點五公尺以下

（ D ） 25. 醫院的茶水間（水蒸氣會大量滯留之場所）適合裝設那一種探測器？

(A) 偵煙式局限型三種　　　　　　　(B) 差動式局限型一種

(C) 火焰式探測器　　　　　　　　　(D) 定溫式局限型一種

（ A ） 26. 下列探測器何者不適合裝置於8m以上至15m以下的高度？

(A) 差動式局限型一種　　　　　　　(B) 差動式分布型一種

(C) 光電式局限型一種　　　　　　　(D) 火焰式

（ B ） 27. 下列何者非瓦斯漏氣火警自動警報設備之檢修項目？

(A) 標示燈　　　　(B) 手動報警機　　(C) 緊急電源　　　(D) 檢知器

（ A ） 28. 有關探測器裝置，下列何者非規定項目？

(A) 差動式分布型探測器應距離出風口一點五公尺以上

(B) 偵煙式局限型探測器應裝置於回風口周圍一公尺範圍內

(C) 定溫式局限型探測器之裝置，不得傾斜四十五度以上

(D) 偵煙式探測器應距離牆或樑六十公分以上

（ C ） 29. 有一棟地面二十層、地下三層樓之防火構造建築物，其每層樓高三公尺，從特別安全梯間最高層天花板往下垂直距離裝設偵煙式局限型探測器一種，請問最少要裝幾個？　　(A) 三　(B) 四　(C) 五　(D) 六

（ C ） 30. 光電式分離型探測器光軸與光軸之間距最大不得超過幾公尺？

(A) 七　　　　　　(B) 八　　　　　　(C) 十四　　　　　　(D) 十六

（ C ） 31. 有一設置於地下一樓的KTV，其探測器之選定，下列何者錯誤？

(A) 自助飲食拿取區設偵煙式局限型　(B) 走廊間設偵煙式局限型

(C) 接待大廳設差動式局限型　　　　(D) 包廂內設偵煙式局限型

（ A ）32. 有關緊急廣播設備的敘述，下列何者錯誤？

　　　　(A) 各樓層任一點至啓動裝置之步行距離在二十五公尺以下

　　　　(B) 樓梯間垂直距離每十五公尺設一個L級揚聲器

　　　　(C) 廣播區域超過一百平方公尺設L級揚聲器

　　　　(D) 任一層之揚聲器或配線有短路或斷線時，不得影響其他樓層之廣播

（ C ）33. 某大樓設有十個火警分區，下列何種受信總機最不適合設置於大樓？

　　　　(A) P型一級受信總機　　　　　　　　(B) R型受信總機

　　　　(C) P型二級受信總機　　　　　　　　(D) 二信號受信總機

（ C ）34. 下列何者不是瓦斯漏氣檢知器常見之種類？

　　　　(A) 二氧化錫半導體式　　　　　　　　(B) 白金線接觸燃燒式

　　　　(C) 熱電偶接觸燃燒式　　　　　　　　(D) 白金線二氧化錫氣體熱傳導式

（ C ）35. 有一樓層高4.5公尺之防火構造建築物，探測區域為200平方公尺，若裝設差動式局限型一種探測器，則需幾個？

　　　　(A) 3　　　　　　　(B) 4　　　　　　　(C) 5　　　　　　　(D) 6

（ A ）36. 有關瓦斯漏氣檢知器用於檢知液化石油氣（LPG）的說明，下列何者錯誤？

　　　　(A) 設於距瓦斯燃燒器具水平距離八公尺以內

　　　　(B) 檢知器上端，裝設在距樓地板面三十公分範圍內

　　　　(C) 設於瓦斯導管貫穿牆壁處水平距離四公尺以內

　　　　(D) 檢知器回路不得與瓦斯漏氣火警自動警報設備以外之設備共用

（ D ）37. 有一長方形通道寬一點五公尺，步行距離長一百二十公尺，使用偵煙式局限型三種探測器最少需設幾個？

　　　　(A) 3　　　　　　　(B) 4　　　　　　　(C) 5　　　　　　　(D) 6

（ C ）38. 緊急廣播設備之啓動裝置，在下列何種場所不需使用緊急電話方式啓動？

　　　　(A) 第十五層樓　　　　　　　　　　　(B) 地下第四層樓

　　　　(C) 無開口樓層　　　　　　　　　　　(D) 地下建築物的地下街

（ A ）39. 下列何者是緊急電源鉛酸蓄電池之檢測工具？

　　　　(A) 比重計　　　　(B) 濃度計　　　　(C) 風速計　　　　(D) 糖度計

（ C ）40. 從各廣播區域內任一點至揚聲器之水平距離應在幾公尺以下？

　　　　(A) 6公尺　　　　(B) 8公尺　　　　(C) 10公尺　　　　(D) 12公尺

97-1年警報與避難系統消防安全設備概要

類　　科：消防設備士

考試時間：1小時30分

※注意：禁止使用電子計算器。

甲、申論題部分：（50分）

不必抄題，作答時請將試題題號及答案依照順序寫在申論試卷上，於本試題上作答者，不予計分。請以藍、黑色鋼筆或原子筆在申論試卷上作答。

一、依「各類場所消防安全設備設置標準」規定，說明公共危險物品製造場所、一般處理場所及室內儲存場所，應設置火警自動警報設備的相關條件為何？（25分）

解：

應設置火警自動警報設備的相關條件

第205條

下列場所應設置火警自動警報設備：

一、公共危險物品製造場所及一般處理場所符合下列規定之一者：

(一) 總樓地板面積在五百平方公尺以上者。

(二) 室內儲存或處理公共危險物品數量達管制量一百倍以上者。但處理操作溫度未滿攝氏一百度之高閃火點物品者，不在此限。

(三) 建築物除供一般處理場所使用外，尚供其他用途者。但以無開口且具一小時以上防火時效之牆壁、樓地板區劃分隔者，不在此限。

二、室內儲存場所符合下列規定之一者：

(一) 儲存或處理公共危險物品數量達管制量一百倍以上者。但儲存或處理高閃火點物品，不在此限。

(二) 總樓地板面積在一百五十平方公尺以上者。但每一百五十平方公尺內以無開口且具一小時以上防火時效之牆壁、樓地板區劃分隔，或儲存、處理易燃性固體以外之第二類公共危險物品或閃火點在攝氏七十度以上之第四類公共危險物品之場所，其總樓地板面積在五百平方公尺以下者，不在此限。

(三) 建築物之一部分供作室內儲存場所使用者。但以無開口且具一小時以上防火時效之牆壁、樓地板區劃分隔者，或儲存、處理易燃性固體以外之第二類公共危險物品或閃火點在攝氏七十度以上之第四類公共危險物品，不在此限。

(四) 高度在六公尺以上之一層建築物。

三、室內儲槽場所達顯著滅火困難者。

四、一面開放或上方有其他用途樓層之室內加油站。

前項以外之公共危險物品製造、儲存或處理場所儲存、處理公共危險物品數量達管制量十倍以上者，應設置手動報警設備或具同等功能之緊急通報裝置。但平日無作業人員者，不在此限。

二、依「各類場所消防安全設備設置標準」規定，瓦斯漏氣檢知器，依瓦斯特性之不同而裝設，試說明其裝設規定？並說明其性能檢查要領。（25分）

解：

(一) 裝設規定

第141條

瓦斯漏氣檢知器，依瓦斯特性裝設於天花板或牆面等便於檢修處，並符合下列規定：

一、瓦斯對空氣之比重未滿一時，依下列規定：

(一) 設於距瓦斯燃燒器具或瓦斯導管貫穿牆壁處水平距離八公尺以內。但樓板有淨高六十公分以上之樑或類似構造體時，設於近瓦斯燃燒器具或瓦斯導管貫穿牆壁處。

(二) 瓦斯燃燒器具室內之天花板附近設有吸氣口時，設在距瓦斯燃燒器具或瓦斯導管貫穿牆壁處與天花板間，無淨高六十公分以上之樑或類似構造體區隔之吸氣口一點五公尺範圍內。

(三) 檢知器下端，裝設在天花板下方三十公分範圍內。

二、瓦斯對空氣之比重大於一時，依下列規定：

(一) 設於距瓦斯燃燒器具或瓦斯導管貫穿牆壁處水平距離四公尺以內。

(二) 檢知器上端，裝設在距樓地板面三十公分範圍內。

三、水平距離之起算，依下列規定：

(一) 瓦斯燃燒器具為燃燒器中心點。

(二) 瓦斯導管貫穿牆壁處為面向室內牆壁處之瓦斯配管中心處。

(二) 性能檢查要領如次：

1. 檢查方法

使用「加瓦斯試驗器」進行加瓦斯測試（對空氣之比重未滿一者使用甲烷，對空氣之比重大於一者使用異丁烷），依下列(1)至(3)其中之一來測定檢知器是否動作及到受信機動作之時間，同時確認中斷器，瓦斯漏氣表示燈及檢知區域警報裝置之動作狀況。

(1) 有動作確認燈之檢知器，測定由確認燈亮燈至受信總機之瓦斯漏氣燈亮燈之時間。

(2) 由檢知區域警報裝置或中繼器之動作確認燈，能確認檢知器之動作時，測定由檢知區域警報裝置動作或中繼器之動作確認亮燈，至受信總機之瓦斯漏氣燈亮燈之時間。

(3) 無法由前述(1)、(2)測定者，測定加壓試驗用瓦斯後，至受信總機之瓦斯漏氣燈亮燈之時間。

(4) 檢知器應按下表選取檢查數量。

（檢知器選取檢查數量表）

一回路之檢知器數量	撰取檢查數量
1～5個	1
6～10個	2
11～15個	3
16～20個	4
21～25個	5
26～30個	6
30個以上	20%

2. 判定方法

(1) 中斷器、瓦斯漏氣表示燈及檢知區域警報裝置之動作應正常。受信總機之瓦斯漏氣燈、主音響裝置之動作及警報分區之表示應正常。

(2) 由前述檢查方法之(1)、(2)、(3)測得之時間，扣除下列A及B所定之時

間，應在60秒內。

　　A.介入中繼器時爲5秒。

　　B.檢查方法採用(3)時爲20秒。

3.注意事項

(1)檢知器每次測試時應輪流選取，可於圖面或檢查表上註記每次選取之位置。

(2)在選取之檢知器中，發現有不良品時，該回路之全部檢知器均應實施檢查。

乙、測驗題部分：（50分）

本試題爲單一選擇題，請選出一個正確或最適當的答案，複選作答者，該題不予計分。

共40題，每題1.25分，須用2B鉛筆在試卡上依題號清楚劃記，於本試題或申論試卷上作答者，不予計分。

(D)　1.樓梯、斜坡通道、升降機之升降路及管道間等場所，在水平距離多少公尺範圍內，且其頂層相差在多少層以下時，得視爲同一火警分區？

　　(A) 15公尺：1層　　(B) 45公尺：1層　　(C) 45公尺：2層　　(D) 50公尺：2層

(A)　2.某一廣播區域面積爲110平方公尺，試問該廣播分區應裝設那一級之揚聲器？

　　(A) L級　　　　　　(B) M級　　　　　　(C) S級　　　　　　(D) 以上皆可

(B)　3.某一防火構造建築物，裝置面高度爲4.2公尺，若裝設補償式局限型第一種探測器，其有效探測範圍應爲多少平方公尺？

　　(A) 50平方公尺　　(B) 45平方公尺　　(C) 40平方公尺　　(D) 35平方公尺

(B)　4.某一居室僅有一個防煙區劃，若其防煙區劃面積爲100平方公尺，試問其排煙機之排煙量至少每分鐘應在多少立方公尺以上？

　　(A) 100　　　　　　(B) 120　　　　　　(C) 150　　　　　　(D) 600

(D)　5.特別安全梯的排煙室與緊急升降機兼用時，若設置直接面向戶外之窗戶，其窗戶有效開口面積應在多少平方公尺以上？

　　(A) 4　　　　　　　(B) 6　　　　　　　(C) 2　　　　　　　(D) 3

(A)　6.避難層之居室，由其任一點至通往屋外出口之步行距離在多少公尺以下時，其居室可以免設緊急照明設備？

　　(A) 30　　　　　　　(B) 40　　　　　　　(C) 50　　　　　　　(D) 60

（ D ）　7. 建築物任一出入口與其他出入口之步行距離大於300公尺時，其無線電通信輔助設備之無線電接頭數量，應設置多少個以上？

　　　　(A) 5　　　　　　(B) 4　　　　　　(C) 3　　　　　　(D) 2

（ B ）　8. 依「各類場所消防安全設備設置標準」第153條規定，避難指標設於出入口時，其裝設高度距離樓地板面應在多少公尺以下？

　　　　(A) 1.8　　　　　(B) 1.5　　　　　(C) 0.8　　　　　(D) 0.6

（ C ）　9. 依「各類場所消防安全設備設置標準」第143條規定，設有檢知器之居室面向通路時，瓦斯漏氣表示燈應設於該面向通路部分之出入口附近，且距離樓地板面之高度，應在多少公尺以下？

　　　　(A) 2.5公尺　　　(B) 3.5公尺　　　(C) 4.5公尺　　　(D) 5.5公尺

（ D ）　10. 有關緊急電源插座的裝設高度，距離樓地板之範圍，下列何者為正確？

　　　　(A) 0.4公尺以上，1.5公尺以下　　　　(B) 0.6公尺以上，1.5公尺以下
　　　　(C) 0.8公尺以上，1.5公尺以下　　　　(D) 1.0公尺以上，1.5公尺以下

（ C ）　11. 一般情形之下，火警自動警報設備之火警分區，每一分區之任一邊長應在多少公尺以下？

　　　　(A) 25公尺　　　(B) 30公尺　　　(C) 50公尺　　　(D) 75公尺

（ A ）　12. 電源回路配線耐燃保護之施作，得以600伏特絕緣電線裝於金屬導線管槽內，並埋設於防火構造物之混凝土內，其混凝土保護厚度至少應為多少公厘以上？

　　　　(A) 20公厘　　　(B) 23公厘　　　(C) 25公厘　　　(D) 30公厘

（ A ）　13. 對於設置場所平時溫度之變化，差動式局限型探測器係利用下列何者構件，來防止此種非火災訊息的誤報情形？

　　　　(A) 排氣孔　　　(B) 空氣室　　　(C) 隔膜片　　　(D) 接點

（ B ）　14. 下列何者不是補償式局限型探測器的組成構件？

　　　　(A) 空氣室　　　(B) 光電元件　　　(C) 雙金屬片　　　(D) 排氣孔

（ C ）　15. 下列何者為偵煙離子式局限型探測器的動作原理？

　　　　(A) 光電元件之受光量變化　　　　(B) 熱電偶之熱電效應變化
　　　　(C) 放射性物質之電離電流變化　　(D) 焦電元件之閃動頻率變化

（ D ）　16. 同一只探測器裝置盒內，能依其性能、種別（靈敏度）、標稱動作溫度或標稱蓄積時間之不同，而發出二種以上輸出信號者，稱為下列何種探測器？

　　　　(A) 定址式　　　(B) 複合式　　　(C) 類比式　　　(D) 多信號式

（ A ） 17. 下列何者為差動式分布型空氣管式探測器的動作原理？
(A) 空氣受熱膨脹 　　　　　　　(B) 雙金屬片受熱彎曲
(C) 熱電效應 　　　　　　　　　(D) 熱阻效應

（ D ） 18. 走廊、通道等屬於煙須經長時間移動方能到達探測器之場所，應選用下列何種探測器較為適當？
(A) 差動式局限型 　　　　　　　(C) 定溫式局限型
(C) 離子式局限蓄積型 　　　　　(D) 光電式局限非蓄積型

（ B ） 19. 廚房等平時煙會滯留之場所，應選用下列何種探測器較為適當？
(A) 差動式局限型第1種 　　　　(C) 定溫式局限型第1種
(C) 補償式局限型第1種 　　　　(D) 差動式分布型第2種

（ A ） 20. 進行二信號式受信總機火災動作試驗，當收到第一信號時，下列何者動作表示其功能正常？
(A) 主音響鳴動 　　　　　　　　(C) 火警標示燈閃滅
(C) 地區音響鳴動 　　　　　　　(D) 火災燈亮

（ B ） 21. 差動式分布型熱半導體式探測器之火災動作試驗，當其感熱部之裝置未滿8公尺者，準用下列何者儀器進行測試？
(A) 流體水壓計 　　　　　　　　(C) 加熱試驗器
(C) 空氣注入試驗器 　　　　　　(D) 儀表繼電器試驗器

（ C ） 22. 關於火警標示燈檢修判定方法，以其與裝置面成X度角，並在Y公尺距離內能容易識別為合格，請問X、Y為何？
(A) 20：15 　　(B) 15：15 　　(C) 15：10 　　(D) 10：10

（ D ） 23. 下列何者不是瓦斯漏氣火警受信總機之外觀檢查項目？
(A) 周圍狀況及外形 　　　　　　(B) 表示裝置及開關、標示
(C) 預備零件 　　　　　　　　　(D) 警戒狀況

（ C ） 24. 某一檢知回路裝設有18個瓦斯漏氣檢知器，試問於檢知器之性能檢查時，應至少選取數量多少個來進行試驗？
(A) 2 　　　　　(B) 3 　　　　　(C) 4 　　　　　(D) 5

（ D ） 25. 有一P型一級20回路之火警受信總機，欲進行火災同時動作試驗時，除操作火災試驗開關及回路選擇開關不要復舊，並應使任意多少個回路，進行火災動作表示試驗？
(A) 2回路 　　　(B) 5回路 　　　(C) 10回路 　　　(D) 全部回路

（ B ）26. 某光電式局限型第1種蓄積型偵煙探測器，其標稱蓄積時間為35秒，現欲使用加煙試驗器進行動作試驗時，其動作時間最多應在多少秒以內，方為正常？

(A) 60秒 　　　(B) 70秒 　　　(C) 80秒 　　　(D) 90秒

（ A ）27. 使用噪音計進行緊急廣播之L級揚聲器的音量檢測時，必須距離揚聲器1公尺處，其音壓量應在多少分貝以上方為合格？

(A) 92分貝 　　(B) 90分貝 　　(C) 87分貝 　　(D) 84分貝

（ D ）28. 有關避難器具標示，下列敘述何者正確？

(A) 分為設置位置及使用方法兩種標示

(B) 使用方法標示尺寸：長60公分以上，寬40公分以上

(C) 避難器具指標每字3平方公分以上

(D) 設於通往設置位置之走廊者，尺寸：長36公分以上，寬12公分以上

（ C ）29. 有一建築物總樓地板面積4500平方公尺，則其緊急照明燈至少應檢查多少個以上，以確認緊急電源容量能否持續三十分鐘以上？

(A) 5個 　　　(B) 10個 　　　(C) 15個 　　　(D) 20個

（ B ）30. 下列何者錯誤？

(A) 有一棟四樓建築物，各層樓地板面積為250平方公尺，則該棟建築物應整棟設手動報警設備

(B) 飯店場所不論面積皆應設火警自動警報設備

(C) 應設瓦斯漏氣火警自動警報設備之場所，即應設緊急廣播設備

(D) 甲類場所之居室不論面積應設緊急照明設備

（ C ）31. 依消防機關辦理建築物消防安全設備審查及查驗作業基準中建築物樓層檢討表，非屬無開口樓層，則為：

(A) 普通樓層 　(B) 有開口樓層 　(C) 一般樓層 　(D) 地上樓層

（ A ）32. 排煙設備實施檢修，下列何者非屬其綜合檢查之判定方法？

(A) 確認手動啟動操作箱的把手及操作桿之轉動及打開動作有無異常

(B) 運轉電流在所規定的範圍內

(C) 排煙機回轉葉片的回轉方向應正常

(D) 排煙機在運轉中應無異常聲音及振動，風道應無異常振動

（ C ）33. 消防安全設備檢修時，切換成緊急電源的狀態，啟動設備以確認各部分之性能。是為何種檢查之特色？

(A) 外觀檢查 　(B) 性能檢查 　(C) 綜合檢查 　(D) 全體檢查

(C) 34. 有關避難器具之檢修，使避難器具成使用狀態，確認其性能是否正常，為：

(A) 外觀檢查 　　(B) 性能檢查 　　(C) 綜合檢查 　　(D) 使用檢查

(D) 35. 避難器具之外觀檢查，在設置地點之檢查方法，主要在確認避難時：

(A) 標示是否變形、脫落、污損等 　　(B) 器具是否損毀

(C) 與原圖說是否一致 　　(D) 是否能夠容易接近

(B) 36. 緊急照明設備裝置完成，裝置人實施測試，下列何者錯誤？

(A) 試驗項目僅包括外觀試驗及性能試驗

(B) 緊急電源採蓄電池設備，其容量應能使其持續動作60分鐘以上

(C) 使用低照度測定用光電管照度計測其照度

(D) 常用電源應為專用回路

(C) 37. 避難器具裝置完成後，裝置人實施測試，有關性能試驗之荷重試驗，緩降機之支固器具試驗，其載重至少為多少kg以上？

(A) 300kg 　　(B) 200kg 　　(C) 195kg 　　(D) 150kg

(A) 38. 緊急廣播設備裝置完成後，裝置人實施測試，有關啟動裝置之性能試驗，下列何者錯誤？

(A) 以麥克風進行廣播時，廣播設備之音聲警報音仍應繼續

(B) 測試方法為依各樓層動作

(C) 同時使2個以上任意不同樓層之啟動裝置動作時，性能應無異常

(D) 只要未以手動回復啟動裝置及廣播設備，動作狀態即應繼續

(C) 39. 火警自動警報設備裝置完成後，裝置人實施測試，有關受信總機性能試驗之回路斷線試驗，下列何者錯誤？

(A) 應操作斷線試驗開關、回路選擇開關等

(B) 除自動監視回路斷線狀況者外，應就各回路逐一測試

(C) 如為自動監視回路斷線狀況者，仍應拆下3探測回路，使其在斷線狀態

(D) 發出斷線警報，則可判定合格

(D) 40. 消防安全設備裝置人於設備完成後應測試設備性能，並填寫測試報告書，報告書內無該項測試項目者，應劃何種符號？

(A) 「○」 　　(B) 「×」 　　(B) 「－」 　　(D) 「／」

97-2年警報與避難系統消防安全設備概要

類　　科：消防設備士

考試時間：1小時30分

※注意：禁止使用電子計算器。

甲、申論題部分：（50分）

不必抄題，作答時請將試題題號及答案依照順序寫在申論試卷上，於本試題上作答者，不予計分。請以藍、黑色鋼筆或原子筆在申論試卷上作答。

一、試以各類場所消防安全設備設置標準說明，設置在不同樓層的避難器具緩降機，為何其器具中心垂直線須各相距間隔100公分以上？（25分）

解：

緩降機中心垂直線須各相距間隔100公分

第161條

避難器具，依下列規定裝設：

一、設在避難時易於接近處。

二、與安全梯等避難逃生設施保持適當距離。

三、供避難器具使用之開口部，具有安全之構造。

四、避難器具平時裝設於開口部或必要時能迅即裝設於該開口部。

五、設置避難器具（滑杆、避難繩索及避難橋除外）之開口部，上下層應交錯配置，不得在同一垂直線上。但在避難上無障礙者不在此限。

　1.避免上層人員與下層人員衝突。

　2.避免緩降機繩索相互纏繞。

　3.下降路徑順暢，空間確保。

　4.保持必要距離間隔，避免相互影響，確保操作安全。

二、出口標示燈及避難方向指示燈在各類場所消防安全設備設置標準何規定下，其亮燈方式得予減光或消燈？（25分）

解：

亮燈方式得予減光或消燈

第146-7條

出口標示燈及避難方向指示燈，應保持不熄滅。

出口標示燈及非設於樓梯或坡道之避難方向指示燈，與火警自動警報設備之探測器連動亮燈，且配合其設置場所使用型態採取適當亮燈方式，並符合下列規定之一者，得予減光或消燈。

一、設置場所無人期間。

二、設置位置可利用自然採光辨識出入口或避難方向期間。

三、設置在因其使用型態而特別需要較暗處所，於使用上較暗期間。

四、設置在主要供設置場所管理權人、其雇用之人或其他固定使用之人使用之處所。

設於樓梯或坡道之避難方向指示燈，與火警自動警報設備之探測器連動亮燈，且配合其設置場所使用型態採取適當亮燈方式，並符合前項第一款或第二款規定者，得予減光或消燈。

乙、測驗題部分：（50分）

本試題為單一選擇題，請選出一個正確或最適當的答案，複選作答者，該題不予計分。

共40題，每題1.25分，須用2B鉛筆在試卡上依題號清楚劃記，於本試題或申論試卷上作答者，不予計分。

(A) 1. 火警自動警報設備，探測器應依裝置場所高度，選擇探測器種類裝設。同一室內之天花板或屋頂板高度15公尺以上未滿20公尺時，可採用型式？

(A) 光電式分離型一種　　　　(B) 差動式分布型

(C) 補償式局限型　　　　　　(D) 定溫式特種或一種

(C) 2. 火警自動警報設備之配線，何者有誤？

(A) P型受信總機採用數個分區共用一公用線方式配線時，該公用線供應之分區數，不得超過7個

(B) 與電力線保持30公分以上之間距

(C) 配線採用並接式

（D) P型受信總機之探測器回路電阻，在50Ω以下

(B) 3. 避難器具設置地點外觀檢查之判定方法，何者有誤？

(A) 應無因設置後之改裝被變更為個人房間或倉庫等，而不容易接近

(B) 應進行荷重試驗，設置之居室出入口應加鎖

(C) 應無放置妨礙接近之物品

(D) 應無擅自不當變更收藏箱之位置

(D) 4. 建築物在免設排煙設備，依據下列條件，何者有誤？

(A) 樓層高度　　　　　　　　　　(B) 防火時效之等級

(C) 防煙壁區劃面積　　　　　　　(D) 排煙機容量

(A) 5. 特別安全梯或緊急昇降機間排煙室之排煙設備，設置直接面向戶外之窗戶時，平時關閉之窗戶設手動開關裝置，其操作部分設於距離樓地板面多少公分之牆面，並標示簡易之操作方式。

(A) 80公分以上，150公分以下　　(B) 50公分以上，100公分以下

(C) 60公分以上，120公分以下　　(D) 80公分以上，160公分以下

(C) 6. 消防標示設備檢修測試報告書，於消防安全設備申報前，實施性能測試符合規定，下列何者不是性能測試規範項目？

(A) 光源　　　　(B) 結線連接　　　(C) 外觀　　　　(D) 緊急電源

(D) 7. 緊急照明燈在地面之水平面照度，緊急照明燈之材料，下列規範項目何者有誤？

(A) 白熾燈為雙重繞燈絲燈泡　　　(B) 日光燈為瞬時起動型

(C) 水銀燈為高壓瞬時點燈型　　　(D) 放電燈不得設置安定器

(B) 8. 緊急廣播設備之啟動裝置，各類場所第x層以上之各樓層、地下第y層以下之各樓層或地下建築物，應使用緊急電話方式啟動，此處x，y為何？

(A) 10，2　　　　(B) 11，3　　　　(C) 11，2　　　　(D) 10，3

(A) 9. 避難器具依規定，於下降空間下方保有必要下降空地應計算面積，何者有誤？

(A) 避難繩索及滑杆：下降空間之投影面積

(B) 避難梯：下降空間之投影面積

(C) 救助袋（直降式）：下降空間之投影面積

(D) 緩降機：下降空間之投影面積

(C) 10. 緊急照明設備，採蓄電池設備與緊急發電機併設方式時，其容量應能使其持

續動作分別為x分鐘及y分鐘以上，此處x，y為何？

(A) 10，20　　　(B) 20，10　　　(C) 10，30　　　(D) 30，10

(D) 11. 消防緊急供電電源，依設置規定，下列何者規範項目有誤？

(A) 裝設發電機及蓄電池之處所為防火構造

(B) 緊急電源裝置切換開關，於常用電源切斷時自動切換供應電源至緊急電源供應

(C) 發電機裝設適當開關或連鎖機件，以防止向正常供電線路逆向電力

(D) 電源回路之配線，應設專用回路，施予耐熱保護

(B) 12. 無線電通信輔助設備使用洩波同軸電纜，在任一出入口與其他出入口之步行距離大於300公尺時，設置2個以上，依設置規定，下列何者有誤？

(A) 洩波同軸電纜之標稱阻抗為50歐姆

(B) 洩波同軸電纜經耐熱處理

(C) 設於距樓地板面或基地地面高度0.8公尺至1.5公尺間

(D) 該電纜適合傳送或輻射150百萬赫（MHz），保護箱內設長度2公尺以上之射頻電纜

(A) 13. 避難器具固定架或支固器具使用螺栓固定時，依規定使用錨定螺栓，測定扭力公式，T = KDN；若螺栓直徑D = 3cm，設計拉拔荷重N = 200kgf，K為係數，其轉矩值（kgf-cm）應為？

(A) 144　　　(B) 288　　　(C) 200　　　(D) 600

(D) 14. 避難器具下列檢查，非屬外觀檢查？

(A) 操作面積　　　　　　　　(B) 開口部之大小

(C) 下降空間　　　　　　　　(D) 支固器具及固定部分

(B) 15. 瓦斯漏氣檢知器，檢知區域警報裝置，音壓應在70分貝以上，有一回路之檢知器數量為9個，撰取檢查數量應為多少個？

(A) 1　　　(B) 2　　　(C) 3　　　(D) 4

(C) 16. 受信機（含副機）應正常動作，主音響及地區音響裝置之全部或接續該五回路之地區音響裝置應鳴動，同時動作，此判定方法，屬於：

(A) 外觀檢查　　(B) 性能檢查　　(C) 綜合檢查　　(D) 平時檢查

(D) 17. 避難器具：緩降機、避難梯、避難繩索及滑杆，開口部保有必要開口面積，高x公分以上，寬y公分以上為設置開口部規定，此處x，y為何？

(A) 100，50　　　　　　　　(B) 100，60

　　　　　　(C) 60，60　　　　　　　　　　　　(D)80，50或100，45

（ A ）　18 建築物在5層以上，且總樓地板面積超過3000平方公尺者，當第3層（3F）火災時，其地區音響裝置應依下列所示分區鳴動，（地面層：1F及地下一層：B1F），何者正確？

　　　　(A) 2F, 3F, 4F, 5F　　　　　　　　　　(B) B1F, 1F, 2F

　　　　(C) B1F, B2F, 1F　　　　　　　　　　(D) 3F, 4F, 5F

（ D ）　19. 避難器具，依規範項目裝設，下列何者有誤？

　　　　(A) 設在避難時易於接近處

　　　　(B) 供避難器具使用之開口部，具有安全之構造

　　　　(C) 避難器具平時裝設於開口部或必要時能迅即裝設於該開口部

　　　　(D) 容易操作使用之樓層

（ B ）　20. 火警探測器，離子偵限型探測器，受周圍空氣達一定含煙量時即動作，探測器感測裝置受煙產生何者變化？

　　　　(A) 光通量　　　　(B) 離子電流　　　　(C) 紅外線　　　　(D) 光電素子

（ D ）　21. 醫院、診所、計算收容人員，合計其人數，下列何者有誤？

　　　　(A) 從業員工數

　　　　(B) 病房內病床數

　　　　(C) 各候診室之樓地板面積和除3平方公尺所得之數

　　　　(D) 其他部分以該部分樓地板面積除3平方公尺所得之數

（ A ）　22. 緊急廣播設備，揚聲器依下列規定裝設於樓梯或斜坡通道時，至少垂直距離每15公尺設一個多少等級揚聲器？

　　　　(A) L　　　　　　(B) M　　　　　　(C) S　　　　　　(D) L或M

（ D ）　23. 各類場所消防安全設備之檢查方式，管理權人申報其檢修結果項目，下列何者未規範？

　　　　(A) 外觀檢查　　　(B) 性能檢查　　　(C) 綜合檢查　　　(D)　平時檢查

（ C ）　24. 瓦斯漏氣火警自動警報設備，其瓦斯濃度檢知器警報原理有3種，下列何者有誤？

　　　　(A) 即時警報型　　　　　　　　　　　(B) 延遲警報型

　　　　(C) 固定壓差警報型　　　　　　　　　(D) 反時限警報型

（ B ）　25. 緊急電源之發電機設備測試報告應實施項目，依規定何者有誤？

　　　　(A) 啟動方式性能試驗　　　　　　　　(B) 光通量試驗

(C) 絕緣電阻試驗　　　　　　　　　　(D) 動作試驗

（ C ）26. 避難方向指示燈之有效範圍，指至該燈之步行距離依下列計算值：D＝kh；
D：步行距離（公尺），h：避難方向指示燈標示面之縱向尺度，k：對應之k
值。當h為0.3（公尺）則步行距離多少公尺？

(A) 45　　　　　　　(B) 30　　　　　　　(C) 15　　　　　　　(D) 10

（ D ）27. 緊急電源使用符合CNS10204規定之發電機設備或具有相同效果之設備，其裝
置於室內換氣量之計算，下列何者為引擎停止運轉時換氣量？

(A) 維持冷器（Radiator）冷卻性能的空氣量

(B) 引擎燃燒的空氣量

(C) 維持室溫攝氏40度的換氣量

(D) 一般換氣量為15至30$m^3/m^3 \cdot h$

（ A ）28. 緊急供電系統之配線，電源回路之配線，依下列規定，施予耐燃保護，何者
有誤？

(A) 電線裝於金屬導線管槽內，並埋設於防火構造物之混凝土內，混凝土保
護厚度為15公厘以上

(B) 使用不燃材料建造，且符合建築技術規則防火區劃規定之管道間，得免
埋設

(C) 使用MI電纜

(D) 符合耐燃電纜認可基準規定之耐燃電線時，得按電纜裝設法，直接敷設

（ B ）29. 有一供餐廳使用處所，該步行距離在避難層為x公尺以下，在避難層以外之樓
層為y公尺以下者，得免設出口標示燈，此處x，y為何？

(A) 30，20　　　　　(B) 20，10　　　　　(C) 40，30　　　　　(D) 40，20

（ D ）30. 緊急廣播與火警自動警報設備之連動，下列何者有誤？

(A) 受信火災信號後，自動地啟動廣播設備

(B) 受信火災信號後，其火災音響信號或音響裝置應鳴動

(C) 起火層表示燈應亮燈

(D) 起火層表示燈至火災信號復舊前，應自動熄滅

（ B ）31. 出口標示燈及避難方向指示燈之配線，依下列規定設置結果，何者有誤？

(A) 蓄電池設備集中設置時，直接連接於分路配線，不得裝置插座或開關

(B) 具出口標示燈具閃滅或音聲引導功能者，不得與火警自動警報設備連動

(C) 依屋內線路裝置規則

（D) 電源回路不得設開關，以三線式配線使經常充電或燈具內置蓄電池得設開關

（ C ）32. 定溫式探測器，其動作感度可分為特種或一種及二種，其原理及構造，何者有誤？

(A) 利用雙金屬片之反轉功能　　　(B) 利用雙金屬片之膨脹差異功能

(C) 利用光度差異功能　　　　　　(D) 利用溫升率功能

（ A ）33. 火警自動警報設備之配線，電源回路導線間及導線與大地間之絕緣電阻值，以直流250伏特額定之絕緣電阻計測定，對地電壓在150伏特以下者，在xMΩ以上，對地電壓超過150伏特者，在yMΩ以上，此處x，y為何？

(A) 0.1，0.2　　　(B) 0.2，0.3　　　(C) 0.1，0.1　　　(D) 0.2，0.2

（ C ）34. 緊急電源插座，應從主配電盤設專用回路，各層至少設二回路以上之供電線路，依據下列條件，何者有誤？

(A) 每一回路之連接插座數在10個以下

(B) 設置紅色表示燈

(C) 設置漏電斷路器

(D) 連接至緊急供電系統

（ B ）35. 某餐廳瓦斯設備，採用天然氣（LNG）型檢知器，其瓦斯主要種類及瓦斯對空氣之比重可能為多少？

(A) 甲烷，1.1　　(B) 甲烷，0.87　　(C) 異丁烷，1.1　　(D) 丙烷，1.27

（ A ）36. 火警自動警報設備，下列處所得免設探測器，何者有誤？

(A) 煙會大量流入之場所

(B) 探測器除火焰式外，裝置面高度超過20公尺者

(C) 洗手間、廁所或浴室

(D) 室內游泳池之水面或溜冰場之冰面上方

（ C ）37. 火警受信總機應符合CNS 8877之規定，依下列規定裝置，何者有誤？

(A) 具有火警區域表示裝置，指示火警發生之分區

(B) 火警發生時，能發出促使警戒人員注意之音響

(C) 不得裝置蓄積式探測器或中繼器之火警分區，分區受信總機，得有雙信號功能

(D) 一棟建築物內設有2臺以上火警受信總機時，設受信總機處，設有能相互同時通話連絡之設備

（A）38. 火警探測器設備，光電式分離型探測器，依下列規定設置，何者有誤？

(A) 受光面設在日光照射之處

(B) 探測器光軸平行牆壁距離60公分以上之位置

(C) 天花板等高度20公尺以下之場所

(D) 光軸與警戒區任一點之水平距離，在7公尺以下

（D）39. 下列處所得免設排煙設備，何者有誤？

(A) 樓梯間

(B) 集合住宅

(C) 學校活動中心

(D) 建築物在第10層以下之各樓層（地下層除外），其居室部分樓地板面積在200平方公尺以上，天花板及室內牆面以耐燃一級材料裝修者

（C）40. 緊急電源插座裝設於樓梯間或緊急升降機間，每一層任何一處至插座之水平距離在50公尺以下，有消防搶救設備供應交流單相110伏特，電流容量為13.6安培，若功率因數（power factor）為1，此消防搶救設備電功率約為多少瓩以下？

(A) 13.6　　　　(B) 110　　　　(B) 1.5　　　　(D) 2

96-1年警報與避難系統消防安全設備概要

類　　科：消防設備士

考試時間：1小時30分

※注意：禁止使用電子計算器。

甲、申論題部分：（50分）

不必抄題，作答時請將試題題號及答案依照順序寫在申論試卷上，於本試題上作答者，不予計分。請以藍、黑色鋼筆或原子筆在申論試卷上作答。

一、那些場所應設置「瓦斯漏氣火警自動警報設備」？並說明「瓦斯漏氣火警自動警報設備」之綜合檢查要領。（15分）

解：

(一) 應設置「瓦斯漏氣火警自動警報設備」場所

第21條

下列使用瓦斯之場所應設置瓦斯漏氣火警自動警報設備：

一、地下層供第十二條第一款所列場所使用，樓地板面積合計一千平方公尺以上者。

二、供第十二條第五款第一目使用之地下層，樓地板面積合計一千平方公尺以上，且其中甲類場所樓地板面積合計五百平方公尺以上者。

三、總樓地板面積在一千平方公尺以上之地下建築物。

(二)「瓦斯漏氣火警自動警報設備」之綜合檢查要領

1.同時動作

(1)檢查方法

使用加瓦斯試驗器，使兩個回路之任一檢知器（各回路一個）同時動作，確認其性能是否異常。

(2)判定方法

中繼器、瓦斯漏氣表示燈及檢知區域警報裝置之動作應正常，且受信總機之瓦斯漏氣燈、主音響裝置之動作及警報分區之表示應正常。

2.檢知區域警報裝置

(1) 檢查方法

使任一檢知器動作，於檢知區域警報鳴動時，於距該裝置之裝設位置中心一公尺處，使用噪音計確認其音壓是否在規定值以上。

(2) 判定方法

音壓應在七十分貝以上。

(3) 注意事項

設在箱內者，應保持原狀測定其音壓。

3. 綜合動作

(1) 檢查方法

切換成緊急電源之狀態，使任一檢知器動作，確認其性能是否正常。

(2) 判定方法

中繼器、瓦斯漏氣表示燈及檢知區域警報裝置之動作應正常，且受信總機之瓦斯漏氣燈、主音響裝置之動作及警報分區之表示應正常。

(3) 注意事項

得以預備電源取代緊急電源實施綜合動作測試。

二、依「各類場所消防安全設備設置標準」之規定，說明「出口標示燈」裝設高度為何？並說明應設於哪些場所出入口之上方？（10分）

解：

(一)「出口標示燈」裝設高度

裝設高度已刪除。現今裝設規定如次

第146-4條

出口標示燈及避難方向指示燈之裝設，應符合下列規定：

一、設置位置應不妨礙通行。

二、周圍不得設有影響視線之裝潢及廣告招牌。

三、設於地板面之指示燈，應具不因荷重而破壞之強度。

四、設於可能遭受雨淋或溼氣滯留之處所者，應具防水構造。

(二) 設於場所出入口之上方

第23條

下列場所應設置標示設備：

供第十二條第一款、第二款第十二目、第五款第一目、第三目使用之場所，或地下層、無開口樓層、十一層以上之樓層供同條其他各款目所列場所使用，應設置出口標示燈。

出口標示燈應設於下列出入口上方或其緊鄰之有效引導避難處：

1.通往戶外之出入口；設有排煙室者，為該室之出入口。

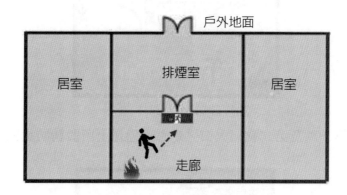

2.通往直通樓梯之出入口；設有排煙室者，為該室之出入口。

3.通往前二款出入口，由室內往走廊或通道之出入口。

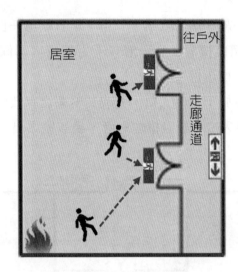

4.通往第一款及第二款出入口,走廊或通道上所設跨防火區劃之防火門。

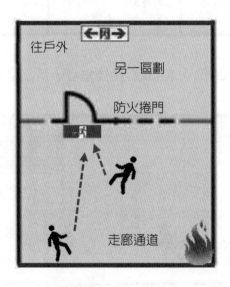

三、設置緊急廣播設備之場所,其某一廣播區域面積為120平方公尺,試問應設置何種類揚聲器?其音壓設置規定為何?並請說明其啓動裝置之設置規定。(15分)

解:

(一) 設置何種類揚聲器
    第133條
    緊急廣播設備,依下列規定裝置:
    一、距揚聲器一公尺處所測得之音壓應符合下表規定:

揚聲器種類	音壓
L級	92分貝以上
M級	87分貝以上92分貝未滿
S級	84分貝以上87分貝未滿

二、揚聲器廣播區域超過一百平方公尺時，設L級揚聲器。

(二) 音壓設置規定

　　樓梯或斜坡通道以外之場所，揚聲器之音壓及裝設符合下列規定者，不受前款第四目之限制：

(一) 廣播區域內距樓地板面一公尺處，依下列公式求得之音壓在七十五分貝以上者。

$$P = p + 10 \log_{10}(\frac{Q}{4\pi r^2} + \frac{4(1 - \alpha)}{S\alpha})$$

P值：音壓（單位：dB）

p值：揚聲器音響功率（單位：dB）

Q值：揚聲器指向係數

r值：受音點至揚聲器之距離（單位：公尺）

α值：廣播區域之平均吸音率

S值：廣播區域內牆壁、樓地板及天花板面積之合計（單位：平方公尺）

(二) 廣播區域之殘響時間在三秒以上時，距樓地板面一公尺處至揚聲器之距離，在下列公式求得值以下者。

$$r = 3/4\sqrt{QS\alpha / \pi(1 - \alpha)}$$

r值：受音點至揚聲器之距離（單位：公尺）

Q值：揚聲器指向係數

S值：廣播區域內牆壁、樓地板及天花板面積之合計（單位：平方公尺）

α值：廣播區域之平均吸音率

(三) 啓動裝置之設置規定

第136條

緊急廣播設備之啓動裝置應符合CNS一○五二二之規定，並依下列規定設置：

一、各樓層任一點至啓動裝置之步行距離在五十公尺以下。

二、設在距樓地板高度零點八公尺以上一點五公尺以下範圍內。

三、各類場所第十一層以上之各樓層、地下第三層以下之各樓層或地下建築物，應使用緊急電話方式啓動。

四、有一KTV位於九層樓建築物之六樓，依規定應設排煙設備，試問其居室及非居室部分，各別符合何種規定時，得檢討免設排煙設備？（10分）

解：

符合何種規定得檢討免設排煙設備

第190條

下列處所得免設排煙設備：

一、建築物在第十層以下之各樓層（地下層除外），其非居室部分，符合下列規定之一者：

(一) 天花板及室內牆面，以耐燃一級材料裝修，且除面向室外之開口外，以半小時以上防火時效之防火門窗等防火設備區劃者。

(二) 樓地板面積每一百平方公尺以下，以防煙壁區劃者。

二、建築物在第十層以下之各樓層（地下層除外），其居室部分，符合下列規定之一者：

(一) 樓地板面積每一百平方公尺以下，以具一小時以上防火時效之牆壁、防火門窗等防火設備及各該樓層防火構造之樓地板形成區劃，且天花板及室內牆面，以耐燃一級材料裝修者。

(二) 樓地板面積在一百平方公尺以下，天花板及室內牆面，且包括其底材，均以耐燃一級材料裝修者。

乙、測驗題部分：（50分）

本試題爲單一選擇題，請選出一個正確或最適當的答案，複選作答者，該題不予計分。

共40題，每題1.25分，須用2B鉛筆在試卡上依題號清楚劃記，於本試題或申論試卷上作答者，不予計分。

(A)　1. 裝設火警自動警報設備之建築物劃定火警分區時，上下二層樓地板面積之和在多少平方公尺以下者，得二層共用一分區？

(A) 500　　　(B) 600　　　(C) 1000　　　(D) 1500

(C)　2. 下列處所何者不可裝設定溫式探測器？

(A) 平時煙會滯留之場所　　　(B) 煙會大量流入之場所

(C) 排放廢氣會大量滯留之場所　　　(D) 設有用火設備其火焰外露之場所

(B)　3. 差動式分布型探測器空氣管式工程安裝完成時，所實施之機能檢測確認，何者錯誤？

(A) 接點水高試驗　　　(B) 回路合成阻抗試驗

(C) 火災動作試驗　　　(D) 流通試驗

(D)　4. 有關火警受信總機之裝置規定，何者錯誤？

(A) 受信總機附近備有識別火警分區之圖面資料

(B) 附設與火警發信機通話之裝置

(C) 裝置蓄積式探測器或中繼器之火警分區，該分區在受信總機，不得有雙信號功能

(D) 受信總機、中繼器及定溫式探測器，有設定蓄積時間時，其蓄積時間之合計，每一火警分區在60秒以下

(D)　5. 下列分布型探測器，何者爲「非再用型」？

(A) 差動式分布型探測器空氣管式

(B) 差動式分布型探測器熱電偶式

(C) 差動式分布型探測器熱半導體式

(D) 定溫式線型探測器

(A)　6. 有一高度爲3.5公尺，樓地板面積爲420平方公尺之探測區域，探測器如爲偵煙式二種，其設置數量至少爲多少個？

(A) 3　　　(B) 6　　　(C) 8　　　(D) 9

(D)　7. 離子式集中型偵煙探測器內，若有煙 子進入外部離子室內時，離子電流和電

壓如何變化？

(A) 離子電流增加，電壓減少　　　(B) 離子電流增加，電壓增加

(C) 離子電流減少，電壓減少　　　(D) 離子電流減少，電壓增加

(D) 8. 探測器裝置場所高度為10公尺時，下列何種探測器不適合裝設？

(A) 離子式局限型一種　　　　　　(B) 光電式局限型一種

(C) 光電式分離型　　　　　　　　(D) 定溫式一種

(A) 9. 偵煙式探測器（除光電式分離型外）之裝置規定，何者正確？

(A) 探測器裝設於距離牆壁或樑60公分以上之位置

(B) 探測器下端，裝設在裝置面下方30公分範圍內

(C) 探測器在走廊及通道，步行距離每20公尺至少設置一個

(D) 使用第三種探測器時，每30公尺至少設置一個

(B) 10. 差動式分布型探測器為空氣管式時，每一探測區域內之空氣管長度，露出部分在多少公尺以上？

(A) 10　　　　　(B) 20　　　　　(C) 30　　　　　(D) 100

(D) 11. 有一防火構造建築物，其探測區域樓地板面積為120平方公尺，採用差動式分布型探測器為熱電偶式時，需設置多少個探測器？

(A) 3　　　　　(B) 4　　　　　(C) 5　　　　　(D) 6

(A) 12. 定溫式線型探測器之設置規定，何者錯誤？

(A) 於防火構造建築物中，使用第一種探測器時，裝置在自裝置面任一點起水平距離3公尺以內

(B) 探測器設在裝置面下方30公分範圍內

(C) 於防火構造建築物中，使用第二種探測器時，裝在自裝置面任一點起水平距離1公尺以內

(D) 於其他建築物中，使用第二種探測器時，裝在自裝置面任一點起水平距離3公尺以內

(B) 13. 有關火警發信機設置規定，何者錯誤？

(A) 按鈕按下時，能即刻發出火警音響

(B) 二樓層共用一火警分區者，火警發信機應為一起設置

(C) 按鈕前有防止隨意撥弄之保護板

(D) 火警發信機之構造及功能符合CNS 8876之規定

(C) 14. 有關瓦斯漏氣受信總機規定，何者錯誤？

(A) 設於瓦斯導管貫穿牆壁處之檢知器，其警報分區應個別標示

(B) 操作開關距樓地板面之高度，須在0.8公尺以上1.5公尺以下

(C) 主音響裝置之音色及音壓和其他警報音響一樣

(D) 具有標示瓦斯漏氣發生之警報分區

(A) 15. 瓦斯漏氣火警自動警報設備之緊急電源應使用蓄電池設備，其容量應能使2回路有效動作多少分鐘以上？其他回路能監視多少分鐘以上？

(A) 動作10分鐘，監視10分鐘　　　　(B) 動作10分鐘，監視20分鐘

(C) 動作20分鐘，監視10分鐘　　　　(D) 動作20分鐘，監視20分鐘

(D) 16. 使用「加瓦斯試驗器」進行加瓦斯漏氣檢知器測試性能檢查時，若檢測對象之瓦斯對空氣之比重大於1者，應使用何種瓦斯氣體來檢測？

(A) 甲烷　　　　(B) 乙烷　　　　(C) 丙烷　　　　(D) 異丁烷

(C) 17. 瓦斯漏氣火警自動警報設備之性能檢查，若1回路內裝設有12個瓦斯漏氣檢知器，應選取多少數量的檢知器來進行檢查測試？

(A) 1　　　　(B) 2　　　　(C) 3　　　　(D) 4

(B) 18. 裝設緊急廣播設備之建築物，室內安全梯或特別安全梯應垂直距離多少公尺單獨設定一廣播分區？

(A) 50　　　　(B) 45　　　　(C) 30　　　　(D) 15

(C) 19. 緊急廣播設備之擴音機及操作裝置規定，何者錯誤？

(A) 具有選擇必要樓層或區域廣播之性能

(B) 操作裝置與啟動裝置或火警自動警報設備動作連動

(C) 設有防災中心時，操作裝置設於值日室

(D) 各廣播分區配線有短路時，應有短路信號之標示

(C) 20. 緊急廣播設備之喇叭線路電壓為100V，若該回路喇叭總功率為40W，則該回路的喇叭總阻抗應為多少歐姆（Ω）？

(A) 0.4　　　　(B) 2.5　　　　(C) 250　　　　(D) 2500

(C) 21. 若有一電影院總樓地板面積為900平方公尺，其設於通往安全梯及排煙室出入口之出口標示燈使用何種型式？

(A) 大型　　　　(B) 中型　　　　(C) 中型或大型　　　　(D) 小型或中型

(D) 22. 下列避難方向指示燈裝設之敘述，何者錯誤？

(A) 設於地板面之指示燈，具有不因荷重而破壞之強度

(B) 應裝設於設置場所之走廊、樓梯及通道

（C) 裝設高度距樓地板面1公尺以下

（D) 自走廊或通道任一點至避難方向指示燈之步行距離在15公尺以下

（ B ） 23. 避難指標設於走廊或通道時，自走廊或通道任一點至指標之步行距離在多少公尺以下？

(A) 9.5　　　　　(B) 7.5　　　　　(C) 4.5　　　　　(D) 3.5

（ B ） 24. 有關避難梯之設置規定，何者錯誤？

(A) 懸吊型梯橫桿在使用時，與使用場所牆面保持10公分以上之距離

(B) 第3層以上之樓層設避難梯時，應設固定梯

(C) 固定梯之橫桿與使用場所牆面保持10公分以上之距離

(D) 固定梯之逃生孔應上下層交錯配置，不得在同一直線上

（ B ） 25. 假設有一棟10層樓之大樓供醫院使用，請問在6樓以上不能使用何種避難器具？

(A) 滑臺　　　　(B) 緩降機　　　　(C) 避難橋　　　　(D) 救助袋

（ A ） 26. 某一2F圖書館樓地板面積為120平方公尺，從業員工30人，則收容人數應為多少人？

(A) 70　　　　　(B) 90　　　　　(C) 110　　　　　(D) 150

（ D ） 27. 避難梯開口部之必要開口面積大小，何者正確？

(A) 高100公分以上，寬50公分以上

(B) 高100公分以上，寬40公分以上

(C) 高80公分以上，寬40公分以上

(D) 高80公分以上，寬50公分以上

（ B ） 28 避難器具之固定架或支固器具使用螺栓固定時，若使用螺栓之螺紋標稱為M12×1.75，其規定之轉矩值（kgf-cm）為多少？

(A) 150至250　　(B) 300至450　　(C) 450至650　　(D) 600至850

（ B ） 29. 於緩降機之綜合檢查時，測量下降距離及下降時間，計算出下降速度，其平均的降落速度應在每秒多少公分範圍內？

(A) 80至160　　(B) 80至100　　(C) 60至160　　(D) 60至100

（ C ） 30. 有關緊急照明燈在地面之水平面照度規定，何者錯誤？

(A) 在走廊曲折點處，應增設緊急照明燈

(B) 其他場所應在2Lux以上

(C) 地下建築物之地下通道地板面應在20Lux以上

(D) 使用低照度測定用光電管照度計測量

（ D ）31. 緊急升降機間排煙室之排煙設備，如設置直接面向戶外之窗戶時，下列規定何者正確？

　　(A) 在排煙時窗戶與煙接觸部分使用耐熱材料

　　(B) 窗戶有效開口面積位於天花板高度二分之一以下之範圍內

　　(C) 窗戶有效開口面積在4平方公尺以上

　　(D) 平時關閉之窗戶設手動開關裝置

（ C ）32. 有關特別安全梯設置排煙、進風風管之規定，何者正確？

　　(A) 排煙、進風風管貫穿防火區劃時，應在貫穿處設防煙閘門

　　(B) 進風口開口面積在2平方公尺以上

　　(C) 排煙機、進風機之排煙量、進風量在每秒4立方公尺以上

　　(D) 進風口、排煙口平時保持開啟狀態

（ A ）33. 有關居室之排煙設備規定，在地下建築物之地下通道，其總排煙量應在每秒鐘多少立方公尺以上？

　　(A) 10　　　　　(B) 120　　　　　(C) 240　　　　　(D) 600

（ B ）34. 防煙壁，指以不燃材料建造，自天花板下垂多少公分以上之垂壁？另地下建築物之地下通道，防煙壁應自天花板下垂多少公分以上？

　　(A) 40，80　　　(B) 50，80　　　(C) 60，90　　　(D) 70，90

（ A ）35. 建築物在第10層以下之各樓層（地下層除外），其非居室部分以防煙壁區劃者，樓地板面積在多少平方公尺以下者，得免設排煙設備？

　　(A) 100　　　　(B) 200　　　　(C) 300　　　　(D) 400

（ B ）36. 有關緊急電源插座設置規定，何者錯誤？

　　(A) 插座裝設高度距離樓地板1公尺以上1.5公尺以下

　　(B) 每一回路之連接插座數在10個以上

　　(C) 專用回路不得設漏電斷路器

　　(D) 插座為接地型

（ D ）37. 有關緊急電源插座之裝置規定，何者正確？

　　(A) 保護箱上方設綠色表示燈

　　(B) 各層至少設一回路以上之供電線路

　　(C) 嵌裝式保護箱裝設一個緊急電源插座

　　(D) 電源供應容量為交流單相110伏特15安培，其容量約為1.5瓩以上

（C） 38. 無線電通信輔助設備設增輻器時，該增輻器之緊急電源，應使用蓄電池設備，其能量能使其有效動作多少分鐘以上？

(A) 10　　　　　　(B) 20　　　　　　(C) 30　　　　　　(D) 40

（B） 39. 有關無線電通信輔助設備設置規定敘述，何者正確？

(A) 接頭裝設於保護箱內，箱內設長度3公尺以上之射頻電纜

(B) 接頭設於距樓地板面或基地地面高度0.8公尺至1.5公尺間

(C) 洩波同軸電纜之標稱阻抗為100歐姆

(D) 洩波同軸電纜經耐熱處理

（C） 40. 緊急進口之構造規定，何者錯誤？

(A) 進口應設地面臨道路或寬度在4公尺以上通路之各層外牆面

(B) 進口之間隔不得大於40公尺

(C) 進口之寬度應在80公分以上，高度應在1.2公尺以上

(D) 開口之下端應距離樓地板面80公分範圍以內

96-2年警報與避難系統消防安全設備概要

類　　科：消防設備士

考試時間：1小時30分

※注意：禁止使用電子計算器。

甲、申論題部分：（50分）

不必抄題，作答時請將試題題號及答案依照順序寫在申論試卷上，於本試題上作答者，不予計分。請以藍、黑色鋼筆或原子筆在申論試卷上作答。

一、如何從偵煙型火警探測器外觀上分辨究係離子式或光電式？其第1種、第2種或第3種型之判別基準為何？其靈敏度在選用安裝上有何意義？試申論之。（25分）

解：

(一) 偵煙型火警探測器外觀上分辨究係離子式或光電式

　　1) 離子式探測器外觀上，有放射線物質標示牌。

　　2) 從外觀標示作判別。

(二) 第1種、第2種或第3種型之判別基準

　　使用加煙試驗器動作時間測試：第1種為30秒、第2種為60秒、第3種為90秒。倘若為蓄積型探測器應為前述時間加其標稱蓄積時間再加5秒之時間。

(三) 靈敏度在選用安裝意義

　　依各類場所消防安全設備設置標準第122條，探測器種類及裝置面高度，在每一有效探測範圍，至少設置一個。

裝置面高度	探測器種類及有效探測範圍（平方公尺）	
	一種或二種	三種
未滿四公尺	150	50
四公尺以上未滿二十公尺	75	-

　　安裝依合適高度及探測器種類及有效探測面積範圍，選擇使用不同靈敏度之探測器，獲得每一探測器有效範圍，再與設置場所面積相除，即可獲得設置數量。

二、一般電梯接上緊急電源是否可替代法定之「緊急昇降機」？（10分）試說明緊急
　　升降機之必要構件及機能。（15分）

解：

(一) 一般電梯接上緊急電源是否可替代法定之「緊急升降機」

依建築技術規則建築設計施工編第55條規定：六層以上之建築物，至少應
設置一座以上之升降機（電梯）通達避難層。建築物高度超過十層樓，依本
編第一○六條規定，設置可供緊急用之升降機。緊急用之升降機在各部構造
都有特別針對逃生避難需求設計；一般電梯並不能符合其相關規定要求。

(二) 緊急升降機之必要構件及機能

緊急升降機之必要構件及機能：

1. 機間：

    (1) 除避難層、集合住宅採取複層式構造者其無出入口之樓層及整層非供
    居室使用之樓層外，應能連通每一樓層之任何部分。

    (2) 四周應為具有一小時以上防火時效之牆壁及樓板，其天花板及牆面裝
    修，應使用耐燃一級材料。

    (3) 出入口應為具有一小時以上防火時效之防火門。除開向特別安全梯
    外，限設一處，且不得直接連接居室。

    (4) 應設置排煙設備。

    (5) 應有緊急電源之照明設備並設置消防栓、出水口、緊急電源插座等消
    防設備。

    (6) 每座升降機間之樓地板面積不得小於$10m^2$。

    (7) 應於明顯處所標示升降機之活載重及最大容許乘座人數，避難層之避
    難方向、通道等有關避難事項，並應有可照明此等標示以及緊急電源
    之標示燈。

2. 機間在避難層之位置，自升降機出口或升降機間之出入口至通往戶外出入
   口之步行距離不得大於30m。戶外出入口並應臨接寬四公尺以上之道路或
   通道。

3. 機道應每二部升降機以具有一小時以上防火時效之牆壁隔開。

4. 應有能使設於各層機間及機廂內之升降控制裝置暫時停止作用，並將機廂
   呼返避難層或其直上層、下層之特別呼返裝置，並設置於避難層或其直上

層或直下層等機間內，或該大樓之集中管理室（或防災中心）內。

5.應設有連絡機廂與管理室（或防災中心）間之電話系統裝置。

6.應設有使機廂門維持開啓狀態仍能升降之裝置。

7.整座電梯應連接至緊急電源。

8.升降速度不得小於60m/min。

乙、測驗題部分：（50分）

本試題爲單一選擇題，請選出一個正確或最適當的答案，複選作答者，該題不予計分。

共40題，每題1.25分，須用2B鉛筆在試卡上依題號清楚劃記，於本試題或申論試卷上作答者，不予計分。

(C) 1.緊急照明燈在地面之水平面照度，使用低照度測定用光電管照度計測得之值，在地下建築物之地下通道，其地板面應在X勒克司（Lux）以上；其他場所應在Y勒克司（Lux）以上。但在走廊曲折點處，應增設緊急照明燈。此X，Y爲何？

    (A) 5，2　　　(B) 5，1　　　(C) 10，2　　　(D) 10，1

(B) 2.緊急照明設備應連接緊急電源，前項緊急電源應使用蓄電池設備，其容量應能使其持續動作幾分鐘以上？（但採蓄電池設備與緊急發電機併設方式時除外）

    (A) 10　　　(B) 30　　　(C) 60　　　(D) 90

(C) 3.緊急廣播設備之配線，除依屋內線路裝置規則外，依下列規定設置：設有音量調整器時，應爲幾線式配線？

    (A) 1　　　(B) 2　　　(C) 3　　　(D) 4

(C) 4.緊急廣播設備中，擴音機及操作裝置，應符合CNS10522之規定，下列規定設置中哪一項錯誤？

    (A) 操作裝置與啓動裝置或火警自動警報設備動作連動，並標示該啓動裝置或火警自動警報設備所動作之樓層或區域

    (B) 具有選擇必要樓層或區域廣播之性能

    (C) 各廣播分區配線有短路時，不應有短路信號之標示

    (D) 操作裝置之操作開關距樓地板面之高度，在0.8公尺以上（座式操作者，爲0.6公尺）1.5公尺以下

（ D ）　5. 依各類場所消防安全設備設置標準第19條或第21條規定設有火警自動警報或瓦斯漏氣火警自動警報設備之建築物，應設置何種設備？

（A) 昇降梯　　　　（B) 警示燈　　　　（C) 蓄水池　　　　（D) 緊急廣播設備

（ C ）　6. 緊急廣播設備中，公式$P = p + 10 \log_{10}(\frac{Q}{4\pi r^2} + \frac{4(1 - \alpha)}{S\alpha})$，其中Q表示：

(A) 音壓（單位：dB）

(B) 揚聲器音響功率（單位：dB）

(C) 揚聲器指向係數

(D) 受音點至揚聲器之距離（單位：公尺）

（ B ）　7. 緊急廣播設備依規定：距揚聲器1公尺處所測得之音壓應符合標準，當音壓為87分貝以上92分貝未滿時，揚聲器種類為：

(A) L級　　　　(B) M級　　　　(C) R級　　　　(D) S級

（ C ）　8. 緊急照明設備除內置蓄電池式外，其配線依規定：照明器具直接連接於分路配線，不得裝置：

(A) 管路　　　　(B) 蓋板　　　　(C) 插座或開關　　　(D) 連接端子

（ C ）　9. 緊急電源插座不得裝設：

(A) 專用回路　　　(B) 紅色表示燈　　(C) 漏電斷路器　　(D) 緊急供電系統

（ B ）　10. 一般情況下，建築物在二層以上，第幾層以下之各樓層，應設置緊急進口？但面臨道路或寬度4公尺以上之通路，且各層之外牆每10公尺設有窗戶或其他開口者，不在此限：

(A) 12　　　　(B) 10　　　　(C) 9　　　　(D) 8

（ D ）　11. 在緊急升降機的規定中，升降速度每分鐘不得小於多少公尺？

(A) 30　　　　(B) 40　　　　(C) 50　　　　(D) 60

（ C ）　12. 無線電通信輔助設備中，有關無線電之接頭規定，下列哪項不符合？

(A) 設於地面消防人員便於取用處及值日室等平時有人之處所

(B) 前項設於地面之接頭數量，在任一出入口與其他出入口之步行距離大於300公尺時，設置二個以上

(C) 設於距樓地板面或基地地面高度8公尺至15公尺間

(D) 裝設於保護箱內，箱內設長度2公尺以上之射頻電纜，保護箱應構造堅固，有防水及防塵措施，其箱面應漆紅色，並標明消防隊專用無線電接頭字樣

(D) 13. 無線電通信輔助設備，依規定設置洩波同軸電纜之標稱阻抗為多少歐姆？

(A) 20　　　　(B) 30　　　　(C) 40　　　　(D) 50

(B) 14. 避難器具依規定，於開口部保有必要開口面積；救助袋的必要開口面積為：

(A) 高60公分以上，寬50公分以上

(B) 高60公分以上，寬60公分以上

(C) 高60公分以上，寬70公分以上

(D) 高60公分以上，寬80公分以上

(D) 15. 緩降機所使用繩子之長度，以其裝置位置至地面或其他下降地點之多少長度為準：

(A) 1.1倍距離　　(B) 1.2倍距離　　(C) 2倍距離　　(D) 相同距離

(A) 16. 設有架空走廊之樓層，其架空走廊合於下列那項規定者，該樓層每一座架空走廊可減設避難器具二具：

(A) 為防火構造

(B) 架空走廊任一側出入口設有能自動關閉之具1小時以上防火時效之防火門（不含防火鐵捲門）

(C) 供避難、通行及搬運以外之用途使用

(D) 屋頂平臺淨空間面積在100平方公尺以上

(A) 17. 在避難器具的選擇設置中，第2層以上之樓層或地下層供第12條第1款第6目、第2款第12目使用，其收容人員在20人（其下面樓層供第12條第1款第1目至第5目、第7目、第2款第2目、第6目、第7目、第3款第3目或第4款所列場所使用時，應為10人）以上100人以下時，設一具；超過100人時，每增加（包含未滿）100人增設一具。其中，地下層應選擇設置下面那一項：

(A) 避難梯

(B) 避難梯、避難橋、緩降機、救助袋、滑臺

(C) 避難橋、救助袋、滑臺

(D) 避難梯、避難橋、避難繩索、緩降機、救助袋、滑臺、滑杆

(D) 18. 下列處所中哪一項得免設排煙設備？

(A) 建築物在第10層以下之各樓層（地下層除外），其居室部分，樓地板面積每100平方公尺內，以防煙壁區劃者

(B) 設有自動撒水系統或乾粉等自動滅火設備之場所

(C) 機器製造工廠、儲放不燃性物品倉庫及其他類似用途建築物，且主要構

造為可燃材料建造者

(D) 集合住宅、學校教室、學校活動中心、體育館、室內 冰場、室內游泳池

（ A ） 19. 特別安全梯或緊急昇降機間排煙室之排煙設備，依規定選擇設置；當設置直接面向戶外之窗戶時，下列規定哪一項錯誤：

(A) 在排煙時窗戶與煙接觸部分使用可燃材料

(B) 窗戶有效開口面積位於天花板高度二分之一以上之範圍內

(C) 窗戶之有效開口面積在2平方公尺以上。但特別安全梯排煙室與緊急昇降機間兼用時（以下簡稱兼用），應在3平方公尺以上

(D) 前目平時關閉之窗戶設手動開關裝置，其操作部分設於距離樓地板面80公分以上150公分以下之牆面，並標示簡易之操作方式

（ D ） 20 避難方向指示燈，應裝設於設置場所之走廊、樓梯及通道。裝設於牆壁時，該壁面與指示燈標示面應保持適當距離。小型避難方向指示燈，壁面與避難方向指示燈標示面之距離為：

(A) 4公分以上12公分以下　　　　(B) 3公分以上10公分以下

(C) 2公分以上8公分以下　　　　(D) 1公分以上6公分以下

（ B ） 21. 避難指標，下列規定設置哪一項錯誤？

(A) 設於出入口時，裝設高度距樓地板面1.5公尺以下

(B) 設於走廊或通道時，自走廊或通道任一點至指標之步行距離在7.5公尺以下。且優先設於走廊或通道之直行處

(C) 周圍不得設有影響視線之裝潢及廣告招牌

(D) 設於易見且採光良好處

（ A ） 22. 出口標示燈裝設高度應距樓地板面1.5公尺以上，且設於下列出入口之上方，其中哪一項有誤？

(A) 通往戶外之出入口　　　　(B) 通往安全梯及排煙室之防火門

(C) 通往另一防火區劃之防火門　　(D) 居室通往走廊或通道之出入口

（ C ） 23. 出口標示燈及避難方向指示燈之緊急電源應使用蓄電池設備，其容量應能使其有效動作多少分鐘以上？

(A) 10　　　　(B) 15　　　　(C) 20　　　　(D) 25

（ B ） 24. 自居室任一點易於觀察識別其主要出入口，且與主要出入口之步行距離或該居室之用途、樓地板面積，符合下列哪項規定，得免設標示設備：

(A) 供各類場所消防安全設備設置標準第12條各款使用之場所步行距離在避

難層為15公尺以下，在避難層以外之樓層為5公尺以下者，得免設出口標示燈

(B) 供各類場所消防安全設備設置標準第12條第1款及第5款第1目使用之場所，步行距離在20公尺以下者，得免設避難方向指示燈

(C) 供前述以外之場所，步行距離在20公尺以下者，得免設避難方向指示燈

(D) 供各類場所消防安全設備設置標準第12條各款使用之場所，步行距離在10公尺以下者，得免設避難指標

（ D ） 25. 依裝置場所高度，探測器種類裝設中不能選差動式分布型的為多少公尺？（同一室內之天花板或屋頂板高度不同時，以平均高度計）

(A) 未滿4公尺   (B) 4公尺以上未滿8公尺

(C) 8公尺以上未滿15公尺   (D) 15公尺以上未滿20公尺

（ D ） 26. 火警受信總機之位置，下列規定裝置哪一項是正確的？

(A) 裝置於值日室等經常有人之處所。但設有防災中心時，設於遠離該中心

(B) 裝置於日光可直接照射之位置

(C) 避免傾斜裝置，其外殼不應接地

(D) 壁掛型總機操作開關距離樓地板面之高度，在0.8公尺（座式操作者，為0.6公尺）以上1.5公尺以下

（ D ） 27. 下列處所哪一選項不屬於得免設探測器之場所：

(A) 探測器除火焰式外，裝置面高度超過20公尺者

(B) 外氣流通無法有效探測火災之場所

(C) 洗手間、廁所或浴室

(D) 可燃性石材或金屬等加工場，儲存或處理可燃性物品處

（ A ） 28. 光電式分離型探測器，依下列規定設置，哪一項是錯誤的？

(A) 探測器之受光面設在有日光照射之處

(B) 設在與探測器光軸平行牆壁距離60公分以上之位置

(C) 探測器之受光器及送光器，設在距其背部牆壁1公尺範圍內

(D) 設在天花板等高度20公尺以下之場所

（ A ） 29. 進行感熱型分布型空氣管式探測器接點水高試驗時，應將空氣管由旋塞台取下，連接H計及空氣注入器，並將試驗旋塞調整至接點水高試驗位置，請問H計所指為何？

(A) 流體壓力計   (B) 感度試驗計   (C) 空氣流量計   (D) 接點電壓計

（ C ） 30. 差動式分布型探測器為空氣管式時，下列規定中哪一項有誤？
   (A) 每一探測區域內之空氣管長度，露出部分在20公尺以上
   (B) 裝接於一個檢出器之空氣管長度，在100公尺以下
   (C) 空氣管裝置在裝置面下方80公分範圍內
   (D) 空氣管裝置在自裝置面任一邊起1.5公尺以內之位置，其間距，在防火構造建築物，在9公尺以下，其他建築物在6公尺以下。但依探測區域規模及形狀能有效探測火災發生者，不在此限

（ B ） 31. 瓦斯漏氣受信總機，依下列規定：一棟建築物內有X臺以上瓦斯漏氣受信總機時，該受信總機處，設有能相互同時通話連絡之設備。此X為何？
   (A) 1   (B) 2   (C) 3   (D) 4

（ A ） 32. 瓦斯漏氣火警自動警報設備之緊急電源應使用蓄電池設備，其容量應能使二回路有效動作10分鐘以上，其他回路能監視多少分鐘以上？
   (A) 10   (B) 20   (C) 30   (D) 40

（ D ） 33. 瓦斯漏氣火警自動警報設備之配線，除依屋內線路裝置規則外，下列規定哪一項有誤？
   (A) 電源回路導線間及導線對大地間之絕緣電阻值，以直流500伏特額定之絕緣電阻計測定，對地電壓在150伏特以下者，應在0.1MΩ以上，對地電壓超過150伏特者，在0.2MΩ以上
   (B) 檢知器回路導線間及導線與大地間之絕緣電阻值，以直流500伏特額定之絕緣電阻計測定，每一警報分區在0.1MΩ以上
   (C) 常開式檢知器信號回路之配線採用串接式，並加設終端電阻，以便藉由瓦斯漏氣受信總機作斷線自動檢出用
   (D) 檢知器回路應與瓦斯漏氣火警自動警報設備及緊急照明設備回路共用

（ B ） 34. 瓦斯漏氣受信總機操作開關距樓地板面之高度，下列哪一選項錯誤？
   (A) 1.0公尺   (B) 1.6公尺   (C) 0.9公尺   (D)1.3公尺

（ C ） 35. 出口標示燈應保持不熄滅，其亮度在直線距離30公尺處，能明顯看出其標示面圖形及顏色。但一些特定場所，得以與火警自動警報設備連動或三線式配線方式，予以減光或消燈。下列哪項不屬於前述特定場所：
   (A) 戲院   (B) 電影院   (C) 補習班   (D) 劇院

（ B ） 36. 若某場所設有局限型定溫式（非再用型）感熱型探測器（多信號探測器除外）45個，請問依據「各類場所消防安全設備檢修及申報作業基準」的規

定，進行該探測器性能檢查時，應選取檢查數量爲何？

(A) 1　　　　　　(B) 2　　　　　　(C) 3　　　　　　(D) 4

（C） 37. 使用「加瓦斯試驗器」進行瓦斯漏氣火警自動警報設備檢知器加瓦斯測試時，若該瓦斯對空氣之比重未滿一者應使用M，對空氣之比重大於一者應使用N，進行測試，請問M、N各爲何？

(A) 異丁烷、甲烷　　　　　　　(B) 丙烷、異丁烷

(C) 甲烷、異丁烷　　　　　　　(D) 甲烷、丙烷

（D） 38. 有關緩降機綜合檢查，在下降的檢查判定方法上，要測量下降距離及下降時間，計算出下降速度，應在規定的下降速度範圍內。其中平均的降落速度應在每秒X至Ycm，最大下降速度應在每秒Zcm以內。請問X、Y、Z爲何？

(A) 60、120、180　　　　　　(B) 50、100、120

(C) 80、150、180　　　　　　(D) 80、100、150

（B） 39. 有關緊急電源插座性能檢查時，回轉相位的檢查與判定方法，下列敘述何者正確？

(A) 連接額定電壓110V之雙相交流緊急電源插座

(B) 如與電動機連接時，應以相位計確認其是否依規定方向回轉

(C) 應爲逆回轉或左向回轉之方向

(D) 連接額定電壓220V之雙相交流緊急電源插座

（B） 40. 有關避難梯綜合檢查在下降準備的檢查判定方法中，懸吊型者，梯子之全長應能順利伸長，突起向牆壁方向，牆壁與橫桿之間隔應有W公分以上，梯柱成垂直，橫桿成水平。請問W值爲何？

(A) 5　　　　　　(B) 10　　　　　　(C) 15　　　　　　(D) 20

6.2　消防設備師警報系統歷屆考題

105年專門職業及技術人員消防設備人員考試試題

等　　別：高等考試
類　　科：消防設備師
科　　目：警報系統消防安全設備
考試時間：2小時　　座號：
※注意：
1) 禁止使用電子計算器。
2) 不必抄題，作答時請將試題題號及答案依照順序寫在試卷上，於本試題上作答者，不予計分。
3) 請以黑色鋼筆或原子筆在申論試卷上作答。

一、你是消防設備師，受託為一公共危險物品室內儲存場所設計消防安全設備。請問，在末檢視明確的法令規定前，初步判斷該室內儲存場所應否設置火警自動警報設備的主要因素為何？依規定，室內儲存場所符合哪些條件時，應設置火警自動警報設備？（25分）

解：

(一) 初步判斷該室內儲存場所應設置火警自動警報設備的主要因素
考量儲存種類及其管制量、開口情形、室內空間區劃、樓地板面積、探測場所選用、裝設位置（進出風口）、斜屋頂（頂板）、人為操作、粉塵、濕氣、裝設高度或區畫面積及火災生成物問題等。
基本上火警自動警報設備的功能在於火災發生初期的警報，使得內部人員能在有限的時間內進行因應；火警自動警報設備要如何有效的探測火災，假使常造成誤報，會使內部人員產生不信任感，而延誤動作造成傷亡；但探測器為免誤報，將其靈敏度降低或蓄積時間調多或多信號動作，始發出警報，這將是火災發生了一段時間時，火勢變大或難以逃生，此時就失去火警自動警

報設備之設置目的。

(二) 室內儲存場所應設置火警自動警報設備條件

室內儲存場所符合下列規定之一者：

1.儲存或處理公共危險物品數量達管制量一百倍以上者。但儲存或處理高閃火點物品，不在此限。

2.總樓地板面積在一百五十平方公尺以上者。但每一百五十平方公尺內以無開口且具一小時以上防火時效之牆壁、樓地板區劃分隔，或儲存、處理易燃性固體以外之第二類公共危險物品或閃火點在攝氏七十度以上之第四類公共危險物品之場所，其總樓地板面積在五百平方公尺以下者，不在此限。

3.建築物之一部分供作室內儲存場所使用者。但以無開口且具一小時以上防火時效之牆壁、樓地板區劃分隔者，或儲存、處理易燃性固體以外之第二類公共危險物品或閃火點在攝氏七十度以上之第四類公共危險物品，不在此限。

4.高度在六公尺以上之一層建築物。

二、建築物內的風與氣流流動狀況是影響火警探測器能否有效探知火災的重要因素之一。請問，在設置火警探測器時，對於風與氣流的影響，消防設備師應有的認知與考量為何？在決定火警探測器之設置與裝置位置時，對於風與氣流的影響，各類場所消防安全設備設置標準有哪些具體規定？（25分）

解：

(一) 設置火警探測器時，對於風與氣流的影響考量

火警探測器除火焰式較不受氣流、風壓影響外，其靠熱對流氣熱能傳遞給探測器，由探測器表面熱能產生轉移之內部感熱裝置，觸動微動開關，送出信啓動信號。所以，偵溫、偵煙等會顯著受到風與氣流影響，使其難以偵知火災生成物。

(二) 各類場所消防安全設備設置標準具體規定

第115條

探測器之裝置位置，依下列規定：

1.天花板上設有出風口時，除火焰式、差動式分布型及光電式分離型探測器外，應距離該出風口一點五公尺以上。

2.牆上設有出風口時，應距離該出風口一點五公尺以上。但該出風口距天花板在一公尺以上時，不在此限。

3.天花板設排氣口或回風口時，偵煙式探測器應裝置於排氣口或回風口周圍一公尺範圍內。

第116條

下列處所得免設探測器：外氣流通無法有效探測火災之場所。

第122條

偵煙式探測器除光電式分離型外，依下列規定裝置：

1.居室天花板距樓地板面高度在二點三公尺以下或樓地板面積在四十平方公尺以下時，應設在其出入口附近。

2.探測器在走廊及通道，步行距離每三十公尺至少設置一個；使用第三種探測器時，每二十公尺至少設置一個；且距盡頭之牆壁在十五公尺以下，使用第三種探測器應在十公尺以下。但走廊或通道至樓梯之步行距離在十公尺以下，且樓梯設有平時開放式防火門或居室有面向該處之出入口時，得免設。

三、火災發生時，火警自動警報設備鳴動方式對於火場避難人員的疏散逃生安全有重要的影響。請問，在建築物內，火警自動警報設備的鳴動方式一般分為幾種，且其優缺點為何？各類場所消防安全設備設置標準對於火警自動警報設備的鳴動方式有何規定？緊急廣播設備與火警自動警報設備連動時，其火警音響應如何鳴動？（25分）

解：

(一) 火警自動警報設備的鳴動方式

　　A. 一齊鳴動

　　　　全棟之地區音響自動地一齊鳴動。

　　B. 分區鳴動

　　　　建築物在五層以上，且總樓地板面積超過三千平方公尺者，其地區音響裝置應依下列所示分區鳴動，必要時可以手動操作一齊鳴動。

　　　(A)起火層為地上二層以上時，限該樓層與其直上兩層及其直下層鳴動。

　　　(B)起火層為地面層時，限該樓層與其直上層及地下層各層鳴動。

　　　(C)起火層為地下層時，限地面層及地下層各層鳴動。

(二) 火警自動警報設備不同鳴動方式優缺點

    A. 一齊鳴動

        全棟大樓之地區音響自動地一齊鳴動，優點是火警發生時全棟人員能第一時間採取火災因應動作。缺點是假使火警為誤報，影響層面將是整棟全面，將會造成大樓人員因逃生形成恐慌，造成非火災之人員推擠傷亡情形發生。所以法規規定建築物在五樓以上（樓層過高）且總樓地板面積在三千平方公尺以上者（面積過大），內部收容人員較多時，避免火警鳴動或誤報，使整棟全體人員一致向上向下逃生，造成樓梯間過度擁擠或推擠情況。

    B. 分區鳴動

        大樓發生火災，會受到火災威脅是起火層與其直上層。分區鳴動能疏散人群時，因火災受威脅之空間相當有程度差異性，即刻受到威脅先疏散。但分區鳴動有一嚴重缺點：就是真的發生火災時，只要有探測器動作的樓層會採取分區鳴動，但當其他樓層的探測器動作時，欲經過火災已受威脅樓層的逃生路線或出入口已是深陷火海了。在日本規定當火警鈴動作在幾分鐘內，沒有人員去「復歸」，代表是真的發生火警了，超過一定的時間內，規定所有的警鈴都要鳴動，以確保場所內的所有人員的安全（參考資料來源：火警自動警報設備之火警警鈴之探討，2009，http://topoftheview.pixnet.net/blog/post/1777005）。

(三) 火警自動警報設備鳴動方式規定

    第113條

    火警自動警報設備之鳴動方式，建築物在五樓以上，且總樓地板面積在三千平方公尺以上者，依下列規定：

    1.起火層為地上二層以上時，限該樓層與其直上二層及其直下層鳴動。

    2.起火層為地面層時，限該樓層與其直上層及地下層各層鳴動。

    3.起火層為地下層時，限地面層及地下層各層鳴動。

    第135條

    緊急廣播設備與火警自動警報設備連動時，其火警音響之鳴動準用第一百十三條之規定。

    1.緊急廣播設備之音響警報應以語音方式播放。

    2.緊急廣播設備之緊急電源，準用第一百二十八條之規定。

第128條

火警自動警報設備之緊急電源，應使用蓄電池設備，其容量能使其有效動作十分鐘以上。

四、瓦斯漏氣火警自動警報設備對於檢知瓦斯是否漏洩，避免氣爆事故發生，具有重要作用。為確保其功能正常，定期的檢查及維護十分重要。一般進行瓦斯漏氣火警自動警報設備的檢查，有外觀、性能與綜合檢查三項。請問，進行此設備的綜合檢查時，其檢查項目、檢查方法與判定方法為何？（25分）

解：

(一)同時動作

　　1.檢查方法

　　　使用加瓦斯試驗器，使兩個回路之任一檢知器（各回路一個）同時動作，確認其性能是否異常。

　　2.判定方法

　　　中繼器、瓦斯漏氣表示燈及檢知區域警報裝置之動作應正常，且受信總機之瓦斯漏氣燈、主音響裝置之動作及警報分區之表示應正常。

(二) 檢知區域警報裝置

　　1.檢查方法

　　　使任一檢知器動作，於檢知區域警報鳴動時，於距該裝置之裝設位置中心一公尺處，使用噪音計確認其音壓是否在規定值以上。

　　2.判定方法

　　　音壓應在七十分貝以上。

　　3.注意事項

　　　設在箱內者，應保持原狀測定其音壓。

(三) 綜合動作

　　1.檢查方法

　　　切換成緊急電源之狀態，使任一檢知器動作，確認其性能是否正常。

　　2.判定方法

　　　中繼器、瓦斯漏氣表示燈及檢知區域警報裝置之動作應正常，且受信總機之瓦斯漏氣燈、主音響裝置之動作及警報分區之表示應正常。

　　3.注意事項

　　　得以預備電源取代緊急電源實施綜合動作測試。

104年專門職業及技術人員消防設備人員考試試題

等　　別：高等考試

類　　科：消防設備師

科　　目：警報系統消防安全設備

考試時間：2小時　　座號

※注意：

1) 禁止使用電子計算器。

2) 不必抄題，作答時請將試題題號及答案依照順序寫在試卷上，於本試題上作答者，不予計分。

3) 請以黑色鋼筆或原子筆在申論試卷上作答。

一、緊急廣播設備是火災時傳遞火災訊息的重要設備，其廣播音壓大小將決定火災訊息能否被清楚察覺，因此有關音壓的規定就十分重要。緊急廣播設備裝置對於距離揚聲器1公尺處所測得之音壓有何規定？計算揚聲器之音壓值時需使用到指向係數（Q值），其意義與計算公式又為何？假設某廣播區域為120平方公尺，此時應使用何種等級揚聲器，其音壓規定值為何？（25分）

解：

(一) 緊急廣播設備裝置對於距離揚聲器1公尺處所測得之音壓規定

第133條

緊急廣播設備，依下列規定裝置：

一、距揚聲器一公尺處所測得之音壓應符合下表規定：

揚聲器種類	音壓
L級	92分貝以上
M級	87分貝以上92分貝未滿
S級	84分貝以上87分貝未滿

(二) 指向係數（Q值）與計算公式

指向係數：為該點方向之音壓強度與全方向平均值之音壓強度比值，公式如下：

$$Q = I_d/I_o$$

公式中

Q：揚聲器之指向係數。

I_d：距離揚聲器1m處，該方向之直接音壓強度。

I_o：距離揚聲器1m處，全方向之直接音壓強度之平均值。

(三) 使用揚聲器等級及其音壓規定值

揚聲器，依下列規定裝設：

(一) 廣播區域超過一百平方公尺時，設L級揚聲器。

(二) 廣播區域超過五十平方公尺一百平方公尺以下時，設L級或M級揚聲器。

(三) 廣播區域在五十平方公尺以下時，設L級、M級或S級揚聲器。

廣播區域120平方公尺時應設L級揚聲器，音壓在92分貝以上。

樓梯或斜坡通道以外之場所，揚聲器之音壓及裝設符合下列規定者，不受前款第四目之限制：

(一) 廣播區域內距樓地板面一公尺處，依下列公式求得之音壓在七十五分貝以上者。

$$P = p + 10 \log_{10}(\frac{Q}{4\pi r^2} + \frac{4(1-\alpha)}{S\alpha})$$

P值：音壓（單位：dB）

p值：揚聲器音響功率（單位：dB）

Q值：揚聲器指向係數

r值：受音點至揚聲器之距離（單位：公尺）

α值：廣播區域之平均吸音率

S值：廣播區域內牆壁、樓地板及天花板面積之合計（單位：平方公尺）

二、火焰式探測器是應用近代科技研發出來的新式探測器之一，其探測火災方法與維護要領有別於現有的探測器，因此有必要特別留意。此類探測器的火災探測動作

原理與分類為何？進行認可火焰式探測器靈敏度試驗時，其試驗規定為何？進行檢修申報作業時，其性能檢查基準規定事項為何？（25分）

解：

(一) 火焰式探測器動作原理與分類

依火警探測器認可基準，火焰式探測器：指當火焰放射出來之紫外線或紅外線之變化在定量以上時會發出火災信號之型式中，利用某一局部處所之紫外線或紅外線引起光電元件受光量之變化而動作。可分為紫外線式、紅外線式、紫外線紅外線併用式、複合式。

(二) 火焰式探測器靈敏度試驗規定

1. 標稱監視距離，係按照每5度視角加以規定，未滿20公尺時以每1公尺為刻度，20公尺以上時，以每5公尺為刻度。

2. 靈敏度應符合下列規定：

(1) 動作試驗：相對於探測器之分類及每一視角之標稱監視距離，將L及d之值作如表8之規定時，在距離探測器之水平距離L公尺處，以一邊長度為d公分之正方形燃燒盤燃燒正庚烷，應在30秒以內發出火災信號。

表　火焰式探測器動作試驗數值表

分類	L（公尺）	d（公分）
室內型	標稱監視距離之1.2倍之值	33
室外型	標稱監視距離之1.4倍之值	70

(2) 不動作試驗：紫外線及紅外線之受光量，在前款動作試驗中受光量之四分之一時，在1分鐘內不會動作。

(三) 火焰式探測器性能檢查基準規定事項

(1) 檢查方法

使用火焰探測器用動作試驗器，確認探測器之動作及火警分區之表示是否正常。

(2) 判定方法

A. 探測器之動作時間，應在30秒內

B. 火警分區之表示應正常。

以火焰式探測器用動作試驗器之紅外線或紫外線照射時，30秒加上蓄積式中繼器或受信機設定之蓄積時間之合計時間（最大20秒）。

三、火警受信總機是整個火警自動警報設備中最重要的控制設備之一，為確保該設備功能正常，法規對其設置位置有何要求？為防止火災誤報發生，受信總機須具有哪些防止誤報發生之功能？當受信總機附有防災連動控制功能者，又應符合哪些要求？（25分）

解：

(一) 火警自動警報設備設置位置

第126條 火警受信總機之位置，依下列規定裝置：

1. 裝置於值日室等經常有人之處所。但設有防災中心時，設於該中心。

2. 裝置於日光不直接照射之位置。

3. 避免傾斜裝置，其外殼應接地。

4. 壁掛型總機操作開關距離樓地板面之高度，在零點八公尺（座式操作者，為零點六公尺）以上一點五公尺以下。

(二) 為防止火災誤報發生，受信總機須具有哪些防止誤報發生之功能

依受信總機認可基準指出，受信總機須有下列各項防止誤報之功能：

(1) 當外部配線（回路信號線除外）發生故障時。

(2) 受到振動、外力衝擊電力開關之開關動作或其他電器回路干擾時。

(3) 設有蓄積回路者，應有回路蓄積與非蓄積切換之裝置。

(三) 附有防災連動控制功能者應符合下列規定：

(1) 應能同時連動控制附屬之相關設備。

(2) 連動輸出裝置應有適當之保護裝置，在輸出異常時能確保受信總機功能正常，並設有端子記號及接線圖之明確標示。

(3) 撒水與泡沫回路動作時，其回路區域表示裝置可與外部感知動作信號同步。

(4) 受信回路及連動控制之電氣特性均需符合本基準之規定，且廠商並必須在火警受信總機內標示連動控制用之電氣規格。

四、某消防設備師受託為一地下層場所設計消防安全設備，若消防設備師發現該場所有使用氣體燃料（瓦斯）燃氣設備，可能要設置瓦斯漏氣火警自動警報設備時，為妥善進行此設備之設計，有哪些可能影響設計的要素是應先行掌握及了解？另設計時主要的設計步驟與需引用的消防設備設置規定為何？（25分）

解：

(一) 設置瓦斯漏氣火警自動警報設備時影響設計的要素

　　1.用途分類

　　2.樓地板面積

　　3.樓層位置

　　4.瓦斯種類比重

　　5.瓦斯燃燒位置

　　6.瓦斯管貫穿位置

　　7.室內空間天花板及樑等

　　8.防災中心或值日室

　　9.出入口位置

(二) 設計時主要的設計步驟需引用的消防設備設置規定

　　1.應設置場所

　　第21條

　　下列使用瓦斯之場所應設置瓦斯漏氣火警自動警報設備：

　　一、地下層供第十二條第一款所列場所使用，樓地板面積合計一千平方公尺以上者。

　　二、供第十二條第五款第一目使用之地下層，樓地板面積合計一千平方公尺以上，且其中甲類場所樓地板面積合計五百平方公尺以上者。

　　三、總樓地板面積在一千平方公尺以上之地下建築物。

　　2.應劃定火警分區

　　第140條

　　瓦斯漏氣火警自動警報設備依第一百十二條之規定劃定警報分區。

　　前項瓦斯，指下列氣體燃料：

　　一、天然氣。

　　二、液化石油氣。

　　三、其他經中央主管機關指定者。

第112條

裝設火警自動警報設備之建築物,依下列規定劃定火警分區:

一、每一火警分區不得超過一樓層,並在樓地板面積六百平方公尺以下。
但上下二層樓地板面積之和在五百平方公尺以下者,得二層共用一分
區。

二、每一分區之任一邊長在五十公尺以下。但裝設光電式分離型探測器
時,其邊長得在一百公尺以下。

三、如由主要出入口或直通樓梯出入口能直接觀察該樓層任一角落時,第
一款規定之六百平方公尺得增為一千平方公尺。

四、樓梯、斜坡通道、升降機之升降路及管道間等場所,在水平距離五十
公尺範圍內,且其頂層相差在二層以下時,得為一火警分區。但應與
建築物各層之走廊、通道及居室等場所分別設置火警分區。

五、樓梯或斜坡通道,垂直距離每四十五公尺以下為一火警分區。但其地
下層部分應為另一火警分區。

3.設置瓦斯漏氣警報裝置及配線

第143條

瓦斯漏氣之警報裝置,依下列規定:

一、瓦斯漏氣表示燈,依下列規定。但在一警報分區僅一室時,得免設
之。

　　(一)設有檢知器之居室面向通路時,設於該面向通路部分之出入口附
　　　　近。

　　(二)距樓地板面之高度,在四點五公尺以下。

　　(三)其亮度在表示燈前方三公尺處能明確識別,並於附近標明瓦斯漏
　　　　氣表示燈字樣。

二、檢知器所能檢知瓦斯漏氣之區域內,該檢知器動作時,該區域內之檢
知區域警報裝置能發出警報音響,其音壓在距一公尺處應有七十分貝
以上。但檢知器具有發出警報功能者,或設於機械室等常時無人場所
及瓦斯導管貫穿牆壁處者,不在此限。

第144條

瓦斯漏氣火警自動警報設備之配線,除依屋內線路裝置規則外,依下列規
定:

一、電源回路導線間及導線對大地間之絕緣電阻值，以直流五百伏特額定之絕緣電阻計測定，對地電壓在一百五十伏特以下者，應在零點一MΩ以上，對地電壓超過一百五十伏特者，在零點二MΩ以上。檢知器回路導線間及導線與大地間之絕緣電阻值，以直流五百伏特額定之絕緣電阻計測定，每一警報分區在零點一MΩ以上。

二、常開式檢知器信號回路之配線採用串接式，並加設終端電阻，以便藉由瓦斯漏氣受信總機作斷線自動檢出用。

三、檢知器回路不得與瓦斯漏氣火警自動警報設備以外之設備回路共用。

4.設置瓦斯漏氣檢知器

第141條

瓦斯漏氣檢知器，依瓦斯特性裝設於天花板或牆面等便於檢修處，並符合下列規定：

一、瓦斯對空氣之比重未滿一時，依下列規定：

    (一)設於距瓦斯燃燒器具或瓦斯導管貫穿牆壁處水平距離八公尺以內。但樓板有淨高六十公分以上之樑或類似構造體時，設於近瓦斯燃燒器具或瓦斯導管貫穿牆壁處。

    (二)瓦斯燃燒器具室內之天花板附近設有吸氣口時，設在距瓦斯燃燒器具或瓦斯導管貫穿牆壁處與天花板間，無淨高六十公分以上之樑或類似構造體區隔之吸氣口一點五公尺範圍內。

    (三)檢知器下端，裝設在天花板下方三十公分範圍內。

二、瓦斯對空氣之比重大於一時，依下列規定：

    (一)設於距瓦斯燃燒器具或瓦斯導管貫穿牆壁處水平距離四公尺以內。

    (二)檢知器上端，裝設在距樓地板面三十公分範圍內。

三、水平距離之起算，依下列規定：

    (一)瓦斯燃燒器具為燃燒器中心點。

    (二)瓦斯導管貫穿牆壁處為面向室內牆壁處之瓦斯配管中心處。

5.設置瓦斯漏氣受信總機

第142條

瓦斯漏氣受信總機，依下列規定：

一、裝置於值日室等平時有人之處所。但設有防災中心時，設於該中心。

二、具有標示瓦斯漏氣發生之警報分區。

三、設於瓦斯導管貫穿牆壁處之檢知器，其警報分區應個別標示。

四、操作開關距樓地板面之高度，須在零點八公尺以上（座式操作者為零點六公尺）一點五公尺以下。

五、主音響裝置之音色及音壓應有別於其他警報音響。

六、一棟建築物內有二臺以上瓦斯漏氣受信總機時，該受信總機處，設有能相互同時通話連絡之設備。

6.緊急電源

第145條瓦斯漏氣火警自動警報設備之緊急電源應使用蓄電池設備，其容量應能使二回路有效動作十分鐘以上，其他回路能監視十分鐘以上。

103年專門職業及技術人員消防設備人員考試試題

等　　別：高等考試

類　　科：消防設備師

科　　目：警報系統消防安全設備

考試時間：2小時　　座號：

※注意：

1) 禁止使用電子計算器。

2) 不必抄題，作答時請將試題題號及答案依照順序寫在試卷上，於本試題上作答者，不予計分。

3) 請以黑色鋼筆或原子筆在申論試卷上作答。

一、火警自動警報設備是否發生火災誤報，與火警探測器設置的適當與否關係密切。為了避免火災誤報發生，在設置之前必須審慎考量火警探測器裝置的場所及位置。請從火警探測器的動作原理與其設置處所環境之間的關係，分析容易造成火警探測器火災誤報的因素為何？並請申論應如何適當選擇探測器，以避免火災誤報發生。（25分）

解：

(一) 造成火警探測器火災誤報的因素

依動作原理區分：

1.動作原理為火災生成物之熱：

(1)差動式局限型探測器：周圍溫度上升率在超過一定限度時即會動作，僅針對某一局限地點之熱效率有反應。

(2)差動式分布型探測器：周圍溫度上升率在超過一定限度時即會動作，針對廣大地區熱效率之累積產生反應。

(3)定溫式局限型探測器：周圍溫度達到一定溫度以上時，即會產生動作，外觀為非電線狀。

(4)定溫式線型探測器：周圍溫度達到一定溫度以上時，即會產生動作，外觀為電線狀。

(5) 補償式局限型探測器：兼具差動式局限型及定溫式局限型二種性能。

2. 動作原理為火災生成物之煙：

(1) 離子式探測器：周圍空氣中含煙濃度達到某一限度時即會動作，原理係利用離子化電流受煙影響而產生變化。

(2) 光電式探測器：周圍空氣中含煙濃度達到某一限度時即會動作，原理係利用光電束子之受光量受到煙之影響而產生變化，並可分為散亂光型及減光型。

3. 動作原理為火災生成物之光譜：

火焰式探測器：指當火焰放射出來之紫外線或紅外線之變化在定量以上時會發出火災信號之型式中，利用某一局部處所之紫外線或紅外線引起光電元件受光量之變化而動作。可分為紫外線式、紅外線式、紫外線紅外線併用式、複合式。

4. 動作原理為火災生成物二種以上：

複合式探測器：具有上述兩種以上偵測功能。

(1) 煙熱複合式探測器：探測器具有定溫功能及偵煙功能的探測器，其定溫功能及偵煙功能都動作後，才將火災信號傳到受信總機，由受信總機發出火警警報。

(2) 多信號探測器：具有二種以上動作點的探測器（如差動式或偵煙式），當某一動作點動作後即發出火警訊號給受信總機，由受信總機發出副警鈴，但第二動作點動作（或所有的動作點都動作）後，傳火警訊號給火警信總機，此時受信總機即發出火警警鈴；所以多信號探測器必須接特殊的多信號受信總機，因此接多信號探測器在該回路不得有蓄積功能。

設置場所		適用之感熱式探測器			適用之偵煙式探測器						火焰式探測器	備考
					離子式型		光電式型		光電式分離型			
場所	具體例示	差動式	補償式	定溫式	非蓄積型	蓄積型	非蓄積型	蓄積型	非蓄積型	蓄積型		
因吸煙而有煙滯留之換氣不良場所	會議室、接待室、休息室、控制室、康樂室、後台（演員休息室）、咖啡廳、餐廳、等侯室、酒吧等之客房、集會堂、宴會廳等	○	○					○	○	○		
作為就寢設施使用之場所	飯店（旅館、旅社）之客房、休息（小睡）房間等					○		○	○	○		
有煙以外微粒子浮游之場所	地下街通道（通路）等					○		○	○	○	○	
容易受風影響之場所	大廳（門廳）、禮拜堂、觀覽場、在大樓頂上之機械室等。							○	○	○	○	設差動式探測器時，應使用分布型

設置場所			適用之感熱式探測器			適用之偵煙式探測器						火焰式探測器	備考
						離子式型		光電式型		光電式分離型			
場所	具體例示	差動式	補償式	定溫式		非蓄積型	蓄積型	非蓄積型	蓄積型	非蓄積型	蓄積型		
煙須經長時間移動方能到達探測器之場所	走廊、樓梯、通道、傾斜路、升降機機道等						○			○	○		
有成為燻燒火災之虞之場所	電話機械室、通信機器室、電腦室、機械控制室等						○	○	○	○	○		
大空間且天花板高等熱、煙易擴散之場所	體育館、飛機停機庫、高天花板倉庫、工場、觀眾席上方等探測器裝置高度在8公尺以上之場所	○								○	○	○	差動式探測器應使用分布型

因此，將偵煙式裝置在有煙之位置、偵溫式裝設在高溫位置、火焰式裝設在有用火位置如爐火煮食等，即皆會造成誤報。也如偵煙式或熱煙複合式局限型探測器不得設於下列處所：

1.塵埃、粉末或水蒸氣會大量滯留之場所。

2.會散發腐蝕性氣體之場所。

3.廚房及其他平時煙會滯留之場所。

4.顯著高溫之場所。

5.排放廢氣會大量滯留之場所。

6.煙會大量流入之場所。

7.會結露之場所。

8.其他對探測器機能會造成障礙之場所。

火焰式探測器不得設於下列處所：

1.前項第二款至第四款、第六款、第七款所列之處所。

2.水蒸氣會大量滯留之處所。

3.用火設備火焰外露之處所。

4.其他對探測器機能會造成障礙之處所。

(二) 適當選擇探測器，以避免火災誤報

從上述動作原理可知，

一些特殊場所依下表狀況，選擇適當探測器設置：

場所			1 灰塵、粉末會大量滯留場所	2 水蒸氣會大量滯留之場所	3 會散發腐蝕性氣體之場所	4 平時煙會滯留之場所	5 顯著高溫之廠所	6 排放廢氣會大量滯留之場所	7 煙會大量流入之場所	8 會結露之場所
適用探測器	差動式局限型	一種						○	○	
		二種						○	○	
	差動式分布型	一種	○		○			○	○	○
		二種	○	○	○			○	○	○
	補償式局限型	一種	○		○			○	○	○
		二種	○		○			○	○	○
	定溫式	特種	○	○	○	○	○		○	○
		二種		○	○	○	○		○	○
	火焰式		○					○		

註：

(一) ○表可選擇設置。

(二) 場所1、2、4、8所使用之定溫式或補償式探測器，應具有防水性能。

(三) 場所3所使用之定溫式或補償式探測器，應依腐蝕性氣體別，使用具耐酸或耐鹼性能者；使用差動式分布型時，其空氣管及檢出器應採有效措施，防範腐蝕性氣體侵蝕。

二、現有火警自動警報設備所使用的火警探測器有許多種類，且運用的原理各不相同，其中光電式探測器是經常被考慮使用的探測器之一。請問，所謂光電式探測器是運用何種動作原理來察覺火災發生？為有效感知火災發生，國內對於光電式探測器的構造要求為何？採用光電式分離型的探測器時，國內又有何設置規定？（25分）

解：

(一) 光電式探測器動作原理

　　光電式探測器：周圍空氣中含煙濃度達到某一限度時即會動作，原理係利用光電束子之受光量受到煙之影響而產生變化，並可分為散亂光型及減光型。

(二) 光電式探測器構造要求

　　光電式探測器應符合下列規定：

　　(1) 所使用光源之光束變化應少，且能耐長時間之使用。

　　(2) 光電元件應不得有靈敏度劣化或疲勞現象，且能耐長時間之使用。

　　(3) 能容易清潔檢知部位。

(三) 光電式分離型探測器設置規定

　　第123條

　　光電式分離型探測器，依下列規定設置：

　　一、探測器之受光面設在無日光照射之處。

　　二、設在與探測器光軸平行牆壁距離六十公分以上之位置。

　　三、探測器之受光器及送光器，設在距其背部牆壁一公尺範圍內。

　　四、設在天花板等高度二十公尺以下之場所。

　　五、探測器之光軸高度，在天花板等高度百分之八十以上之位置。

　　六、探測器之光軸長度，在該探測器之標稱監視距離以下。

　　七、探測器之光軸與警戒區任一點之水平距離，在七公尺以下。

　　前項探測器之光軸，指探測器受光面中心點與送光面中心點之連結線。

三、設置火災報警設備時，除了自動報警設備外，常須另設手動報警設備。請問手動報警設備之火警發信機的功能與分類為何？為使其有效發揮作用，國內目前對於火警發信機的構造、形狀及材質有何規範及要求？（25分）

解：

(一) 火警發信機的功能與分類

火警發信機功能係利用手動對火警受信總機或中繼器等發出信號之設備。

分類如下：

1.依系統種類區分：一般係與P型受信總機配合使用，至與R型受信總機配合使用者稱為「定址型火警發信機」。

2.依操作方式區分：「強壓型」及「扳動型」。

3.依設置場所區分：「屋內型」及「屋外型」。

(二) 火警發信機的構造、形狀及材質

1.共同部分

(1) 作動要確實，操作維護檢查及更換零件應簡便且具耐用性。

(2) 不受塵埃、濕氣之影響而導致功能異常、失效之現象。

(3) 應使用不燃或耐燃材料構成。

(4) 機器內部所使用之配線，應對承受負載具有充分之電氣容量，且接線部施工應確實。

(5) 除屬於無極性者外，應設有防止接線錯誤之措施或標示。

(6) 裝配零件時，應有防止其鬆動之裝置。

(7) 電線以外通有電流且具滑動或轉動軸等之零件，可能有接觸不夠充分部分，應施予適當措施，以防止接觸不良之情形發生。

(8) 額定電壓超過60V以上，其電源部分應有防觸電裝置，且外殼應為良導體並裝設地線端子。

2.個別部分

(1) 火警發信機

①外殼露在外面部分應為紅色；但修飾部位（如外殼邊框或印刷說明等）及文字標示除外。

②啟動開關時即能送出火警信號。

③發信開關應設有下列保護裝置：

　A. 強壓型：須設置能以手指壓破或壓下即能容易操作之保護裝置。

　B. 扳動型：須設置防止任意扳動之保護裝置。

④應有明確動作確認裝置（含燈或機構者）。

⑤內部之開關接點須為耐腐蝕材質且具有銀鈀合金同等以上導電率。

⑥開關連動部位須有防腐蝕處理。

⑦與外線連接部位須有接線端子或導線設計。

四、在火災發生時,緊急廣播設備是否能提供緊急廣播功能,與其擴音機及操作裝置的設置及平時的維護有很大的關係。請問,擴音機及操作裝置的設置規定為何?在進行檢修申報時,外觀檢查的檢查與判定方法為何?進行性能檢查時,其檢查方法與判定方法又為何?(25分)

解:

(一) 擴音機及操作裝置的設置規定

第138條

擴音機及操作裝置,應符合CNS一○五二二之規定,並依下列規定設置:

一、操作裝置與啟動裝置或火警自動警報設備動作連動,並標示該啟動裝置或火警自動警報設備所動作之樓層或區域。

二、具有選擇必要樓層或區域廣播之性能。

三、各廣播分區配線有短路時,應有短路信號之標示。

四、操作裝置之操作開關距樓地板面之高度,在零點八公尺以上(座式操作者,為零點六公尺)一點五公尺以下。

五、操作裝置設於值日室等經常有人之處所。但設有防災中心時,設於該中心。

(二) 外觀檢查的檢查與判定方法

擴音機、操作裝置及遠隔操作裝置

1.檢查方法

(1) 周圍狀況

確認周圍有無檢查以及使用上之障礙。

(2) 外形

確認有無變形、腐蝕等。

(3) 電壓表

A. 以目視確認有無變形、損傷等。

B. 確認電源電壓是否正常。

(4) 開關類

以目視確認開關位置是否正常。

(5) 保護板

以目視確認有無變形、脫落等。

(6) 標示

確認開關之名稱標示是否正確。

(7) 預備零件

確認是否備有保險絲、燈泡等零件及回路圖。

2. 判定方法

(1) 周圍狀況

A. 操作部及遠隔操作裝置應設在經常有人之處所。

B. 應有檢查上及使用上之必要空間。

(2) 外形

應無變形、損傷、脫落、明顯腐蝕等。

(3) 電壓計

A. 應無變形、損傷等。

B. 電壓計指示值應在規定範圍內。

C. 無電壓計者,電源表示燈應亮燈。

(4) 開關類

開關位置應正常。

(5) 保護板

應無變形、損傷、脫落等。

(6) 標示

A. 開關名稱應無污損、不鮮明部分。

B. 銘板應無龜裂。

(7) 預備零件

A. 應備有保險絲、燈泡等預備零件。

B. 應備有回路圖及操作說明書。

(三) 性能檢查時,其檢查方法與判定方法

擴音機、操作裝置及遠隔操作裝置

1. 開關類

(1) 檢查方法

以目視及開、關操作確認端子有無鬆動及開、關性能是否正常。

(2) 判定方法

A.應無端子鬆動及發熱等。

B.開、關功能應正常。

2.保險絲類

(1) 檢查方法

確認有無損傷、熔斷等，及是否爲所定之種類及容量。

(2) 判定方法

A.應無損傷、熔斷等。

B.應使用回路圖所示之種類及容量等。

3.繼電器

(1) 檢查方法

確認有無脫落、端子鬆動、接點燒損、灰塵附著，及由開關操作使繼電器動作確認其性能。

(2) 判定方法

A.應無脫落、端子鬆動、接點燒損、灰塵附著。

B.動作應正常。

4.計器類

(1) 檢查方法

由開關之操作及廣播，確認電壓表及出力計是否正常動作。

(2) 判定方法

指針之動作應正常。

5.表示燈

(1) 檢查方法

由開關之操作確認是否亮燈。

(2) 判定方法

應無明顯劣化，且應正常亮燈。

6.結線接續

(1) 檢查方法

以目視及螺絲起子確認有無斷線、端子鬆動、脫落、損傷等。

(2)判定方法

應無斷線、端子鬆動、脫落、損傷等。

7.接地

(1)檢查方法

以目視或三用電表確認有無腐蝕、斷線等。

(2)判定方法

應無明顯腐蝕、斷線等之損傷。

8.回路選擇

(1)檢查方法

操作樓層別選擇開關或一齊廣播開關，確認回路選擇是否確實進行。

(2)判定方法

被選定之回路，其樓層別動作表示及火災燈應正常亮燈。

9.二台以上之操作裝置或遠隔操作裝置。

(1)檢查方法

A.設有二台以上之操作裝置或遠隔操作裝置時，使其相互動作，確認其廣播分區是否正確，及相互之操作裝置或遠隔操作裝置之表示是否正確。

B.對同時通話設備，確認是否能相互通話。

(2)判定方法

A.使其中一台操作裝置或遠隔操作裝置動作時，其相互之性能應正常，且廣播分區及操作裝置或遠隔操作裝置之表示正常。

B.應能相互呼應及清楚通話。

10.遠隔操作裝置

(1)檢查方法

操作操作部及遠隔操作裝置任一操作開關時，確認是否正常動作。

(2)判定方法

A.操作部或遠隔操作裝置動作之繼電器、監聽揚聲器、出力計等，應動作。

B.由遠隔操作裝置之啓動裝置，應能進行一齊廣播。

C.操作遠隔操作裝置之回路選擇開關，應能對任一樓層廣播。

D.由遠隔操作裝置之監聽揚聲器，應能確認廣播內容。

11.緊急廣播切換

(1)檢查方法

與一般廣播兼用時，於一般廣播狀態，進行緊急廣播時，確認是否切換成緊急廣播。

(2)判定方法

應確實切換成緊急廣播，且在未以手動復舊前，應正常持續緊急廣播之動作狀態。

12.回路短路

(1)檢查方法

於警報音響播送狀態，進行回路短路時，確認其他回路是否發生性能障礙。

(2)判定方法

於短路之回路，遮斷短路保護回路，或於表示已短路之同時，對其他回路之廣播應無異常。

13.麥克風（限發出音聲警報者）

(1)檢查方法

於操作裝置使用音聲警報鳴動，再由麥克風進行廣播，確認音聲警報是否自動地停止。

(2)判定方法

由麥克風之廣播啟動同時，音聲警報音響應即停止。且於麥克風之廣播終了時，音聲警報即開始鳴動。

102年專門職業及技術人員消防設備人員考試試題

等　　別：高等考試

類　　科：消防設備師

科　　目：警報系統消防安全設備

考試時間：2小時　　座號

※注意：

1) 禁止使用電子計算器。

2) 不必抄題，作答時請將試題題號及答案依照順序寫在試卷上，於本試題上作答者，不予計分。

3) 請以黑色鋼筆或原子筆在申論試卷上作答。

一、裝設火警自動警報設備之建築物，依「各類場所消防安全設備設置標準」規定應劃定火警分區，請依該規定說明劃定火警分區時應考量的因素為何？此外，現有規定中，對於樓梯或斜坡通道的火警分區劃分，又如何處理？（25分）

解：

(一) 劃定火警分區時應考量的因素

第112條

裝設火警自動警報設備之建築物，依下列規定劃定火警分區：

1. 每一火警分區不得超過一樓層，並在樓地板面積六百平方公尺以下。但上下二層樓地板面積之和在五百平方公尺以下者，得二層共用一分區。

2. 每一分區之任一邊長在五十公尺以下。但裝設光電式分離型探測器時，其邊長得在一百公尺以下。

3. 如由主要出入口或直通樓梯出入口能直接觀察該樓層任一角落時，第一款規定之六百平方公尺得增為一千平方公尺。

(二) 樓梯或斜坡通道的火警分區劃分

1. 樓梯、斜坡通道、升降機之升降路及管道間等場所，在水平距離五十公尺範圍內，且其頂層相差在二層以下時，得為一火警分區。但應與建築物各層之走廊、通道及居室等場所分別設置火警分區。

2. 樓梯或斜坡通道，垂直距離每四十五公尺以下為一火警分區。但其地下層

部分應為另一火警分區。

二、對於火警探測器的設置而言，如何正確的選擇設置場所十分重要，請以熱煙複合式局限型探測器為例，依「各類場所消防安全設備設置標準」規定，說明該型探測器不得設置以及可選擇設置之場所為何，並請說明其理由。（25分）

解：

(一) 熱煙複合式局限型探測器不得設置之場所

第117條

偵煙式或熱煙複合式局限型探測器不得設於下列處所：

一、塵埃、粉末或水蒸氣會大量滯留之場所。

二、會散發腐蝕性氣體之場所。

三、廚房及其他平時煙會滯留之場所。

四、顯著高溫之場所。

五、排放廢氣會大量滯留之場所。

六、煙會大量流入之場所。

七、會結露之場所。

八、其他對探測器機能會造成障礙之場所。

(二) 熱煙複合式局限型探測器得設置之場所

第118條

下表所列場所應就偵煙式、熱煙複合式或火焰式探測器選擇設置：

設置場所	樓梯或斜坡通道	走廊或通道（限供第十二條第一款、）第二款第二目、第六目至第十目、第四款及第五款使用者）	升降機之升降坑道或配管配線管道間	天花板高度在十五以上，未滿二十公尺之場所	天花板等高度超過二十公尺之場所	地下層、無開口樓層及十一層以上之各層（前揭所列樓層限供第十二條第一款、第二款第二目、第六目、第八目至第十目及第五款使用者）
偵煙式	○	○	○	○		○
熱煙複合式	○					○
火焰式				○	○	○
註：○表可選擇設置。						

三、瓦斯漏氣表示燈是重要的瓦斯漏氣警報裝置，可提醒人們警覺瓦斯漏氣的發生。請問，依規定瓦斯漏氣表示燈應如何裝置，且裝置時的要求重點為何?又進行瓦斯漏氣表示燈的外觀與性能檢查時，其檢查與判定方法又為何？（25分）

解：

(一) 瓦斯漏氣表示燈裝置

　　一、瓦斯漏氣表示燈，依下列規定。但在一警報分區僅一室時，得免設之。

　　　　(一) 設有檢知器之居室面向通路時，設於該面向通路部分之出入口附近。

　　　　(二) 距樓地板面之高度，在四點五公尺以下。

　　　　(三) 其亮度在表示燈前方三公尺處能明確識別，並於附近標明瓦斯漏氣表示燈字樣。

(二) 瓦斯漏氣表示燈的外觀與性能檢查

　　1.瓦斯漏氣表示燈外觀檢查

　　(1) 檢查方法

　　　　以目視確認有無變形、損傷、脫落及妨礙視認之因素。

　　(2) 判定方法

　　　　應無變形、損傷、脫落及妨礙視認之因素。

　　2.表示燈性能檢查

　　(1) 檢查方法

　　　　由開關之操作確認有無亮燈。

　　(2) 判定方法

　　　　應無明顯劣化，且應正常亮燈。

四、緊急廣播設備啟動裝置的設置攸關緊急時是否能有效啟動緊急廣播設備，因此其裝設必須符合一定之規範，請說明「各類場所消防安全設備設置標準」對於緊急廣播設備啟動裝置的設置規定為何？此一規定的用意何在?進行檢修申報時，對於此一啟動裝置的性能檢查之檢查與判定方法為何？（25分）

解：

(一) 緊急廣播設備啟動裝置的設置規定

　　第136條

緊急廣播設備之啓動裝置應符合CNS一○五二二之規定，並依下列規定設置：

1. 各樓層任一點至啓動裝置之步行距離在五十公尺以下。

2. 設在距樓地板高度零點八公尺以上一點五公尺以下範圍內。

3. 各類場所第十一層以上之各樓層、地下第三層以下之各樓層或地下建築物，應使用緊急電話方式啓動。

(二) 啓動裝置規定用意何在

緊急廣播係火災發生時，最優先動作即是對內通報，使建築物受火災威脅區域人員，進行通知有緊急事件發生。

因此，有關第1點任一點至啓動裝置之步行距離在五十公尺以下，避免距離過遠，每隔一段距離就能就近啓動通報，避免通報延遲影響火災因應時效。

第2點是啓動位置，必須由人員靠近進行啓動，位置明顯且方便，符合人因工程。第3點是避免人員前往過高或過低地下空間，使啓動人員陷入火場危險威脅，而無法逃生之可能。

(三) 性能檢查之檢查與判定方法

1. 啓動裝置

(1) 檢查方法

① 手動按鈕開關

操作手動按鈕開關，確認是否動作。

② 火警自動警報設備之手動報警機。

A. 操作火警自動警報設備之手動報警機，確認廣播設備是否確實啓動，自動進行火災廣播。

B. 操作緊急電話（分機），於操作部（主機）呼出鳴動之同時，確認能否相互通話。

C. 操作二具以上之緊急電話（分機），確認於操作部是否可任意選擇通話，且此時被遮斷之緊急電話是否能聽到講話音。

③ 與火警自動警報設備之連動

使火警自動警報設備動作，確認是否能確實連動。

(2) 判定方法

① 手動按鈕開關

在操作部應發出音響警報及火災音響信號。

②火警自動警報設備之手動報警機

　A. 應能自動地進行火災廣播。

　B. 操作部（主機）呼出鳴動，且應能明確相互通話。

　C. 應能任意選擇通話，且此時被遮斷之緊急電話亦應能聽到講話音。

③與火警自動警報設備之連動

　A. 於受信火災信號後，自動地啓動廣播設備，其火災音響信號或音響裝置應鳴動。

　B. 起火層表示燈應亮燈。

　C. 起火層表示燈至火災信號復舊前，應保持亮燈。

101年專門職業及技術人員消防設備人員考試試題

等　　別：高等考試

類　　科：消防設備師

科　　目：警報系統消防安全設備

考試時間：2小時　　座號

※注意：

1) 禁止使用電子計算器。

2) 不必抄題，作答時請將試題題號及答案依照順序寫在試卷上，於本試題上作答者，不予計分。

3) 請以黑色鋼筆或原子筆在申論試卷上作答。

一、火警探測器的種類繁多，其中差動式局限型探測器是較為常用的探測器，請說明此類型探測器的法定用語定義、構造要求與設置規定。（25分）

解：

(一) 差動式局限型探測器法定用語定義

　　差動式局限型探測器：周圍溫度上升率在超過一定限度時即會動作，僅針對某一局限地點之熱效率有反應。

(二) 差動式局限型探測器構造要求

　　1.不得因氣流方向改變而影響探測功能。

　　2.應有排除水分侵入之功能。

　　3.接點部之間隙及其調節部應牢固固定，不得因作調整後而有鬆動之現象。

　　4.探測器之底座視為探測器的一部位，且可與本體連結試驗1000次後，內部接觸彈片不得發生異狀及功能失效。

　　5.探測器之接點不得露出在外。

　　6.差動式局限型有排氣裝置者，其排氣裝置不可使用會氧化之物質而影響其正常排氣功能。

(三) 差動式局限型探測器設置規定

第120條

差動式局限型、補償式局限型及定溫式局限型探測器，依下列規定設置：

一、探測器下端，裝設在裝置面下方三十公分範圍內。

二、各探測區域應設探測器數，依下表之探測器種類及裝置面高度，在每一有效探測範圍，至少設置一個。

裝置面高度			未滿四公尺		四公尺以上未滿八公尺	
建築物構造			防火構造建築物	其他建築物	防火構造建築物	其他建築物
探測器種類及有效探測範圍（平方公尺）	差動式局限型	一種	90	50	45	30
		二種	70	40	35	25

三、具有定溫式性能之探測器，應裝設在平時之最高周圍溫度，比補償式局限型探測器之標稱定溫點或其他具有定溫式性能探測器之標稱動作溫度低攝氏二十度以上處。但具二種以上標稱動作溫度者，應設在平時之最高周圍溫度比最低標稱動作溫度低攝氏二十度以上處。

二、火警受信總機依其功能不同，可分為許多種類，其中又有「蓄積式」及「二信號式」受信總機的區別，請問何謂「蓄積式」及「二信號式」受信總機？使用此二類受信總機的用意何在？對於此二類受信總機的火災表示之性能檢查的檢查方法與判定方法為何？（25分）

解：

(一) 蓄積式受信總機

總機設計蓄積時間是為了避免短時間的誤動作，而頻繁啟動警報；至於蓄積時間在受信總機、中繼器及偵煙式探測器，有設定蓄積時間時，其蓄積時間之合計，每一火警分區在六十秒以下，使用其他探測器時，在二十秒以下。

a.應在設定時間內進行火警表示。

b.使發信機動作時，應自動解除蓄積性能，進行火警表示。

(二) 二信號式受信總機

　　所謂二信號式迴路或探測器是指同迴路不同型式的探測器（差動或偵明）必須都測到火災信號，才會啓動滅火設備。

a.第一信號時，地區表示裝置及主音響裝置或副音響裝置應鳴動；第二信號時，火警燈應亮燈，地區音響裝置應鳴動。

b.使發信機動作時，應立即進行火警表示。

(三) 使用此二類受信總機的用意

　　主要避免誤報及確認火災發生。

(七) 性能檢查的檢查方法與判定方法

　　火災表示

　　(1) 檢查方法

　　　　依下列步驟進行火災表示試驗確認。此時，試驗每一回路確認其保持性能後操作復舊開關，再進行下一回路之測試。

　　　　A.蓄積式

　　　　　將火災試驗開關開到試驗側，再操作回路選擇開關，進行每一回路之測試，確認下列事項。

　　　　　(A)主音響裝置及地區音響裝置是否鳴動，且火災燈及地區表示裝置之亮燈是否正常。

　　　　　(B)蓄積時間是否正常。

　　　　B.二信號式

　　　　　將火災試驗開關開到試驗側，再操作回路選擇開關，依正確之方法進行，確認於第一信號時主音響裝置或副音響裝置是否鳴動及地區表示裝置之亮燈是否正常，於第二信號時主音響裝置、地區音響裝置之鳴動及火災燈、地區表示裝置之亮燈是否正常。

　　　　C.其他

　　　　　將火災試驗開關開到試驗側，再操作回路選擇開關，依正確之方法進行，確認主音響裝置、地區音響裝置之鳴動及火災燈、地區表示裝置之亮燈是否正常。

　　(2) 判定方法

　　　　A.各回路之表示窗與編號應對照符合，火災燈、地區表示裝置之亮燈及音響裝置之鳴動、應保持性能正常。

　　　　B.對於蓄積式受信機除前項A外，其蓄積之測定時間，應在受信機設定

之時間加五秒以內。

C.於二信號式受信機除前項A外，應確認下列事項。

(A)於第一信號時主音響裝置或副音響裝置之鳴動及地區標示裝置之亮燈應正常。

(B)於第二信號時主音響裝置、地區音響裝置之鳴動及火災燈、地區表示裝置之亮燈應正常。

三、緊急廣播設備是火災發生時傳遞火災緊急訊息的重要設備，而揚聲器又是緊急廣播設備的重要構成元件，請說明揚聲器的法定用語定義與裝設規定。（25分）

解：

(一) 揚聲器的法定用語定義

揚聲器：指由增幅器以及操作之作動，發出必要音量播報警報音或其他聲音之裝置。

(二) 揚聲器裝設規定

揚聲器，依下列規定裝設：

1. 廣播區域超過一百平方公尺時，設L級揚聲器。

2. 廣播區域超過五十平方公尺一百平方公尺以下時，設L級或M級揚聲器。

3. 廣播區域在五十平方公尺以下時，設L級、M級或S級揚聲器。

4. 從各廣播區域內任一點至揚聲器之水平距離在十公尺以下。但居室樓地板面積在六平方公尺或由居室通往地面之主要走廊及通道樓地板面積在六平方公尺以下，其他非居室部分樓地板面積在三十平方公尺以下，且該區域與相鄰接區域揚聲器之水平距離相距八公尺以下時，得免設。

5. 設於樓梯或斜坡通道時，至少垂直距離每十五公尺設一個L級揚聲器。

四、瓦斯漏氣警報裝置可分為幾種？其裝置規定為何？當檢知瓦斯漏氣後，瓦斯漏氣警報裝置的警報方式又可區分為幾種？（25分）

解：

(一) 瓦斯漏氣警報裝置

1. 音響警報裝置

2. 瓦斯漏氣表示燈

3.檢知區域警報裝置

瓦斯漏氣火警自動警報設備，其瓦斯濃度檢知器警報原理有3種

(A)即時警報型

(B)延遲警報型

(C)反時限警報型

(二) 瓦斯漏氣之警報裝置規定

第143條

瓦斯漏氣之警報裝置，依下列規定：

一、瓦斯漏氣表示燈，依下列規定。但在一警報分區僅一室時，得免設之。

(一) 設有檢知器之居室面向通路時，設於該面向通路部分之出入口附近。

(二) 距樓地板面之高度，在四點五公尺以下。

(三) 其亮度在表示燈前方三公尺處能明確識別，並於附近標明瓦斯漏氣表示燈字樣。

二、檢知器所能檢知瓦斯漏氣之區域內，該檢知器動作時，該區域內之檢知區域警報裝置能發出警報音響，其音壓在距一公尺處應有七十分貝以上。但檢知器具有發出警報功能者，或設於機械室等常時無人場所及瓦斯導管貫穿牆壁處者，不在此限。

警報裝置	音聲警報裝置	依所規定之方法使其動作。	應可明確地和其他警報音或噪音區分，同時如設有二個以上受信總機時，不論從任何場所均能動作。
	瓦斯漏氣表示燈	進行檢知器之動作試驗而確認。	應可確認檢知器動作之場所，其亮度應在表示燈前方3m處能明確識別，並於附近標明「瓦斯漏氣表示燈」字樣。
	檢知區域警報裝置（dB）	在距離警報裝置中心1m之位置，使用噪音計（A特性）測定音壓。	音壓應在70dB以上。

100年專門職業及技術人員消防設備人員考試試題

等　　別：高等考試

類　　科：消防設備師

科　　目：警報系統消防安全設備

考試時間：2小時　　座號

※注意

1) 禁止使用電子計算器。

2) 不必抄題，作答時請將試題題號及答案依照順序寫在試卷上，於本試題上作答者，不予計分。

3) 請以黑色鋼筆或原子筆在申論試卷上作答。

一、住宅用火災警報器應安裝在哪些位置（10分）？請說明住宅用火災警報器安裝方式？（10分）住宅用火災警報器安裝種類為何？（5分）

解：

(一) 住宅用火災警報器安裝位置

第三條

住宅用火災警報器安裝於下列位置：

一、寢室、旅館客房或其他供就寢用之居室（以下簡稱寢室）。

二、廚房。

三、樓梯：

(一) 有寢室之樓層。但該樓層為避難層者，不在此限。

(二) 僅避難層有寢室者，通往上層樓梯之最頂層。

四、非屬前三款規定且任一樓層有超過七平方公尺之居室達五間以上者，設於走廊；無走廊者，設於樓梯。

(二) 住宅用火災警報器安裝方式

第四條

住宅用火災警報器依下列方式安裝：

一、裝置於天花板或樓板者：

（一）警報器下端距離天花板或樓板六十公分以內。

（二）裝設於距離牆面或樑六十公分以上之位置。

二、裝置於牆面者，距天花板或樓板下方十五公分以上五十公分以下。

三、距離出風口一點五公尺以上。

四、以裝置於居室中心為原則。

(三) 住宅用火災警報器安裝種類

第五條

住宅用火災警報器依下表所列種類設置之：

位置	種類
寢室、樓梯及走廊	離子式、光電式
廚房	定溫式

二、依檢修基準規定，瓦斯漏氣檢知器其性能檢查之檢查方法為何？（15分）其判定方法為何？（10分）

解：

(一) 瓦斯漏氣檢知器性能檢查之檢查方法

1.檢查方法

使用「加瓦斯試驗器」進行加瓦斯測試（對空氣之比重未滿一者使用甲烷，對空氣之比重大於一者使用異丁烷），依下列(1)至(3)其中之一來測定檢知器是否動作及到受信機動作之時間，同時確認中斷器，瓦斯漏氣表示燈及檢知區域警報裝置之動作狀況。

(1) 有動作確認燈之檢知器，測定由確認燈亮燈至受信總機之瓦斯漏氣燈亮燈之時間。

(2) 由檢知區域警報裝置或中繼器之動作確認燈，能確認檢知器之動作時，測定由檢知區域警報裝置動作或中繼器之動作確認亮燈，至受信總機之瓦斯漏氣燈亮燈之時間。

(3) 無法由前述(1)、(2)測定者，測定加壓試驗用瓦斯後，至受信總機之瓦斯漏氣燈亮燈之時間。

(4) 檢知器應按下表選取檢查數量。

（檢知器選取檢查數量表）

一回路之檢知器數量	撰取檢查數量
1～5個	1
6～10個	2
11～15個	3
16～20個	4
21～25個	5
26～30個	6
30個以上	20%

(二) 瓦斯漏氣檢知器性能檢查之判定方法

　　(1) 中斷器、瓦斯漏氣表示燈及檢知區域警報裝置之動作應正常。受信總機之瓦斯漏氣燈、主音響裝置之動作及警報分區之表示應正常。

　　(2) 由前述檢查方法之(1)、(2)、(3)測得之時間，扣除下列A及B所定之時間，應在60秒內。

　　　A.介入中繼器時為5秒。

　　　B.檢查方法採用(3)時為20秒。

(三) 注意事項

　　(1) 檢知器每次測試時應輪流選取，可於圖面或檢查表上註記每次選取之位置。

　　(2) 在選取之檢知器中，發現有不良品時，該回路之全部檢知器均應實施檢查。

三、請依據「各類場所消防安全設備設置標準」，分別說明偵煙式局限型探測器不得裝設於哪些場所？（10分）這些場所該選擇何種適當的探測器？（15分）

解：

(一) 偵煙式局限型探測器不得裝設場所

第117條

偵煙式或熱煙複合式局限型探測器不得設於下列處所：

一、塵埃、粉末或水蒸氣會大量滯留之場所。

二、會散發腐蝕性氣體之場所。

三、廚房及其他平時煙會滯留之場所。

四、顯著高溫之場所。

五、排放廢氣會大量滯留之場所。

六、煙會大量流入之場所。

七、會結露之場所。

八、其他對探測器機能會造成障礙之場所。

(二) 上述場所選擇適當的探測器

火焰式探測器不得設於下列處所：

一、前項第二款至第四款、第六款、第七款所列之處所。

二、水蒸氣會大量滯留之處所。

三、用火設備火焰外露之處所。

四、其他對探測器機能會造成障礙之處所。

前二項所列場所，依下表狀況，選擇適當探測器設置：

場所			1 灰塵、粉末會大量滯留場所	2 水蒸氣會大量滯留之場所	3 會散發腐蝕性氣體之場所	4 平時煙會滯留之場所	5 顯著高溫之廠所	6 排放廢氣會大量滯留之場所	7 煙會大量流入之場所	8 會結露之場所
適用探測器	差動式局限型	一種						○	○	
		二種						○	○	
	差動式分布型	一種	○		○			○	○	○
		二種	○	○	○			○	○	○
	補償式局限型	一種	○		○			○	○	○
		二種	○	○	○			○	○	○
	定溫式	特種	○	○	○	○	○		○	○
		二種		○	○	○	○		○	○
	火焰式		○					○		

註：
一、○表可選擇設置。
二、場所1、2、4、8所使用之定溫式或補償式探測器，應具有防水性能。
三、場所3所使用之定溫式或補償式探測器，應依腐蝕性氣體別，使用具耐酸或耐鹼性能者；使用差動式分布型時，其空氣管及檢出器應採有效措施，防 範腐蝕性氣體侵蝕。

四、針對差動式局限型探測器之靈敏度試驗，請說明其動作試驗及不動作試驗如何進行？（25分）

解：

(一) 差動式局限型探測器靈敏度試驗之動作試驗

應按照種別施予下列各項試驗，其數值符合下表所列K、V、N、T、M、k、v、n、t、m各值。

表　差動式局限型探測器靈敏度試驗數值表

種別	動作試驗					不動作試驗				
	階段上升			直線上升		階段上升			直線上升	
	K	V	N	T	M	k	v	n	t	m
1種	20	70	30	10	4.5	10	50	1	2	15
2種	30	85		15		15	60		3	

1.動作試驗

(3) 較室溫高K℃之溫度，以風速Vcm/sec之高溫氣流垂直方向吹向時，應在N秒內動作。

(4) 自室溫狀態下以平均每分鐘T℃直線升溫速度之水平氣流吹向時，應在M分鐘以內動作。

(二) 差動式局限型探測器靈敏度試驗之不動作試驗

(3) 較室溫高k℃之溫度，以風速v cm/sec之高溫氣流垂直方向吹向時，應在n分鐘內不動作。

(4) 自室溫開始以平均每分鐘t℃直線升溫速度之水平氣流吹向時，應在m分鐘以內不動作。

6.3　消防設備師避難系統歷屆考題

105年專門職業及技術人員消防設備人員考試試題

等　　別：高等考試

類　　科：消防設備師

科　　目：避難系統消防安全設備

考試時間：2小時　　座號

※注意：

4) 禁止使用電子計算器。

5) 不必抄題，作答時請將試題題號及答案依照順序寫在試卷上，於本試題上作答者，不予計分。

6) 請以黑色鋼筆或原子筆在申論試卷上作答。

（請接背面）

一、高層建築物特別安全梯為人員避難時重要的路徑，因此不得遭受到濃煙的危害。請說明影響樓梯間壓力的分布原因為何。（25分）

解：

　　當建築物發生火災時，若任由火繼續燃燒則將產生更多的可燃氣體，居室內的氣壓將會變得更多。火煙氣體之流動，總會從壓力高至壓力低空間進行；此種壓力高和低間差異量，決定著流量大小及流動之速度；而空間壓力差大小依次由火災室之開口大小、風力狀態、火災大小和其發展，以及通風系統等來確定。

　　基本上，此一動態壓力差能分成下列2大類：

A. 一是建築物內空氣流動，與火完全無關，但因空氣流動，會將煙流送至建築物其他空間處。亦即存在於建築物或與建築物之間及其周圍環境，於平時一般所產生壓力差現象，

B. 二是由火災所產生壓力差，即主要由於高溫氣體比周圍空氣密度低，致熱煙層本身產生流動性。

由以上2項主要因素，建築物內產生對流，形成煙層流動的驅動力：

建築物內造成煙層流動的驅動力

(一) 平時產生壓力差（Normal Pressure Differences）

　　1.溫度差所產生煙囪效應（Stack Effect）。

　　2.自然風力（Wind）。

　　3.空調系統（機械通風和自然通風）（HVAC -System）。

　　4.電梯活塞效應（Elevator Piston Effect）。

(二) 火災時產生壓力差

　　1.熱膨脹（Inhibited Thermal Expansion）。

　　2.熱浮力（Thermal Buoyancy Force）。

以上這些因素是造成熱煙之流動力，其中又可分為自然驅使力及強制驅使力。

表　建築物使用空間內煙流動及蔓延因素

自然對流	1.煙囪效應 2.自然風力 3.熱膨脹 4.熱浮力
強制對流	5.空調系統 6.電梯活塞效應

二、請說明各類場所消防安全設備設置標準中「防煙壁」材質、尺寸、設置之區劃面積、影響排煙口及排煙設備設計之規定。（25分）

解：

(一) 防煙壁材質與尺寸

防煙壁：指以不燃材料建造，自天花板下垂五十公分以上之垂壁或具有同等以上阻止煙流動構造者。但地下建築物之地下通道，防煙壁應自天花板下垂八十公分以上。（以具有氣密性不燃材料構成區劃為原則，火災初期局限煙霧蔓延設施）。

(二) 防煙壁設置

設置之目的：利用建築體本身防火構件所形成的空間，將火災局限在該空間內，以達到防止或延緩火焰、煙氣擴散及增進人員避難逃生安全之目的。

(三) 防煙壁區劃面積、影響排煙口及排煙設備設計之規定

第188條

1. 每層樓地板面積每五百平方公尺內，以防煙壁區劃。但戲院、電影院、歌廳、集會堂等場所觀眾席，及工廠等類似建築物，其天花板高度在五公尺以上，且天花板及室內牆面以耐燃一級材料裝修者，不在此限。

2. 地下建築物之地下通道每三百平方公尺應以防煙壁區劃。

3. 依第一款、第二款區劃（以下稱為防煙區劃）之範圍內，任一位置至排煙口之水平距離在三十公尺以下，排煙口設於天花板或其下方八十公分範圍內，除直接面向戶外，應與排煙風管連接。但排煙口設在天花板下方，防煙壁下垂高度未達八十公分時，排煙口應設在該防煙壁之下垂高度內。

4. 排煙設備之排煙口、風管及其他與煙接觸部分應使用不燃材料。

5. 排煙風管貫穿防火區劃時，應在貫穿處設防火閘門；該風管與貫穿部位合成之構造應具所貫穿構造之防火時效；其跨樓層設置時，立管應置於防火區劃之管道間。但設置之風管具防火性能並經中央主管機關審核認可，該風管與貫穿部位合成之構造具所貫穿構造之防火時效者，不在此限。

6. 排煙口設手動開關裝置及探測器連動自動開關裝置；以該等裝置或遠隔操作開關裝置開啟，平時保持關閉狀態，開口葉片之構造應不受開啟時所生氣流之影響而關閉。手動開關裝置用手操作部分應設於距離樓地板面八十公分以上一百五十公分以下之牆面，裝置於天花板時，應設操作垂鍊或垂桿在距離樓地板一百八十公分之位置，並標示簡易之操作方式。

7. 排煙口之開口面積在防煙區劃面積之百分之二以上，且以自然方式直接排至戶外。排煙口無法以自然方式直接排至戶外時，應設排煙機。

8. 排煙機應隨任一排煙口之開啟而動作。排煙機之排煙量在每分鐘一百二十立方公尺以上；且在一防煙區劃時，在該防煙區劃面積每平方公尺每分鐘一立方公尺以上；在二區以上之防煙區劃時，在最大防煙區劃面積每平方公尺每分鐘二立方公尺以上。但地下建築物之地下通道，其總排煙量應在每分鐘六百立方公尺以上。

9. 連接緊急電源，其供電容量應供其有效動作三十分鐘以上。

10. 排煙口直接面向戶外且常時開啟者，得不受第六款及前款之限制。

前項之防煙壁，指以不燃材料建造，自天花板下垂五十公分以上之垂壁或具有同等以上阻止煙流動構造者。但地下建築物之地下通道，防煙壁應自天花

板下垂八十公分以上。

三、緩降機為常用之避難器具,請敘述緩降機在裝設時之一般規定及其開口面積、操作面積、下降空間、下降空地、繩子位置、繩子長度、支固器具之規定。（25分）

解:

(一) 緩降機在裝設時一般規定

第161條

避難器具,依下列規定裝設:

1.設在避難時易於接近處。

2.與安全梯等避難逃生設施保持適當距離。

3.供避難器具使用之開口部,具有安全之構造。

4.避難器具平時裝設於開口部或必要時能迅即裝設於該開口部。

5.設置避難器具（滑杆、避難繩索及避難橋除外）之開口部,上下層應交錯配置,不得在同一垂直線上。但在避難上無障礙者不在此限。

(二) 緩降機開口面積

第162條

避難器具,依下表規定,於開口部保有必要開口面積:

種　類	開　口　面　積
緩降機、避難梯、避難繩索及滑杆	高八十公分以上,寬五十公分以上或高一百公分以上,寬四十五公分以上。

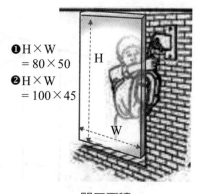

❶H×W
= 80×50
❷H×W
= 100×45

開口面積

(三) 緩降機操作面積

第163條

避難器具，依下表規定，於設置周圍無操作障礙，並保有必要操作面積：

種類	操作面積
緩降機、避難梯、避難繩索及滑杆	零點五平方公尺以上（不含避難器具所占面積）。但邊長應為六十公分以上。

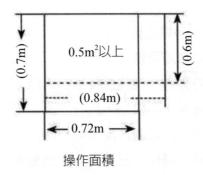

操作面積

(四) 緩降機下降空間

第164條

避難器具，依下表規定，於開口部與地面之間保有必要下降空間：

種類	下降空間
緩降機	以器具中心半徑零點五公尺圓柱形範圍內。但突出物在十公分以內，且無避難障礙者，或超過十公分時，能採取不損繩索措施者，該突出物得在下降空間範圍內。

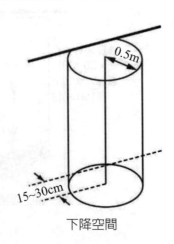

下降空間

(五) 緩降機下降空地

第165條

避難器具依下表規定，於下降空間下方保有必要下降空地：

種類	下降空地。
緩降機	下降空間之投影面積。

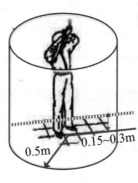

下降空地

(六) 緩降機繩子位置、繩子長度、支固器具之規定

第167條

緩降機應依下列規定設置：

一、緩降機之設置，在下降時，所使用繩子應避免與使用場所牆面或突出物接觸。

二、緩降機所使用繩子之長度，以其裝置位置至地面或其他下降地點之等距離長度為準。

三、緩降機支固器具之裝置，依下列規定：

　(一) 設在使用場所之柱、地板、樑或其他構造上較堅固及容易裝設場所。

　(二) 以螺栓、熔接或其他堅固方法裝置。

第173條

供緩降機或救助袋使用之支固器具及供懸吊型梯、滑杆或避難繩索使用之固定架，應使用符合CNS二四七三、四四三五規定或具有同等以上強度及耐久性之材料，並應施予耐腐蝕加工處理。

第174條

固定架或支固器具使用螺栓固定時，依下列規定：

一、使用錨定螺栓。

二、螺栓埋入混凝土內不含灰漿部分之深度及轉矩值，依下表規定。

螺紋標稱	埋入深度（mm）	轉矩值（kgf-cm）
M10×1.5	四十五以上	一百五十至二百五十
M12×1.75	六十以上	三百至四百五十
M16×2	七十以上	六百至八百五十

四、標示設備及緊急照明設備在火災發生時可指引避難人員逃生至安全區域，惟少數處所因其特殊性得免設緊急照明設備，請列出免設標示設備（居室除外）及免設緊急照明設備處所之相關規定。（**25分**）

解：

(一) 免設標示設備相關規定

第146條

下列處所得免設出口標示燈、避難方向指示燈或避難指標：

一、自居室任一點易於觀察識別其主要出入口，且與主要出入口之步行距離符合下列規定者。但位於地下建築物、地下層或無開口樓層者不適用之：

(一) 該步行距離在避難層為二十公尺以下，在避難層以外之樓層為十公尺以下者，得免設出口標示燈。

(二) 該步行距離在避難層為四十公尺以下，在避難層以外之樓層為三十公尺以下者，得免設避難方向指示燈。

(三) 該步行距離在三十公尺以下者，得免設避難指標。

三、通往主要出入口之走廊或通道之出入口，設有探測器連動自動關閉裝置之防火門，並設有避難指標及緊急照明設備確保該指標明顯易見者，得免設出口標示燈。

四、樓梯或坡道，設有緊急照明設備及供確認避難方向之樓層標示者，得免設避難方向指示燈。

前項第一款及第三款所定主要出入口，在避難層，指通往戶外之出入口，設有排煙室者，為該室之出入口；在避難層以外之樓層，指通往直通樓梯之出入口，設有排煙室者，為該室之出入口。

(二) 免設緊急照明設備處所相關規定

第179條

下列處所得免設緊急照明設備：

一、在避難層，由居室任一點至通往屋外出口之步行距離在三十公尺以下之居室。

二、具有效採光，且直接面向室外之通道或走廊。

三、集合住宅之居室。

四、保齡球館球道以防煙區劃之部分。

五、工作場所中，設有固定機械或裝置之部分。

六、洗手間、浴室、盥洗室、儲藏室或機械室。

104年專門職業及技術人員消防設備人員考試試題

等　　別：高等考試
類　　科：消防設備師
科　　目：避難系統消防安全設備
考試時間：2小時　　座號
※注意：
1) 禁止使用電子計算器。
2) 不必抄題，作答時請將試題題號及答案依照順序寫在試卷上，於本試題上作答者，不予計分。
3) 請以黑色鋼筆或原子筆在申論試卷上作答。

一、各類場所消防安全設備設置標準明定出口標示燈應設於出入口上方或其緊鄰之有效引導避難處，請就此規定說明下列事項：所謂出入口係指應通往何處之出入口？（8分）有關有效引導避難處，請舉二例並繪製示意圖說明之。（9分）特定場所主要避難路徑應設長時間容量出口標示燈時，應設之出入口為何？（8分）

解：

(一) 出入口

第146-3條

出口標示燈應設於下列出入口上方或其緊鄰之有效引導避難處：

一、通往戶外之出入口；設有排煙室者，為該室之出入口。

二、通往直通樓梯之出入口；設有排煙室者，為該室之出入口。

三、通往前二款出入口，由室內往走廊或通道之出入口。

四、通往第一款及第二款出入口，走廊或通道上所設跨防火區劃之防火門。

(二) 有效引導避難處

(1) 通往戶外之出入口，如設於排煙室出入口

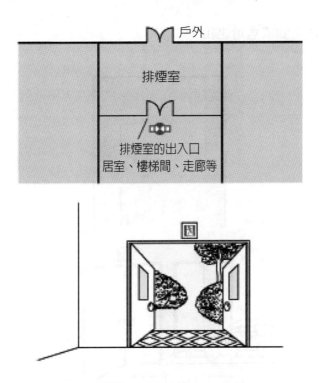

(2) 通往直通樓梯之出入口，如設於排煙室出入口

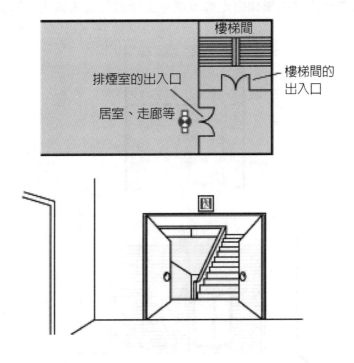

(3) 由室內往走廊或通道之出入口

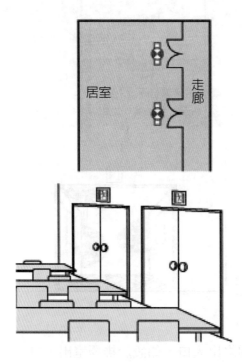

(4) 通往戶外或直通樓梯由走廊或通道上所設跨防火區劃之防火捲門上

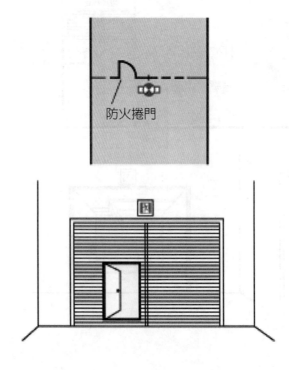

(三) 長時間容量出口標示燈之出入口

主要避難路徑，指符合下列規定者：

一、通往戶外之出入口；設有排煙室者，為該室之出入口。

二、通往直通樓梯之出入口；設有排煙室者，為該室之出入口。

三、通往第一款出入口之走廊或通道。

四、直通樓梯。

二、緊急照明設備及標示設備認可基準均明定應實施熾熱線試驗，以評估上開設備之火災危險性，請說明何謂熾熱線試驗？試驗溫度為何？試驗結果如何評估？（25分）

解：

(一) 熾熱線試驗

熾熱線試驗係應用在完成品或組件實施耐燃試驗時，目視著火開始大約1秒後，觀察及量測有無產生聚合最大高度接近5mm之火焰，尖端穿透或試驗樣品變形程度，其不適用於直線表面尺度小於20mm之組件。

(二) 試驗溫度

1. 對非金屬材料組件如外殼、標示面及照射面所用絕緣材料施測，試驗溫度為$550 \pm 10°C$。

2. 支撐承載電流超過0.2A之連接點的絕緣材料組件，試驗溫度為$750 \pm 10°C$；對其他連接點，試驗溫度為$650 \pm 10°C$。施加之持續時間（t_a）為30 ± 1秒。

(三) 結果評估

符合下列情形之一者為合格：

1. 試驗品無產生火焰或熾熱者。

2. 試驗品之周圍及其下方之薄層之火焰或熾熱，在熾熱線移除後30秒內熄滅者，即$t_e \leq t_a + 30$秒，且周圍之零件及其下方之薄層無繼續燃燒。使用包裝棉紙層時，包裝棉紙應無著火。

三、有關集合住宅設置避難器具之規定為何？集合住宅安全梯之設置數量及配置，係減設或免設避難器具之重要條件，請就安全梯之減、免設條件，分別說明有關規

定及差異為何？並說明與建築技術規則安全梯最大重複步行距離規定有何差異？
（25分）

解：

(一) 規定

應設場所	地下層	第二層	第三、四、五層	第六層以上
集合住宅收容人員在三十人以上一百人以下時，設一具；超過一百人時，每增加（包括未滿）一百人增設一具	避難梯	避難梯、避難橋、避難繩索、緩降機、救助袋、滑臺、滑杆	避難梯、避難橋、緩降機、救助袋、滑臺	避難梯、避難橋、緩降機、救助袋、滑臺

(二) 減免設規定

第158條

各類場所之各樓層，其應設避難器具得減設：

場所應設數量欄所列收容人員一百人、二百人及三百人，得分別以其加倍數值，重新核算其應設避難器具數：

1.建築物主要構造為防火構造者。

2.設有二座以上不同避難方向之安全梯者。但剪刀式樓梯視為一座。

第159條

各類場所之各樓層符合下列規定之一者，其應設之避難器具得免設：

1.主要構造為防火構造，居室面向戶外部分，設有陽臺等有效避難設施，且該陽臺等設施設有可通往地面之樓梯或通往他棟建築物之設施。

2.主要構造為防火構造，由居室或住戶可直接通往直通樓梯，且該居室或住戶所面向之直通樓梯，設有隨時可自動關閉之甲種防火門（不含防火鐵捲門），且收容人員未滿三十人。

減免設規定差異係二者皆主要構造為防火構造，但居室設有陽台可通往地面之樓梯或通往他棟建築物之設施，或居室或住戶可直接通往直通樓梯設有隨時可自動關閉之甲種防火門，且收容人員未滿三十人，可直接逃往安全地區，則不需輔助用之避難器具。但設有二座以上不同避難方向之安全梯者，僅為減設；但依內政部103月11月27日研商二座以上直通樓梯集合住宅之會議紀錄指出，集合住宅比照辦公室等場所之主要構造為防火構造，且設有二

座以上安全梯，且該樓層各部分均有二個以上不同避難逃生路徑能通達安全梯，得免設避難器具。

(三) 規定

1. 集合住宅採取複層式構造者，其自無出入口之樓層居室任一點至直通樓梯之步行距離不得超過四十公尺。

2. 前項建築物之樓面居室任一點至二座以上樓梯之步行路徑重複部分之長度不得大於本編第九十三條規定之最大容許步行距離二分之一。

四、有關排煙設備排煙風管與空調通風設備風管均有應設防火閘門之規定，請就有關設置規定、性能要求及防排煙考量，說明其異同為何？（25分）

解：

1. 設置規定及性能要求

空調風管防火匣門

依建築技術規則建築設計施工編規定。

第85條

要求「貫穿防火區劃牆壁或樓地板之風管，應在貫穿部位任一側之風管內裝設防火閘門或閘板，其與貫穿部位合成之構造，並應具有一小時以上之防火時效」，此即為防火區劃構造遭風管貫穿時保障其防火性能之完整性。

第247條

高層建築物各種配管管材均應以不燃材料製成，或使用具有同等效能之防火措施，其貫穿防火區劃之孔隙應使用防火材料填滿或設置防火閘門

在該設備篇規定

第93條（防火閘門）

防火閘門應依左列規定：

1. 其構造為不燃材料之構造。

2. 應設有便於檢查及養護防火閘門之手孔，手孔應附有緊密之蓋。

3. 溫度超過正常運轉之最高溫度達攝氏二十八度時，熔鍊或感溫裝置應即行作用，使防火閘門自動嚴密關閉。

4. 發生事故時，風管即使損壞，防火閘門應仍能確保原位，保護防火牆貫穿孔。

第94條（防火閘板）

防火閘板之設置位置及構造，應依左列規定：

1. 風管貫穿具有一小時防火時效之分間牆處。

2. 垂直風管貫穿整個樓層時，風管設於管道間內之管道間開口處。

3. 供應二層以上樓層之風管系統：

    (1) 垂直風管在管道間上之直接送風口及排風口，或此垂直風管貫穿樓地板後之直接送回風口。

    (2) 支管貫穿管道間與垂直主風管連接處。

4. 未設管道間之風管貫穿防火構造之樓地板處。

5. 以熔鍊或感溫裝置操作閘板，使溫度超過正常運轉之最高溫度達攝氏二十八度時，防火閘板即自動嚴密關閉。

6. 關閉時應能有效阻止空氣流通。

7. 火警時，應保持關閉位置，風管即使損壞，防火閘板應仍能確保原位，並封閉該構造體之開口。

8. 應以不鏽材料製造，並有一小時半以上之防火時效。

9. 應設有便於檢查及養護防火閘門之手孔，手孔應附有緊密之蓋。

10. 防火閘門熱感應裝置之額定溫度應在121℃至177℃之間，且熱感應裝置應依其預定功能檢查及測試。

排煙風管防火匣門

1. 排煙設備之排煙口、風管及其他與煙接觸部分應使用不燃材料。

2. 排煙風管貫穿防火區劃時，應在貫穿處設防火閘門；該風管與貫穿部位合成之構造應具所貫穿構造之防火時效；其跨樓層設置時，立管應置於防火區劃之管道間。但設置之風管具防火性能並經中央主管機關審核認可，該風管與貫穿部位合成之構造具所貫穿構造之防火時效者，不在此限。

3. 防火閘門進行性能試驗：

    (1) 往復試驗：具驅動器進行往復20000次，未具驅動器進行250次往復啓閉動作。

    (2) 動態關閉試驗：3次往復啓閉後進行熱氣流下能完全關閉。

    (3) 鹽霧曝露試驗：模擬建築物風管內閘門上之塵礫累積情形，並測試塵礫累積下閘門之性能。

    (4) 風管衝擊試驗：模擬火災殘礫掉落在風管中之狀況，測試在殘礫衝擊

下閘門之性能。

(5) 耐火及射水試驗：耐火試驗額定曝火期間及射水試驗期間，閘門組件應維持在原位。熱感應裝置啟動時，防火閘門應自動關閉，曝火過程中，防火閘門組件之非曝露面不得有火焰。

2. 防排煙考量

空調風管防火匣門

1. 以熔鍊或感溫裝置操作閘板，使溫度超過正常運轉之最高溫度達攝氏二十八度時，防火閘板即自動嚴密關閉。

2. 關閉時應能有效阻止空氣流通。

3. 火警時，應保持關閉位置，風管即使損壞，防火閘板應仍能確保原位，並封閉該構造體之開口。

4. 應以不鏽材料製造，並有一小時半以上之防火時效。

5. 應設有便於檢查及養護防火閘門之手孔，手孔應附有緊密之蓋。新鮮空氣進風口應裝設在不致吸入易燒物質及不易著火之位置，並應裝有孔徑不大於1.2公分之不鏽金屬網罩。

6. 風口應為不燃材料製造。

排煙風管防火匣門

1. 防火閘門組件採用之鐵金屬應為300系列不鏽鋼等不燃材料。

2. 防火閘門在關閉位置應能阻隔火焰蔓延。防火閘門應能在額定熱氣流狀態下關閉。防火閘門所設熱感應裝置之額定溫度不得大於閘門之額定溫度。

3. 排煙設備動作後，當火勢仍持續發展到達一定程度時，為避免火、熱及煙流藉由排煙風管擴大延燒，此時於風管貫穿防火區劃處所設之防火閘門當即關閉，以遮斷火、熱及煙流之流竄，故考量國內實務需要，並參酌日本建築法規相關技術規範，排煙設備防火閘門，其熔煉或感溫裝置應於攝氏280℃動作，使防火閘門自動關閉。

(1) 空調風管及排煙風管二者風管穿越防火區劃，皆應設置防火閘門。

(2) 空調風管防火閘門熱感應裝置之額定溫度應在121℃至177℃之間，進行關閉；而排煙風管防火閘門，其熔煉或感溫裝置應於攝氏280℃動作，使防火閘門自動關閉；前者較早關閉會影響火場人員逃生及消防搶救時間。

(3) 排煙風管需置具手動把手、檢修口、在閘門外側更換溫度熔絲，設置

於防火牆側，便於施行定期檢查檢修口。而空調風管為內襯式，設置於牆中間，需於風管外側加裝維修人孔，需進入風管內部才能確認裝門開閉狀態及作檢修作業，檢修困難。

(4) 閘門構造規定方面，排煙風管含箱體（套管）、葉片、軸、軸承、連桿、連接法蘭及維修用檢查口的構造及製作方法，規定明確（如葉片須以焊接方式確實與軸接合等）。而空調風管為僅規定縫隙大小。

103年專門職業及技術人員消防設備人員考試試題

等　　別：高等考試

類　　科：消防設備師

科　　目：避難系統消防安全設備

考試時間：2小時　　座號

※注意：

1) 禁止使用電子計算器。

2) 不必抄題，作答時請將試題題號及答案依照順序寫在試卷上，於本試題上作答者，不予計分。

3) 請以黑色鋼筆或原子筆在申論試卷上作答。

一、安養機構等場所出口標示燈應具閃滅或音聲引導功能，有關具此功能出口標示燈應設置處所及連動規定為何？有關音聲引導之構造，請依出口標示燈及避難方向指示燈認可基準規定，說明警報聲基本架構、語音內容及語音格式分別為何？並加以分析確保音聲能否有效引導之考量為何？（25分）

解：

3. 應設置場所：供甲類第6目「醫院、療養院、長期照顧機構（長期照護型、養護型、失智照顧型）、安養機構、老人服務機構（限供日間照顧、臨時照顧、短期保護及安置者）、托嬰中心、早期療育機構、安置及教養機構（限收容未滿二歲兒童者）、護理之家機構、產後護理機構、身心障礙福利機構（限供住宿養護、日間服務、臨時及短期照顧者）、身心障礙者職業訓練機構（限提供住宿或使用特殊機具者）、啟明、啟智、啟聰等特殊學校」。

4. 連動規定：按各類場所消防安全設備設置標準第146條之5第2項：「前項出口標示燈具閃滅或音聲引導功能者，應符合下列規定：

A. 設於主要出入口。

B. 與火警自動警報設備連動。

C. 由主要出入口往避難方向所設探測器動作時，該出入口之出口標示燈應停止閃滅及音聲引導。」

使渠等設備能藉火災偵知提供燈光閃滅或音聲，強化避難引導之功能，故建築物或場所依上開設置標準檢討後，未達設置火警自動警報設備之規模時，仍應依上開設置標準第146條之5第2項第3款規定，設置探測器與之連動。

5.1) 音聲引導音由警報聲及語音2個部分所構成

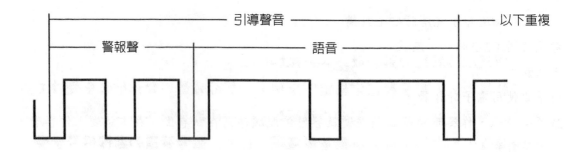

警報聲以基本頻率不同之2個週期性複合波連接合成聲（Ping、Pong）反覆2次而成。

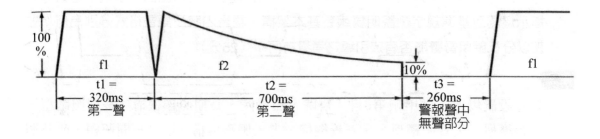

2) 語音內容：「緊急出口在這裡！」必要時用英語「here is an emergency exit！」與國語交互廣播。

3) 語音格式：

A. 語音為女性聲音，聲音清楚明瞭，語氣堅定。

B. 語音之長度為1700ms±10%。

6. 有效引導之考量：

1) 音聲引導裝置之動作試驗：

A.音聲引導裝置，於收到火災信號後動作，且於接到避難通道發生重大妨礙之信號時停止，依表1之規定，在3秒內動作。

條件	接到火災信號時	接到停止信號時
音聲引導裝置	動作開始後繼續90分鐘	停止動作

　　B.音聲引導裝置，經由引導燈具用信號裝置之動作信號用端子接受火災信號。

　　C.音聲引導裝置，收到信號裝置或偵煙式火警探測器等來自外部之停止信號時，停止動作。

　　D.信號動作之試驗，依如下之步驟：

　　　a.與引導燈具用信號裝置、音聲引導裝置（或內設音聲引導裝置之引導燈具）及停止信號用開關連接，施加額定頻率之額定電壓。

　　　b.將音聲引導裝置之常用電源遮斷，確認其不會動作。

　　　c.以設於引導燈具用信號裝置移報裝置側之開關發送火災信號，確認其在3秒鐘內會動作。

　　　d.由信號裝置及偵煙式火警探測器發送音聲引導之停止信號，確認其在3秒鐘內會停止動作。

　2) 音聲引導之音壓試驗：

　　音聲引導之音壓，係在距離語音誘導裝置（獨立型）或引導燈具（組合型）之表面水平方向1公尺處，以規定之噪音計（採頻率修正回路之A權值）或同等以上性能之儀器加以測定。其警報聲及語音之最高值應在90dB以上。且可調整音壓型式之警報聲及語音最低調整值不低於70dB。

二、有關緊急照明設備之性能試驗，請依相關規定說明緊急照明燈須切換至何種狀態下，測試其照度？測量場所之順序為何？外部光源影響抽測正確值時，須有效遮斷外部光源，並應分別量測遮斷外部光源之照度值（A）與關閉緊急照明燈之照度值（B）時，量測結果要如何判定？（25分）

解：

1.使用低照度測定用光電管照度計測試，確認緊急照明燈之照度有無達到法規所規定之值。經過三十分鐘後開始量測。於地下建築物之地下通道，緊急照明燈在地面之水平面照度應達10勒克斯（Lux）以上；其他場所應達到2勒克斯（Lux）以上。

2. 測量場所之順序，依下列場所順序為循環進行抽測。

順序	測量場所
1	走廊、樓梯、通道
2	大廳、供不特定人使用之居室
3	地下層或無窗戶居室
4	前述以外之場所

3. 進行抽測之時間

日落後使用低照度測定用光電管照度計量測。遮斷外部光源在100勒克斯（Lux）以內時，可在日間並依下列方法進行量測：

A. 遮斷外部光源後測得緊急照明燈之照度值（A）。

B. 關閉緊急照明燈（熄燈）所測得之照度值（B）。

C. 其A-B之差若為B之百分之十以上，則A-B之值可做為緊急照明燈之照度值；即A-B≧B×0.1。

D. 若為A-B<B×0.1之值，應於日沒後在予測試。但A-B之值大於10Lux以上，則A-B之值，仍可當作緊急照明燈之值。

三、避難器具係輔助避難逃生器具，為達有效使用，依各類場所消防安全設備設置標準第161條規定，裝設處所應考量事項為何？某場所第3層直通避難層或地面之樓梯僅一座，不考慮減免條件下，請說明核算此單一避難路徑場所避難器具應設數量之基準為何？（25分）

解：

1. 第161條：避難器具，依下列規定裝設：

A. 設在避難時易於接近處。

B. 與安全梯等避難逃生設施保持適當距離。

C. 供避難器具使用之開口部，具有安全之構造。

D. 避難器具平時裝設於開口部或必要時能迅即裝設於該開口部。

E. 設置避難器具（滑杆、避難繩索及避難橋除外）之開口部，上下層應交錯配置，不得在同一垂直線上。但在避難上無障礙者不在此限。

2. 第十二條所列各類場所第三層（供第十二條第一款第一目至第三目所列場所使用，或供同條第五款第一目使用之二樓有第一款第一目至第三目所列場所使用時，應為二樓）以上之樓層，其直通避難層或地面之樓梯僅一座，且收容人員在十人以上一百人以下時，應設一具，超過一百人時，每增加（包括未滿）一百人增設一具。

四、某辦公大樓居室排煙規劃採空調兼用，事涉審核認可，若系統主要架構為風管兼用，風機分設排煙機與空調風機時，請就上開兼用設備之風機、風口、風管及防火閘門等組成構件，分析說明何者會牴觸現行各類場所消防安全設備設置標準及有關規定？兼用系統在空調模式或排煙模式下，必須均能有效動作，有關確保有效排煙之考量及應注意事項為何？（25分）

解：

1. 風機與排煙兼用會牴觸規定：

   A. 排煙機應隨任一排煙口之開啟而動作。排煙機之排煙量在每分鐘一百二十立方公尺以上；且在一防煙區劃時，在該防煙區劃面積每平方公尺每分鐘一立方公尺以上；在二區以上之防煙區劃時，在最大防煙區劃面積每平方公尺每分鐘二立方公尺以上。但地下建築物之地下通道，其總排煙量應在每分鐘六百立方公尺以上。

   B. 連接緊急電源，其供電容量應供其有效動作三十分鐘以上。

2. 風口會牴觸規定：

   A. 防煙區劃之範圍內，任一位置至排煙口之水平距離在三十公尺以下，排煙口設於天花板或其下方八十公分範圍內，除直接面向戶外，應與排煙風管連接。但排煙口設在天花板下方，防煙壁下垂高度未達八十公分時，排煙口應設在該防煙壁之下垂高度內。

   B. 排煙設備之排煙口、風管及其他與煙接觸部分應使用不燃材料。

   C. 排煙口設手動開關裝置及探測器連動自動開關裝置；以該等裝置或遠隔操作開關裝置開啟，平時保持關閉狀態，開口葉片之構造應不受開啟時所生氣流之影響而關閉。手動開關裝置用手操作部分應設於距離樓地板面八十公分以上一百五十公分以下之牆面，裝置於天花板時，應設操作垂鍊或垂桿在距離樓地板一百八十公分之位置，並標示簡易之操作方式。

D. 排煙口之開口面積在防煙區劃面積之百分之二以上，且以自然方式直接排至戶外。排煙口無法以自然方式直接排至戶外時，應設排煙機。

3. 風管及防火匣門會牴觸規定：

排煙風管貫穿防火區劃時，應在貫穿處設防火閘門，該閘門應符合排煙設備用閘門認可基準之規定；該風管與貫穿部位合成之構造應具所貫穿構造之防火時效；其跨樓層設置時，立管應置於防火區劃之管道間。但設置之風管具防火性能並經中央消防主管機關認可，該風管與貫穿部位合成之構造具所貫穿構造之防火時效者，不在此限。

4. 兼用系統考量及注意事項：

基本上，僅系統風量、風壓、風速以及設備的耐火性能夠達到要求，空調系統兼做防排煙系統是可行的。於二者兼用系統情況下，可分為部分兼用和全兼用兩種形式。部分兼用形式的風道或主風道是共用的，風機則分別設置，平時空調風機運行，火災時自動切換到排煙風機運行。該方式機房面積大，設備費用高，系統可靠性差。而在全兼用形式不僅風道兼用，風機也兼用。因此，在二者兼用情況下必須考量情況如次：

(1) 注意防火區劃構造的完整性：連接各個空調送風口的空調風管有較大的防火防煙性能需求問題，因為空調風管需貫穿防火區劃結構進行調送風口的連接，造成防火區劃構造的完整性遭受破壞。

(2) 防火時效之要求：建築技術規則在建築設計施工編第85條要求「貫穿防火區劃牆壁或樓地板之風管，應在貫穿部位任一側之風管內裝設防火閘門或閘板，其與貫穿部位合成之構造，並應具有一小時以上之防火時效」。

(3) 於國際建築法規（IBC）指出空調使用於排煙目的，風扇皮帶具有1.5倍數量，和不少於2個風扇。

(4) IBC還指出需要風扇馬達在額定值範圍內操作，風扇必須等於或低於其額定馬力來操作，並具1.15倍最低運作係數（service factor）。執行係數增加以允許馬達在額定載狀況運行，從而減輕馬達損壞。然而，風扇需要在額定容量進行操作，增加運作係數是為了提高馬達可靠性，因其預期在火災條件下工作。

(5) 為使空調與排煙系統之運作無訛，應經常定期進行維修測試。

(6) 管道系統的布局也需要考慮到最小化防火（煙）匣門的數量，而空調進風管及排煙管道等須作整體佈置，以防止送風、回風混合，並分離送氣及排

煙，又進氣口亦須遠離排煙口。

(7) 變頻驅動是一個較優的方式來控制，以調整在空調和排煙功能所需的空氣量。大多數變頻驅動是可調整設定的，以允許其將用於排煙控制及空調功能的設定。因此，變頻驅動器需要被設計和安裝，以合空調與火災排煙之功能需求。此外，變頻驅動裝置操作應提供火災防護，以使得在火災條件下，其不受火災影響之位置。

(8) 需要用於排煙控制之風扇應設計在風扇性能曲線（fan curve）的穩定運行部分。所有風扇性能曲線是一種基於所提供的空氣流（air flow）和靜壓（static pressure）之性能曲線。如果風扇運行在穩定區域之外，則風扇的性能是不容易預測的。一般來說，這發生在較低氣流速率或當靜壓力是較高的。當這些條件中任一個或兩者發生，存在風扇運行其穩定區以外的機會增加，這會成為在正常條件下，當空調風扇風量的加大，來提供更多的空氣流和顯著降低氣流速率在排煙控制之問題。

(9) 在空調風扇方面，必須具有符合以下條件：

A.確保風扇皮帶之馬達和數量符合最低規範要求。

B.風扇的額定工作溫度是否足夠為火災排煙使用。

C.確定風扇是否有足夠的能力，來提供排煙系統之性能標準，使其在性能穩定情況下運行。

102年專門職業及技術人員消防設備人員考試試題

等　　別：高等考試

類　　科：消防設備師

科　　目：避難系統消防安全設備

考試時間：2小時　　座號：

※注意：

1) 禁止使用電子計算器。

2) 不必抄題，作答時請將試題題號及答案依照順序寫在試卷上，於本試題上作答者，不予計分。

3) 請以黑色鋼筆或原子筆在申論試卷上作答。

一、緊急照明設備與標示設備係避難逃生之相互配套設施，請說明有上開二者均應設置之競合狀況時，該處所得擇一設置之規定為何？並請就二者所應設之緊急電源容量，說明其差異為何？（**25分**）

解：

(一) 二者均應設置之競合狀況時，該處所得擇一設置：

1. 免設出口標示燈：通往主要出入口之走廊或通道之出入口，設有探測器連動自動關閉裝置之防火門，並設有避難指標及緊急照明設備確保該指標明顯易見者，得免設出口標示燈。

2. 免設避難方向指示燈：於樓梯或坡道，設有緊急照明設備及供確認避難方向之樓層標示者，得免設避難方向指示燈。

(二) 二者所應設之緊急電源容量，說明其差異：

1. 標示設備緊急電源容量：

出口標示燈及避難方向指示燈之緊急電源應使用蓄電池設備，其容量應能使其有效動作二十分鐘以上。但設於下列場所之主要避難路徑者，該容量應在六十分鐘以上，並得採蓄電池設備及緊急發電機併設方式：

A. 總樓地板面積在五萬平方公尺以上。

B. 高層建築物，其總樓地板面積在三萬平方公尺以上。

C. 地下建築物，其總樓地板面積在一千平方公尺以上。

前項之主要避難路徑，指符合下列規定者：

A. 通往戶外之出入口；設有排煙室者，爲該室之出入口。

B. 通往直通樓梯之出入口；設有排煙室者，爲該室之出入口。

C. 通往第一款出入口之走廊或通道。

D. 直通樓梯。

2. 緊急照明設備緊急電源容量：

緊急電源應使用蓄電池設備，其容量應能使其持續動作三十分鐘以上。但採蓄電池設備與緊急發電機併設方式時，其容量應能使其持續動作分別爲十分鐘及三十分鐘以上。

二、緩降機進行竣工查驗時，有關荷重試驗方法爲何？平時檢修進行綜合檢查，其下降速度如何計算？是否合格如何判定？並請就緩降機在查驗與檢修方法上之差異，說明可能原由爲何？（25分）

解：

1. 緩降機之荷重試驗依「消防安全設備測試報告書測試方法及判定要領」規定，應以垂直方向施加荷重，載重爲一百九十五公斤以上之物品實際測試之，至其載重得使用沙包、鐵製物等可達測試目的之重物。

2. 測量下降距離及下降時間，計算出下降速度，應在規定的下降速度範圍內。（平均的降落速度應在每秒80至100cm，最大下降速度應在每秒150cm以內。）

3. 下降後，實施前面所提之性能檢查，器具本體、支固器具等應無異常。

判定方法

A. 螺栓、螺帽沒有鬆動或脫落。

B. 穿孔錨栓工法之錨栓所使用的螺帽之拴緊，應符合下表之規定。

C. 固定基礎應無因龜裂等而有破損。

D. 固定安裝部分應無明顯腐蝕、生鏽、變形、龜裂等，對強度有影響之異常發生。

表　螺帽之栓緊強度

螺紋標稱	栓緊強度（轉矩值kg-cm）
M10×1.5	150-250
M12×1.75	300-450
M16×2	600-850

4. 緩降機在查與檢修方法上差異：

　A. 查驗基準係在固定架應具備強度要求。

　B. 檢修基準係在固定架裝設年限內保養是否得宜。

　C. 試驗荷重需使用可測定錨定螺栓等拉拔力之器具，以下列公式計算出鎖緊扭力。緩降機最大使用載重，應在最大使用人數乘以1000nt所得數值以上。

$$T = 0.24DN$$

　T為鎖緊扭力（kgf/cm）

　D為螺栓直徑（cm）

　N為試驗荷重（kgf）

三、標示設備燈具選用，依規定應有級別、標示面光度及場所用途之考量，請就車站、百貨商場、美術館及醫院分別說明有關出口標示燈級別及標示面光度之設置規定為何？屬於應採具閃滅或音聲引導功能時，應符合規定為何？（25分）

解：

1. 應使用A級或B級；出口標示燈標示面光度應在二十燭光（cd）以上，或具閃滅功能。

　規格：

區分		標示面縱向尺度（m）	標示面光度（cd）
出口標示燈	A級	零點四以上	五十以上
	B級	零點二以上，未滿零點四	十以上

　標示面以綠色為底，用白色表示「緊急出口」字樣（包括文字與圖形），但

在避難路徑者，則用白色爲底，綠色文字。

設於下列場所應使用A級或B級

A. 供車站、室內停車空間地下建築使用者。

B. 供百貨商場、美術館或甲複合用途使用，該層樓地板面積在一千平方公尺以上者。

C. 供醫院使用者。其出口標示燈並應採具閃滅功能，或兼具音聲引導功能者。

2. 前項出口標示燈具閃滅或音聲引導功能者，應符合下列規定：

A. 設於主要出入口。

B. 與火警自動警報設備連動。

C. 由主要出入口往避難方向所設探測器動作時，該出入口之出口標示燈應停止閃滅及音聲引導。

四、緊急升降機間排煙設備與室內排煙設備均可設置直接面向戶外之窗戶，請比較有關設置規定之異同？並請依現行設置標準規定，說明除設置直接面向戶外之窗戶外，緊急升降機間排煙設備其他可採用之排煙方式爲何？（**25分**）

解：

(一) 緊急升降機間排煙設備與室內排煙設備設置規定之異同：

1. 緊急升降機間排煙設備與室內排煙設備設置直接面向戶外之窗戶時，應符合下列規定：

A. 在排煙時窗戶與煙接觸部分使用不燃材料。

B. 窗戶有效開口面積位於天花板高度二分之一以上之範圍內。

C. 窗戶之有效開口面積在二平方公尺以上。但特別安全梯排煙室與緊急升降機間兼用時（以下簡稱兼用），應在三平方公尺以上。

D. 前目平時關閉之窗戶設手動開關裝置，其操作部分設於距離樓地板面八十公分以上一百五十公分以下之牆面，並標示簡易之操作方式。

2. 每層樓地板面積每五百平方公尺內，以防煙壁區劃。但戲院、電影院、歌廳、集會堂等場所觀眾席，及工廠等類似建築物，其天花板高度在五公尺以上，且天花板及室內牆面以耐燃一級材料裝修者，不在此限。

3. 地下建築物之地下通道每三百平方公尺應以防煙壁區劃。

4.防煙區劃之範圍內，任一位置至排煙口之水平距離在三十公尺以下，排煙口設於天花板或其下方八十公分範圍內，除直接面向戶外，應與排煙風管連接。但排煙口設在天花板下方，防煙壁下垂高度未達八十公分時，排煙口應設在該防煙壁之下垂高度內。

5.排煙設備之排煙口、風管及其他與煙接觸部分應使用不燃材料。

6.排煙風管貫穿防火區劃時，應在貫穿處設防火閘門；該風管與貫穿部位合成之構造應具所貫穿構造之防火時效；其跨樓層設置時，立管應置於防火區劃之管道間。但設置之風管具防火性能並經中央主管機關審核認可，該風管與貫穿部位合成之構造具所貫穿構造之防火時效者，不在此限。

7.排煙口設手動開關裝置及探測器連動自動開關裝置；以該等裝置或遠隔操作開關裝置開啓，平時保持關閉狀態，開口葉片之構造應不受開啓時所生氣流之影響而關閉。手動開關裝置用手操作部分應設於距離樓地板面八十公分以上一百五十公分以下之牆面，裝置於天花板時，應設操作垂鍊或垂桿在距離樓地板一百八十公分之位置，並標示簡易之操作方式。

8.排煙口之開口面積在防煙區劃面積之百分之二以上，且以自然方式直接排至戶外。

(二) 除設置直接面向戶外之窗戶外，緊急升降機間排煙設備其他可採用之排煙方式

自然排煙可分爲窗戶直接排煙方式、排煙閘門直接排煙方式及排煙閘門連接排煙管道直接排煙方式等三種，採用窗戶排煙時就不須考慮進風之問題。但沒有設置直接面向戶外之窗戶，必須考量以下相關規定：

1.排煙設備之排煙口、排煙風管、進風口、進風風管及其他與煙接觸部分應使用不燃材料。

2.排煙、進風風管貫穿防火區劃時，應在貫穿處設防火閘門，該閘門應符合排煙設備用閘門認可基準之規定；該風管與貫穿部位合成之構造應具所貫穿構造之防火時效；其跨樓層設置時，立管應置於防火區劃之管道間。但設置之風管具防火性能並經中央主管機關認可，該風管與貫穿部位合成之構造具所貫穿構造之防火時效者，不在此限。

3.排煙口位於天花板高度二分之一以上之範圍內，與直接連通戶外之排煙風管連接，該風管並連接排煙機。進風口位於天花板高度二分之一以下之範圍內；其直接面向戶外，開口面積在一平方公尺（兼用時，爲一點五平方

公尺）以上；或與直接連通戶外之進風風管連接，該風管並連接進風機。

4.排煙機、進風機之排煙量、進風量在每秒四立方公尺（兼用時，每秒六立方公尺）以上，且可隨排煙口、進風口開啓而自動啓動。

5.進風口、排煙口依前款第四目設手動開關裝置及探測器連動自動開關裝置；除以該等裝置或遠隔操作開關裝置開啓外，平時保持關閉狀態，開口葉片之構造應不受開啓時所生氣流之影響而關閉。

6.排煙口、進風口、排煙機及進風機連接緊急電源，其供電容量應供其有效動作三十分鐘以上。

101年專門職業及技術人員消防設備人員考試試題

等　　別：高等考試
類　　科：消防設備師
科　　目：避難系統消防安全設備
考試時間：2小時　　座號
※注意：
1) 禁止使用電子計算器。
2) 不必抄題，作答時請將試題題號及答案依照順序寫在試卷上，於本試題上作答者，不予計分。
3) 請以黑色鋼筆或原子筆在申論試卷上作答。

一、就現行排煙設備之設置場所規定，如何區別其屬於一般防火避難用排煙設備亦或消防搶救用排煙設備？應如何設計以達成各自之設計目的？試詳述之。（25分）

解：

(一) 現行排煙設備之居室排煙一般防火避難用排煙設備，而消防搶救用排煙設備為緊急昇機或特別安全梯設置之排煙設備。

(二) 一般防火避難用排煙設備設計：

A. 每層樓地板面積每五百平方公尺內，以防煙壁區劃。但戲院、電影院、歌廳、集會堂等場所觀眾席，及工廠等類似建築物，其天花板高度在五公尺以上，且天花板及室內牆面以耐燃一級材料裝修者，不在此限。

B. 地下建築物之地下通道每三百平方公尺應以防煙壁區劃。

C. 依第一款、第二款區劃（以下稱為防煙區劃）之範圍內，任一位置至排煙口之水平距離在三十公尺以下，排煙口設於天花板或其下方八十公分範圍內，除直接面向戶外，應與排煙風管連接。但排煙口設在天花板下方，防煙壁下垂高度未達八十公分時，排煙口應設在該防煙壁之下垂高度內。

D. 排煙設備之排煙口、風管及其他與煙接觸部分應使用不燃材料。

E. 排煙風管貫穿防火區劃時，應在貫穿處設防火閘門；該風管與貫穿部位

合成之構造應具所貫穿構造之防火時效；其跨樓層設置時，立管應置於防火區劃之管道間。但設置之風管具防火性能並經中央主管機關審核認可，該風管與貫穿部位合成之構造具所貫穿構造之防火時效者，不在此限。

F. 排煙口設手動開關裝置及探測器連動自動開關裝置；以該等裝置或遠隔操作開關裝置開啓，平時保持關閉狀態，開口葉片之構造應不受開啓時所生氣流之影響而關閉。手動開關裝置用手操作部分應設於距離樓地板面八十公分以上一百五十公分以下之牆面，裝置於天花板時，應設操作垂鍊或垂桿在距離樓地板一百八十公分之位置，並標示簡易之操作方式。

G. 排煙口之開口面積在防煙區劃面積之百分之二以上，且以自然方式直接排至戶外。排煙口無法以自然方式直接排至戶外時，應設排煙機。

H. 排煙機應隨任一排煙口之開啓而動作。排煙機之排煙量在每分鐘一百二十立方公尺以上；且在一防煙區劃時，在該防煙區劃面積每平方公尺每分鐘一立方公尺以上；在二區以上之防煙區劃時，在最大防煙區劃面積每平方公尺每分鐘二立方公尺以上。但地下建築物之地下通道，其總排煙量應在每分鐘六百立方公尺以上。

I. 連接緊急電源，其供電容量應供其有效動作三十分鐘以上。

J. 排煙口直接面向戶外且常時開啓者除外。

(三) 消防搶救用排煙設備：

A. 設置直接面向戶外之窗戶時，應符合下列規定：

a.在排煙時窗戶與煙接觸部分使用不燃材料。

b.窗戶有效開口面積位於天花板高度二分之一以上之範圍內。

c.窗戶之有效開口面積在二平方公尺以上。但特別安全梯排煙室與緊急升降機間兼用時（以下簡稱兼用），應在三平方公尺以上。

d.前目平時關閉之窗戶設手動開關裝置，其操作部分設於距離樓地板面八十公分以上一百五十公分以下之牆面，並標示簡易之操作方式。

B. 設置排煙、進風風管時，應符合下列規定：

a.排煙設備之排煙口、排煙風管、進風口、進風風管及其他與煙接觸部分應使用不燃材料。

b.排煙、進風風管貫穿防火區劃時，應在貫穿處設防火閘門，該閘門應

符合排煙設備用閘門認可基準之規定；該風管與貫穿部位合成之構造應具所貫穿構造之防火時效；其跨樓層設置時，立管應置於防火區劃之管道間。但設置之風管具防火性能並經中央主管機關認可，該風管與貫穿部位合成之構造具所貫穿構造之防火時效者，不在此限。

c.排煙口位於天花板高度二分之一以上之範圍內，與直接連通戶外之排煙風管連接，該風管並連接排煙機。進風口位於天花板高度二分之一以下之範圍內；其直接面向戶外，開口面積在一平方公尺（兼用時，為一點五平方公尺）以上；或與直接連通戶外之進風風管連接，該風管並連接進風機。

d.排煙機、進風機之排煙量、進風量在每秒四立方公尺（兼用時，每秒六立方公尺）以上，且可隨排煙口、進風口開啓而自動啓動。

e.進風口、排煙口依前款第四目設手動開關裝置及探測器連動自動開關裝置；除以該等裝置或遠隔操作開關裝置開啓外，平時保持關閉狀態，開口葉片之構造應不受開啓時所生氣流之影響而關閉。

f.排煙口、進風口、排煙機及進風機連接緊急電源，其供電容量應供其有效動作三十分鐘以上。

二、若選用出口標示燈與避難方向指示燈之縱向尺度如下表所示，試問其有效步行距離應取多少？（25分）

區分		標示面縱向尺度（m）
出口標示燈	A級	0.5
	B級	0.3
	C級	0.1
避難方向指示燈	A級	0.5
	B級	0.3
	C級	0.1

解：

(一) 計算公式

$$D = kh$$

式中，D：步行距離（公尺）

　　　h：出口標示燈或避難方向指示燈標示面之縱向尺度（公尺）

　　　k：依下表左欄所列區分，採右欄對應之k值

區分		k值
出口標示燈	未顯示避難方向符號者	一百五十
	顯示避難方向符號者	一百
避難方向指示燈		五十

(二) 出口標示燈有效步行距離

1. A級未顯示避難方向符號者 $D = kh = 150 \times 0.5m = 75m$

2. A級顯示避難方向符號者 $D = kh = 100 \times 0.5m = 50m$

3. B級未顯示避難方向符號者 $D = kh = 150 \times 0.3m = 45m$

4. B級顯示避難方向符號者 $D = kh = 100 \times 0.3m = 30m$

5. C級未顯示避難方向符號者 $D = kh = 150 \times 0.1m = 15m$

6. C級顯示避難方向符號者 $D = kh = 100 \times 0.1m = 10m$

(三) 避難方向指示燈有效步行距離

1. A級 $D = kh = 50 \times 0.5m = 25m$

2. B級 $D = kh = 50 \times 0.3m = 15m$

3. C級 $D = kh = 50 \times 0.1m = 5m$

三、不考慮減免條件，有關甲類場所第三目與乙類場所第七目避難器具之設置規定為何？其相關收容人數應如何計算？並詳述此兩者規定之用意。（**25分**）

解：

(一) 第二層以上之樓層或地下層供甲類場所第三目、乙類第七目使用，其收容人員在三十人（其下面樓層供甲類場所第一目、第二目、第四目、第五目、第七目或乙類場所第二目、第六目、第七目之康復之家或丁類場所使用時，應

為十人）以上一百人以下時，設置一具。超過一百人時，每增加（包含未滿）一百人增設一具。

(二) 收容人數計算：

觀光飯店、飯店、旅館、招待所（限有寢室客房者）	其收容人員人數，為下列各款合計之數額： 一、從業員工數。 二、各客房部分，以下列數額合計 　　(一)西式客房之床位數。 　　(二)日式客房以該房間之樓地板面積除六平方公尺（以團體為主之宿所，應為三平方公尺）所得之數。 三、供集會、飲食或休息用部分，以下列數額合計： 　　(一)設固定席位部分，以該座椅數計之。如為連續式席位，為該座椅正面寬度除零點五公尺所得之數（未滿一之零數不計）。 　　(二)其他部分以該部分樓地板面積除三平方公尺所得之數。
集合住宅、寄宿舍	合計其居住人數，每戶以三人計算。

(三) 規定用意：

A. 現行針對旅館、集合住所收容人數達30人規定應設置一具，而下樓層有供括弧內場所用途時，檢討為複合用途建築物，危險性較高，其下限降至十人。

B. 然其樓下供集合住宅、停車場所使用者，危險度尚無增高。故考量避難應以室內安全梯為主，危險度未增加下刪除第二款第七目（集合住宅、寄宿舍）保留康復之家、第三款第三目（室內停車場、室內停車空間），使旅館業、集合住宅，其樓下有集合住宅、室內停車場時，收容人數達30人時，始設置避難器具。

四、救助袋是針對避難弱勢之使用而設，且其材質較易損傷，試詳述其操作方法，並由操作方法說明其綜合檢查項目？（25分）

解：

(一) 救助袋操作方法，可分斜降式及垂直式：

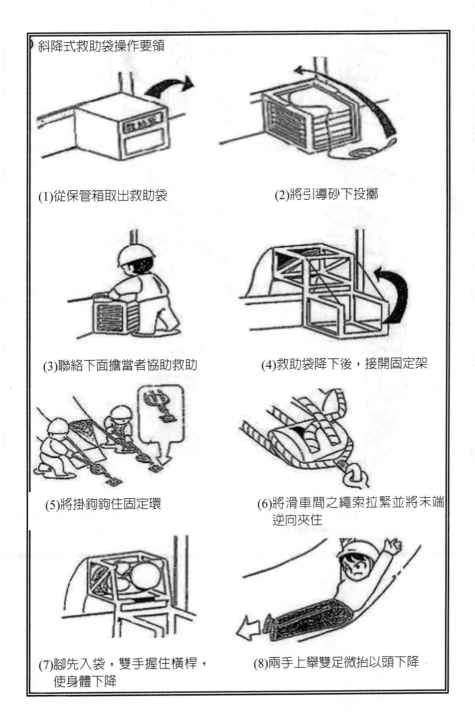

斜降式救助袋操作要領

(1)從保管箱取出救助袋

(2)將引導砂下投擲

(3)聯絡下面擔當者協助救助

(4)救助袋降下後，接開固定架

(5)將掛鉤鉤住固定環

(6)將滑車間之繩索拉緊並將末端逆向夾住

(7)腳先入袋，雙手握住橫桿，使身體下降

(8)兩手上舉雙足微抬以頭下降

垂直式救助袋操作要領

(1)掀開箱蓋

(2)將袋投入窗戶

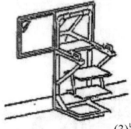

(3)將支架向窗外翻出

(4)腳先入袋

(5)將身體仰直雙手自然上
　舉雙腳仰直

(6)下降速度太快時，
　可用肘或腳刹車

(二) 救助袋綜合檢查項目：

1.斜降式救助袋

(1) 下降準備

A.檢查方法

依下列確認是否能安全下降。

(A)上部檢查者之程序。

a.打開收藏箱。

b.解開引導繩之束結，拿起砂袋投下。

c.解開固定袋本體之皮帶。

d.等候地上檢查者之信號，使袋本體下降。

e.袋本體完成下降後，拉起入口零件。

(B)地上檢查者之程序

a.接受引導繩。

b.拉引導繩使袋本體不會卡到窗子或屋簷，而使袋本體下降。

c.打開要降落袋子之固定環蓋子。

d.把下部支持裝置的張設繩索前端之掛鉤掛在固定環，將張設繩索末端穿過滑輪之繩索中間，充分拉緊使袋本體的下部出口大約離地面50公分至100公分，將張設繩索倒拉而將此繩索放滑輪的繩索間固定。

B.判定方法

(A)放進收藏箱的狀況及滾筒的動作須順暢。

(B)引導繩應能確實安裝在袋本體或下部支持裝置。

(C)將袋子展開時，展開零件與入口零件之結合部，應無明顯伸長（當袋本體有負載時，力的作用會不均衡，故須注意）。

(D)袋本體的用布與展開部材之結合部，應無明顯磨損。

(E)袋本體與入口零件之結合部，應無破損及斷線。

(F)入口零件應能容易拉起。

(G)把袋子展開時，袋子應無妨礙下降之扭曲、一邊鬆動等變形之狀態（下部出口與基地地面間，應有適當之間隔）。

(2)下降

　A.檢查方法

　　依下列確認是否能正常下降。

　　(A)要下降時，下降者須先與地上檢查者打信號，然後再下降。

　　(B)下降者先把腳放在階梯上，使腳先進入袋安裝框，調整好姿勢再下降。

　　(C)下降姿勢應依照使用方法下降（因為下降時的初速愈快，下降速度會愈大而危險，因此絕對不可以加反作用而下降）。

　B.判定方法

　　(A)下降應順暢。

　　(B)下降速度應適當正常。

　　(C)下降時之衝擊應緩慢。

　C.注意事項

　　(A)為期綜合檢查能確實而仔細，應在上部（下降口）和地上（逃出口）各配置一名以上之檢查人員。

　　(B)為了減少身體之露出部分，檢查者應穿戴手套、工作服（長袖）等，以防止危害。

　　(C)由於袋本體只要拉出前端，剩餘部分會因本身重量自動降落，所以要注意不可讓手或衣服被捲進去。

(3)收藏

　A.檢查方法

　　依下列確認完成下降後，是否能恢復原狀。

　　(A)拉起之程序

　　　地上檢查者把支撐繩索放鬆至最大限長度，蓋上固定環的蓋子。

　　(B)地上檢查者消除支撐繩索的纏繞糾結，將下部支持裝置依各種袋子種類收藏，或把引導繩安裝在下部支持裝置前端的鉤子。

　　(C)上部檢查者與地上檢查者協力把袋本體拉上（地上檢查者在開始拉上時，應拿著引導繩加以引導，以免袋本體卡到窗子或屋簷等障礙物）。

　　(D)引導繩應依順序拉上去，打捆成直徑約二十五公分的圓圈。

B. 收藏之程序

(A) 把安裝具的台階折疊起來。

(B) 將入口零件拉進去折疊起來。

(C) 將袋本體從上部反覆折疊,收進安裝具使之能在使用時得以圓滑地伸張。

(D) 整理好之下部支持裝置和引導繩索,放在使用時容易取出之位置,將袋本體用皮帶栓緊。

(E) 把收藏箱安裝好。

C. 判定方法

各部分應無變形等,且應能順利地恢復原狀。

D. 注意事項

在檢查後之收藏,應成使用時無障礙之收藏狀態。

2. 直降式救助袋

除了斜降式的下部支持裝置及固定環之項目外,關於操作展開、下降、拉上及收藏,應比照斜降式之檢查方法、判定方法及應注意事項加以確認。而直降式之下部出口距基地面之高度,應依救助袋之種類,確認各別必要適當之距離。

100年專門職業及技術人員消防設備人員考試試題

等　　別：高等考試

類　　科：消防設備師

科　　目：避難系統消防安全設備

考試時間：2小時　　座號

※注意：

1) 禁止使用電子計算器。

2) 不必抄題，作答時請將試題題號及答案依照順序寫在試卷上，於本試題上作答者，不予計分。

3) 請以黑色鋼筆或原子筆在申論試卷上作答。

一、除避難指標外，其他標示設備之緊急電源與配線對標示設備能否有效作用，具有非常關鍵之地位，試詳述出口標示燈及避難方向指示燈之相關緊急電源與配線之規定為何？並述各該規定之用意。（25分）

解：

1. 依第155條規定，出口標示燈及避難方向指示燈之緊急電源應使用蓄電池設備，其容量應能使其有效動作二十分鐘以上。但設於下列場所之主要避難路徑者，該容量應在六十分鐘以上，並得採蓄電池設備及緊急發電機併設方式：

一、總樓地板面積在五萬平方公尺以上。

二、高層建築物，其總樓地板面積在三萬平方公尺以上。

三、地下建築物，其總樓地板面積在一千平方公尺以上。

前項之主要避難路徑，指符合下列規定者：

一、通往戶外之出入口；設有排煙室者，為該室之出入口。

二、通往直通樓梯之出入口；設有排煙室者，為該室之出入口。

三、通往第一款出入口之走廊或通道。

四、直通樓梯。

又第156條規定，出口標示燈及避難方向指示燈之配線，依屋內線路裝置規則

外，並應符合下列規定：

一、蓄電池設備集中設置時，直接連接於分路配線，不得裝置插座或開關等（內置蓄電池當拔除時會立即亮，使人察覺。但蓄池集中則無此功能）。

二、電源回路不得設開關。但以三線式配線使經常充電或燈具內置蓄電池設備者，不在此限（此當正常電源消失時，由繼電器自動切換成蓄電池供應）。

2. 建築物設置出口標示燈之用意，其一般裝於建築物各樓層通達安全梯及戶外或另一防火區之防火門上方，以作為火警發生時避難逃生出口之標示。此標示燈具備交直流自動切換裝置，平時以AC電源供電及進行備用電池自動充電，停電後則切換至備用電池，以維持標示功能。

而避難方向指示燈設置於通往樓梯、屋外出入口及觀眾席位通路等之走廊或通道，及於樓梯口、走廊或通道之轉彎處。此指示燈具備交直流自動切換裝置，平時以AC電源供電及進行備用電池之自動充電，而停電後則切換至備用電池供電，以維持指示功能。典型的避難方向指示燈一般分為向左、向右及雙向三種方向指標，

又較大規模場所發生火災時，緊急電源容量應在六十分鐘以上，並設於主要避難路徑上，因其逃生需要花費相當時間始能離開該建築空間，故其須亮至六十分鐘，以期確保內部使用人員能安全避難逃出。

二、出口標示燈與避難方向指示燈在哪些條件下得予減光或消燈？並詳述其具體方式。（25分）

解：

1. 依第146-7條出口標示燈及避難方向指示燈，應保持不熄滅。

   出口標示燈及非設於樓梯或坡道之避難方向指示燈，與火警自動警報設備之探測器連動亮燈，且配合其設置場所使用型態採取適當亮燈方式，並符合下列規定之一者，得予減光或消燈。

   一、設置場所無人期間。

   二、設置位置可利用自然採光辨識出入口或避難方向期間。

   三、設置在因其使用型態而特別需要較暗處所，於使用上較暗期間。

   四、設置在主要供設置場所管理權人、其雇用之人或其他固定使用之人使用

之處所。

設於樓梯或坡道之避難方向指示燈，與火警自動警報設備之探測器連動亮燈，且配合其設置場所使用型態採取適當亮燈方式，並符合前項第一款或第二款規定者，得予減光或消燈。

以設置場所「使用型態」決定是否使用「消燈」；所謂使用型態，如下說明：（2007陳火炎）

(1) 無人期間是指建築物之全部或一部分無人時，其無人部分之出口標示燈及避難方向指示燈可以消燈。而無人是指休業、休假或夜間等定期的持續反覆無人的狀態，此時即便留有保全人員或輪值人員也視同是無人。但消燈不可以個別行之，而必須一齊進行，因此其開關器（信號裝置）要設置在守衛室等經常有人之場所，必要時可以手動點燈，但火警自動警報設備動作時必需能自動連動點燈。

(2) 設置位置可以利用自然採光辨識出入口或避難方向期間，是指因自然光可以辨識出入口或避難方向時，可以消燈沒關係。

(3) 設置在因其使用型態而特別需要較暗處所，於使用上較暗期間，所謂使用型態而特別需要較暗處所是指為達影像視覺效果或演出效果之表演場所而言，戲院、電影院、歌廳、舞廳、夜總會等在上映或演出期間；集會堂當作電影或舞台表演期間；或是電影攝影場所、電視播送場所之上映或演出期間均可作本款之適用。

　◎其消燈點燈之控制開關（信號裝置）應設於在守衛室或防災中心等經常有人之場所，當可以手動點燈，但火警自動警報設備動作時必需能自動連動點燈。

(4) 設置在主要供設置場所管理權人、其雇用之人或其他固定使用之人使用之處所者，由於這些人使用之處所者，這些人經常在該場所進出，熟知其避難路線，因此平常可以消燈以節省能源，但火警自動警報設備動作時必需能自動連動點燈。

　◎其消燈點燈之控制開關（信號裝置）應設於在守衛室或防災中心等經常有人之場所，亦可以手動點燈，但火警自動警報設備動作時必需能自動連動點燈。

三、特別安全梯在避難上稱為相對安全區，為使逃至此區之人員獲得安全，因此要求設置排煙設備，試繪特別安全梯之平面圖並詳述其自然排煙與機械排煙之相關規定。（25分）

解：

　　建築技術規則設計施工篇第107條規定梯間排煙室除開向特別安全梯外僅有一處出入口且不得直接連接居室自然排煙的基本作用，可利用排煙口排煙或利用向外的窗戶排煙。但無論是任何開口排煙或門窗，只要室外溫度低於室內，或室內壓力高於室外，煙氣就會向外排出，在同時室外較冷的空氣也會從室內的下方流進，根據質量守恆，排出的煙和進入的空氣會相等。又由於氣流的連續性，所以排出的煙氣和進入的外氣一定相等（因阻礙而不相等時，著火房間就可能因缺氧而趨於熄滅）和形成局部對流。

　　自然排煙的優點：自然排煙是由屋內外溫差、空氣密度差而產生的浮力，自然向外排煙，它的設備單純，完全不須機械、不要動力，除了設計時必須考慮建築的高度、風向、開口或窗戶的位置和保持開口面積不少於屋內總樓地板面積的2%以外，可以說相當簡單，所以費用低，維護容易，火災時，一般也有一定的效果，尤其排煙口平時即是通風口，優點最多。

　　機械排煙：

　　利用排風機排除著火房間的煙氣，以防止漫延減少災害，並保障走廊及樓梯間，以至避難室等處逃生與救火行動的安全。系統的構成，一般均包括排煙機或送風機、排煙口、送風口相應的自動控制設備在高層大樓還包括排煙豎井和送風豎井等設施，所以安裝與維護、運轉費用也很高。

1. 一個排煙系統，包括的範圍不要過大，最多以500m²為限。

2. 儘量縮短水平煙道。

3. 重要的走廊、樓梯間和前室等疏散通道，必須做為一個獨立的排煙系統。

4. 使用豎井在著火時僅有著火層排煙口開啟，比較容易形成有效負壓。

5. 同一系統中各防排煙分區的面積，儘量相等。

6. 使用自然排煙時，其法規之單一動作，為一有效開口連動，例如若2m²有4扇窗時，須4扇窗同時動作，若能自動感應連動更佳，因自動感應連動能於非目視行為時動作。

　　於各類場所消防安全設備設置標準第189條規定，特別安全梯或緊急升降機間排

煙室之排煙設備,依下列規定選擇設置:

一、設置直接面向戶外之窗戶時,應符合下列規定:

    (一) 在排煙時窗戶與煙接觸部分使用不燃材料。

    (二) 窗戶有效開口面積位於天花板高度二分之一以上之範圍內。

    (三) 窗戶之有效開口面積在二平方公尺以上。但特別安全梯排煙室與緊急升降機間兼用時(以下簡稱兼用),應在三平方公尺以上。

    (四) 前目平時關閉之窗戶設手動開關裝置,其操作部分設於距離樓地板面八十公分以上一百五十公分以下之牆面,並標示簡易之操作方式。

二、設置排煙、進風風管時,應符合下列規定:

    (一) 排煙設備之排煙口、排煙風管、進風口、進風風管及其他與煙接觸部分應使用不燃材料。

    (二) 排煙、進風風管貫穿防火區劃時,應在貫穿處設防火閘門;該風管與貫穿部位合成之構造應具所貫穿構造之防火時效;其跨樓層設置時,立管應置於防火區劃之管道間。但設置之風管具防火性能並經中央主管機關認可,該風管與貫穿部位合成之構造具所貫穿構造之防火時效者,不在此限。

    (三) 排煙口位於天花板高度二分之一以上之範圍內,與直接連通戶外之排煙風管連接,該風管並連接排煙機。進風口位於天花板高度二分之一以下之範圍內;其直接面向戶外,開口面積在一平方公尺(兼用時,為一點五平方公尺)以上;或與直接連通戶外之進風風管連接,該風管並連接進風機。

    (四) 排煙機、進風機之排煙量、進風量在每秒四立方公尺(兼用時,每秒六立方公尺)以上,且可隨排煙口、進風口開啟而自動啟動。

    (五) 進風口、排煙口依前款第四目設手動開關裝置及探測器連動自動開關裝置;除以該等裝置或遠隔操作開關裝置開啟外,平時保持關閉狀態,開口葉片之構造應不受開啟時所生氣流之影響而關閉。

    (六) 排煙口、進風口、排煙機及進風機連接緊急電源,其供電容量應供其有效動作三十分鐘以上。

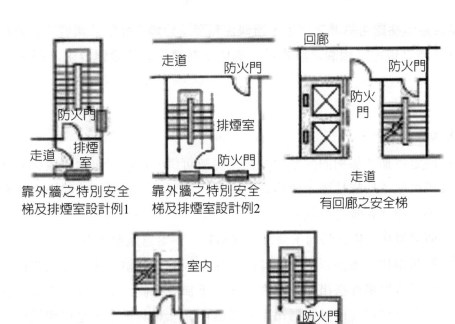

靠外牆之特別安全梯及排煙室設計例1

靠外牆之特別安全梯及排煙室設計例2

有回廊之安全梯

有陽台之特別安全梯設計例

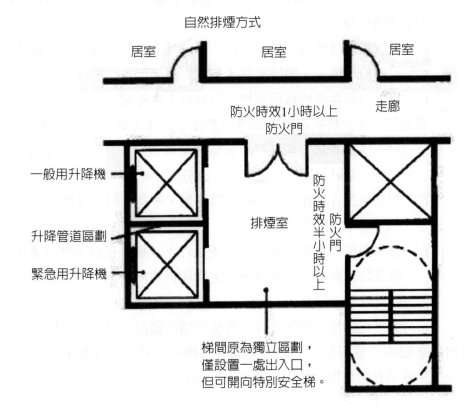

四、依金屬製避難梯認可基準之規定，避難梯有那些分類？而依各類場所消防安全設備設置標準之規定其相關之設置要求為何？並請說明此設置要求之理由。（25分）

解：

1. 避難梯分類如下：
   - (一) 固定型梯：係指固定於建築物，隨時可供使用者，包含可收納式（指橫桿可收納於梯柱內，使用時將其拉出成可使用狀態，或梯子下部有可折疊、伸縮等構造者）。
   - (二) 倚靠型梯：係指將梯子倚靠於建築物，供緊急避難用者。
   - (三) 懸吊型梯：係指以折疊、伸縮、捲收等方式收納，使用時，將掛勾等吊掛用金屬構件搭掛在建築物上，放下梯身掛置使用；或打開設置於建築物懸吊梯箱（已設置懸吊型梯於其中），將其垂下，呈可使用狀態，供作緊急避難用者。

2. 第171條避難梯依下列規定設置：
   - 一、固定梯及固定式不鏽鋼爬梯（直接嵌於建築物牆、柱等構造，不可移動或收納者）應符合下列規定：
     - (一)裝置在使用場所之柱、地板、樑或其他構造上較堅固或加強部分。
     - (二)以螺栓、埋入、熔接或其他堅固方法裝置。
     - (三)橫桿與使用場所牆面保持十公分以上之距離。
   - 二、第四層以上之樓層設避難梯時，應設固定梯，並合於下列規定：
     - (一)設於陽臺等具安全且容易避難逃生構造處，其樓地板面積至少二平方公尺，並附設能內接直徑六十公分以上之逃生孔。
     - (二)固定梯之逃生孔應上下層交錯配置，不得在同一直線上。
   - 三、懸吊型梯應符合下列規定：
     - (一)懸吊型梯固定架設在使用場所之柱、地板、樑或其他構造上較堅固及容易裝設處所。但懸吊型固定梯能直接懸掛於堅固之窗臺等處所時，得免設固定架。
     - (二)懸吊型梯橫桿在使用時，與使用場所牆面保持十公分以上之距離。

設置要求理由係第四層以上之樓層設避難梯時，應設固定梯於陽臺且其樓地板面積至少二平方公尺，並附設能內接直徑六十公分以上之逃生孔。此為四層以上有一

定高度，並從附設逃生孔進行逃生，在可能單人或多人逃生之情況下，避免推擠或立足之人員安全考量。又固定梯之逃生孔應上下層交錯配置，不得在同一直線上。避免人員從高處直接墜落至地面，且避免火煙竄出形成垂直線，使該區避難器具受火煙侵擾，致人員無法使用。

國家圖書館出版品預行編目資料

警報與避難系統消防安全設備／盧守謙, 陳永
隆著. -- 初版. -- 臺北市：五南, 2017.04
　　面；　公分
ISBN 978-957-11-9121-8(平裝)

1.消防設施 2.消防安全

575.875　　　　　　　　　106004081

5T29

警報與避難系統消防安全設備

作　　者 ― 盧守謙（481）、陳永隆

發 行 人 ― 楊榮川

總 編 輯 ― 王翠華

主　　編 ― 王正華

責任編輯 ― 金明芬

封面設計 ― 陳翰陞

出 版 者 ― 五南圖書出版股份有限公司

地　　址：106台北市大安區和平東路二段339號4樓

電　　話：(02)2705-5066　　傳　真：(02)2706-6100

網　　址：http://www.wunan.com.tw

電子郵件：wunan@wunan.com.tw

劃撥帳號：01068953

戶　　名：五南圖書出版股份有限公司

法律顧問　林勝安律師事務所　林勝安律師

出版日期　2017年4月初版一刷

定　　價　新臺幣750元

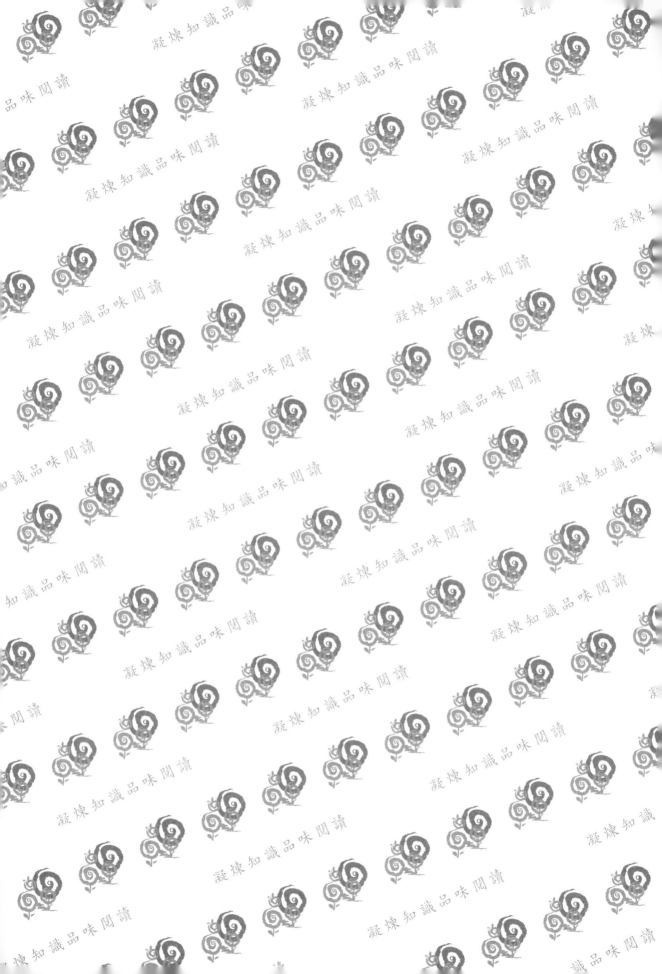